KB270467

문학 · 텍스트 · 읽기

Literature · Text · Reading

저자 최유찬

1951년 전북 부안 출생
연세대 국문과 및 동 대학원 졸업
전 합동통신, 동아방송, 한겨레신문사 기자
전 전주대학교 교수
현재 연세대학교 국문과 교수
계간『숨소리』편집주간
주요 논문으로「1930년대 한국리얼리즘론 연구」가 있으며, 저서로『리얼리즘이론과 실제비평』,『문예사조의 이해』,『토지를 읽는다』,『컴퓨터 게임의 이해』,『한국문학의 관계론적 이해』등이 있으며, 공저서로는『문학과 사회』,『한국근대문학비평사연구』,『세계 속의 한국문학』등이 있다.

문학 · 텍스트 · 읽기

1판 1쇄 인쇄 2004년 4월 20일
1판 1쇄 발행 2004년 4월 30일

지은이 / 최유찬
펴낸이 / 박성모
펴낸곳 / 소명출판
출판고문 / 김호영
등록 / 제13-522호
주소 / 137-878 서울시 서초구 서초동 1621-18 (란빌딩 1층)
대표전화 / (02) 585-7840
팩시밀리 / (02) 585-7848
somyong@korea.com / www.somyong.com

ⓒ 2004, 최유찬

값 18,000원

ISBN 89-5626-073-7 93810

문학·텍스트·읽기

Literature · Text · Reading

최유찬

소명출판

　학문의 길로 들어설 무렵 공부를 하는 사람은 생활이 단순해야 한다는 이야기를 들었다. 그 당시에는 깊이 새기지 못하고 귀로 흘려 들었지만 십수 년의 세월을 보낸 지금 작금의 나를 돌아보며 그 말이 더할 나위 없는 진실임을 절실히 깨닫는다.

　여기에 모은 글은 이런저런 계기에 따라 자의반 타의반으로 썼던 것들이다. 그 글들을 쓸 수밖에 없었던 인연들 하나 하나는 지금 생각해도 소중하지만 그로 인해서 정작 내가 하고 싶은 일들이 뒤로 미뤄지지 않았나 하는 생각으로 스스로 안타깝다.

　그런 안타까움 속에서도 한 가지 위안은 나의 관심이 하나의 문제로 집중되어 있었다는 사실이다. 문학작품을 읽은 것이든 텍스트를 읽은 것이든 수삼년 동안 나의 관심은 읽는 문제에 집중되고 있었던 것이다. 물론 전공학문인 문학에만 전념하지 못하고 컴퓨터 게임이나 영화, 사회 문제에 관심을 기울인 것은 외도라고 할 수 있을지 모르지만 언론계와

학계를 번갈아 가며 서성인 나의 이력이나 지향을 생각하면 생래적인 고질이라고 치부해 둘 수도 있겠다. 그렇다면 그런 방황 속에서도 내가 고집하고 있는 읽기란 무엇인가?

이 자리에서 읽기의 원리나 방법을 운위하는 것은 새삼스런 일이다. 대학 문을 나와서 사회생활을 시작한 이후 읽는 문제는 나에게 생활 그 자체였기 때문이다. 햇병아리 기자시절 경찰서 수사과에서 사건을 감추려는 형사들과 숨바꼭질을 하던 일도 그렇거니와 시국의 변화에 촉각을 곤두세우면서 사회정세를 분석하던 야인시절에도, 되잖은 일을 가지고 시시콜콜 따지거나 다투어야 했던 일상에서도 읽기는 빠트릴 수 없는 과업이었다. 이론과 실천, 인식과 행위의 관계를 염두에 두기 전에 읽기는 내 삶의 절대적 명제의 하나였던 셈이다.

물론 내가 '읽기'라는 문제에 자의식을 가지게 된 데는 텍스트 해석을 둘러싸고 의견이 분분한 학계의 이론이나 『토지』의 독해와 관련된 경험이 자극이 되었던 것도 분명하다. 컴퓨터 게임에 대해서 수년간 작업을 하게 된 것도 그 자극의 결과일 것이다. 그렇지만 그 이전에 그 경험들이 눈에 들어오고 의식에 포착된 연유는 어디에 있을까? 아무리 생각해도 그 까닭을 석연하게 밝힐 수는 없지만 내가 살아오면서 읽기의 중요성을 터득하고 열심히 읽으려고 노력한 것은 사실이고, 그 결과의 하나가 지금의 이 책이다.

앞으로도 나의 작업은 여전히 읽는 문제와 관련될 것으로 보인다. 하나의 작품에 대한 연구이건 여러 텍스트를 계통 짓고 배열하는 작업이건, 사회를 향한 메시지가 되건 불가불 읽기를 떠나지 못할 것이다. 여기에 묶은 글들은 그 도정에서 한 단락 매듭이 되는 것들로, 여러 모로 부끄러운 글들이지만 있는 그대로를 보여줄 수밖에 없었다. 독자의 질정을 바란다.

작은 인연을 귀하게 여겨 보잘것없는 원고를 기꺼이 책으로 엮어 주신 소명출판 박성모 사장님께 깊이 감사 드리지 않을 수 없다. 또 엉성한 글을 꼼꼼히 살펴서 알뜰하게 다듬어준 소명출판 가족을 비롯하여 이 책이 있기까지 많은 정성을 기울여준 여러분에게 다시 한번 고개 숙여 감사 드린다.

2004년 4월
최 유 찬

문학 · 텍스트 · 읽기

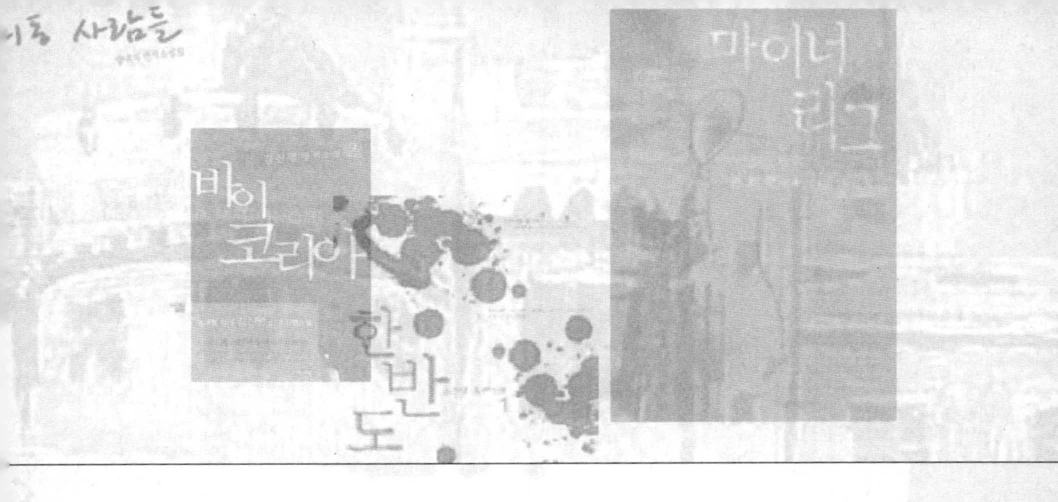

문학이란 무엇인가?

문학이란 무엇인가

1. 문학의 개념

우리는 일상생활에서 시나 소설을 즐겨 읽는다. 학교를 졸업한 뒤 사회생활을 하는 바쁜 외중에도 읽고, 여행길의 차창가나 한적한 산사의 선방에서 객수를 달래기 위해서 읽기도 한다. 이처럼 즐거운 마음으로 문학 작품을 읽는 것은 특별한 문학 애호가가 아니더라도 일상인 누구나 흔히 하는 일이다. 다른 분야의 책이나 전문서적을 읽으라면 따분해 할 사람도 문학 책만은 자발적으로 사서 읽고 즐겨 그 체험을 이야기한다. 뿐만 아니라 텔레비전의 연속극을 볼 때나 만화를 보는 순간에도 문학은 알게 모르게 우리 곁에 가까이 다가와 있다. 이처럼 문학은 여러 모로 우리에게 친숙한 존재이다. 그러나 일반 사람이 이 친숙한 존재인 문학이 왜 우리들에게 즐거움을 주고 인생에 필요한가 하고 스스로 생각하거나 다른 사람에게 물어보는 경우는 드문 일이다. 왜 우리는 살아가면서 문학 활동을 하고, 그 성공적인 결과를 보람 있는 일로 여기며, 그것을 향수 하면서 즐거움을 느끼는가? 이런 의문은 자연히 문학의 본질과 그것이 인간의 삶에 대해 어떤 관계를 지니는가 하는 질문을 하게 만든다. 그 질문은 '문학이란 무엇인가?'라고 묻는 형식이기가 십상이다.

그러나 가장 단순하면서도 기본적인 이 질문에 대해 적절한 답변을 한다는 것은 실제로는 결코 쉬운 일이 아니다. 문학이란 대상 자체가 어려움을 낳기도 하고 우리가 지니고 있는 문학의 개념이 혼란을 초래하기도 하기 때문이다. 즉 이 질문의 답을 찾기 위한 주·객관적인 조건 모두가 명쾌한 대답을 어렵게 만든다. 여기서 주관적 조건이란 '문학'이란 개념을 사용하는 우리의 의식에서 비롯되는 문제이며, 객관적 조건이란 '문학'이란 말이 지시하는 대상의 성격에서 비롯되는 문제를 가리킨다. 이 문제들은 궁극적으로는 하나의 문제로 귀착되는 동전의 양면과 같은 사항이라고 할 수도 있지만, 여기서는 간편하게 문제를 다루기 위해 두 측면을 나누어서 차례로 살펴본다.

먼저 객관적인 측면에 대해 살펴보자. 문학은 인간이 오랜 역사 과정을 통해서 이루어온 문화 현상의 한 가지이다. 문제는 이 문학의 영역이 너무나 광대해서 한 눈에 들어오지 않는다는 점이다. 속담이나 수수께끼,[1] 광고의 문안 같은 단편적인 형태의 문장으로부터 편지·일기·기행문 같은 실용적인 글, 설화나 민요 같은 구전문학, 시나 단편소설이나 시나리오 같은 전문적인 작가가 짓는 '문학적인' 글, 나아가서는 십여 권의 책으로 되어 있는 방대한 대하소설에 이르기까지, '문학'은 매우 넓은 범위에 걸쳐져 있고 다양한 현상을 포괄한다. 앞에서 이야기한 영화나 만

---

1) 헤겔은 그리스어 epos와 스칸디나비어 saga가 모두 '단어로 전화된 바의 사물'을 가리키는 용어라는 사실을 가리키면서 시문학론을 전개하고 있다. 이 관점에 따르면 에피그람, 격언, 교훈시가 모두 시문학에 속하고 속담이나 수수께끼도 원초적인 문학의 형태이다. G. W. F. 헤겔, 두행숙 역, 『헤겔미학』 III, 나남출판, 1996, 511면.

화, 연극 같은 문화형식도 일정하게 문학과 관련된다는 점에서 문학의 영역이 어디까지인지 그 경계를 쉽사리 단정할 수 있는 사람은 없다. 이처럼 대상이 사람의 감각으로 직관할 수 있는 범위를 벗어날 만큼 클 경우 우리의 지각은 흔히 혼란에 빠지게 된다. 적당한 크기의 대상만이 우리의 지각의 대상이 되고, 그 대만이 대상의 전체를 파악함으로써 그 아름다움을 감상할 수 있다는 아리스토텔레스의 말은 이런 점에서 진리에 가깝다.

예를 들어, '장님 코끼리 더듬기'의 비유는 직접적 감각을 벗어나서는 아무 것도 제대로 인식하지 못하는 사람의 지각의 한계에 초점이 맞추어진 것일 수도 있겠지만, 다른 한편으로는 코끼리라는 대상의 크기에 초점을 맞춘 것이라고 생각할 수도 있다. 장님들이 손으로 만진 것이 구슬이었다면 그들이 그렇게 엇갈리는 진술을 하지는 않았을 것이기 때문이다. 이 비유가 알려주듯이, 다양하고 풍부한 문학현상은 문학의 본질에 대한 여러 가지 정의와 설명의 시도들을 항상 곤혹스럽게 만들뿐 아니라, 설사 어떤 정의와 설명이 이루어지더라도 그 스스로는 언제나 그 테두리를 훌쩍 벗어나 있기 일쑤이다.

그런데 문학은 넓고 다양한 현상을 포괄할 뿐만 아니라 역사적으로 끊임없이 변화되는 특징을 지니고 있다. 아직도 그 기원의 역사를 확정지을 수 없는 구비문학으로부터 오늘의 영화문학, 사이버문학에 이르기까지, 문학은 그 탄생이래 죽 변화되어 온 것과 마찬가지로 앞으로도 그러한 변화의 흐름을 멈추지 않을 것이다.[2] 지금까지 없었던 양상이 나타

---

2) 문학이 끊임없이 변화된다는 것은 최근에 디지털 문화의 도래와 함께 판타지문학이 성행하는 것에서도 예증을 구할 수 있다. 그 문학의 형태는 톨킨의 『반지의 제왕』을 원형으로 하는 것으로서, 그것이 기존의 문학에서 어떠한 변화를 함축하고 있는가 하는 것을 살펴보기 위해서 우리나라에서 창작된 작품의 한 대목을 예시한다. 「마왕의 기원」이라는 이 단편소설의 저자인 김원보는 우리나라에서 최초로 개발된 게임의 프로그램 제작에 참여하기도 했다는 점에서 디지털시대의 상상력의 한 양상을 살펴볼 수 있게 해준다.

"그는 보았다.
자신의 나이트메어, 발태트 위에 올라앉은 위풍당당한 다크엘프들의 대군주, 절대 칠흑의 왕, 베

날 수도 있고 매우 중요한 특성이라고 생각했던 것이 흐지부지되다가 종내에는 소멸할 수도 있다. 이렇게 부단히 변화하는 현상을 일정한 개념으로 포착하는 일이 결코 쉽지 않으리란 데 대해서는 따로 긴 설명을 덧붙일 필요가 없을 것이다. 그러나 문학이 무엇인지를 규명하는 데서 생기는 어려움이 이 같은 객관적 요인에서만 야기되는 것은 아니다. 오히려 우리가 지니고 있는 문학의 개념 자체가 다양하게 변주되고 있다는 사실이 문제를 더욱 풀기 어렵게 만드는 측면이 있기 때문이다.

오늘날 우리가 아주 자연스럽게 사용하는 '문학'이란 용어는 옛날 동양의 한자문화권에서는 '학예활동' 일반을 가리키는 개념이었다.[3] 과거의 전통사회에서는 오늘날의 '문학'을 가리키는 개념으로 '문학'이란 용어보다 '문장'이란 말이 더 자주 사용되었다. '문장가'라는 말은 문학에

기밀스의 모습을.

그는 들었다.

혼마저 뒤흔드는 대하의 벽성왕 칼리모르의 뿔나팔 소리를.

그는 자신이 보고 들은 것, 그 모두를 빠짐없이 기억한다.

다린의 워로드, 잘파나트와 인간 영웅, 월즈의 브리험의 결투도 기억한다.

현왕 알루인의 목숨을 가져간 데스마스터 프라오린이 쳐든 그 무시무시한 암살검의 분노 어린 광채도 기억한다.

또 티마린의 성채를 함락시킨 미살니카 땅 마녀들의 소름끼치는 주문 외는 소리 또한 기억한다.

언젠가 마법의 공지에서 벌어진 대마법사 페르킨과 윗치마스터 알가하스의 엄청난 권세의 대결도 상세히 기억하고 있다.

그렇다. 모든 것. 모든 것이. 그러나.

—사라져 버렸어.

이제 이 빙원에서 그는 단지 혼자다.

칼레븐은 자신의 보검을 서서히 머리 위로 치켜올려 보았다. 마트와 철제의 푸른 검신이 겨울의 태양을 반쯤 가리자 또다시 기억의 박편이 떠오르기 시작했다.

—칼레븐. 정말로 가셔야만 합니까?

그녀는 어릴 때부터 같이 자라온 사이였다. 베터의 지배자, 월식의 군주 에사빌름의 외동딸, 그녀의 이름은 팔다 스타티어였다.

이 은발의 아름다운 다크엘프는 베터와 듀하르네의 경계인 묘로스 계곡을 자신의 시종들과 함께 여우나 검은 사슴 등을 사냥하는 장소로 이용했고 자연스럽게 모스포울의 아들들은 그녀와 깊은 친분을 가지게 되었다."

3)『論語』「先進」편에서 공자는 이렇게 말한다. "從我於陳蔡者로 皆不及門也로다. 德行엔 顔淵, 閔子騫, 冉伯牛, 仲弓이요, 言語엔 宰我, 子貢이요 政事엔 季路이요 文學엔 子遊, 子夏니라." 여기서 '문학'은 넓은 뜻으로 학문을 말하며, 구체적으로 詩書禮樂 등을 가리킨다.

천분을 지닌 사람을 호칭하는 일반적 용어였던 것이다. 그래서 오늘날 우리가 시·소설·희곡 등을 포괄적으로 지칭하기 위해 사용하는 '문학'이란 말은 흔히 서양어 literature의 번역에서 유래한 말이라고 생각된다. 그러나 서양에서도 이 말이 정작 '문학'을 뜻하는 말로 사용되기 시작한 것은 18세기 후반 내지 19세기부터라고 알려져 있다. 그 이전에는 무훈시나 로만스, 소네트 같은 개별적인 장르이름으로 각각의 문학을 표시했던 것이다. 즉 광범한 '문학적 현상'을 포괄하여 지칭하는 특별한 용어가 오랫동안 서양의 전통에도 갖추어져 있지 않았던 것이다.

이 사정은 그리스시대에 시와 음악을 통칭하는 말로 musike라는 용어가 사용되었음을 상기하면 쉽게 이해할 수 있다. 이 용어는 뒷날 문학보다는 음악을 나타내는 개념으로 정착되었으나 아리스토텔레스가 『시학』에서 자신이 다루는 서사시·비극·디튜람보스[4] 등의 작품들을 통칭하는 데 사용한 것은 바로 이 말이었다. 또 최근에 미국의 한 학자가 『문학개념의 역사』란 책[5]을 집필하여 '문학'이란 개념의 다양한 의미 변천을 추적한 사례에서 짐작할 수 있듯이, 서양인들에게서도 문학의 개념은 지금까지 결코 자명한 것이 못되고 있다. 그렇다고 해서 과거에 '문학'이란 개념이 서양에 없었으므로 그들에게 문학은 없었다고 하는 것이 올바른가? 그것은 아마도 오늘날 '문학'이란 말이 있으므로 문학이란 사물의 존재는 자명하다고 하는 것만큼 망발에 속할 것이다. 말은 본디 개별성보다 일반성을 지향하는 보편화의 형식으로서 일종의 '추상'이라는 점을 생각해야 하는 것이다.

이와 같은 주·객관적 요인들을 고려할 때, '문학'의 본질은 무엇인가? 여기서 우리는 불가불 '문학'을 문학이게끔 하는 문학의 어떤 고유한 특성이 있지 않을까 하고 생각해 보게 된다. 모든 문학에 공통되는 어떤

---

4) 디오뉘소스 신에 대한 합창가로 일정한 주제를 가진 시를 피리의 반주에 맞추어 노래했다.

5) Adrian Marino, *The Biography of 'The Idea of Literature'*, New york, 1996.

요소나 특질이 있고 그것을 추출하면 '문학이란 무엇인가?' 하는 질문에 대한 답을 마련할 수 있으리라고 생각하는 것이다.

그러나 과연 그러한 요소나 특질이 있고 그것을 추출할 수 있는가? 우리나라에서도 과거에 이런 작업을 수행한 사람들이 있기는 했지만 그 결과가 신통치 않다고 생각하는지 다른 사람들이 그 의견을 따르는 예는 별로 찾아볼 수 없다. 그것은 그 작업이 객관적 타당성을 얻지 못한 데도 원인이 있겠지만, 그러한 작업 자체가 근본적으로 한계를 지니고 있어서 초라한 결과를 낳는 것이 보통이기 때문일 것이다. 그렇기 때문에 헤겔은 이와 같이 모든 개별 사례에서 공통되는 요소를 추출하여 만들어낸 법칙이나 속성의 규정을 추상적 보편자라는 이름으로 부르면서 매우 낮은 단계의 사물 인식으로 평가했다. 참된 지식이란 사물이 지닌 모든 연관에 대한 구체적인 인식이어야 한다는 입장이라고 할 것이다. 그렇지만 실생활에서는 개별 사물들이 지닌 공통성을 추출하여 만들어낸 그러한 추상적 보편자에 대한 지식도 상당한 유용성을 갖는 것이 사실이다. 그러나 이 작업을 위해서는 우선 어디까지가 문학의 범위인지 먼저 결정해야 하고, 그것들의 공통인자가 객관적으로 타당한 방법에 의해서 추출될 수 있어야 한다. 즉 문학은 일정한 기능을 수행하는 어떤 속성을 본질적 요소로 가진 것이라고 규정지을 수 있어야 하고, 그 규정에 맞는 대상들을 먼저 확정지을 수 있어야 한다. '문학'이 되게 하는 어떤 구조적 실체를 개별 문학작품에서 확인할 수 있어야 하는 것이다.[6]

이 확인 작업은 종래 두 방면에서 수행되어 왔다. 문학의 전체 과정을 창작과정과 수용과정으로 나누어 각 과정에서 핵심적 요소를 추출하는

---

6) 현대에 들어서 문학의 공통적 자질을 확인하는 작업은 점차 어려워지고 있다. 실험적인 작가들의 존재가 바로 그 원인이라 할 수 있다. 황지우의 제목만 있는 시 「묵념, 5분 27초」도 그렇거니와 신문광고를 그대로 옮겨 놓은 시, 만화가 들어간 시 등이 그 한 사례라고 할 수 있다. 다음은 황지우의 「아무도 미워하지 않는 자의 죽음」이다.
  "어머니 오셨어요?" / "오냐, 잘 지냈니?" / "네." // (사이 …… 말 없음) // "애야, 내일이면, 네가 그 자리에 없겠구나."(잉게 숄 著, 박종서 譯, 靑史, 188면, 값 1,900원)

방법이 쓰여온 것이다. 이 방법은 문학 활동의 전체 과정을 창작—작품—수용의 관계 속에서 고찰하는 방식으로서, 작품을 중심점으로 하여 앞의 과정을 창작과정, 뒤의 과정을 수용과정으로 파악하는 관점에 입각한다. 문학을 위대한 책들의 집합이나 상상적인 글이라고 특정한 속성이나 요소에 의해서 규정하는 것이 아니라 문학이 이루어지는 전체 과정을 통해서 그 본질을 탐색하는 방식이다. 이 방식은 작품이 생산되는 창작과정에만 관심을 기울인 과거의 방법과는 달리 독자의 작품 이해라는 수용과정을 새롭게 중시한다는 점에서 진일보한 측면이 있지만 정작 작품 자체에 대해서는 깊이 있게 논의하지 않는다는 점에서 한계를 지닌다. 그러나 우리는 다음 장에서 작품과 장르에 대해 구체적으로 논의할 예정이므로 여기서는 문학을 두 단계로 나누어 살피는 이 방식에 따라서 우리가 지닌 질문에 대한 답변을 모색해본다.

2. 창작과정

　문학의 본질을 규명하기 위해서 창작과정을 살핀다는 것은 창작 이전의 상태와 창작의 결과 사이에 무슨 일이 일어났는가를 해명하는 작업을 수행한다는 것을 의미한다. 우리는 흔히 문학을 '가치 있는 경험의 기록'이란 말로 정의하거니와, '가치 있는 경험'이 창작 이전의 상태, 곧 창작의 대상이 된 원래의 사물이나 체험을 나타내는 것이라면 '기록'은 창작의 수행 과정 또는 그 수행의 결과인 셈이다.[7] 이 과정을 압축적으로

---

7) 원 체험과 그 '기록'의 결과가 어떤 관계에 있는가 하는 문제에 대해서는 많은 시인 작가들의 창작 경험담과 문학이론을 통해 규명되고 있다. 그 변용의 과정은 다음의 글에서 살펴볼 수 있다.

나타내어 문학을 정의하는 개념이 '모방'임은 두루 다 잘 알고 있는 사실이다. '재현'이란 말이나 '표현'이란 용어, 또는 '변용'이란 개념은 각각의 낱말이 지닌 약간의 의미 차이에도 불구하고 모두 창작의 대상이 된 체험과 창조의 노력으로 이루어진 작품 사이의 관계를 나타내고 있다. 이 관계를 나타내는 개념으로는 이밖에도 여러 가지가 있지만, 일찍이 플라톤과 아리스토텔레스에 의해 사용된 '모방'이란 용어가 그 중 가장 널리 알려져 있고, 문제를 다루는 데 유용한 개념적 함축을 가장 많이 보여준다는 점에서 창작과정을 해명하는 우리의 논의에 적합한 개념이다. 즉 이 말은 표현의 원대상과 표현의 결과 사이의 관계를 '모방'의 관계로 설정하고 있는 것이다. 이 개념은 작품이 원래의 대상을 일정하게 변형한 경우도 상정할 수 있게 하지만, 근본적인 취지는 둘 사이에 유사성이 있음을 지적하는 데 있다. '모방'의 원어인 mimesis가 배우의 몸짓을 통해 실제의 인간 행위, 즉 원래의 사건을 재연하는 극적 행위를 가리키는 용어였음을 상기하면 원래의 대상과 '기록' 또는 '표현'된 결과 사이의 '닮음'이 문제의 핵심임은 분명하다.

"내 경험을 몇가지 들어서 얘기하지요. 『토지』에 관한 것입니다. 그게 언제 일인지, 어릴 적의 일이었고 어디서 뉘에게 들었는지 기억에 없지만 아마도 외할머니한테서 들은 얘기가 아닌가 싶어요. 외할머니의 친정은 거제였습니다. 그러니까 외할머니의 친정집안의 일인가봐요. 그 집은 전답이 많아서 전답을 돌아보려면 말을 타고 다녀야 했다는 것입니다. 과연 거제에 그런 넓은 땅이 있는지 의문이지만 하기는 여기 저기 땅이 널려 있다면 그럴 수도 있었겠지요. 한데 그해, 말하는 사람은 그해라 했습니다. 아마 1902년 호열자가 창궐했던 그해 일인 모양이에요. 호열자가 들이닥쳐 마을에 많은 사람들이 죽었는데 말을 타고 전답을 둘러보고 다녔다는 그 집안은 여식아이 하나를 남겨놓고 가족이 모두 몰살을 했다는 것입니다. 논에는 벼가 누렇게 익었는데 벼를 베고 추수할 사람이 없었다, 대강 그런 내용이었습니다. 그런데 그 얘기가 작가수업시절 난데없이 어느 날 내 머리에 떠올랐습니다. 번개같이 지나간 그 얘기는 참 강렬했습니다. 호열자와 누런 벼, 그것은 죽음과 삶의 선명한 빛깔이었습니다. 그 맞물린 극과 극의 상황, 나는 흥분했고 떨쳐버릴 수 없는 의욕을 느꼈습니다. 그러나 바위에 주먹질하듯 무겁고 큰, 그것을 어쩌지 못하고 20년 가까이 마음 속으로 삭였습니다. 호열자와 황금빛 벼, 죽음과 삶, 『토지』를 쓰게 된 동기는 바로 그것이었습니다." 박경리, 『문학을 지망하는 젊은이들에게』, 현대문학, 1995, 78~79면.

이 같은 관점은 서양에서 2천여 년간 지속되어 왔고, 20세기의 철학자 마르틴 하이데거가 '예술은 진리의 실행'이라고 했을 때도 그 개념 속에서 핵심적인 요소로 작동하고 있다. 하이데거의 '진리' 개념은 aletheia, 곧 '존재의 드러냄'을 말하는 것으로 예술 속에서 존재의 참모습이 나타난다는 것이 그의 말이 지닌 핵심적 함축이다. 곧 창작의 대상과 그 결과 사이에 나타난 '닮음'의 정도를 말하는 것이 아니라, 가장 근원적인 의미에서 '존재'는 시작(詩作) 행위, 곧 창작 행위를 통해서 비로소 우리 앞에 모습을 드러낸다는 것, 개시(開示)된다는 것이 하이데거가 말한 근본 취지이다. 이 관점은 결국 사물의 존재, 또는 현실이라는 것이 어떻게 인식되고 표현될 수 있는가 하는 근본적인 문제에까지 사유를 전개한 데서 얻어진 결론이지만, 우리가 지금 논의하고 있는 창작의 대상과 결과 사이의 관계를 '모방'의 관계로 파악하는 관점을 고찰하는 데도 도움이 되는 사태 인식이다.

그러나 이처럼 표현의 대상과 그 결과 사이의 관계를 '닮음' 또는 '진실'의 관계로 상정하는 데에 대해서는 문학을 '허구'의 개념으로 파악하는 입장에서 강력한 반론이 나올 수 있다. 걸리버가 여행하는 소인국이나 거인국은 지상 세계 그 어디에서도 찾아볼 수 없고, 염라대왕이 산다는 지하 세계나 손오공이 때려부수는 옥황상제의 천궁은 합리적으로 생각할 때 도저히 인정할 수 없다는 견해들을 생각해야 하는 것이다. 또한 동물공화국이나 늑대인간, 아마겟돈의 이야기 그 어느 것도 허구성을 배제하고는 논의할 수 없다는 주장들을 고려할 필요가 있다.

이와 같은 견해는 아리스토텔레스가 이야기한 '모방'의 개념이 사건을 서술한 '서사'문학에만 해당되는 것이지 감정을 '표현'하는 '서정시'에는 결코 적용될 수 없다는, 제라르 쥬네트나 츠베탕 토도로프 같은 현대 문학이론가들의 주장에서 정점에 이른다.[8] 이들의 견해는 창작과정을 해

---

8) 제라르 쥬네트는 서정시가 '모방문학'이 아니라는 관점에서 아리스토텔레스의 시 분류가 3분법이 아니라고 주장하는 외에 그 당시 서정문학이 다른 장르에 견줄 만큼 발

명하는 핵심 개념으로서 원체험과 표현 결과 사이의 '모방관계' 자체를 부정하고 있기 때문이다. 이 같은 입장을 받아들여 우리가 언어로 만들어진 허구의 구조물에 지나지 않는 작품과 실제의 대상을 직접 비교했을 때, 둘 사이에 어떤 유사성이 있다고 할 수 있는가?

이에 대한 답변은 예술 가운데서도 특별히 문학에 더 과중하게 부과되는 어려운 문제 가운데 하나다. 음악의 소리나 미술의 색깔과 형태, 무용의 몸짓 등에서는 누가 보건간에 원래의 대상과 창작의 결과 사이에 일정한 닮음의 관계를 인정할 수 있다. 그러나 문학이 '모방'한 결과는 흰 종이 위의 검은 무늬이거나 그 나라 사람이 아니면 이해할 수 없는 음파 또는 공기의 진동에 지나지 않는다. 창작과정의 핵심기제로서 '모방'의 개념은 문학의 매재로서 언어에 대한 파악 없이 충분하게 설명될 수 없는 것이다.

문학은 언어예술이다. 이 말은 예술의 한 하위 장르로서 문학이 대상을 '모방'하는 데 사용하는 수단, 곧 매재가 언어라는 사실을 밝혀준다. 그런데 이 같은 진술은 음악이 소리를, 미술이 색과 형태를, 무용이 몸을 이용하여 대상을 모방한다는 사실과 문학의 '모방'이 같은 차원에서 취급될 수 없다는 사실을 함축한다. 언어는 자연 상태의 사물이 아니라 사회생활을 하는 인간이 인위적으로 만든 상징 기호이고, 그렇기 때문에 다른 예술의 매재들과 성질이 다른 것이다. 그 때문에 문학의 표현 수단으로서 언어는 다른 예술에서 매재가 갖는 역할과 다른 기능을 한다.

소리와 색깔, 돌과 몸짓은 각각의 예술에서 그 자체 표현의 수단이자

달하지 못했다는 사실도 적시하고 있다. 구체적으로 그는 다음과 같이 주장한다.
"시적인 것과 재현적인 것을 동일시하는 플라톤―아리스토텔레스적인 이론은 수세기 동안 장르이론을 지배하면서 불편과 혼동을 빚게 된다. 서정시라는 개념은 알렉산드리아의 비평가들에게도 알려지지 않았던 것은 아니나, 아직 서사시나 극시와 같은 항렬에 놓이지는 못하며, 그 정의는 기술적(리라의 음악으로 반주되는 시들)이고 제한적이다." 제라르 쥬네트, 「원텍스트 서설」, 『장르의 이론』(김현 편), 문학과지성사, 1987, 72면.

대상이다. 다시 말해서 소리나 색깔이나 몸은 바로 그 소리와 색깔, 몸과 관련된 어떤 대상을 모방하기 위해서 매재로 사용된다. 그러므로 이런 자연 소재의 재료를 표현수단으로 하는 예술의 경우에 매재와 표현 대상은 긴밀하게 결합되어 있으며 그 예술 작품을 감상할 때 향수자의 관심은 표현 매재의 미적 형질과 형상 자체로 쏠리게 된다. 물론 음악이나 미술도 하나의 관념 또는 테마를 지향할 수 있다. 피카소의 「게르니카의 학살」은 스페인의 민주 공화정을 무참히 짓밟은 파시즘의 만행을 생생하게 고발하고 있으며, 베토벤의 「운명」은 세계의 광대한 고독을 발견하고 그 속에서 절망하면서도 처절하게 대결하는 근대적 자아의 장엄한 모습을 그리고 있다. 이런 경우 우리는 그 작품들이 의미하는 테마를 관념적인 차원에서 파악할 수 있는 것이고, 여기에서 사용되는 소리나 색은 그 자체 사물적 속성을 넘어서 의미를 매개하며 지시한다고 할 수 있다.

그러나 미술이나 음악에서 이렇게 표제나 테마를 내세우는 극단적인 경우라 하더라도, 그 매재의 사용 방법이 문학에서 언어가 사용되는 방식과 동일한 것은 아니다. 다시 말해서 도스토예프스키의 『죄와 벌』에 매재로 사용된 러시아어를 미술이나 음악 작품의 색깔이나 소리와 같은 차원에서 볼 수는 없다. 표제와 테마를 지향하는 경우라 하더라도 소리와 색깔은 그 자체가 예술적 대상을 구성하는 매재이면서 예술적 표현의 대상이 되고 있고, 다르게 변경되었을 경우 그 작품은 원래와 다른 새로운 작품이 된다. 그에 비해서 『죄와 벌』의 언어는 단지 어떤 종류의 상징 기호에 지나지 않는다. 그 상징의 역할만 제대로 하게 할 수 있다면 원작의 러시아어는 다른 나라의 언어기호로 얼마든지 번역될 수 있다. 음악이나 미술 작품의 번역이 불가능한 상황과 확연히 대비되는 것이다.

물론, 문학의 매재인 언어와 다른 예술의 매재들이 지닌 속성을 변별적으로 파악하려는 이와 같은 논의가 문학과 다른 예술을 근본적으로 단절시키려는 의도를 지니는 것은 아니다. 시의 경우, 시의 언어 그 자체가 목적이고 독자적인 사물이라는 사르트르의 언급을 상기할 수도 있고,

음악시나 회화시가 운위되고 있는 문학계의 현실을 생각할 필요도 있으며, 시의 번역이 사실상 불가능하다는 번역가들의 탄식에 귀기울이는 섬세함도 요구된다. 그러나 우리는 기호와 사물이 본질적으로 다르다는 점을 의미 있는 사실로 받아들여 문학의 매재와 다른 예술의 매재가 지닌 변별적 속성을 논의할 수 있다. 즉 문학의 매재인 언어가 인간의 사회생활과 밀접한 관계를 가지고 형성되어 온 까닭에 거기에는 인간의 삶과 역사에서 묻은 때와 기름의 흔적이 역력한 인위적 상징 기호라는 점을 깊이 있게 성찰할 필요가 있는 것이다.

문학이 상징 기호인 언어를 매재로 삼는다는 사실은 일단 문학에 주어진 본질적 제약이라고 할 수 있다. 언어라는 기호는 사물과 세계를 표현하기에는 항상 무언가 부족한 수단이고, 예술의 재료로서 매우 불순한 것이라는 공박을 수시로 받아 왔다는 사실은 그 제약의 내용을 말해준다. 다시 말해서 색이나 소리, 돌이나 몸 같은 다른 예술의 매재는 사물적인 직접성으로 우리의 지각에 강력하게 호소하는 데 반해서 상징 기호인 언어는 사회적 규약에 의해 정해진 의미의 한계 내지 추상성으로 인하여 사물의 구체에 직접 다가갈 수 없다. 그것은 물질적 형식인 언어의 개념적 의미와 그것에 동반된 시각 심상이나 청각 영상을 환기한 다음, 그 환기된 내용들을 통해 사물의 모습을 우리가 상상적으로 재구성하도록 하는 간접적인 호소의 성격을 지닐 수밖에 없는 것이다. 이와 같은 복잡한 매개 회로는 분명히 문학의 매재인 언어가 가지는 호소력의 한계, 다시 말해서 대상이 되는 사물을 직접적으로 명백하게 보여주기 위해 인간의 감각에 직접적으로 작용할 수 있는 자질을 구비해야 한다는 예술적 형상화의 일반적 요건을 충족시키는 데 제한을 가져오지 않을 수 없다.9)

---

9) 사물을 직접적으로 제시하고자 하는 문학적 시도는 여러 방향에서 이루어진다. 다음의 시도 그러한 한 시도라고 볼 수 있다.
　"하얀 모색 속에 피어 있는 / 산협촌의 고독한 그림 속으로 / 파아란 역등을 달은 마

그러나 여타의 예술이 사용하는 자연 소재의 사물 매재와 달리 문학이 사용하는 언어는 한계와 함께 광대한 가능성도 함축하고 있다. 우선 언어는 다른 매재가 지니지 못한 역사성·사회성으로 인하여 많은 의미의 자질들을 자체 속에 함축하고 있을 뿐 아니라 상상력과 결부되어 시공간을 초월할 수 있는 가능성을 지니고 있다. 즉 각각의 낱말들이 생성의 역사를 통해서 획득한 풍부한 의미의 함축, 관념성 또는 추상성 등을 활용하여 다른 예술에서는 엄두도 낼 수 없는 사물들의 구체적 관계에 대한 정밀한 인식이나 깊이 있는 사상을 표현의 영역으로 할 수 있는 것이다. 바꾸어 말하면 문학은 다른 예술의 형상에서 볼 수 있는 직접적 감각성과는 달리 언어 자체가 지니고 있는 개념성·음악성·회화성 같은 자질을 이용해서 모방의 대상을 구체적으로 형상화할 수 있는 나름의 방법을 갖추고 있는 것이다. 이러한 인식에 이르면 이제 문제로 되는 것은 문학의 매재인 언어가 어떻게 대상을 나타내며 문학은 그 언어를 어떻게 활용하여 '모방'의 목적을 달성하는가 하는 점이다. 기호로서 언어의 본질에 대한 이해와 '모방'을 성공적으로 수행하기 위해 문학적 언어가 조직되는 방식에 대한 이해가 요구되는 것이다.

우리는 언어학에서 기호를 기표와 기의로 나누어 본다는 것을 잘 알고 있다. 여기서 '기의'라는 것이 기호 '표시'가 나타내는 '의미'라는 것은 두말할 나위가 없다. 상징으로서 기호는 일정한 대상을 지시하여 '의미'를 나타낸다는 인식이 언어학의 기초에 놓여 있는 것이다. 그러나 문학을 '모방'과 관련지어 논의하는 이 자리에서는 이 사실을 확인하는 것만으로 충분하지 않고 이 '의미'의 의미가 무엇인가를 재차 문제삼을 필요가 있다. 그리고 사전을 찾는 조그만 노력을 기울이면 상식적으로 '뜻'

차가 한 대 잠기어 가고, // 바다를 향한 산마룻길에 / 우두커니 서 있는 전신주 우엔 // 지나가던 구름이 하나 새빨간 노을에 젖어 있었다. // 바람에 불리우는 작은 집들이 창을 내리고, / 갈대밭에 묻히인 돌다리 아래선 / 작은 시내가 물방울을 굴리고 // 안개 자욱한 화원지의 벤치 우엔 / 한낮에 소녀들이 남기고 간 / 가벼운 웃음과 시들은 꽃다발이 흩어져 있다."(김광균의 「외인촌」에서)

이라고 이해되는 '의미'가 실상 '실재성' 또는 '현실성'과 관련된다는 것을 금새 알 수 있다. 한 사전은 "중요한 카테고리 및 개념이 실재적인 내용 혹은 현실성을 가지고 있을 때, 의미는 존재한다"[10]고 설명하고 있다. 이 설명을 참조하면 언어가 항시 어떤 실재나 현실의 의미화와 관련되고 그 작업이 성공적일 때 소기의 목적을 달성하는 것임을 알 수 있다.

그런데 언어가 의미화를 이루는 방식은 한 가지가 아니다. 우리는 흔히 일상적 언어와 과학적 언어, 문학적 언어를 구별하는데, 이 구별은 세 가지 언어가 실재를 의미화하는 방식이 각기 다른 데 근거를 두고 있다. 즉 과학적 언어는 기본적으로 지시대상과 지시어 사이에 1:1의 엄밀한 대응관계를 확립하려고 하는 외연적 언어이며, 문학의 언어는 다양한 비유와 상징 등을 이용해서 대상을 구체적으로 표상하려고 하는 내포적 언어라는 것이다. 일상언어는 이 두 가지 방식이 혼재된 양상임은 물론이다. 이와 같은 구분이 각각의 특징을 강조하는 것일 뿐 많은 경우 서로 경계를 넘나든다는 것은 우리가 실제의 사례를 검토해보면 금방 알 수 있다. 문학에서 일상언어나 과학언어가 주요한 자원이 됨은 물론 문학의 언어가 일상언어 속에 스며드는 현상도 쉽게 찾아볼 수 있다.

그렇긴 하지만 각각의 언어가 지닌 차이를 깊이 음미하는 것도 중요한 일이다. 즉 문학의 언어가 실재를 나타내기 위한 '의미화'의 방편으로 어떤 방법을 사용하는지 파악하는 일이 곧 문학적 '모방'의 실상을 파악하는 데 관건이 된다. 그러나 이 방법에 대한 논의를 이 자리에서 자세하게 전개하기는 어렵다. 문학에 관한 연구들 가운데 많은 부분이 그 방식에 대한 연구에 해당하는 것이라고 할 만큼 복잡한 내용을 요약해서 간단하게 서술한다는 것은 수박 겉 핥기가 되기 쉬운 것이다. 다만 여기서 언급해두어야 할 것은 사물을 보편화해서 표현하는 한 가지 형식인 언어를 이용해서 체험의 구체성, 개별적인 사건과 사물을 어떻게 표현하

---

10) 마르크스카테고리사전 편찬위원회, 『마르크스 카테고리 사전』, 동경, 靑木書店, 1998.

느냐 하는 모순 속에 문학의 자리가 놓여 있다는 사실이다. 즉 작가나 시인이 사용하는 언어는 근본적으로 개별 사물을 보편적인 개념을 통해 지시하고 상징하기 위해 만들어진 것이다. 작가들은 이 '보편적 개념의 그물'인 언어라는 수단을 이용해서 개별적인 사물의 '구체'를 나타내야 하는 모순에 직면해 있다.

이 때문에 작가는 기왕의 언어가 지닌 틀, 바꾸어 말해서 표현 가능성의 한계 안에서 안주 할 수 없다. '이것'이라고 지시되는 '바로 그 사물'을 나타내는 특권적인 지위에 있는 말은 없기 때문에 보편적인 개념을 지닌 기존의 다른 말들을 새롭게 조직하고 가공해서 그 사물을 정확히 표현할 수 있도록 궁리해야 하는 것이다. 시인이나 작가들이 비유나 은유·상징 등을 이용하고 언어의 청각적 요소와 시각적 요소, 낱말의 심층에 가라앉아 있는 개념적 함축 등을 최대한 활용하는 이유는 여기에 있다.[11] 사물이나 체험을 '의미화'하는 그 작업이 성공적이면 작품이 성공하는 것이고 거기에 실패하면 범상한 작품이 되고 마는 것이다.

이와 같은 문학적 언어의 특성, 문학적 '의미화'의 특수성은 그 의미화를 수행하는 문학 행위 주체의 '능동적 창조성' 문제를 제기한다. 즉 문학에서는 내포적 언어를 통해 언어가 지니고 있는 표현 가능성의 최대치를 추구하여야 하며, 그 노력을 통해 '실재' 또는 '존재'가 지닌 참모습, 개별적인 체험이나 사물의 '구체'를 새롭게 보여줄 수 있어야 한다. 좋은 문학 작품을 가치 평가하는 용어라그 할 수 있는 '독창성'이란 바로 이와 같은 노력이 표현 대상이 된 실재를 조명하는 데 가장 적합한 방식을 획득했을 때 부여할 수 있는 개념이다.

그것은 단순히 신기한 것이나 기이한 것을 추구하는 것과는 인연이 먼 것이고 어떤 작가의 관습적 창작 방식을 가리키는 작벽(作癖)과도 근

---

11) 현대 모더니즘도 그러한 시도를 보여준다. 다음은 모더니즘 초창기에 그 문학적 특징을 잘 나타내준 에즈라 파운드의 「지하철에서」 전문이다.
　　"군중들 속에서 유령처럼 나타나는 이 얼굴들, / 까맣게 젖은 나뭇가지 위의 꽃잎들."

본적으로 문학적 차원을 달리하는 문제이다. 우리가 형식주의 이론을 통해 알고 있는 '낯설게 하기'나 독일의 극작가 베르톨트 브레히트가 사용한 '소격효과'라는 특이한 방법은 바로 문학에서 구현된 새로운 언어 표현이 표현 대상이 된 존재의 새로운 면모를 새롭게 보여준다는 사실을 나타내는 개념들이다. 하이데거가 '존재의 드러냄'이라는 의미로 시작(詩作)을 '진리의 실행'이라고 본 관점도 문학이 감추어진 존재의 실상을 우리의 눈앞에 비로소 처음으로 열어 보여주는 이 사실에 착목하고 있다. 그가 '진리'와 연관지어 사용하는 '비은폐성' 또는 '탈은폐성'이라는 용어도 존재를 은폐된 상태에서 벗어나게 하는 시작(詩作)의 적극적인 행위를 잘 나타내주는 개념이다. 그러므로 창작과정에서 문학가들이 사회적 언어체계의 고정성에 안주하지 않고 새로운 표현 가능성을 탐색하는 것은 '모방'이 원체험의 대상에 닮아 있는 데서 나아가 실재의 참된 모습을 우리에게 열어 보여주는[開示] 차원에 도달하는 데 필수 불가결한 요건이 되는 것이다.

언어는 사회·역사적 형성물이므로 끊임없이 유동·변화한다. 그 변화를 주도하는 주체는 언어를 쓰면서 살아가는 바로 우리들이다. 다양한 차원에서 전개되는 우리의 언어 활동이 개인적이고 사회적인 언어를 형성한다. 언어를 개별 화자의 구체적인 언어사용(parole)과 사회적 언어체계(langue)로 이분하는 소쉬르의 견해를 보수적인 언어관으로 비판한 미하일 바흐친이 주목한 점은 사회적 언어체계의 규범적 고정성이었다. 언어를 역사적이고 역동적인 의사 소통의 수단으로 보는 바흐친의 입장에서 소쉬르가 말하는 사회적 언어체계의 고정성은 그 자체 사회 변화를 거부하는 정태적인 사고와 연결되는 것이다. 언어의 대화성이나 다중성을 강조한 바흐친은 언어를 변화시키는 언어 주체들의 능동적 언어 활동에 초점을 맞추고 있다. 사람들이 자기 필요에 따라 언어의 함축이나 구성 형태를 적극적으로 바꾸어 나가는 데 따라 새롭게 언어가 형성된다는 견해이다. 그 새로운 언어는 상대가 된 사람과 맺은 사회적 관계를 새롭고 창조적인 관계로 이끄는 것으로서 사회생활 자체를 역동적으로 만든다. 이런 측면에서 문학 작품의 창작자인 시인·작가들이 능동적·창조적으로 언어를 사용하는 데는 중대한 의미가 있다.

시인이나 작가는 기존의 언어체계가 허용하는 한계 내에서 기존의 방법을 단순히 답습하고 반복하는 존재인가? 아니면 기존의 방식을 숙지하면서도 스스로 그 틀을 깨고 나가 언어의 변화를 주도하는 한 주체인가? 독자는 단순히 언어 텍스트의 수동적인 소비자인가? 아니면 스스로 그 언어의 전달과정에 참여하여 변화에 작용하는가?

언어를 고정된 체계로 보는 관점에서 작가와 독자는 단순히 언어체계에 기생하면서 사회 체제와 기성 가치 관념의 공고화에 기여하거나 확대 재생산을 꾀하는 존재에 불과할 것이다. 그러나 언어 주체의 능동적 창조성을 강조하는 관점에서 보면 작가와 독자, 궁극적으로 인간의 문학 행위는 새로운 언어의 창조와 수용을 통하여 기존의 언어를 바꿈으로써 사회·역사를 바꾸어 나가는 활동이다.[12] '모방'의 개념은 이러한 활동의 매개체로서 문학 작품이 실제의 현실과 닮았다는 사실만을 적시하는 것이 아니라 그 현실을 독자가 새롭게 인식할 수 있도록 언어를 어떻게 창조적으로 사용해서 의미화를 이룩해야 할 것인가를 문제삼는 개념이다. 또한 그 개념은 창조된 현실의 모상(模像)을 통해 독자가 사물에 대한 새로운 인식을 얻어 현실의 변화에 적극적으로 참여하도록

---

12) 언어의 질감이 다르다는 것은 세계에 대한 감각이 다르다는 것을 의미할 수 있다. 일제시대 백석의 시는 그 질감으로 세계를 향해 발언을 하고 있다. 1970년대 신경림의 「농무」도 그러한 성격을 지니지만 백석의 시에 사용된 언어는 이 세계를 구성하는 사물에 대한 새로운 감각과 시각을 열어놓고, 그로써 삶에 대한 기존의 인식을 바꾸어놓고 있다.

"새끼오리도 헌신짝도 소똥도 갓신창도 개니빠디도 너울쪽도 집검불도 가락닢도 머리카락도 헌겊조각도 막대꼬치도 기와장도 닭의 짗도 개털억도 타는 모닥불 // 재당도 초시도 門長 늙은이도 더부살이 아이도 새사위도 갓사둔도 나그네도 주인도 할아버지도 손자도 붓장사도 땜쟁이도 큰 개도 강아지도 모두 모닥불을 쪼인다 // 모닥불은 어려서 우리 할아버지가 어미아비 없는 서러운 아이로 불상하니도 몽둥발이가 된 슳븐 력사가 있다."(백석, 「도닥불」)

이끄는 개념이다. 여기서 우리의 이야기는 자연히 창작과 함께 문학 활동의 주요한 과정인 문학의 수용, 독자의 역할에 대한 고찰로 넘어가게 된다.

3. 수용과정

창작과정을 중심으로 문학의 본질을 해명하려는 입장에서 '모방' 개념을 중시한다면, 수용과정을 중심으로 그것을 해명하려는 입장에서 핵심적으로 중요한 것은 '미', 곧 아름다움의 개념이다. 이 사실은 언뜻 납득이 되지 않을 수도 있는데 문학의 수용을 이야기할 때면 으레 교훈이나 쾌락을 들먹이는 데 우리 모두가 익숙해져 있기 때문이다. 사실 웬만한 작품을 읽는 과정에서 인간의 도덕적 품성에 대한 좀더 폭넓은 이해나 약간의 지식을 얻지 못하는 경우는 별로 없다. 또한 수준이 매우 낮거나 도저히 의미의 핵심에 접근해 볼 수 없는 난해한 작품이 아니라면 독자에게 얼마간 읽는 즐거움이 생긴다는 것도 우리가 나날의 독서 경험을 통해 잘 알고 있는 사실이다. 문학의 수용을 교훈이나 쾌락과 관련지어 논의하는 것은 이러한 경험적 사실을 토대로 해서 문학이 지닌 효용을 말하는 방식이다.

바꾸어 말하면, 문학이란 어떤 구조적 실체와 그것의 효과를 구분한다고 할 때, 교훈이나 쾌락은 바로 '구조적 실체'의 효과에 해당된다는 것이다. 그러면 과연 문학의 '실체'와 그 '효과'가 그렇게 확연히 구분될 수 있는 것인가? 우리가 창작과정에 대한 앞서의 논의에서 문학이란 '대상 그 자체'와 그 '개념'이 동전의 양면처럼 맞물려 있다는 사실을 언급한 것과 동일하게 '미' 또는 '아름다움'이란 것도 문학의 '실체'라는 측면과 그것을 감수하는 인간의 주관적 능력이라는 개념 사이에서 부동(浮動)하고 있다. 한 철학사전은 '미'라는 개념이 "예술작품이나 자연의 특징을 말할 때에도, 그에 대한 판단을 내릴 때에도, 함께 사용될 수 있다"[13]고 설명하고 있다. 그 사실이 가장 잘 드러나는 사례는 임마누엘 칸트에게서 찾아볼 수 있다. 칸트가 예술에 관해 집중적으로 논의한 저작은 『판단력 비판』인데, 왜 그는 여러 예술형식이나 '미'를 직접 다루지 않고 '판단력'을 논의하는가? 그 까닭은 칸트의 3대 비판서인 『순수이성 비판』과 『실천이성 비판』, 『판단력 비판』이 진·선·미의 세 가지 가치와 상응하는 관계에 있다는 데서 드러난다. 칸트는 진·선·미를 직접 분석하지 않고 그것들과 관련된 인간의 주관적 능력을 논의하여 분석을 대신하고 있는 것이다. 이러한 사실을 놓고 보면 문학의 수용 과정에서 '미'가 핵심적 개념이란 사실은 저절로 명백하게 드러난다. 진리의 인식을 추구하는 과학이 '진'에, 인간의 도덕적 실천 행위가 '선'에, 예술이 '미'에 상응한다는 일반인의 일상적 통념이 상식 이상의 의미를 지니게 되는 것이다.

그러면 예술의 하위장르인 문학의 본질로서 '미'란 무엇이며 그것을 감수하는 인간의 '수용과정'인 미적 체험, 곧 '판단력'을 통해 이루어지는 '심미판단', 칸트의 용어로는 '취미판단'이란 무엇인가? 이 문제는 '모방' 개념보다도 더 많은 논란의 대상이 되기 때문에 여기서는 우선 '미'의 개념이 일반적으로 어떻게 정의되고 있으며 그 의미가 무엇을 함축하고 있는지 개괄적으로 고찰하는 데서 논의를 시작한다. 한 학자는 '미'를 다음과 같이 정의하고 있다. 즉 미란,

> 어떤 사물, 어떤 사태의 완전성이나 가치가 단적인 형태로 직감적이거나 직관적으로 쾌나 감탄을 야기하며 파악될 때, 그 완전성을 말한다. 이 정의는 세 개의 계기에 의해서 구성되고 있다. 즉 첫째로는 미의 소재에 관한 규정, 둘째

---

13) Philip P. Wiener(ed), *Dictionary of the History of Ideas* 4, New york, 1973, p.16.

로는 존재의 완전성이라는 본질규정, 셋째로는 직감성/직관성이라는 조건이
다.14)

이 정의는 매우 소략하지만 엄밀성을 갖추고 있다. 이 정의에 따르면
우선 '미'는, 어떤 대상에 고유한 속성이 아니라 그것을 파악하여 쾌감을
느끼거나 감탄을 하는 주체의 능력과 관련된다. 이러한 관점은 문학의
수용이 수동적인 소비 행위가 아니라 작품을 매개로 하여 독자가 창조
적으로 의미를 재생산하는 과정임을 말해주는 장점이 있다. 하나의 작품
은 작가의 손에서 완성되는 것이 아니라 독자의 창조적인 독서를 통해
작품의 의미가 재생산될 때 비로소 완성된다는 인식이라고 확대 해석할
수 있다. 그렇다고 해서 미가 전적으로 주관적인 것은 아니다. 창조 행위
를 통해서 형성된 대상 자체에 그러한 주관적 판단을 가능하게 하는 조
건이 갖추어져 있어야 한다.

두 번째로는 '미'가 작품 속에 형상화된 '존재'와 불가분의 관계를 가
진다는 인식과 그것이 '완전성'이라는 요건을 갖추었을 때 '미'가 발현된
다는 인식이다. 이 두 번째 정의의 한 부분인 '존재'의 문제는 우리가
'모방' 개념을 언급할 때 이미 다루었다. '가치 있는 체험'이건 어떤 사물
또는 현실이건 간에, 작품은 우리가 '표현 대상'이라고 말하곤 하는 하나
의 '존재'를 표상 한다는 개념이다. 그러므로 여기서는 이 '존재'의 문제
에 대한 상론은 생략하고 '완전성'의 문제만을 검토한다. 그런데 이 정의
가 소략하게 이루어진 탓으로 인용문에서는 '완전성'이 무엇을 의미하는
지 구체적으로 드러나지 않는다. 따라서 이 개념을 구체적으로 알아보기
위해서는 이에 대한 좀더 상세한 설명을 참조하는 일이 필요하다. 한 문
예용어 사전은 미의 개념을 다음과 같이 설명하고 있다.

'미'에는 넓고 좁은 두 개의 의미가 있다. 협의의 '미'는 일상어의 '미'에 해

---

14) 佐佐木健一, 『美學辭典』, 東京大學出版會, 1995, 12면.

당하는 것으로서, 그 특징은 한편으로는 대상을 구성하는 제 요소가 형식미의 제 원리(조화, 균형, 조합, 율동, 대조, 반복 등)에 따라서 통일을 이루고 있는 것, 다른 한편으로는 대상적 통일이 주관 속에 일상적인 이해득실과 무관계하게 정밀한 쾌 감정을 환기하는 것 속에서 얻어진다. '미'는 그러나 넓은 의미에 있어서는 협의의 미 외에 우미(優美), 완미(婉美), 특성미(特性美), 숭고(崇高), 비장(悲壯), 골계(滑稽) 등의 미적 범주를 포괄해서, 그것들 모두를 관통하는 보편적 본질성을 의미한다. 이런 의미의 미는 정확하게 말하면 '미적'이라고 할 수 있는 것이지만 미학적 논설에 있어서는 특별한 언급이 없는 한 '미'는 광의의 미, 곧 '미적'이라는 의미에서 쓰이는 것이 보통이다.[15]

이 설명을 참조해서 '완전성'의 개념을 생각하면 그것이 '대상의 통일성'에 형식적 조건이 되는 조화, 균형, 율동 같은 요소를 갖춘 상태를 의미한다고 해석할 수 있다. 그러나 '완전성'의 개념이 광의의 미 개념에도 적용된다고 할 때는 조화나 균제 같은 형식적 원리를 넘어서 표현 대상에 대한 충실성을 나타내는 구체적 총체성[16] 같은 내용적 규정에 더 큰 비중을 두는 개념이 된다고 볼 수 있다. 그 이유는 숭고나 골계는 조화나 균제 같은 형식적 원리로서는 온전히 파악되지 않는 특성을 지니고 있기 때문이다. 예컨대 숭고는 전체를 확정할 수 없는 무한대에 가까운 크기가 중요한 요건이며 골계란 조화나 균제의 상태를 비틀어 효과를 얻는 미적 범주이기 때문이다. 이런 사실을 감안하면 '완전성' 개념은 형식적 원리의 충족을 의미하는 동시에 '존재'가 지니고 있는 구체적 관계들의 온전한 구현이라는 내용적 규정도 도입하는 개념이라고 볼 수 있다.

세 번째의 직감성 / 직관성은 우리가 앞에서 음악이나 미술과 같은 예술의 매재와 문학의 매재를 변별적으로 논의한 내용과 깊은 관련을 가

---

15) 長谷川泉 編, 『문예용어의 기초지식』, 至文堂, 1982, 497~498면.
16) 구체적 전체성이라고도 한다. 하나의 사물이 지니고 있는 모든 관련이 총괄적으로 포함되어 있는 상태를 말한다. 총체성은 주로 그 사물이 지니고 있는 본질적 연관의 통일을 의미하며, 구체적이란 말은 그 연관들이 개별적인 부분까지 포함하고 있는 상태를 가리킨다.

지고 있다. 그 개념이 함축하는 것은, 예술 작품은 그것이 표현하는 대상을 수용자가 직접적으로 느끼고 파악할 수 있도록 제시해야 한다는 것이다. 즉 그것은 수용자가 예술작품의 의미로 접근해갈 수 있게 하는 통로로서 예술의 매재가 지녀야 할 성격에 대한 규정이다. 이에 대해서는 앞서 언어 매재에 대한 고찰에서 논의한 바도 있지만 다음 장에서 작품과 장르를 이야기할 때 좀더 상세하게 다룰 예정이므로 여기서는 예술 일반이 수용자에게 직접적으로 명백하게 파악될 수 있는 형상성을 갖추어야 한다는 규정이라고 이해하는 선에서 만족한다.

이상의 검토에서 우리는 수용의 핵심적 사항으로서 '미'의 개념이 제기하는 문제들의 소재를 확인할 수 있었다. 여기서 맨 먼저 대두되는 문제는 '미'가 자연 사물이나 예술 작품의 특성인지 아니면 그것을 감수하는 주관에 속하는 사항인지를 분별하는 일이다. 다음으로는 예술 작품이 '존재'를 나타낼 때 그 '완전성'이 형식적 원리의 충족만을 의미하는 것인지 대상이 지닌 구체적 관계들의 총체성을 확보해야 한다는 내용적 규정을 포함하는지를 확정할 필요가 있다. 세 번째로는 문학 작품의 매재인 언어가 어떻게 인간의 감각기관 내지 의식에 호소할 수 있는 자질을 갖추느냐 하는 문제이다. 이 같은 여러 문제에 대해 대답하기 위해서 문학작품의 '미'가 수용자에게 체험되면서 의미를 재생산하는 과정을 차근차근 살펴볼 필요가 있다.

우리는 창작과정에 대한 앞서의 고찰에서 '모방'이라고 표현되는 문학적 의미화가 '보편의 그물'인 언어를 이용해서 체험의 '구체', 개별 사물을 나타내야 하는 모순에 처해 있다는 사실을 말한 적이 있다. 그러나 이 문제를 좀더 논리적으로 생각해보면 표현하는 행위가 있기 전에 표현의 대상이 확정되어야 한다. 즉 내가 이야기하려는 A라는 여인과의 연애사건은 어디가 처음이고 어디가 끝인가? 이 사건을 이야기하는 데 어릴 때의 소꿉동무였던 여러 여자아이들의 이야기와 길에서 언뜻 보았던 아름다운 처녀의 이야기, 대학시절 어울렸던 이 여자 저 여자의 이야기,

동네 아주머니들에 대한 단편적인 인상 등을 기억 나는 대로 다 늘어놓는 경우를 상정해보자. 그 혼란스러운 이야기를 읽고서 독자들이 그 소설을 A라는 여인과 젊은 대학생의 연애사건을 다룬 이야기라고 알아볼 수 있을까? 그것은 아마도 초점이 닿지 않아 얼굴을 알아볼 수 없을 만큼 윤곽이 흐려진 단체사진 꼴이라고 할 것이다.

　　요점은 '구체적인 체험'이건 '개별 사물'이건 간에 작품이 하나의 대상을 표상하기 위해서는 부분을 형성하는 다양한 요소들이 '하나'로 통일되게끔 배치되어야 한다는 것이다. 문학에서 이 통일의 대표적인 형식은 처음과 중간과 끝이 수미일관 하게 유기적으로 연결되는 방식이다. 그러나 시간적 순서에 따르는 이러한 통일성은 시간의 흐름 속에 존재하는 말의 특성에 따라 유력한 것이 되었을 뿐 문학의 유일한 통일 방식은 아니다. 우리가 그림에서 여러 가지 공간적 구도의 통일 방식을 볼 수 있는 것처럼 문학에도 여러 가지의 통일 방식이 있다. 가장 전형적이고 단순한 통일방식은 대상 자체의 단일성에 의한 통일이다. 한 사람의 전기를 묘사한 조선시대의 영웅소설이나 특정한 개인의 정서를 표현하는 서정시는 많은 경우 이런 종류의 통일성에 기반을 두고 있다.

　　그러나 등장인물이 수백 명이 되고 복잡다단한 현대도시 생활을 다루는 작품의 경우 이러한 대상 자체의 단일성에 의한 통일은 가능하지 않다. 이런 경우 시인·작가는 밤하늘의 별과 같이 모자이크된 것들이 빚어내는 공간적 심상을 통해 부분들을 하나의 대상으로 통합할 수도 있고 콜라쥬나 오버랩의 방법에 의해서 통일된 형상을 만들 수도 있으며 어떤 인물의 의식을 중심으로 통일을 기할 수도 있다. 에이젠슈타인의 몽타주이론은 콜라주나 오버랩 같은 기법에 의지하고 있으며, 파스테르나크의 『닥터 지바고』는 개개 형상이 밤하늘의 성좌를 이루는 형태로 통일성을 획득하고 있다. 이에 비해 제임스 조이스의 『율리시즈』로 대표되는, 20세기 문학의 특징으로 손꼽히는 '의식의 흐름' 계열 소설은 인물의 의식을 통하여 통일성을 획득하는 방법이다. 그 방법이 어느 것이건 간에 하나의 대상이 형태를 이루면 우리는 거기에서 작품의 형상, 곧 특정 존재나 사건을 인지할 수 있다.

통상 우리가 사건이나 사물이라고 하는 것은 우리의 삶에서 일어난 일 가운데 한 부분을 일정한 크기로 분리한 것인 동시에 그것이 원인과 결과의 관계 같은 요인에 의하여 일정하게 결합된 어떤 행동이다. 이것을 우리는 대상적 통일성, 또는 완결성이라는 개념으로 설명하는 것이지만 의식 속에서 표현의 대상을 확정짓는 행위 그 자체는 이미 고도의 보편화에 해당한다. 즉 사건을 빚은 원인과 그에 따른 결과를 인지한다는 것은 이미 개별적인 요소와 행위들 사이의 관계를 보편적으로 인정할 수 있는 논리를 개입시켜 이해하는 방식이다.

아리스토텔레스가 플롯의 중요한 요건으로 이야기한 개연성의 개념은 하나의 행위와 그 다음 행위 사이의 관계가 누구나 어느 정도 납득할 수 있는, '있을 수 있는' 관계로 설정되어야 한다는 점을 말하고 있다. 결혼 비용이 없어 고민하던 주인공이 어느 날 재벌의 유산을 상속받아 순식간에 모든 문제를 해결했다는 식의 구성이어서는 안 된다는 생각이다. 실제로 그런 일이 일어날 수도 있지만 그것은 매우 특수한 사례에 지나지 않으므로 보편적 설득력이 없는 것이다. 이처럼 문학에서는 체험의 구체를 표현 대상으로 구성하는 데서부터 보편화가 이루어지지만, 그러나 문학의 매재로서 언어가 행하는 '보편의 그물'로서의 역할은 더 근원적이다. 하나 하나의 문장이 '개별'을 '보편'으로 지양하는 운동일 뿐만 아니라 하나의 수식어를 선택하는 극히 짧은 찰나의 순간에서까지도 보편화의 작업은 진행되고 있다. 우리는 손자에게 밥을 먹이는 할아버지의 모습이 입을 다물고 있는 것으로 그려졌다고 해서 명화(名畵)의 자격을 잃은 그림 이야기를 알고 있다. 아이가 밥을 받아먹을 수 있게끔 입을 벌리도록 할아버지의 입은 '아~' 하고 벌어져 있어야 했던 것이다. 그러나 이 사례는 문학에서는 언어의 최소 단위인 음소의 선택 순간에서까지도 찾아볼 수 있다. 예컨대 명동거리를 걷는 하이힐을 신은 세련된 여성이 '또각또각'이 아니라 '뚜벅뚜벅' 걸어갔다고 묘사한다면 그 작가를 누가 믿을 것인가? 이처럼 언어가 지닌 '보편의 그물'은 근본적이다. 따라서 구성 차원의 '개연성'은 하위 단위인 문장이나 낱말의 선택과 불가분의 관계를 지닌다.

이 사실은 문학적 의미화에서 표현 대상의 확정과 그에 대한 묘사의 과정이 분리되는 것이 아니라 통일되어 있음을 알려준다. 표현의 순간은 생각 속에 있는 것을 단순히 옮겨 적는 작업이 아니라 창작의 대상으로 삼고 있는 존재에 대한 시인·작가의 첨예한 인식이 이루어지는 순간이기도 한 것이다. 그렇기 때문에 문학 작품에서 이루어지는 의미화는 매재와 불가분리의 관계로 결합되어 있다. 작품이 그 대상적 통일성 속에서 어떤 체험이나 사물을 표현한다고 했을 때 그 의미는 표현 수단인 언어의 물질성 속에 깊이 각인되는 것이다. 문학이 표현수단으로서 동일한 언어를 사용하면서도 과학이나 철학과 다르게 예술의 하위 장르로 구분되는 이유는 이 사실에서도 한 근거를 찾을 수 있다. 즉 문학작품의 의미에 접근하는 데는 그 물질적 형식인 언어에 대한 감수의 능력을 일차적 요건으로 하는 것이다. 우리가 흔히 '심미적 체험'이라고 하는 문학 수용의 첫 단계는 이런 측면에서 작품의 물질적·감각적 형식에 대한 감수로부터 시작된다.

미적 체험의 대상과 인간의 예술적 감수성 사이의 관계는 일찍부터 많은 주목을 받아 왔다. 현대문학의 비조(鼻祖)처럼 간주되는 T. S. 엘리엇이 근대 사회에서 사고와 감정이 분리되는 '감수성의 분열'이 일어나고 있음을 이야기한 사실도 그러한 한 예이지만 예술 작품이 예술을 이해하고 미를 감상할 수 있는 대중을 창조한다고 본 견해도 그 관계에 대한 뛰어난 인식을 보여주는 사례라고 할 수 있다. 즉 예술작품의 의미는 그것을 감상하고 향수할 수 있는 예술적 감수성이나 미적 경험을 가진 사람과 그렇지 않은 사람 사이에 큰 차이가 나기 마련이다. 작품의 의미를 파악하기 위해서는 그 매재의 성질을 민감하게 느낄 수 있는 감수의 능

력이 일차적 요건인 것이다. 이 사실은 문학에도 그대로 적용된다. 예컨
대 김영랑의 다음 시에서 그 양태를 찾아볼 수 있다.

> 내 마음의 어딘 듯 한편에 끗업는
> 강물이 흐르네
> 도처오르는 아츰날빗이 빤질한
> 은결을 도도네
> 가슴엔 듯 눈엔 듯 또 핏줄엔 듯
> 마음이 도른도른 숨어잇는 곳
> 내마음의 어딘 듯 한편에 끗업는
> 강물이 흐르네

  서정주 시인은 이 시가 김소월의 시에 나타나는 '축축히 젖어드는 슬픔'
이 아니라 '말랑말랑한 슬픔'을 노래함으로써 슬픈 현실을 견디는 견결하
고 끈기 있는 힘을 나타낸다고 설명했다. 이처럼 이 작품을 '말랑말랑한 슬
픔'을 나타내는 시라고 파악하는 것은 그 물질적·감각적 기호에 대한 섬
세한 감수능력이 뒷받침되지 않고서는 불가능한 일이다. 문학 수용의 첫
단계는 이처럼 그 매재인 언어에 대한 접근에서 이루어진다. 그 언어가 가
지고 있는 표면적인 뜻을 비롯하여 분위기·정조·어조·빛깔·소리·상
징성·역사성·사회성 등을 포괄적으로 감촉하면서 독자는 머리 속에 심
상을 형성해 나가는 것이다. 이 심상들이 모이고 서로 연결되면서 작품은
점차 하나의 형상을 조성하게 된다. 각 장면에서 우리의 의식 속에 환기되
는 심상은 좀더 단위가 큰 형상의 구성요소가 되기도 하고 작품 전체가 이
루는 통일된 형상의 부분적 요소가 되기도 한다. 이 가장 작은 단위의 심
상과 좀더 큰 단위의 형상, 그리고 작품 전체가 나타내는 형상의 관계를
가장 잘 분석하고 있는 사람은 그 자신 『인도로 가는 길』을 지은 소설가이
자 『소설의 이해』[17]라는 이론서를 지은 E. M. 포스터이다.

---

17) 원제는 『소설의 양상(*The aspects of the novel*)』이다.

포스터는 자신의 저서 맨 마지막장에 '패턴과 리듬'이라는 주제를 설정하고 있다. 그는 자신이 스토리·인물·플롯을 살피는 순서를 거쳐 왔으며 이제 이러한 요소들이 공통적으로 '기여하는 어떤 것'을 고찰하겠다고 말하면서 그것의 이름을 회화와 음악에서 빌어와 '패턴과 리듬'이라고 명명한다고 밝힌다. 곧 작품에는 '회화적 영상으로 요약할 수 있는 패턴'과 '반복과 변화를 합친 것'으로서의 리듬이 있다고 말한다. 그는 이 요소들이 '미를 소설에 끌어들일 수' 있는 방법이라고 말하면서 패턴이 뚜렷이 드러난 작품으로 아나톨 프랑스의 『타이스』와 퍼시 러보크의 「로마 구경」, 헨리 제임스의 『대사들』을 들고 리듬이 잘 구현된 작품으로 마르셀 프루스트의 『잃어버린 시간을 찾아서』를 든다. 포스터는 먼저 패턴에 대해서 "스토리는 우리의 호기심에 호소하고 플롯은 우리의 지력에 호소하지만, 패턴은 우리의 미각에 호소하고 우리가 책을 전체로 보게 만든다"고 하면서 이렇게 설명한다.

> 패턴은 주로 플롯에서 나오며 구름 속에서 비치는 한 줄기 햇빛처럼 플롯을 동반하여 플롯이 사라진 후에도 그대로 보인다. 미는 종종 작품의 모양, 전체로서의 작품, 또는 조화이기도 한데, 단일 항상 이렇다면 우리의 연구는 훨씬 더 쉬워질 것이다. 그러나 가끔씩 그렇지 않다. 그렇지 않을 때, 나는 그것을 리듬이라고 부를 것이다.[18]

포스터는 여기서 이 요소들이 '정확한 형태를 가진 작품, 조화가 있는 작품'에서 나타나는 특성이므로 모든 작품의 속성은 아니라는 점을 밝히고, 패턴과 리듬은 선택적으로 존재하는 것으로 처리하고 있다. 이러한 인식은 작품의 형상이 부분적인 장면에서만 찾을 수 있는 요소가 아니라 전체와도 관련된다는 사실을 밝히고 있다는 점에서, 그리고 그 전체적인 요소들만을 추구할 경우 작가는 희생을 치를 수도 있다는 사실을

---

18) E. M. 포스터, 이성호 역, 『소설의 이해』, 문예출판사, 1996, 166~167면.

밝힌 점에서 선구적이다. 또한 포스터는 『대사들』을 예로 들어 '패턴을 명확하게 보기 위해 그 사건들을 흐려지게 내버려두면, 모래시계 가운데서 빛나는 것은 바로 파리이다'라고 하여 패턴이 주로 공간과 관계되고 리듬이 반복과 변화를 통해 형성되는 것으로서 시간적 요소와 관계되는 것임을 밝힌다. 이러한 분석의 끝에 포스터는 톨스토이의 『전쟁과 평화』를 읽을 때면 '거대한 화음이 우리 뒤에서 들리기 시작하고 다 읽고 나면 모든 세목이 ― 작전계획의 목록까지도 ― 읽을 때 가능했던 것보다도 큰 존재를 이끌어가지 않는가?'라고 말하여 패턴과 리듬의 긍정적 효과를 언급하는 것으로 끝을 맺는다.

포스터의 분석은 자신의 창작체험과 독서체험에 의지하여 이루어진 것으로 작품의 형상에 접근하는 새로운 방법을 제시하고 있다. 그러나 그가 패턴을 자주 분위기와 관련짓고 소설에서 리듬의 규칙성이 지니는 효과에 대해서 부정적인 견해를 은연중 나타내는 데서 드러나듯이 그의 이론은 작품의 전체적 형상을 적절히 표시해줄 개념을 갖추지 못한 한계를 지니고 있다. 곧 음악이나 회화에서 쓰이는 개념을 원용한 패턴과 리듬이라는 용어는 작품의 전체 형상이 지니는 특질을 효과적으로 표현하지 못한다. 포스터가 패턴이라는 용어로 지시하는 것은 동양사람들에게는 매우 친숙한 용어인 상(象)이라는 개념으로 훨씬 더 잘 포착이 되며 시간적 지속을 갖는 리듬이 이루는 전체적인 양상은 기(氣)나 힘이라는 개념으로 표현해야 적절할 내용이다.

다시 말해서 작품을 읽고 나서 전체를 한꺼번에 통람할 적에 즉각적으로 포착이 되는 형상은 '상(象)'이라고 할 수 있으며 작품에서 우러나오는 무형의 힘은 '기(氣)'라는 개념으로 표시해야 마땅한 어떤 것이다. 이 두 가지는 포스터가 이야기하듯이 패턴이 아니면 리듬이라는 식으로 선택적인 사항이 아니고 통합되어 있는 것이다. 예컨대 조세희의 『난장이가 쏘아올린 작은 공』의 상은 공포의 분위기를 자아내는 형상, 액자 속에 프랑켄슈타인과 드라큐라가 함께 들어 있는 모습이며 향가인 「찬기

파랑가」는 흰색과 푸른색이 조화를 이루
어 청신한 기상을 일깨운다. 이 작품들은
하나의 이미지로 통일되는 패턴을 지니
고 있을 뿐만이 아니라 그 속에 어떤 힘,
기운을 느끼게 하는 요소를 지니고 있다.
패턴과 리듬은 분리되어 있는 것이 아니
라 통일적으로 작용하고 있는 것이다. 이
양상은 박경리의 『토지』가 태극모양의 상
(象)을 지니고 있으면서 1부의 긴장된 기
운이 5부로 갈수록 크게 이완되는 양태에
서 전형적으로 찾아볼 수 있다. 포스터는
작품의 형상을 분석하는 중요한 단서와
방법을 찾았음에도 불구하고 그에 적절
한 개념을 제시하지는 못한 셈이다.

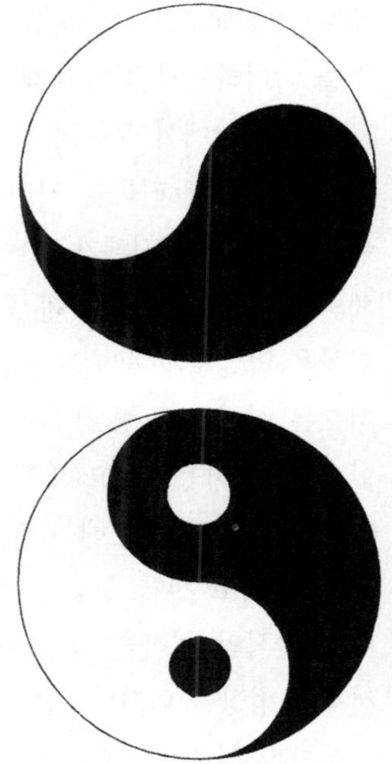

『토지』의 전체 형상을 압축하면 태극 모
양이 나타난다.

　작품을 읽을 때 독자는 각각의 장면을
통해 많은 심상을 떠올릴 수 있지만 작품
의 형상이 여러 개인 것은 아니다. 작가가 전체적으로 미적 형식을 고려
하지 않은 까닭에 형상이 통일되지 않고 분열되는 경우도 있으나 그것
이 시인·작가에게 자랑거리는 아니다. 다시 말해서 하나의 작품은, 조
금 극단적으로 말한다면, 전체적으로 하나의 형상을 나타낸다. 이 사실
은 서정시 같은 작은 규모의 작품에서만 진실인 것이 아니라 연작소설
인 조세희의 『난장이가 쏘아올린 작은 공』에도 해당되고 21권이나 되는
방대한 분량의 대하소설인 박경리의 『토지』 같은 작품에도 해당된다. 포
스터가 톨스토이의 『전쟁과 평화』와 마르셀 프루스트의 『잃어버린 시간
을 찾아서』를 패턴과 리듬이란 개념으로 논란하는 것은 그와 같은 대작
들에 작품 전체를 통일하는 상이 갖추어져 있다는 점을 시사한다고 할
수 있다. 곧 작품은 이 형상을 통해서 하나의 존재 또는 체험을 표상하

게 된다. 그러므로 이 형상의 성질이 무엇이며 그에 대한 심미판단이 무엇을 의미하는지 정확히 파악하는 일이 필요하다.

우리는 앞에서 부분적 심상과 작품의 전체 형상에 대해서 말했다. 작품이 패턴이나 리듬을 지니고 작가에 의해 미적 형식이 특별하게 고려된 경우에 작품 전체가 하나의 형상을 이루며, 그때 부분의 심상들은 전체의 형상을 형성하는 데 요소가 된다는 점을 함축한다. 여기서 심상과 형상을 엄밀하게 구분하지 않을 수도 있다. 심상은 말 그대로 마음 속에 떠오른 상이므로 형상이란 말과 약간의 의미 차이가 있긴 하지만 동일한 의미로 사용한다고 해도 결정적인 오류가 생기는 것은 아니다. 이 용어들을 여기서 구분해서 사용하는 것은 다만 개별적인 요소와 부분적 장면, 그리고 전체 형상이 맺는 관계를 강조하기 위한 조처일 따름이다. 즉 주관적인 성격을 가진 부분적 심상들이 모여서 작품의 의미가 되는 전체의 형상을 나타낸다는 사실을 말하고자 용어를 구분한 것일 뿐이다.

이 작품의 전체 형상이나 패턴 또는 리듬을 고려할 때 앞에서 우리가 미의 정의를 통해 중요 개념으로 적시한 '완전성'의 문제가 대두된다. 하나의 형상이 완전하다는 판정을 내리기 위해서는 그것이 전체적으로 부분간의 조화와 균형·비례·리듬 등의 형식적 요건을 갖춰야 한다. 이것은 우리가 아름다운 여인을 판정할 때와 흡사한 성격을 갖는다. 즉 어떤 여인이 팔등신의 체격을 갖추고 있는데도 사팔뜨기이거나 들창코인 경우 미인이라고 하지 못하는 것과 마찬가지로 얼굴이 지나치게 길거나 넓은 경우에도 우리의 심미감은 부정적인 판단을 하게 된다. 작품의 형상에 대한 판단도 마찬가지 방식으로 이루어진다. 사건을 이야기하는 서사문학의 경우 전체 사건에서 별로 중요하지 않은 사실이 길게 이야기된다고 가정해보자. 또 그 사건 전체를 이해하는 데 별로 도움이 되지 않는 철학적 논설이 장황하게 펼쳐진다고 생각해보자. 또는 중요한 역할을 하는 인물도 아닌데 과거의 이력에 대해서 미주알 고주알 상세하게 소개한다고 생각해보자. 이런 불균형이 나타나면 작품의 전체 형상은 우리의 심미감을 만족시키지 못한다. 우리가 흔히 8등신을 미인의 요건으로 생각하는 것과 같이 하나의 형상이 아름다운가 그렇지 않은가를 판정하는 데는 일정한 비례·조화·균제·리듬 같은 요소가 중요한 관건이 된다.

그러나 이 요소들이 항시 똑같은 형태를 취할 필요는 없다. 표현의 대상이 지닌 성격에 따라 그 조화나 비례가 취하는 방식은 달라질 수밖에 없다. 남자를 조형하는 데 여자의 신체적 조건을 적용할 수 없다는 점은 이 사실을 쉽게 설명할 수 있게 해준다. 여자의 경우 한 손에 쥘 수 있을 듯한 날씬한 허리를 미인의 요건으로 고려할 수도 있겠지만 남자를 그와 같이 묘사하는 경우 우리는 그 사람이 병자가 아닌가 생각하게 될 것이다. 아름다움을 판정하는 데는 모든 특수 사례에 따라 서로 다른 기준이 적용되어야 하는 것이다. 이것이 문학예술 작품에 대한 심미판단에서 나타나는 가장 특징적인 사실이다. 즉 개별 형상을 보편적인 원리에 기준을 두고 판단하는 것이 아니라 특수 사례에 적합한 판단의 원칙을 매번 새롭게 고려해야 하는 것이다. 그러나 심미판단이 전체 형상에 대해서만 이루어지는 것은 아니다. 부분적 요소들의 경우에도 전체에 대한 적합성이 요구될 뿐만 아니라 가장 기초 단위인 문장의 경우에도 특수성의 원리에 따른 판단이 이루어진다.

예를 들어 오랜만에 만나는 애인들이 모두가 격렬한 포옹을 하는 것으로 묘사할 수는 없는 것이다. 애증이 겹친 경우 연인들 사이에 서먹한 분위기가 감돌 수도 있고 시부모님이 지켜보고 있기 때문에 끓어오르는 열정에도 불구하고 서로 바라보지도 못할 경우가 있는 것이다. 묘사의 적합성은 그러한 특수 조건들에 다라서 판정되지 않을 수 없다. 이처럼 문학적 형상에 대한 심미판단은 특수성의 원리에 기초하며 '완전성'이란 형식적 원리에 따른다. 그러나 이 사실을 확인하는 자리에서 상기해야 할 사실은 '완전성'의 형식적 원리가 심미판단의 보편적 기준이 될 수는 없다는 것이다. 앞에서도 이야기한 바와 같이 숭고나 골계, 추미(醜美)의 경우 '완전성'이란 형식적 원리가 미의 보편적 척도로 적용될 수 없다. 형식적 원리는 다만 우리가 통상 '아름답다'고 판정하는 많은 경우, 조화미라는 한 가지 종류의 미에만 국한해서 미의 규준으로 역할을 할 뿐이라는 단서 속에서 보편적 원리가 되는 것이다. 그러나 이 사실의 이해보다도 더 중요한 것은 형식적 원리의 근거 문제이다. 우리가 조화나 비례, 균형 등의 보편적 원리를 확정할 수 없다면 개별 사례들을 '미'의 개념으로 판정한 결과가 객관적으로 타당한 것이라고 주장할 수 있는가 하는 문제이다. 즉 형식적 원리의 근거를 어디에서 찾을 수 있는가 하는 물음이다. 이 문제에 대해 가장 깊은 통찰을 보여준 임마누엘 칸트는 '무관심성'이나 '무목적의 목적'이란 개념을 통해 형식적 원리의 근거를 별도로 설정하는 데 대해서 부정적인 입장을 나타낸 바 있다. 즉 형식은 그 자체로 판정되어야 할 것이지 외부의 대상에서 근거를 구해서는 안 된다는 입장이다. 그러나 그는 이러한 주장을 하는 한편으로 '미적 예술은, 그것이 동시에 자연인 것처럼 보이는 한에 있어서, 예술이다'고 말하여, 천재의 소산인 예술이 '자연과 꼭 닮았다'는 관점을 견지하고 있다. 한편으로는 심미적 판단이 모방의 대상이 된 원래의 체험이나 사물과는 아무런 관계가 없다는 것을 말하면서도 다른 한편으로는 모방의 대상이 된 사물과 작품이 보여주는 형상이 꼭 닮았다는 모순된 발언을 하고 있는 것이다.

그러나 칸트의 통찰이 빛나는 것은 바로 이 모순어법을 통해서이다. 즉 예술 작품은 원 체험이나 원래의 사물과 직접적으로 비교될 수 있는 것이 아니라는 인식이 거기에 나타나 있다. 작품을 만들기 위해서 작가나 시인이 개별적인 사물이나 체험에 근거하여 작업하는 것은 사실이지만 형상화의 과정에서 그 '개별적인 것'은 이미 보편적인 것으로 변화되어 있다. 그러므로 원래의 개별적인 것은 이미 개별 그 자체가 아니라 일정하게 보편성을 함축하고 있는 '특수자'가 된 것이다. 이처럼 이미 속성 자체가 변화된 예술 작품의 형상을 원래의 개별적 대상과 관련해서 이야기하는 것은 무의미한 일이다. 개별은 이미 보편으로 지양되어 있는 것이다. 그러나 그처럼 보편성을 함축하고는 있지만 예술작품이 과학의 법칙과 다른 점은 개별 사물의 구체적 양상을 보존하고 있다는 점이다. 그것은 개별 사물의 구체성을 보존하면서도 거기에 곁들여져 있을 수 있는 우연성을 일정하게 탈각하고 있어서 실제보다도 더 현실적인 것으로 된 것이다. 그러므로 문학예술 작품에서 우리는 실제의 사물보다도 더 실감나는 현실적인 대상을 발견할 수 있으며 그것은 '자연'과 꼭 닮은 것이라고 말할 수 있는 것이다.

문학의 수용에서 독자가 체험하는 것은 이와 같은 개별과 특수와 보편의 변증법이다. 작가는 자기의 개별적인 체험을 가공해서, 다시 말해서 체험을 일정하게 보편화함으로써 작품을 만든다. 이렇게 만들어진 작품은 이미 원래의 개별적인 체험이나 사물이 아니라 일정하게 보편으로 지양된 특수자이다. 그러므로 독서에서 독자가 만나는 것은 원래의 개별성을 보존하면서도 이미 일정하게 보편화된 체험이다. 독자는 이 보편화된 체험을 접하는 동안 알게 모르게 자신의 개별적 체험과 비교하는 작업을 수행하게 된다. 그렇기 때문에 독자는 이 보편화된 개별적 체험이나 사물을 대하면서 자신의 폭 좁은 개별성의 상태를 벗어날 수 있게 된다. 작품의 보편화된 내용이 독자를 개별성의 자리에서 벗어나게끔 해주기 때문이다. 다시 말해서 독자는 자신의 체험과 작품에 제시된 보편화된 체험을 비교하면서 자기 스스로를 보편적인 존재로 고양하는 것이다. 문학의 수용 체험, 곧 미적 체험의 본질은 여기에 있다. 작품에 보편화된 내용이 독자 스스로 보편화하고 있는 수준을 넘어서지 못할 때 작품은 아무런 감흥도 일으키지 않는다. 작품에 보편화된 내용이 독자를 새로운 보편의 자리로 고양시킬 때, 즉 작가의 지적·도덕적 노력에 의해 보편성을 획득한 작품을 통해 독자가 소아(小我)에서 대아(大我)로 탈바꿈하게 될 때 감동이 일어나게 된다. 작품에서 이루어진 보편화의 내용에 독자가 공감하고 그 '진리'에 동조하며 자신을 그것에 일치시킬 때 감동이란 현상이 빚어지는 것이다. 이런 측면에서 좋은 작품은 독자를 개별적인 자아에서 보편적 존재, 진정한 인간적 존재, 다시 말해서 '유적 존재'로 고양시키는 것이다. 이 '유적 존재'는 사람들 사이의 교류와 협력을 가능하게 함으로써 '인류 공동체'라는 이상의 터전이 된다. 이렇게 독자가 유적 존재로 고양될 수 있는 것은 작품 형상에 의해 개시된 '존재의 빛'에 말미암는다. 독자는 작품 형상을 통해서 의미를 재구성하는 과정에서 세계의 진실을 새롭게 깨닫고 개아(個我)에 머물러 있던 자신을 그 진실에 일치시켜 보편적 존재로 고양시키는 능동성을 발휘함으로써 새로운 존재로 다시 태어나는 것이다. 보편적 인간활동의 하나로서 문학 행위의 본질은 이와 같은 창작과 수용의 전체 과정 속에서 실현된다.

제2장 문학 작품과 장르

문학을 창작과 수용의 전체 과정 속에서 논의하는 것은 그것을 고정된 사물이 아니라 인간활동의 하나로 파악하는 관점에 근거한다. 작품을 짓고 수용하는 전체 과정으로서 문학현상에 관한 탐구가 인간학의 하나가 되는 것은 이 때문이다. 그렇기는 하지만 우리가 통상 문학이라고 할 때 우선적으로 상기하는 것은 문학작품이고, 사람들의 문학 활동이 작품을 중심으로 하여 전개되는 것도 부인할 수 없는 사실이다. 작품을 빼놓고서 문학을 이야기한다는 것은 어느 모로 보나 헛된 일인 것처럼 느껴지는 것이다. 문학을 정의할 때 '상상적 글'이나 '위대한 글'을 언급하게 되는 까닭도 문학과 작품을 직결시키는 우리의 관습적 사고에 말미암는다. 따라서 문학이란 무엇인가? 하는 질문에 답을 하기 위해서는 우선적으로 작품 자체에 대한 고찰이 필요하다. 작품이란 말 자체의 의미뿐만 아니라 그것이 지닌 속성을 심층적으로 고찰할 필요가 있는 것이다. 이러한 작업은 자연히 최근 많은 사람의 관심대상이 되고 있는 '텍스트'

개념에 대한 논의와 문학의 장르에 대한 고찰을 요구한다. 익히 알려져 있듯이 텍스트 개념은 20세기 후반 이후 작품의 개념을 대체하면서 등장하고 있고, 문학장르는 통상 작품의 보편개념으로 간주되기 때문이다. 따라서 작품의 개념을 올바로 파악하기 위해서는 이러한 연관된 개념들을 고찰의 영역 속에 포함할 필요가 있다. 여기서는 작품 자체의 속성에 대한 검토에 이어서 텍스트 개념의 문제를 고찰하고, 작품과 내적·외적 관계를 맺고 있는 장르의 문제를 살피는 순서로 논의를 진행한다.

1. 작품과 텍스트

'작품'이란 말은 그것이 자연적으로 생겨난 것이 아니라 인위적인 노력에 의해 '만들어진 것'이라는 점을 시사한다. 한자어 '작품(作品)'이나 서양어 Work는 다같이 이러한 의미를 함축하고 있다. 인간이 생활상의 필요를 충족시키기 위해 자연의 소재에 자신이 지니고 있는 심신의 힘을 가해 원래의 형태를 변형시켜 제작한 것 전체가 작품에 속한다고 할 수 있다. 여기서 우리는 '작품'을 설명하기 위해서는 소재로서의 자연, 노력으로서의 인간의 행위, 만들어진 인공물로서 작품이란 세 가지 사항을 구분할 필요가 있음을 알 수 있다. 이 구분은 서양에서 만학(萬學)의 아버지라고 부르는 아리스토텔레스가 그의 전 학문체계를 이론학과 실천학, 제작학으로 나눈 사실과 상응한다. 물리학이나 생물학, 심리학처럼 자연에 대한 인식을 다룬 이론학과 인간의 실천 행위를 대상으로 하는 윤리학, '만들어진 것'의 대표로서 문학작품을 다룬 시학(詩學)이 그 세 학문이다. 이 세 학문은 탐구의 대상이 각기 다른 특성을 갖고 있다. '자연'은 사람에게 주어져 있는 소여의 대상이며, 행위는 대상을 변형시키기 위해서 인간이 자신의 인격을 주체로 하여 의지적으로 심신의 힘을 사용하는 것이다. 이에 비해서 작품은 인격의 주체가 심신의 힘을 사용해 의지적으로 만들어 낸 것임에는 틀림없지만 이미 그 주체와는 분리된 상태에 있다. 우리가 '행위'를 주체의 인격이나 의지와 분리해서 생각할 수 없는 것임에 반해서, 작품에서는 거기에 비록 만든 사람의 인격과 의지가 내포되어 있는 경우라 할지라도 그것을 그리 크게 문제삼지 않는다. 자본주의시대를 살고 있는 우리는 다른 사람이 만든 것을 숱하게 많이 사서 쓰고 있지만 그것들을 사용할 때마다 제작자의 인격이나 의지를 고려하지는 않는다. 상품이 불량품이라거나 가격을 속인 경우 등 매우 특수한 계기에 한정해서 제작자의 인품과 도덕성을 문제삼는 것이 고작이다. '만들어진 것'은 그것을 만든 인격 주체와의 분리를 기본적 특성으로 하는 것이다.

그러나 우리는 흔히 문학 작품에 나타난 사상을 작가의 사상이라고 생각하며 '작가의 의도'를 작품과 관련지어 이야기하는 경우도 많다. 이것은 '만들어진 것'이 제작자의 인격이나 의지와의 분리를 기본 특성으로 한다는 언급과 모순되는 것으로 보인다. 하지만 바로 이처럼 모순되는 것으로 보인다는 사실이 작품의 본질을 이해하는 데 중요한 역할을 한다. 그것은 아리스토텔레스가 많은 '만들어진 것' 가운데 '문학 작품'을 제작학(서양어 Poetics는 제작학이란 의미와 시학이란 의미를 동시에 지닌다)의 표본으로 정하여 논의한 이유와 긴밀하게 연결된다. 그것은 우리의 언어 관행이 인간이 자신의 심신의 힘을 이용하여 만들어낸 것들을 모두 작품이라고는 하지 않는다는 사실과 유관하다.

'만들어진 것' 일반을 나타내는 용어는 '인공물' 또는 '인공품'이다. 오래된 사원의 건물도 인공물이고 가게에 쌓여 있는 공산품도 인공물이며 복잡한 회로를 지니는 슈퍼컴퓨터도 인공물이다. 우리는 이런 물건들이 사람에 의해 만들어진 것이라는 사실을 알고 있으면서도 그것들을 모두 다 작품이라고는 하지 않는다. 어떤 경우에는 상품이라고 하기도 하고 어떤 경우에는 인조품이라고도 하며, 어떤 경우에는 인조물이라고도 한다. 그러나 우리는 이 세상에 차고 넘치는 많은 인공물 가운데서 아름다운 조형미를 지닌 건물이나 공교롭게 만들어진 제작물에 대해서는 특별히 '작품이다!'고 말하기도 한다. 이러한 말의 용례를 돌아보면 '작품'은 인공물이기도 하면서 그 이상의 무엇이기도 한 것이다. 이런 측면에서 아리스토텔레스가 제작물의 표본 사례로서 '문학작품'을 다루었다는 사실은 의미심장하다. '작품'이 '만들어진 것' 일반의 본질적인 특성을 가장 잘 구현한다고 보았기 때문이라고 미루어 짐작해볼 수 있다. 이 점을 고려하면 일반적인 제작물로서 인공물과 작품이라고 부르는 것 사이에 개재해 있는 어떤 차이를 주의 깊게 살펴볼 필요가 있음을 알 수 있다.

인공물은 일반적으로 어떤 쓰임새 때문에 만들어진 것이다. 자본주의 시대의 가장 일반적인 인공물인 상품은 그 양상을 잘 나타내준다. 아무리 공들여 만든 상품일지라도 소비자의 쓰임새에 맞지 않으면 그것은 제작자의 창고에서 처치 곤란한 재고품으로 남아 있을 수밖에 없다. 상품은 소비자에게 유용한 가치가 있을 때, 즉 그 자체가 지니고 있는 사용가치로 인해 교환가치를 지니는 것이다. 즉 인공물은 사용가치라는 목적에 이끌려서 만들어진 것이고, 그렇기 때문에 '~을 위한 존재'라는 특성을 지니게 된다. 그것은 '목적에 이끌려서 스스로의 외부를 지향'하는 목적 지향성을 갖는 것이다. 이것은 인공물이 그 자체로 존재의 의미를 갖는 것이 아니라 목적에의 지향 때문에 존립하고 있음을 말해준다. 이와 대비해 볼 때 작품은 자기 자신에게로 시선을 모으는 점에 특징이 있다. 그것이 일정한 쓰임새를 전혀 갖지 않는 것은 아니되 단순히 쓰임새라는 목적 때문에 존재 의미를 부여받는 것이 아니라 자기 존재의 고유성을 확립함으로써 스스로의 자립성을 확보하고 자신의 존재가 지닌 유래(由來)에 관심을 갖도록 유도하는 것이다. 이처럼 작품이 자기 자신의 존재와 그 유래에 대한 관심을 유도하는 것은 그 내부에 인공물 일반과는 질적으로 다른 어떤 독특한 세계를 갖추고 있기 때문이라고 할 수 있으며, 더 나아가서는 그 내부 세계가 일정한 문화 속에서 의미 있는 것으로 받아들여지기 때문이라고 할 수 있다. 즉 우리가 작품을 제대로 이해하기 위해서는 작품의 '안'이 지니고 있는 세계와 그 내부 세계를 의미 있는 것으로 만들어주는 밖의 문화 전통을 동시에 파악해야 하는 것이다.

인공물이 목적에 관심을 두게 하고, 작품이 그 존재 자체와 유래에 관심을 가지게 하는 것은 두 대상이 지닌 특성에 말미암은 것이면서 존재 형식을 결정적으로 규정짓는다. 목적에 관심을 갖는 인공물의 경우 그 목적만 충족시킬 수 있다면 그 존재 형태가 어떻게 되든 큰 문제는 아니다. 공장에서 대량 생산된 상품들은 똑같은 형태를 지니고 있으면서도 다양한 소비자의 필요를 만족시킨다. 소비자는 대량 생산된 것이든 자연에서 채취된 것이든 자신의 필요에 적합하면 그 형태에 구애받지 않고 구매하는 것이다. 이것은 인공물이 동형성(同形性)을 특징으로 한다는 사실을 말해준다. 하지만 작품이 동형성을 지닐 경우 그것은 자신의 존재와 유래 쪽으로 관심을 유인할 수 없다. 작품이 인공물의 동형성에 대해서 개체성을 특징으로 하는 것은 그 때문이다. 발터 벤야민이 「기술복제 시대의 예술작품」에서 말하고 있는 '아우라의 상실'이라는 개념도 이와 관련된다. 예술 작품이 복제됨으로써 동형성을 지니고 있다면 작품과 그 작품을 감상하는 사람 사이의 '은밀한 교감'은 생길 수 없다. 이러한 측면에서 작품은 시간적·공간적 현재성과 일회성을 특질로 하는 개체적 존재로 존립한다고 할 수 있다. 작품의 개체적 존재는 작품 내부에 형성된 자족적 세계를 전제로 한다. 작품은 자체를 초월하여 어떤 것을 지시하기 위해서 그 안에 역동적인 관계를 형성하는데, 그 세계는 외부의 도움 없이도 자립할 수 있고 그 자체로 충족된 것이란 의미에서 자족적이다. 작품을 '창문 없는 단자(單子)'라고 하는 것은 이 양상을 표현하는 데 적절한 비유가 될 수 있다. 작품은 내부의 유기적인 관계들을 완결 지어 완성된 형상이 되고, 그로써 자체를 초월하여 어떤 것을 지시할 수 있는 것이다. 이 개념을 마르틴 하이데거는 대지와 세계의 변증법으로 설명한 바 있다. 작품은 단순히 질료의 덩어리가 아니라 그 속에서 인간이 호흡하고 살 수 있는 세계를 구축한다는 것이다. 그는 이 대지와 세계의 변증법을 통해 진리가 모습을 드러낼 때 작품은 효력을 지닌 존재가 된다고 본다. 다시 말해서 작품은 내부에 역동적인 것을 성공적으로 고정시키고 있을 때만 작품이 되는 것이므로 성공의 개념을 내포한다는 것이다. 결국 작품은 내부의 역동적인 관계를 통해 외부의 어떤 것을 지시하는 과정 속에서 자신의 존재를 실현하는 것이다. 작품에 대한 고찰이 그 내적 구조와 외적 연관을 살펴야 하는 것은 이 때문이다.

작품의 내부 구조는 그것이 전체를 통해서 외부의 어떤 것을 지시해야 한다는 사실에 의해 근본적으로 규정받는다. 그것이 하나의 세계로 됨으로써 외부를 지시하기 위해서는 내부에 역동적인 것을 내장하기 위한 일정한 요건을 충족시켜야 하는 것이다. 이 요건들 가운데 대표적인 것이 통일성이나 완결성·일관성·다양성 같은 개념들이다. 그 개념들은 독립적으로 의미를 갖는 것이 아니라 서로간에 긴밀한 유기적 관계를 형성하는 범주들이다.

통일성은 그 말 자체로 두 가지 의미를 함축한다. 즉 '다양한 것들이 하나로 모아져야 한다'는 말뜻에서 드러나는 것처럼 '하나로 모아지는', 또는 '하나의 흐름'을 이루는 일관성과 여러 구성요소의 동시적 공존이라는 다양성을 기본 요소로 한다. 일관성은 작품의 통일원리이다. 이것은 몇 가지 성질을 함축하는데, 첫째 작품에 동원되는 재료들이 어떤 하나의 사물을 나타내야 한다는 것, 둘째 하나의 전체를 이루어야 한다는 것, 셋째 명료하게 표현되어야 한다는 것 등이 그 주요한 요건들이다. 즉 작품이 일관성을 지닌다는 것은 명료하게 표현된 전체가 하나의 사물을 나타내는 상태를 획득하고 있음을 말한다. 이 세 요소 가운데 어느 하나라도 결여된다면 우리는 작품에서 무엇이 표현되어 있는지 알아볼 수 없다. 예컨대 한 움큼 모래를 쥐었다가 흩뿌려 놓은 상태에서 거기에 어떤 사물이 있는지 알아보기는 힘들다. 그것이 어떤 사물의 형상을 나타내기 위해서는 다른 것과 구별되는 일정한 윤곽을 가져야 하고 부분적 요소들이 서로 결합하여 뚜렷이 독립된 형체를 갖추어야 한다. 그 두드러진 형체는 일정한 크기를 갖기 때문에 우리의 지각대상이 되고 그 전체를 알아볼 수 있게 하며 정확히 어떤 사물인가를 확정할 수 있게 한다. 아리스토텔레스가 문학이 모방하는 것은 '일정한 크기를 가지고 있는 전체적 행동'이라고 한 것은 이것을 나타낸다 그 행동은 처음과 중간과 끝을 갖고 있어서 '일정한 크기'이며 완결된 것이기 때문에 '전체적 행동'이 되는 것이다. 완결되지 않은 사물에서 우리는 그것이 무엇인지 확정지을 수 없다.

통일성의 두 번째 요소로서 다양성은 전체를 이루는 부분들이 동일한 성질을 지닌 일체적인 단일자가 아니라 이질적 성분을 함유한 여러 개체를 포함한다는 사실을 말한다. 똑같은 형태의 모래들로 구성된 백사장에서 어떤 형체를 알아보기 어려운 것과 마찬가지로 작품이 통일되었다는 것은 서로 다른 성분을 가진 요소들이 하나의 사물을 이루는 데 관여하고 있음을 말한다. 여기서 이 이질적인 요소들과 작품 전체의 관계는 어떤 것인지 문제삼을 수 있다. 다양성의 개념은 이질적 요소들이라 할지라도 하나의 동질적 전체를 구성하는데 기여한다는 내포를 지니기 때문이다. 즉 이질적 요소들은 전처를 위해서 자신의 이질성을 포기해야 하는가 아니면 이질성을 견지해야 하는가 하는 질문을 상정할 수 있다. 이것은 전체와 부분의 문제를 저기하는 것으로서 이 문제에 제대로 대답하기 위해서는 역사적인 고찰이 필요하다. 바꾸어 말해서 역사 속의 유수한 작품의 경우 전체와 부분이 맺는 관계는 여러 양태를 노정한다. 부분이 전체의 통일성에 흡수되어 용해될 경우가 있는가하면, 부분이 자립성을 지니고 생동하는 경우가 있다. 이것은 어느 한쪽이 일방적으로 정당하다기보다는 상황에 따라서 여러 양상이 각기 다른 의미를 지닌다. 예컨대 『임격정』의 작가 홍명희는 "각각의 부분들이 독립된 단편을 이루면서 전체적으로 하나의 큰 이야기를 이루는 소설을 지향했다"고 창작에 임했을 당시의 자신의 구도를 말하고 있다. 그러나 단편소설의 경우에는 부분이 전체에 흡수되어 자신의 이질성을 유지하지 못하고 소멸되고 있는 경우가 많다. 또한 부분들이 분산되는 경우를 상정할 수도 있는데, 이런 작품의 경우 주제를 포착하기 어렵게 되는 단점이 있지만 의도적으로 모호성을 추구하는 작가들의 경우 종종 사용하는 방법이기도 하다. 한 이론가는 전체와 부분의 관계에 대해 "모순에 찬 요인을 은폐하지도 않고 화해 안 된 상태로 내버려두지도 않는 예술작품은 깊이가 있다"고 말한 적이 있는데 둘 사이의 긴장이 중요한 심미적 가치의 원천을 이룬다는 말이라고 해석할 수 있다.

통일성의 세 번째 요소는 긴밀성이다. 이 긴밀성의 개념은 이질적 요소들이 이질성을 지닌 채 공존하면서도 전체와 긴밀하게 결합되고 있다는 개념이다. 즉 이 긴밀성에 의해 작품은 이질적 요소의 공존이라는 다수(多數)의 상태에서 본질적 연관들의 통일을 보여주는 총체성으로 옮겨진다고 할 수 있다. 그렇지만 부분들이 분산되어 있는 작품의 경우에도 이 긴밀성의 개념이 작용하는 경우가 있는데, 그 부분들이 분산이라는 통일 원리에 따라서 자신의 자리를 지킬 때 거기에는 긴밀한 관계가 성립되는 것이다. 우리가 작품을 유기체로 설명하는 것은 바로 이 긴밀성 개념과 가장 직접적으로 연관된다. 유기체는 무기물과 구분되는 것으로서 무기물이 부분들의 추상적 결합을 기본 특성으로 한다면 유기체는 부분들이 긴밀한 결합을 이루어 생명적 활력을 얻은 상태를 나타내는 개념이다. 부분들의 긴밀한 관계에 의해서 전체가 표현의 대상이 된 사물의 본질적 연관관계의 통일에 상응하는 유기성을 가질 때 작품은 총체성이 되는 것이다.

작품의 내부 구조에 대한 이와 같은 설명은 통일성이 객관적 요인만으로 구성될 수 있다는 오해를 불러일으킬 수 있다. 그러나 작품에 대한 상이한 여러 해석이 있는 데서 알 수 있듯이, 작품의 통일성은 해석자의

의지에 따라 서로 다르게 파악
될 수도 있다. 동일한 작품의
통일성을 이와 같이 다르게 파
악할 가능성이 생기는 것은 작
품을 대하는 독자들의 체험과
관심의 방향이 다른 데서 비롯
된다. 독자들은 자신의 관심과
체험에 비추어 작품의 어떤 요
소들은 소홀히 여기고 어떤 요
소에 대해서는 과도하게 의미
를 부여하면서 감상하기 때문
에 작가가 마련해 놓은 구도에
따라서만 움직이지는 않는다.
독자의 몰입의 상태, 관심의 방
향, 체험의 정도에 따라 작품
은 다양하게 해석될 수 있는 것
이다. 뿐만 아니라 사람의 사
물 지각 방식도 여기에서는 중

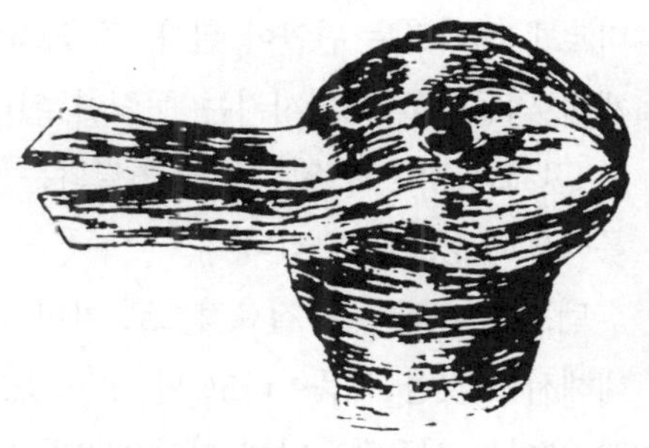

전체를 무엇으로 보느냐에 따라 세부의 쓰임새가 달라지
는 그림.

어떤 부분을 전경과 배경으로 하느냐에 따라 표시하는
대상이 달라지는 그림.

요한 역할을 한다. 마술 그림판에서 숨겨진 그림을 찾을 때나 오리인지
토끼인지 알쏭달쏭하게 그려진 그림을 놓고 착각을 일으키는 데서 알
수 있듯이 우리의 지각은 사물을 완성시켜 보려는 지향성을 갖는다. 마
술 그림판에서 처음에 숨겨진 그림이 보이지 않은 것은 초점거리가 맞
지 않았기 때문이기도 하면서 그림의 전체가 포착되지 않았기 때문이기
도 하다. 그 마술그림은 사물을 완성시켜 보려는 우리의 지각이 지향하
는 데 따라 점차 윤곽을 드러내그 나중에는 확연하게 보이는 것이다.

　이처럼 사물을 완성된 형태로 파악하려는 지향은 전체화 작용이라고
하는 것으로서 부분들에 대한 파악이 다를 경우 작품의 통일성을 서로

다르게 해석하는 원인이 된다. 즉 독자의 어떤 편향이 작품에 숨겨진 내재적 역동성을 해방시키는 동력이 된다. 최근에 등장한 텍스트 이론은 이 전체화 작용과 일정하게 연결되는 것으로 작품 해석의 다양성을 이론적으로 옹호하고 있다.

텍스트와 작품은 질료적으로 차이가 나는 것은 아니다. 동일한 책에 대해서 그것을 작품이라고 할 수도 있고 텍스트라고도 할 수 있지만 어떤 용어를 사용하느냐에 따라 '책'의 의미는 달라진다. 지금까지 우리가 살펴온 것처럼 작품은 작가가 일정한 구도 아래 창작작업을 실행하여 통일된 구조를 갖춘 것을 이름한다. 따라서 작품은 완결성을 지닌 구조물로 간주되고 그 의미는 얼마간 확정지을 수 있는 것으로 이해된다. 그것은 관점에 따라서는 항구적인 통일을 이루고 있는 폐쇄된 구조물로 이해되는 것이다. 이에 비해서 텍스트의 개념은 대상의 폐쇄성과 완결성을 부정한다. 작가의 창작 완료와 동시에 텍스트가 완성되는 것이 아니라 독자의 감상을 통해야 비로소 그 의미가 완성된다는 것이다. 즉 특정한 체험을 지닌 독자가 텍스트를 감상할 때 거기에서는 새로운 역동적 현상이 일어나는데, 그 역동성에 의해 텍스트의 의미는 새로이 생성된다는 관점이다. 그러므로 텍스트의 개념은 독자에 의해서 이루어지는 의미 생산의 끝없는 과정을 중시하는 이론에 근거한다고 할 수 있다. 즉 작품의 개념이 대상의 실체적인 측면을 중시한다면 텍스트의 개념은 방법론의 장에 놓이는 것이다. 독자가 텍스트를 대할 때마다 거기에서는 새로운 의미 생산의 활동이 펼쳐지므로 그것은 끝없는 과정이 된다. 그러므로 텍스트 개념은 자신의 대상을 문학예술작품에 국한하지 않고 모든 의미의 영역으로 확장한다. 의미를 생산하는 모든 활동은 텍스트를 낳을 수 있다는 이론인 것이다.

텍스트 이론에서는 의미를 생산하는 활동의 유희성과 실천적 의미를 강조한다. 롤랑 바르트는 작가에 의해 생산된 의미를 단순히 소비하는 데서 얻는'즐거움'과 새로운 의미의 생산을 가능하게 하는 텍스트에서 얻을 수 있는 '쾌락'을 구분하기도 하였다. 이 구분은 텍스트의 의미 생산을 적극적으로 고조하고자 하는 취지를 지닌다고 할 수 있다. 하지만 텍스트 개념을 의미 생성의 측면에서만 고려하는 데는 문제가 있다. 왜냐하면 텍스트 개념에는 의미 생성과 동시에 의미 파괴의 과정이 필연적으로 함축되기 때문이다. 그러므로 그것은 의미의 생성과 파괴의 가능성을 동시에 마련함으로써 의미화의 과정을 무한히 연기시키는, 열려진, 끝없는 해석의 장이라고 할 수 있다.

2. 장르

작품을 읽고 해석하는 과정을 우리는 매우 자연스러운 일로 생각한다. 그러나 연극의 관습에 익숙하지 않은 사람이 처음으로 연극을 볼 때 극중의 사건이 무슨 의미를 지니고 있는지 잘 알아차리지 못하는 것처럼 문학작품에도 관습이 있고 그 관습에 대해 잘 알고 있을 때에야 우리는 그 의미를 올바르게 파악할 수 있다. 이 사실은 독자의 작품 이해가 자연스러운 일이 아니라 고도의 문화적 행위라는 점을 알려준다. 저 남태평양의 섬에 있는, 바다를 향해 도열해 있는 거대한 석상들이 어떤 의미를 지니는 것인지 아직도 해명하지 못하는 이유는 그 문화가 밝혀져 있지 않기 때문이다. 이 사실에서 추론할 수 있듯이 작품을 쓰고 읽는 행위는 특정한 문화적 배경 속에서만이 의의 있는 행위가 되는 것이다. 이런 점에서 작품을 온전히 이해하기 위해서는 그 사회의 문화를 습득하는 일이 필요하다. 정치·경제적 조건뿐만 아니라 사회의 관습이나 문화적 범절 등에 대한 사전 이해는 문학의 수용에서 일종의 전제조건인 것이다. 이 전제조건 가운데 하나가 문학을 이해하는 데 필수적 요소인 장르개념이다.

장르는 흔히 분류의 개념으로 이해된다. 문학에 속하는 수많은 작품을 일정한 기준에 따라 분류하는 데 장르를 구분하는 본질적 의의가 있다고 생각하는 것이다. 그렇기 때문에 여러 가지 문화 매체가 급속하게 계발되고 있는 현대 사회에서는 '장르는 없다'는 식의 구호가 난무한다. 끊임없이 새로운 매체가 출현하고 거기에 등장하는 새로운 문화형식들을 기왕의 장르 개념으로 포착할 수 없다는 사실로 인하여 그 구호들은 생명력을 얻고 있다. 이탈리아의 철학자 베네데토 크로체는 일찍이 20세기 초에 장르 무용론을 주장했으며 프랑스의 자크 데리다도 확고부동한 장르의 법칙 같은 것은 없다고 설명한다. 이러한 철학자들을 동원하지 않고서도 상식적으로 모든 작품은 자신만의 고유성을 지니고 있어서 그것들을 일정한 기준에 따라 분류한다는 것은 일종의 폭력으로 간주될 수 있다. 제각기 고유한 특성을 지닌 개별 작품을 보편적인 기준에 따라 구분하는 것은 비록 프로크루스테스의 침대는 아니라 할지라도 거기에는 어쨌든 얼마간의 폭력과 강압이 작용할 가능성이 크기 때문이다.

그러나 그런 사정에도 불구하고 장르 개념의 사용은 불가피한데, 그 이유는 사물을 인식하는 인간의 능력 때문이다. 즉 우리 인간은 사물을 인식하기 위해서 항시 보편의 개념에 의지하지 않을 수 없다. 그 대표적인 양상이 언어 현상에서 나타난다. 우리가 '사람'이란 개별자를 이해하는 데는 동물이나 생명이나 사물과 같은 '사람'보다 일반성을 지닌 어떤 대상이나 정신, 신체와 같은 그 사물의 일반적 특성을 이용하지 않을 수 없다. 말이든 기호이든 우리가 사물을 인식하는 데 사용하는 근원적 도구들은 모두가 보편의 척도를 이용하고 있는 것이다. 우리가 모든 개별자를 그 개별자 자체로서 인식하기 위해서는 인간의 지적 능력이 지금보다 몇십 배 또는 몇백 배나 더 뛰어나야 가능한 것이다. 우리는 미지의 것을 기지의 것을 이용해 인식하고, 개별자를 보편적 특성을 통해 파악하는 것이다. 그러므로 개별 작품을 알기 위해서는 그 작품과 유사하거나 차이가 있는 작품을 비교하는 일이 필요하고 이 작업을 위해서는 보편 개념으로서 장르라는 개념이 필연적으로 등장하게 되는 것이다. 이 사실은, 더 근원적으로, 분류가 인간의 세계관 형성에서 차지하는 비중을 통해 입증할 수도 있다. 언어학자인 A. J. 그레마스는 분류하는 일이 주체성의 근거를 이루는 동시에 주체성의 구성 요인이라고 말한 바 있으며, 근대 주체철학의 발원지로 간주되는 데카르트의 "나는 생각한다. 고로 존재한다"는 말은 생각하는 주체와 생각되는 대상의 구분이 바로 주체성의 근거이자 구성요인인 점을 잘 입증해주고 있다. 그렇기 때문에 모든 학문에서도 분류는 맨 첫 자리에 오게 된다. 아리스토텔레스가 자신의 『시학』맨 첫 장에서 문학을 서정시와 서사시, 극시로 나누는 것으로부터 문학에 관한 이야기를 시작하고 있다는 사실은 그 극명한 예증이다. 또 동양의 대표적인 문학이론서인 유협의 『문심조룡』은 책의 구성 자체가 문체론라는 이름으로 명확히 장르를 구분하여 논의하는 체계로 되어 있다. 이러한 사실들은 문학에 관한 담론이 개별 작품에 대한 직접적 언급만으로 이루어질 수 없으며 끊임없이 다른 작품이나 장르의 보편성에 조회하는 속에서 이루어진다는 사실을 말해준다.

근본에서 생각할 때 장르는 없는 것이지만 장르 개념은 필수 불가결하다는 인식이 성립하면 그 다음의 문제는 장르를 어떻게 구분하여야 할까 하는 문제이다. 여기서 우선 참조할 수 있는 것이 동서양에서 오랫동안 사용되어 온 전통적 장르 구분법이다. 이 논의가 좀더 보편성을 획득하기 위해서는 아프리카나 라틴 아메리카 등의 고유한 장르 구분법도 검토하여야 하겠지만 현실적 여건상 우리가 쉽게 접근할 수 있는 동서양의 장르 구분법을 비교하는 방식으로 논의를 진행할 수밖에 없는 것이다.

서양의 장르 구분법은 우리에게 매우 친숙하다. 공교육의 장에서 우리가 배운 것은 서정시 · 서사시 · 극시라는 세 가지 기본 장르에다가 수필이나 비평을 넣기도 하고 빼기도 하는 3분법 또는 4분법이기 때문이다.

그밖에 고려속요나 시조·판소리·가사 등의 역사적이고 경험적인 장르 개념이 사용되기도 하는데 이 방법은 모두 서양의 전통적인 분류방법인 이명법(二名法)에 토대를 두고 있다. 즉 '류(類)'와 '종(種)'을 구분하여 서정·서사·극을 장르류라 하고 고려속요·시조·가사·민요 등을 장르종이라고 구분하는 방법이다. 이 구분법은 생물학에서 린네에 의해 체계화된 분류법에 크게 의지하고 있다. 그렇지만 이 방법의 문제는 새롭게 발생하는 종류를 다루는 데 유연성이 없다는 점이다. 예컨대 현대문학의 중요한 부문으로 등장한 시나리오를 분류하거나 판소리를 어떻게 처리해야 마땅한가 하는 문제가 제기될 때마다 이 분류법의 체계에서는 항상 새롭게 논란을 거듭해야 하는 것이다. 이 분류법은 분류되는 대상의 속성을 기준으로 하여 장르간에 일정한 경계선을 그음으로써 항상 경계 다툼의 소지를 마련해놓고 있다고 할 수 있다.

동양의 분류법은 아직 학문적으로 충분히 검토되지 않은 사항이다. 그렇지만 중국의 대표적인 문학이론서인 유협의 『문심조룡』에 의거할 때 대체로 서양의 실체론적 관점에 대비되는 관계론적 관점에 입각한 분류의 방법이라고 할 수 있다. 즉 작품의 속성에 따라서 분류가 이루어진다기보다는 작품들 간의 관계, 또는 대상과 주체의 관계에 따라서 분류가 이루어지는 것이다. 『문심조룡』에서 이루어진 분류의 실제를 살펴보면 유협은 문학의 연원이라고 생각되는 다섯 가지 경전에 각기 네 가지 종류의 문체를 배당하여 모두 20개의 장르류를 설정하고 거기에 수십 개의 장르종을 소속시킨다. 이 분류는 문학의 속성에 분류의 근거가 있는 것이 아니라 그것들이 상호간에 어떤 연관이 있는가에 따라 장르를 구분하기 때문에 개별 작품의 소속은 상대적으로 융통성 있게 처리될 수 있다. 즉 서양의 장르 구분이 문학을 기본 속성에 따라 3, 4개의 장르류로 나누고 거기에서 수십 가지의 장르종을 세분하며 그 장르종 속에 수많은 개별 작품을 소속시키는 비교적 단순한 구도로 이루어짐에 반해서 동양의 장르 구분은 문학의 연원을 살펴 다섯 가지를 나누고 각 종류에

운문과 산문 두 가지씩 네 종류를 배정하여 모두 20가지 장르류를 만들며 그 속에는 또다시 여러 관계에 따라 수많은 장르종들을 설정할 수 있게끔 약간 복잡한 도식으로 이루어져 있는 것이다.

이 둘의 근본적인 차이는 서양의 장르 구분이 장르의 기본적인 속성을 설정하여 장르들 간에 확실한 경계선을 그으려는 실체론적 방법임에 반해서 동양의 장르 구분은 장르의 기본적인 속성을 다른 장르와의 차이에 의해 설정함으로써 각 장르가 놓이는 관계적인 자리가 어디냐에 따라 서로 다른 분류를 가능하게 하는 관계론적 방법에 근간을 둔다는 점이다. 이것은 서양의 장르 구분이 고정적임에 비해서 동양의 장르 구분이 기본적으로 상대적이고, 그런 까닭에 훨씬 더 융통 자재한 유연성을 갖추고 있다는 점을 말해준다. 그런 점에서 오늘날 많은 문화 매체들이 새롭게 만들어지고 있는 상황에 좀더 순발력 있게 대응할 수 있는 장르 구분법은 동양의 방법이라고 할 수 있다. 그러나 이것은 어디까지나 상대적으로만 가능한 판단으로서, 장르 개념이 쓰이는 자리가 어디냐에 따라 그 효용가치는 달라질 수 있다. 예컨대 초등학교 학생에게 장르를 설명할 때는 서너 가지를 구분하게 하는 서양의 분류방법이 좀더 효과적일 수 있다. 하지만 문학사가에게 중요한 것은 각 장르의 특징을 일별만으로도 일목요연하게 파악할 수 있는 수십 가지에 달하는 역사적 경험적 장르개념이다. 그러므로 장르 구분은 그 분류가 어떤 용도를 위해서 행해지느냐에 따라 달라질 수 있는 것이라는 점을 이해한 바탕 위에서 이루어져야 하며 이 같은 유연한 자세를 갖추기 위해서는 장르가 무엇이며 작품과 장르는 어떤 관계에 놓이는지 파악하는 일이 우선되어야 한다.

우리는 앞에서 장르 개념이 창작된 작품을 분류하는 데에 관여하는 양상을 중심으로 논의하였지만 장르 개념은 그 이전에 창작에 매달리고 있는 작가의 의식에서부터 작동하고 있다. 바꾸어 말해서 작가는 기존의 장르에 대한 의식 속에서 자신의 창작구상을 펼친다. 그 의식은 T. S. 엘리엇이 「전통과 개인의 재능」이란 논문어서 말한 기왕의 문학에 대해 창작가가 갖는 역사의식에 해당한다. 모더니즘의 선언서처럼 여겨지는 이 논문에 대한 주석서를 자처한 노스럽 프라이의 『비평의 해부』란 책이 장르이론으로 구성되어 있는 까닭을 여기서 찾을 수 있다. 작가가 이처럼 기존의 장르 전통에 대하여 의식해야 하는 것은 '장르'란 이름으로 지시되는 것이 어떤 사태를 표현하는 한 사회의 보편적인 방법적·제도적 틀이기 때문이다. 즉 독자가 작품을 읽고 그 속에서 작자가 표현한 것을 이해할 수 있는 것은 작품이 사회의 보편적인 규범과 일정하게 일치하는 방식으로 형상화를 하고 있기 때문이다. 작품의 형상화 방식이 그러한 보편적 규범과 완전히 다를 경우 독자는 작품을 어떻게 이해해야 할지 분간하지 못하고 방황하게 된다. 작가가 자신의 창작에서 끊임없이 기존의 방법적·제도적 틀로서 장르에 대해 의식해야 하는 것은 이러한 메카니즘에 말미암는다. 작가가 창작을 통해 무언가를 표현하고자 했을 때 그 표현을 기다리고 있는 것은 기존의 장르 전통과 일정한 길항관계를 갖는다. 그 이유는 작가가 현실을 지각하고 그것을 자신의 체험으로 간추리는 과정이 기존의 장르들이 허용하고 있는 현실 지각의 방식에 제약을 받고 있는 것이면서 그로부터 일정한 일탈을 꿈꾸는 것이기 때문이다. 이것은 장르가 한 사회의 제도이자 관습이면서 특정한 현실을 사회적 의사소통체계에 조응하여 주제화하는 방식임을 말해준다.

장르가 현실의 주제화 방식이라는 사실은 매우 중대한 의미를 지닌다. 이 관점에 따르면 우리의 사물 지각 방식, 지각을 종합하여 하나의 현실을 의식 속에 표상하는 방식, 그리고 그 표상을 사회적 의사소통체계에 적합한 상태로 형성해서 표출하는 행위는 자연스러운 현상이 아니라 고도로 사회적인 행위이면서 문화적인 현상이다. 그것은 한마디로 작품의 외적 관계인 문화적 배경의 핵심적 요인이다. 작가는 이 문화적 배경으로서 장르의 전통을 이용해, 그리고 그것으로부터 일탈을 꿈꾸는 길항의 과정을 의식하면서 자신이 구상한 형상을 주조한다. 이때 장르의 전통은 작가에게 많은 자료와 편의를 제공하지만 그것이 항상 유익한 것만은 아니다. 작가의 구상이 참으로 새로운 것이라고 할 때 기존의 장르 형식은 오히려 제약으로 작용할 가능성이 크다. 새로운 것을 기존의 틀에 담기 위해서는 새로운 것의 새로움을 포기하든가 기존의 틀을 혁신해야 하는 것이다. 작가는 여기서 불가불 기존의 장르 형식을 변형하고 새로운 방식으로 조합해서 자신의 구상을 실현하는 수밖에 없다.

이처럼 기존의 장르 형식을 변형하고 새로운 방식으로 조합하여 새로운 형상을 창조할 때 그 작품의 형식과 언어는 이미 기존의 것과 다른 어떤 것으로 변하게 된다. 즉 창조된 형상의 통일성을 위해서 재료가 된 언어와 장르 형식은 새로운 성질을 가지게 되는 것이다. 그것은 새로운 통일성을 위한 작가의 작업이 이질적인 재료들을 새로운 시스템 속에 동질화하는 과정임을 말해준다. 새로운 작품의 형식과 언어가 지닌 동질성은 바로 이질적인 것들의 동질화 작업에 의해서 획득된 것이다. 하지만 이 동질성은 구성요소가 원래 지니고 있던 이질성을 완전히 소멸시키지는 못한다. 언어와 형식은 작가의 동질화 작업에 끊임없이 저항을 하며 통일성에 복속되는 속에서도 자신의 속성을 견지하고자 끊임없이 독립을 꿈꾸기 때문이다. 그러므로 우리가 작품의 동질적인 매재를 통해서 새로운 세계를 체험하게 될 때 거기에서는 항시 낡은 형식과 언어들의 길항의 목소리를 감지할 수 있으며 그 흔적들에 대한 은밀한 향수의 쾌락을 온전히 배제할 수 없는 것이다. 이 같은 사실의 인지는 작품과 장르의 관계에 대한 우리의 상식을 배반한다.

개별 작품과 장르의 관계는 통상 개별과 보편의 관계로 파악된다. 개별 작품은 특정한 장르에 속하므로 장르는 개별 작품의 보편 개념이라는 인식이다. 이 인식은 한 작품은 그것과 동일한 장르에 속한 다른 작품들과 한 가지 이상의 공통된 속성을 가진다는 의미에서 타당하다. 즉 장르 개념의 탄생은 여러 작품의 공통된 특성을 추출하여 규범화 한 데서 비롯되기 때문이다. 그러나 몇 가지 공통된 특성이 장르 개념의 탄생에 필수적 요건이 되는가? 또한 그 요건은 결코 변경될 수 없는가? 이런 의문이 제기될 수 있지만 장르가 개별 작품의 보편 개념이라는 사실은 대체로 진실에 가깝다. 하지만 이 진실성도 그 개념이 개별 작품을 특정한 장르에 귀속시키는 규범으로 변할 때 허위로 변질된다. 개별 작품은 어떤 하나의 장르에 속해야 한다는 규범은 이미 그 탄생의 진실성이 지닌 한계를 벗어났기 때문에 개별 작품에 대해서 강압으로 작용하는 이데올로기로 되는 것이다.

이러한 사실은 하나의 작품이 그 속에 어떤 한 개의 장르 전통만을 수용하는 것이 아니라 여러 가지의 장르들을 포섭하고 변형해서 하나의 동질적 매재로 바꾸는 작업을 통해서 탄생했다는 인식에 비추어볼 때 자명한 것이다. 이 인식에서 작품은 단순히 하나의 장르에 속하기보다는 여러 장르들을 포섭하고 있는 상위 개념일 수도 있다. 다시 말해서 작품과 장르의 관계는 일방적으로 장르가 작품을 포섭하는 관계에 있는 것이 아니라 서로가 상대방을 넘어서고 포섭하는 상대적이고 복잡한 관계에 있는 것이다. 이 관계를 나타내는 개념은 철학 용어로 '내속(內屬)'이다. 이 내속의 개념에 의해 작품과 장르의 관계를 설명한 전형적인 예는 20세기의 대표적 비평가 게오르크 루카치와 미하일 바흐친이다. 바흐친의 설명에 따르면 소설에 속하는 여러 작품들은 어떤 하나 이상의 속성들을 공유하는 것이 아니라 사슬의 고리들이 이어지면서 공유하는 공간들처럼 단속적·분산적으로만 공통적 특성을 가지는 것이다. 따라서 개별 작품이 단순히 장르의 하위 개념인 것은 아니다.

장르가 개별 작품의 보편개념이 아니며 작품이 장르의 하위 개념도 아니라는 관점은 장르에 대해서 개방된 입장을 가질 수 있게 해준다. 작품이 어떤 특정한 장르에 귀속되는가 하는 문제를 가지고 다투느라 쓸데 없이 시간을 낭비하지도 않게 해줄 뿐만 아니라 자신의 필요에 따라 장르 개념을 자유롭게 설정하고 폐기할 수 있게 해주는 것이다. 이 말은 아무렇게나 장르 개념을 설정하고 폐기하여도 좋다는 말과는 아무런 인연이 없다. 다양한 문학현상을 좀더 구체적으로 알아보고 그에 대해서 효과적으로 논의하기 위해서 필요하다면 새로운 장르 개념을 설정하여 몇 개의 작품이 공통적으로 지니고 있는 특성을 탐구하고 그 작업이 끝나면 그 개념을 버리더라도 큰 부담을 질 필요가 없다는 이야기이다. 이와 같은 방식은, 하루가 다르게 변화하는 문화현상의 역동성 속에서, 과거와 현재의 문학작품들을 다양한 조건과 관계 가운데 놓아볼 수 있게 함으로써 대상을 새롭고 자유로운 시각에서 성찰하고 음미할 수 있게 해준다는 장점을 지닌다.

문학의 장르

제 1 장

시의 이론

1. 시의 리얼리즘

  20세기가 저물 무렵 우리 문학계에서는 시와 현실의 문제를 둘러싸고 많은 논의가 있었다. 문학이 사회의 변혁에 기여할 수 있기 위해서는 리얼리즘이 필요하다는 공통의 인식이 성립하여 그 성취는 하나의 당위적 요청으로 받아들여지는 상황이었으므로 시 분야에서 리얼리즘의 문제를 거론하는 것은 의당 있을 수 있는 사태로 판단되었다. 그러나 다른 장르가 아니라 유독 시의 리얼리즘을 둘러싸고 논점이 부각된 것은 이 장르에서 리얼리즘이 어떻게 구현될 수 있는가 혹은 과연 그 구현이 가능하기는 하겠는가 하는 데 많은 사람의 관심이 쏠린 것에 말미암는다.

  두루 잘 아는 사실이지만 근대의 문예사조로서 리얼리즘은 소설에서 꽃을 피웠고 시에서는 낭만주의나 상징주의와 같은 리얼리즘과 대척적인 자리에 놓이는 사조들이 주류를 형성하고 있었다. 리얼리즘은 일상생활의 여러 면모를 꼼꼼히 자세하게 묘사하는 서사문학에 좀더 적합한 방식이고 짧은 길이를 지닌 시 양식에는 그와는 다른 형상화 방식이 적합한 것이라는 인식이 보편적으로 용인되고 있었던 것이다. 그럼에도 불구하고 현실의 변혁을 중요 과제로 설정하는 정치 지향적인 또는 현실 참여적인 문학을 일구려는 사람들에게 시라고 해서 그 과제로부터 해방된 것은 아니었다. 물론 장 폴 사르트르의 사례에서 볼 수 있는 바와 같이 현실참여의 문제는 산문의 고유 업무이고 시는 이러한 과제들과는 무관한 장르라는 파악이 전혀 없었던 것은 아니다. 이 관점에 의하면 시는 궁극적으로 의미의 전달보다도 사물 자체를 지향하고 나아가서는 그 자체 사물이 되려는 것이다. 문학의 현실참여를 주장했던 사르트르가 이와 같이 이율배반적인 견해를 견지했던 것은 보들레르 이래 상징주의 전통에 크게 긴박되었던 프랑스 문학의 특성에서 크게 영향 받았기 때문이라고 할 수 있다.

이에 비해서 우리나라의 문학인들이 시에서조차 리얼리즘의 구현을 중요한 과제로 설정한 것은 프랑스의 전통과 일정하게 구별되는 문학사의 전통과 함께 당대 현실의 변혁에 대한 요구가 그 만큼 더욱 강렬했기 때문이라고 할 수 있다. 일제시대 프로문학은 말할 것도 없고 1950년대 후반 및 1960년대의 실존주의적 현실참여론 이후에도 우리 문학에서는 사르트르의 견해와 같은 문학관이나 시 이론은 큰 호소력을 가질 수 없었던 것이다. 이 양상은 현실 변혁의 요구가 비등했던 1980년대 이후에는 사회주의 리얼리즘의 일정한 영향 아래 더욱 맹렬하게 전개되었다. 그 대표적인 사례는 1990년을 전후해서 펼쳐진 리얼리즘 논쟁에서 찾아볼 수 있다.

시와 관련해서 리얼리즘 문제가 부각된 구체적인 계기는 한 계간지가 마련한 리얼리즘에 관한 일련의 토론이 점차 특수부문으로 확대되어 가면서 쟁점이 시의 리얼리즘에 대한 논의와 리얼리즘미학의 일반 이론에 관한 논의로 양분된 것에서 비롯된다. 리얼리즘의 여러 문제에 대한 토의와 함께 특히 시 장르의 특수성을 고려한 기획이 마련되었고 여기에서 여러 필자들의 다종다양한 견해가 제시되었던 것이다.[1] 뒷날 『다시 문제는 리얼리즘이다』라는 책 속에 묶여진 시에 관한 논의들은 오성호의 「시에 있어서의 리얼리즘 문제에 관한 시론」이란 글에서 시작하여 김형수·윤여탁 등의 참여로 확산되었고 종전부터 이 주제에 관해 여러 편의 글을 발표했던 최두석의 「리얼리즘시론」이 나올 무렵 뚜렷한 결론이 맺어지지 않은 채 마무리되었다.

이러한 전개양상은 관점에 따라서는 다른 형태로 정리될 수도 있겠지만 그것이 큰 의미를 지닌다고는 할 수 없다. 왜냐하면 북한의 주체문예이론까지 동원된 이 논의 과정에서 핵심적인 논점은 비교적 단순했기 때문이다. 즉 시에서 전형성을 어디에서 찾아야 하는가 하는 문제와 리얼리티를 얻기 위해 효과적인 방안은 무엇인가 하는 문제로 관심이 모아졌던 것이다.[2] 서정적 주체와 서정적 주인공, 그리고 시적 주체라는 개념을 둘러싸고 벌어진 논의가 첫 번째 사항에 해당하고 이야기시 또는 서사적인 내용을 가진 시의 창작문제에 대한 논의가 두 번째 사항에 해당하는 것이다.

이 두 문제는 서로 분리되는 것이면서 다른 한편으로는 긴밀히 연결된다. 그 이유는 두 번째 문제에서 시의 리얼리즘을 획득하기 위해서 서

---

1) 시의 리얼리즘과 관련된 논문들은 다음과 같다.
　　최두석, 「시와 리얼리즘」, 『5월시』 4집, 1984; 최두석, 「이야기시론」, 『오늘의 시』 1호, 1989; 최두석, 「리얼리즘의 시정시」, 『실천문학』, 1990년 봄; 최두석, 「리얼리즘시론」, 『실천문학』, 1991년 겨울; 오성호, 「시에 있어서의 리얼리즘 문제에 관한 시론」, 『실천문학』, 1991년 봄; 오성호, 「이용악의 리얼리즘시에 관한 연구」, 『연세어문학』, 1991; 윤여탁, 「시에서 리얼리즘은 어떻게 실현되는가」, 『한길문학』, 1991 가을; 김형수, 「서정시의 운명을 밝히는 사실주의」, 『한길문학』, 1991년 여름; 백낙청, 「시와 리얼리즘에 관한 단상」, 『실천문학』, 1991년 겨울.
2) 이 시기의 리얼리즘론의 전개 양상에 대해서 좀더 상론한 글로는 이은봉의 「리얼리즘시 논쟁의 주요 쟁점에 대하여」(『진실의 시학』, 태학사, 1998) 등을 들 수 있다.

사적인 내용을 도입하는 방안이 유력하다는 데는 대체로 논자들이 의견을 같이 하면서도 그러한 '이야기시' 또는 '서사적인 시'를 중심으로 시의 리얼리즘을 말해야 할 것인가 아니면 서정적인 시를 중심으로 논해야 할 것인가 하는 데서 서로 방향을 달리했기 때문이다. 여기서 어떤 관점을 취하느냐에 따라 서정적 주체, 서정적 주인공, 시적 주체라는 개념을 사용하는 의미가 타당성을 얻기도 하고 문제적인 것이 되기도 했던 것이다. 물론 서정적 주체와 서정적 주인공이란 개념들에서 볼 수 있듯이 이론의 배경이나 취향에 따라 용어를 달리하는 경우도 있고, 시를 곧바로 서정이라고 하는 것은 잘못이라는, 시는 감정을 표현하기도 하지만 깨우침을 나타내기도 한다는 점에서 시적 주체가 정당한 용어라고 주장하는 경우도 있었다. 이 같은 양상은 강조 부분과 시에 대한 기본적 파악이 약간씩 차이를 지닌다는 점에서 각기 특색이 있지만 그다지 멀지 않은 곳에서 서로의 합일점을 찾을 수 있는 내용들이었다. 논자들이 공통적으로 시의 현실반영을 긍정하는 입장을 지니고 있어서 시는 다른 문학형태와 같은 모방문학이 아니라고 하는 제라르 쥬네트와 같은 근본적으로 입장이 다른 이론이 대두되지 않은 채 유사한 논리를 가지고 미세한 부분에 대한 의견 차이로 논의를 시종했던 것이다.

시의 리얼리즘에 대한 논의가 이렇게 전개된 데는 과거 30년대에 우리나라에서 '단편서사시론'이 전개된 적이 있었던 것도 한 원인이지만 다른 한편으로는 논자들이 의지하는 이론적 거점이 거의 동일했기 때문이라고 할 수 있다. 기본적으로 리얼리즘에 대해 긍정적이거나 찬동하는 입장에 서 있었을 뿐 아니라 게오르크 루카치의 시론을 설명한 피터 에그리의 '루카치의 시 개념'[3]이 알게 모르게 논자들에게 중요한 준거로 작용하고 있었던 것이다. 여기서 논자들이 에그리의 관점을 거부하면서 북한의 주체문예이론을 준거로 제시하거나 창작경험에 근거했다고 하는

---

3) Peter Egri, The Lukacsian concept of poetry, in : John Odmark(ed), *Language, Literature & Meaning*, Hamburg Univ., 1979.

것은 그다지 비중을 두어 중요하게 고려할 사항은 아니라고 할 수 있다. 그 이유는 소련의 정통파 이론을 근거로 삼든 주체문예이론을 준거로 삼든, 또는 에그리의 논문에 나타난 루카치에 의거한다고 하든 관점이 근본적으로 크게 달라지지는 않기 때문이다. 이러한 판단은 이론의 미세한 차이가 중요한 결과를 초래할 수도 있다는 사실을 소홀히 한다는 점에서 비난을 받을 수도 있지만 우리의 경우 크게 문제될 것은 없다고 본다. 그 이유는 소련의 정통파 사회주의 리얼리즘이론과 당시 우리에게 소개된 북한의 주체문예이론은 근원적으로 동종의 것으로서 통상 루카치의 이론과는 구별되는 것으로 인식된다. 그러나 피터 에그리에 의해 소개된 루카치의 시론에서 정통파 사회주의 리얼리즘이론과 구별되는 양상이 충분히 개진되었는지는 확실치 않고 그 내용이 국내의 논자들에게 충분히 파악되었는지도 분명하지 않기 때문이다.

논의 전개 과정이 논쟁 비슷한 모습을 보였지만 그 내용을 들여다보면 시에 대한 논자들의 파악이 대동소이하다는 것을 쉽게 알아볼 수 있는 것이다. 즉 시적 형상의 성질을 고려하면서 시인과 시적 주체, 서정적 주인공, 등장인물들을 분별할 수 있는 정도의 안목을 가지면 쉽사리 전체 논의 내용을 파악할 수 있는 것이다. 그것들은 소설의 전형적 인물과 전형적 상황, 그리고 세부의 진실성에 대한 기왕의 논의들을 어떻게 시에 적용할 수 있을까하는 문제들에 대한 논의로서 근본적으로 시의 리얼리즘문제를 새로운 각도에서 전개한 경우는 거의 드러나지 않았던 것이다. 그렇기 때문에 논자들이 각자의 이론이나 관점이 다름을 주장하고 있어도 조금만 거리를 두고 보면 차이보다는 유사성이 훨씬 두드러져 보이는 형태의 논의였던 것이다. 이 논쟁만을 주목하면 리얼리즘미학의 입장에서는 으레 시적 형상의 문제 또는 시의 리얼리티 획득의 문제를 그와 같은 방식으로 다루는 것이냐 하는 질문이 가능해지는 것이다. 시 장르에서 리얼리즘의 문제를 좀더 근본적으로 천착할 수 있는 방법은 없는가하는 의문을 가질 수 있는 것이다.

이 점에서 김우창의 문학론을 주목할 필요가 있다. 리얼리즘시 또는 시의 리얼리즘 문제에 관한 논쟁에 참여했던 논자들의 견해에서보다도 김우창의 시론은 시의 리얼리즘이 어떤 것이냐 하는 문제에 대한 근본적인 답을 더 많이 함축하고 있기 때문이다. 여기서 김우창의 시론을 리얼리즘과 관련하여 고찰하려는 것은 종래의 리얼리즘시론과 비교해서 그것이 어떤 차이를 지니는가 하는 점을 고찰하려는 것이기도 하고 다른 한편으로는 그것이 루카치의 리얼리즘이론과 어떤 관계를 갖는지 알아보기 위한 것이다. 이 작업에는 작품이나 시인에 대해 분석한 논문보다도 시에 대한 원론적인 설명을 제시한 「시의 상황」(1977)과 「시의 언어와 사물의 의미」(1981)가 중심 텍스트가 된다. 이 텍스트들은 논문제목에서 드러나는 것처럼 현대시의 개념에 대한 논고이자 시의 언어가 어떻게 사물의 실체 또는 의미를 표현하는가 하는 문제를 직접적으로 논하는 글이어서 다른 어떤 텍스트보다도 우리의 관심사를 고찰하는 데 적절한 내용들을 보여주고 있기 때문이다. 그러나 이 텍스트들에서 충분히 개진되지 않은 의견이나 관점을 고찰할 필요가 있는 경우 다른 여타의 논문들도 참고자료로 이용한다.

2. 구체적 전체성의 시론

김우창의 비평작업은 1960년대 후반부터 근 40년 가까이 지속되고 있다. 그는 문학작품에 대한 분석과 해석뿐만 아니라 문화와 사회에 대한 다양한 논평들 속에서 오늘의 현실을 바라보는 자신의 관점을 표명해 왔다. 이 작업들은 그의 평론집에 부제로 붙어 있는 '현대문학과 사회에 관한 에세이' 등의 표현이 말해주는 대로 단순히 문학론이기보다는 오늘의 삶과 사회와 문학에 관한 성찰을 주요 내용으로 한다. 그가 '에세이'라는 명칭을 자신의 글의 장르 이름으로 하는 것은 그 글이 수상이나 수필이기 때문이 아니다. 그것은 단순히 문학평론에 그치는 것도 아니고 고착된 관점을 주장하는 것도 아니며, 단지 논의되는 주제에 대한 하나의 시도적인 고찰이라는 성격을 드러내고자 그와 같은 명칭을 사용하는 것이라고 해석할 수 있다.

그런 점에서 에세이라는 장르 명칭은 우리의 관습 속에서 통용되는 함의보다는 그 낱말이 태어난 본바닥에서 지녔던 원래의 '시론(試論)'이란 뜻을 되찾고 있다고 할 수 있다. 이처럼 강력한 주장을 드러내지도 않고, 자기 이론의 특성을 스스로 규정하지도 않으면서 자신의 성찰이나 논의를 시험적인 글로 특징짓기 때문에, 종래 그의 작업들을 리얼리즘과 관련하여 바라보는 관점은 그다지 많지 않았다. 그의 작업에 대한 학계나 문학계의 설명은 이성주의나 자유주의와 관련지은 것이 대부분이고 경우에 따라서는 현상학이나 변증주의라는 이름이 들먹여지는 것이 고작이었다. 이는 문학작품에 대한 그의 분석에서 통상 리얼리스트로 거론되는 작가 시인보다도 다른 경향을 지닌 것으로 평가되는 문학인들이 주로 다루어졌다는 점에서 그 연유를 찾을 수도 있다. 더욱이 현실참여를 목청 높여 외치는 시인들의 작품에 나타난 세계인식에 대해서는 자주 그 추상성을 비판하고 있기 때문에 그의 관점을 리얼리즘과 연관지어 논하는 것은 언뜻 심정적으로나 이론적으로 매우 감행하기 힘든 일처럼 보인다. 그러므로 여기서는 김우창의 글에 나타난 시의 개념은 무엇인가를 리얼리티의 문제와 관련하여 먼저 논하고 그의 '구체적 전체성'의 개념이 "가장 짧은 서정시까지도 내포적 총체성"이라고 설명한 루카치의 관점과 어떻게 연관되는지를 순서에 따라 차례로 고찰하고자 한다.

1) 시의 개념

서양문학의 중심에 희곡이 있다면 동양에서는 문학의 중심자리에 시가 놓인다. 이는 동양의 문화전통에서 시가 차지하는 비중을 짐작할 수 있게 해준다. 우리의 전통 속에서 소설이나 희곡이 가치 있는 문학이라는 인식은 근래에야 생겨난 것이고 그 이전에는 문학은 곧 시로 인식되어 왔다. 이 때문에 우리말에서 '시'가 품는 뜻은 매우 포괄적이다.『시경』에 실린 시를 비롯하여『이소경』을 대표로 하는 사부(辭賦)도 시에 속하고 향가나 시조 같은 시가형태도 일반적으로는 시로 분류된다. 동양의 대표적인 문학이론서로 6세기경에 저술된 유협의『문심조룡』에서 시의 이론과 함께 산문의 이론을 다룬 것은 당시로서는 획기적인 사건이라고 이야기되는 것도 시가 압도적인 우위를 차지하고 있던 동양사회의 저간의 사정을 말해준다. 여기서 문제는 우리가 관습적으로 시로 분류하는 여러 장르들을 리얼리즘과 관련하여 논의하는 것이 타당한가 하는 점이다. 소설이란 이름이 붙어 있는 모든 문학형태의 공통적인 특성을 찾아내려는 노력이 경주되기도 하지만『시경』에 실린 것과 같은 고시(古詩)와 중세시대의 시가, 그리고 현대의 서정시를 관습적으로 그렇게 부른다고 해서 모두 시로 간주하면서 시의 본질이나 리얼리즘에 대해서 논의하는 것이 타당한 처사인가 하는 데에는 논란의 여지가 있다. 그렇기 때문에 김우창의 시론에 나타난 리얼리즘을 고찰하기 위해서 먼저 살펴보아야 할 것이 그가 지닌 시의 개념이다. 이 문제를 고찰하는 데 참고될 수 있는 글은 1977년에 발표된「시의 상황」이다.

「시의 상황」은 의미심장하게도 단테의 서사시『신곡』의 독서에 얽힌 소설가 최인훈의 일화로 시작되고 있다. 현대의 소설가가『신곡』을 읽을 때 왜 본문보다도 각주로 처리되고 있는 등장인물들의 사사로운 삶의 이야기에 관심을 표명하는가 하는 데 관심을 쏟고 있는 것이다. 이 문제를 해명하기 위해서는 장르에 관한 역사철학적 설명을 참조하는 것이

유력한 방안이 될 수 있다. 그리고 서사시와 소설의 차이에 대한 역사철학적 해명은 우리가 루카치의 『소설의 이론』을 통해 익히 알고 있는 내용이다. 루카치는 자신의 저작에서 서사시가 개인과 사회 사이에 분열이 없는, 그리하여 영혼의 모든 행위가 본질적으르 의미를 지니는 동질적이고 완결된 역사사회에서 탄생했으며, 인간과 세계의 분리가 기본 조건이 된 시대에는 소설이 등장했음을 말하고 있다. 소설시대에는 삶의 의미의 내재성이 상실되었기 때문에 이 장르에 등장하는 주인공들은 그 의미를 찾아 길을 떠나게 되는 것이다. 따라서 소설가는 서사시인과는 달리 그 자체로 완결된 삶의 총체성을 형상화하는 것이 아니라 형상화하면서 숨겨진 삶의 총체성을 구성하고자 한다는 것이다. 그러한 조건들 때문에 현대를 살고 있는 소설가는 서사시 시대를 살았던 시인들과는 동일한 관심을 지니지 않는다. 근대 이후의 사회에서 삶은 그 본질적 의미에서 파악되는 것이 아니라 나날이 겪는 일상생활의 경험의 총화를 통해서만 접근할 수 있는 것이므로 삶의 세부에 대해 깊은 관심을 갖는 것은 소설가의 기본적 자질인 것이다.

그 사정에 비추어 보면 소설가가 신학적 세계관의 표현이라고 할 수 있는 『신곡』의 본문보다도 각주에 설명되고 있는 세속적 삶의 양상에 관심을 기울이는 것은 당연한 것이다. 또한 소설과 서사시는 장르적인 특질의 측면에서도 구분된다. 시는 '압축을 중시'하고, 압축을 통해서 표현할 수 있다는 것은 '삶이 본질적인 측면으로부터 바르게 파악될 수 있다는 것을 전제'하는 것이다. 이에 비해서 소설은 다양한 주변적인 사실들의 토대 위에서 삶의 핵심을 포착하고자 한다. 따라서 일상성이 지배하고 있는 현대사회에서 시는 매우 불리한 위치에 놓인다. 삶의 본질적인 의미가 직관적으로 파악되지도 않고 주관적으로 압축을 행하는 것도 그것이 어떻게 의미에 연결될 수 있을지 확신을 가질 수 없기 때문이다. 이것은 비단 서양사회의 문제만은 아니다. 우리의 경우에도 조선시대의 유교적 세계에서 현대로 이행함으로써 서양과 똑같은 문제에 봉착하게 된 것이다. 즉 통일된 문화가 해체되고 삶이 주변적인 사실들 속에서 저회하고 있는 상태에서 삶의 본질적인 의미와 핵심을 표현하는 시가 가능할 수 있겠느냐 하는 물음이 제기되는 것이다.

이에 대해서 김우창은 통일된 문화의 표현이자 공적인 시인 과거의 서사시와는 다른 서정시가 새로운 시대의 시로 등장했다고 말한다. 이때 '서정시'가 의미하는 것은 감정을 표현하는 시이고 그 감정은 대체로 '사사로운 감정'이라는 것이다. 여기서 김우창은 서정시가 오랜 옛날부터 있어온 형식인데 새로운 시대의 시로 서정시가 등장했다고 하는 것은 사실을 왜곡한 것이지 않는가 하는 있을 수 있는 반문에 대해서 자신의 주장을 다시 단호하게 옹호한다. 이러한 관점은 우리가 테오도르 아도르노의 '서정시와 사회'라는 글에서 선례를 찾아 볼 수 있는 것이지만 우리의 현재 입장에서 중요한 것은 새로운 시대의 시로 등장한 서정시가 감정을 표현하는 장르임에도 불구하고 어떻게 현실을 재현함으로써 리얼리즘을 성취할 수 있다고 하는가 하는 문제이다. 따라서 김우창이 새로운 시대의 시로서 서정시가 표현하는 감정이 무엇이라고 보는지, 또 그것은 어떻게 현실을 드러낸다고 보는지를 살펴보는 일이 필요하다. 김우창은 시가 표현하는 감정에 대해서 다음과 같이 설명한다.

현상학자들은 인간 의식을 대상을 향해 가는 지향성이라고 정의하지만, 감정도 지향성의 한 형태라고 말할 수 있다. 사람이 갖는 외계와의 관계에서 감정은 가치 있는 대상에 의하여 촉발되고, 가치 있는 대상의 인지는 세계가 사람의 생존과의 관계 속에 파악됨으로써 일어난다. 다시 말하여 여기에 전제되어 있는 것은 세계가 창조적 삶의 구현의 터전으로서 생각된다는 것이다. 그러나 통일된 문화가 상실된 곳에서 감정은 매우 기이한 운명에 처하게 된다. 즉 그것은 대상을 상실하게 된다고 할 수 있다. 문화는 주어진 세계를 인간의 욕구와 소망에 따라 변형한 결과 발생한다. 문화가 상실되었다는 것은 세계가 삶의 의지의 대응물이기를 그쳤다는 것을 뜻한다. 감정을 지향성이라고 할 때, 그 자체로는 순전한 가능성에 불과하다. 그것은 대상에 의하여서만 완성되고 또 그것에 의해 표현된다. 이 때의 대상은 단순히 개인적인 것이라기보다는 사회적으로 규정되고 생성되는 것이기 때문에 여러 가지 문화양식, 의식과 언어를 통하여 스스로를 실현한다. 이럴 때, 그것은 거의 감정이기를 그치고 세계 속에 있는 인간의 생존을 실천적으로 표현하고 또 나아가 세계를 이루는 창조적 힘이 된다. 통일된 문화가 상실된다는 것은 감정이 순전한 가능성의 상태, 순전한 감정의 상태로 돌아가고 또 공동의 세계에서 절단된 것인 만큼 사사로운 것이 된다는 것을 의미한다. 서정시가 표현하는 감정은 이러한 주관적인 감정의 상태에 머물러 있는 감정이라고 생각해 볼 수 있는 것이다.4)

종래 시의 리얼리즘에 대한 논의에서 서정시가 감정만을 표현하는 것이 아니라 깨우침, 인식적 요소가 들어 있다는 데 주의가 기울여진 적이 있다. 김우창의 관점에 의하면 감정이나 정서, 인식과 깨우침을 구분하는 일은 그리 긴요한 것으로 받아들여지지 않는다. 그보다는 감정 그 자체가 무엇인가 하는 문제를 해명하는 일이 더욱 중요하다. 감정은 인식적 요소와 구분되는 측면에서 검토되어야 할 것이 아니라 그것이 주체와 객관 세계 사이의 관계에서 가치 있는 대상에 의하여 촉발된다는 점, 그러므로 그 관계의 질을 검토하는 일이 중요하다는 것이다. 서정시가 새로운 시대의 시이고 서정이란 것이 감정의 서술 또는 표현이라 할 때 사람과 세계의 관계가 변함으로써 감정의 표현양식도 변할 수밖에 없다. 즉 세계가 사람의 창조적인 삶의 터전이 될 때의 표현과 세계가 인간의 의지의 대응물이 되지 않을 때의 표현은 달라진다. 어떤 대상을 가치 있는 것으로 인지하는 것은 사람의 삶과의 관계에서 파악되는 것인데 세속적인 삶에서는 문화의 통일이 해체되었기 때문에 대상이 지닌 가치나 의미가 혼란스러워진다. 그 대상들은 문화양식이나 의식(儀式)들 속에서 규정되고 생성됨으로써 의미와 가치를 지녔던 것이므로 문화의 통일성이 상실될 때 그것들의 의미나 가치는 공동체의 구성원들에게 자명한

---

4) 김우창, 「시의 상황」, 『지상의 척도』, 딘음사, 1981, 110~111면.

것이 못된다. 그러므로 인간의 의지와 욕구가 세계에서 대응물을 찾지 못할 때 감정은 순전한 가능성에 머무르고 사사로운 것으로 떨어진다. 그것은 실천과 창조로 이어지는 감정이 아니라 문화공동체에서 절연된 고립된 주관의 사사로운 감정에 지나지 않는 것이다.

김우창은 서정시가 표현하는 감정은 이러한 감정이라고 본다. 그렇기 때문에 서정시에서 표현되는 전형적인 감정은 세계와의 분리, 고립에서 오는 허무와 퇴폐 같은 것이 되기 쉽고 그 분리 고립을 극복하고자 하는 갈망의 표현이기가 십상이다. 서정시인은 현재의 세계가 통일과 조화를 잃어버려 부재의 세계가 되었음을 증언하거나 새로운 창조적 삶에 대한 희원을 드러내기가 쉽다는 것이다. 그의 표현에 따르면 '외부화되지 못하는 주관적 감정의 세계에 있어서 직접적으로 주어지는 것은 끊임없는 좌절의 고통이며, 긍정적인 세계는 고통의 그림자처럼 암시되는 행복에 한한(?) 갈망과 예감으로 나타날 뿐'인 것이다. 물론 모든 서정시가 이 두 부류의 어느 것에 속하는 것은 아니다. 처절한 슬픔 속에서도 때때로 웃음을 웃고 사는 것이 인생살이인 것처럼 이 어두운 시대에서도 시는 인생의 여러 우여곡절에 대한 갖가지 느낌이나 자연의 모습을 표현하지 않을 수 없는 것이다. 다만 전형적인 서정시는 이 시대의 전체적인 상황의 어둠과 관련되지 않을 수 없다는 지적이다.

오늘의 시가 처해 있는 상황에 대한 이상의 논의에서 우리가 주목해야 할 사실은 김우창이 '감정의 표현은 세계 속에서의 객체화를 통하여 가능하다'는 관점을 견지한다는 점이다. 즉 세계는 사람의 창조적 삶의 터전이고, 그 세계의 가치 있는 대상에 의하여 감정이 촉발되는데, 어떤 대상이 가치 있는 것인가 하는 문제는 문화 양식이나 의식(儀式), 언어 등을 통해서 사회적으로 규정되고 생성되는 것이므로 문화의 상태는 시의 형태에 결정적인 영향을 미친다. 시는 감정을 표현하기 위해서 작품 속에 대상을 끌어들여야 하는데 그 대상이 감정에 대응하는 역할을 하지 못할 때, 시는 주관적인 감정의 상태에 머물 수밖에 없는 것이다.

이 논의에서 핵심은 서정시의 감정의 표현이 인간의 본질에 대한 이해와 연결된다는 점과 표현되는 감정은 대상을 통해서 구체화되어야 한다는 관점이다. 즉 감정을 표현하는 일이 사사로운 감정의 표백이나 표현 자체로 자족되는 것이 아닐뿐더러 대상을 통해서 수용자에게 지각될 수 있는 형태로 만든다 할지라도 문화의 상태에 따라 사사로운 것으로 떨어지기도 하고 의미 있는 것이 되기도 한다는 관점이 성립되는 것이다. 바꾸어 말해서 시의 '리얼리티'라는 것이 어떤 사물의 외적 형태를 보여줌으로써 자동적으로 획득된다기보다 그 대상이 우리에게 환기하는 실재감 또는 의미에 의해서도 크게 좌우된다는 관점이다. 이 관점은 이 글에서 집중적으로 고찰하고자 하는 '시의 언어와 사물의 의미'에서 좀 더 심화된 내용으로 다시 나타난다.

2) 구체성과 전체성

「시의 언어와 사물의 의미」라는 글 제목은 시의 언어가 어떻게 사물의 의미를 조성할 수 있는가 하는 문제의식을 단적으로 보여준다. 여기서 우리가 주목하여야 할 것은 시의 언어가 사물의 '실체'를 표현한다고 보는 것이 아니라 '의미'를 조성한다고 보는 관점이다. 김우창의 시론을 리얼리즘과 연관지어 고찰하고자 하는 우리의 입장에서 현실 또는 사물의 실체가 재현되었다는 것과 그것이 의미화되었다는 것의 차이는 간과할 수 있는 것이 아니다. 여기서 우리는 의미와 관련해서 I. A. 리차즈가 『실제비평』에서 거론한 내용을 참조할 필요가 있다. 리차즈는 일상의 용법에서 '의미'가 '의의'와 '의미'의 두 가지 뜻을 가지고 사용된다는 사실을 지적하고 후자인 '의미'의 뜻을 다시 네 가지로 구분한다. 즉 감정과 실재·의도·어조의 네 가지가 다같이 '의미'라는 말의 함축 속에 들어 있다는 것이다.[5] 이 설명은 '의미'라는 말 속에는 '실재'의 성분이 들어감을 보여준다. 그러나 이 설명이 우리에게 만족스러운 것은 될 수 없는데, 오늘날의 수많은 의미론의 주장이나 '의미작용', '의미화'의 개념들은 일정하게는 사물의 실체가 그 자체로 드러날 수는 없으며 그에 대한 파악이 문화적인 제도 관습으로부터 자유롭지도 못하다는 사실을 가리켜 주고 있기 때문이다. 이 점에서 김우창의 글 제목이 '사물의 의미'를 명시하고 있는 것은 '사물' 또는 '현실'의 재현이란 개념과 긴장관계를 지닌다는 점을 유념해둘 필요가 있다.

「시의 언어와 사물의 의미」는 앞에서 우리가 고찰한 「시의 상황」의 문제의식을 심화·확대하고 있다. 글의 모두에서 물리적 실체로서의 말이 어떻게 의미를 표상하며, 시의 언어는 어떻게 감정적 부하(負荷)를 가지게 되는가를 고찰하는 것은 바로 그 증거이다. 프로이트에 의해 보고된 한 어린이의 이야기, 실패를 던졌다가 다시 끌어당기면서 '포르트'와 '우' 소리를 반복하는 아이가 그 행위를 통해서 어머니가 자신으로부터 떠나간 상실감을 극복하는 과정의 설명을 통해서 말이 사물을 지칭하는 기호로서 상징적 의미를 띠게 되고 '욕망의 대상으로서의 사물을 현재화'하는 수단으로 쓰이게 된다는 것을 상론하고 있다. 즉 '말의 감정적 값은 욕망의 마술적 실현에서 얻어진'다는 것이다. 이것은 「시의 상황」에서 간략하게 서술되었던 감정과 그 대응물로서의 대상, 곧 시에서의 '세계의 객체화' 문제의 재론이라고 할 수 있다. 그 내용을 그는 다음과 같이 요약한다.

> 언어는 그 심리적 개인적 기원에 있어서 우리를 세계에 이어 주면서 차단한다. 또는 거꾸로 그것은 세계의 사물을 현재화시켜 주거나 또 우리를 사회와 자연의 체계 곧 세계의 넓이에로 나아가게 한다. 늘 분명한 것은 아니면서 이 두 가지 말의 작용은 모든 말의 핵심에 들어 있다. 시의 언어는 특히 이러한 양립할 수 없는 듯한 두 작용을 동시에 수행하고자 하는 언어로 생각된다.[6]

---

5) I. A. Richards, *Practical Criticism*, RKP, 1976, pp.179~188 참조.

인용문의 요점은 두 가지이다. 시의 언어가 '사물을 현재화'한다는 것과 '우리를 사회와 자연의 체계 곧 세계의 넓이에로 나아가게' 한다는 것이다. 다시 말해서 이 논문은 앞으로 이 두 요점을 상세하게 설명하는 형태로 전개되는 것이다. 우리는 이것을 단순화하여 전자를 '구체성'에 후자를 '전체성'에 관련시킬 수 있다. 물론 김우창의 글에서 구체성과 전체성은 도식적으로 확연하게 구분할 수 있는 것이 아니다. 오히려 그의 글에서는 구체성에서 전체성으로 운동해 가는 과정이 설명된다고 말할 수 있다. 그러나 여기서는 기억과 이해의 용이성을 위하여 두 가지를 분리해서 고찰하되 두 개념이 긴밀하게 연계되고 있다는 점을 유념하면서 논의를 추적해 볼 필요가 있다.

김우창은 시의 언어의 특성을 '사물 자체의 현재적인 제시, 즉 구체에의 강력한 견인력을 특징으로 하는 것'이라고 말한다. 시는 '사물의 느낌을 직접적으로 접할 것을 기대'한다는 것이다. 이 '구체에의 강력한 견인력'은 '구체성'이란 개념으로 표현되는 것으로서 김우창 시론의 핵심에 해당한다. 따라서 이 개념의 함축이 무엇이며 그것이 리얼리즘과 어떻게 연관되는가를 살핀 다음 그 특성이 무엇인지를 리얼리즘의 핵심적 개념들과 비교하여 검토하는 일이 필요하다. 이 점에서 김우창의 '구체성' 개념은 리얼리즘에 대한 엥겔스의 정의, 즉 '리얼리즘이란 세부의 진실성 외에도 전형적 상황 속의 전형적 인물을 재현하는 것을 의미합니다'에 나오는 '세부'의 개념과 비교될 수 있다. 똑같다는 이야기가 아니라 그 비교에 의해서 구체성의 개념이 훨씬 더 명료하게 파악될 수 있다는 생각이다. 또한 그 개념은 엥겔스의 유명한 명제 '소설 속의 인물들 각자는 하나의 전형이자 개별인간, 친애하는 헤겔이 만년에 표현한 바처럼 〈이것〉이다'라는 말 속의 '이것'에 의해 가장 명료하게 설명될 수 있다. 여기서는 우선 '구체성'과 전체성에 대한 김우창의 설명을 정리 요약하고

---

6) 김우창, 「시의 언어와 사물의 의미」, 『시인의 보석』, 민음사, 1993, 77면.

다음 장에서 순차적으로 리얼리즘과의 상관성을 밝히기로 한다.

김우창에 따르면 체험의 구체, 사물의 구체에 대한 인지는 우리에게 쾌감을 준다. 이 쾌감은, 「시의 상황」에 대한 고찰에서 엿볼 수 있었듯이, 사물과 인간의 관계에서 필연적인 것이다. 인간이 자신의 창조적인 삶을 실현할 수 있기 위해서는 대상이 필요한데, 세계가 이처럼 사람의 생존과의 관계에서 파악됨으로써 대상은 단순히 죽어 있는 사물이 아니라 가치 있는 것, 또는 감정의 대응물이 된다. 즉 '시인이 사물의 있는 대로의 있음에 대해 관심을 갖는 것도 욕망의 희석화된 한 형태'로서 서정시에 표현되는 감정은 바로 우리 인간이 특정 대상, 곧 세계와 맺는 관계의 질을 나타내주는 것이다. 그러므로 시 속에 제시되는 사물은 그 인간적 관련에서 파악되고, 거기에서 의미가 주어진 것이라고 할 수 있다. 작품 속에서 우리가 대상을 인지하고 어떤 쾌감을 갖게 된다면 그것은 그 시가 생성된 사회의 문화를 배경으로 해서 그 대상이 우리에게 의미 있는 것으로 받아들여지기 때문이다.

따라서 인간은 자신의 체험을 통해 각각의 사물이 문화 속에서 지니고 있는 의미를 습득하는 것이지만, 작품 속에 표현된 사물은 단순히 시인의 의식의 표면에 있는 것을 곧바로 생으로 제시한 것이라기보다는 오랜 성찰과 숙고를 통해서 시인의 체험과 기억의 저 깊이에서 건져낸 것이라고 보는 것이 더 적절한 것이다. 이때 작품 속에 생생하게 제시된 사물은 감각적으로 파악되는 외부 현실의 구체적 사물과 동일한 것이 아니다. 그 이유는 작품의 형상화를 통해서 사물이 구체성을 획득했다고 할지라도 그것이 지닌 구체성과 현실의 사물이 지닌 구체성은 동일한 것이라고 할 수 없기 때문이다. 즉 시작품에 표현된 것은 시인의 성찰과 숙고 과정에서 사물의 어떤 특성을 강화하거나 약화한 것이다. 이것은 언어가 기본적으로 일반화의 작용을 하는 것이라는 점에서 그렇게 되는 이유를 찾을 수도 있지만 시가 압축과 생략을 기본으로 하는 형식이라는 점에서도 그 원인을 찾을 수 있다. 바꾸어 말해서 시인은 일반화의 형식인 언어를 사용하여 사물의 구체를 작품 속에 표현하기 위해서 대상에 대해 일정한 수정작용을 한다. 그 수정은 시인의 현재의 관심에 의해 제약되기도 하고 지식체계와 같은 문화적 환경에 의해 한정되기도 하지만 좀더 근본적으로는 시인의 체험의 특이성이나 의식의 심층에 놓여 있는 어떤 충동들에 의해 포착되는 사실에 의해 이루어진다고 할 수 있다. 그러므로 시 속에 사물의 구체가 표현되었다고 할지라도 그 구체가 무엇인지 정확하게 해명하지 않고서는 김우창 시론의 핵심으로서 '구체성'의 의미는 아직 분명하게 드러나지 않은 것이다. 이 점에서 김우창의 글이 수사와 이론적 언어의 구체성을 시의 구체성과 비교하는 것은 그 자신의 논리를 전개하는 데 필연적인 것이면서 우리의 이해에도 크게 도움이 되는 작업이다. 그는 이렇게 말하고 있다.

> 상투적인 언어들이 우리 감정에 호소하는 경우가 없지는 않지만, 그것은 대체로 구체적인 체험의 재현을 통하여서라기보다는 상투적인 감정의 의식(儀式)을 통하여서이다. 이러한 상투적 수사는 과학적이거나 철학적인 언어의 높은 추상성을 가진 것도 아니다. 이론적 언어는 엄밀함을 하나의 특징으로 한다. 그리고 엄밀성은, 어떤 각도에서 보면, 높은 구체성을 확보하는 하나의 방법이다. 헤겔은 가장 보편적인 것은 가장 구체적이라고 한 일이 있지만, 가장 구체적이란 가장 여러 관련 속에서 규정된 것을 말하고 이러한 규정의 한 중요한 조건은 엄밀성이다. 물론 이론적 언어가 어떤 의미에서 구체적인 것이라 하여도 그것은 시적 언어의 감각적 구체성과는 다른 의미의 구체적인 것을 말한다.[7]

언어 일반의 보편화의 작용, 수사적 언어의 일반화 경향, 이에 대해서 이론적 언어의 구체성과 시적 언어의 감각적 구체성이 비교 설명의 대상이다. 언어는 특수한 사물을 보편의 그물에 담고자 한다. 이 작용은 수사적 언어에서 잘 구사된다고 할 수 있다. '수사적 언어는 구체적인 사물이 불러일으키는 지각의 체험을 단순화하고 추상화하여 이를 통상적인

---

7) 김우창, 「시의 언어와 사물의 의미」, 『시인의 토석』, 민음사, 1993, 80면.

사회규범 또는 지배적 행동규정 속으로 편입하고 또 그 테두리 안에서 의미와 해석을 부여하는 작업을 수행'하기 때문이다. 우리가 현대시와 시조를 비교할 때 후자에서 쉽사리 감동을 얻기 어려운 것은 그것이 흔히 수사적 언어로 표현되는 것과 같은 제도화된 사물인식을 담고 있는 것과 무관하지 않다. 이에 비해서 과학의 언어와 같은 이론적 언어나 시의 언어는, 김우창의 말에 따르면, 진실의 언어에 속한다. 이론적 언어는 '사실적 논리적 검증을 허용'하는 것이거나 '인간과 사회에 대한 철학적이고 비판적인 성찰을 시도'함으로써 진실의 언어가 된다.

이에 비해서 시의 언어가 '진실의 언어'가 되는 것은 '사물을 이론적 연관 속에서 규정'하는 데 있지 않고 '구체적인 사물을 현재화'하는 데 있다. 그것은 보편화 작용을 기본으로 하는 일상언어를 사용하되 '감각, 직관, 감성의 범위를 벗어나지 않는 한도에서 사물을 현재화하는 데에 관심을 갖는' 것이다. 시가 '이론적 언어의 추상성이나 체계성에 맞설 수 있는 진실의 힘'을 갖는 것은 '사람의 일상적인 또는 전인간적인 체험의 구체에 충실하게' 됨으로써, 언어의 일반화에 저항하면서 '사물과 욕망의 구체성에 집착'함으로써 가능하다. 이 구체성이 시의 진실을 이룬다는 것이 김우창의 견해이다. 그러면 체험의 구체, 사물과 욕망의 구체성이 시 속에서 어떻게 작용함으로써 이론적 언어의 구체적 보편성, 본질적 규정들의 통일에 맞설 수 있는 진실을 이루게 되는가? 이에 대한 대답은 일종의 형상화 이론에 해당한다.

시적 형상을 창조하는 시인의 작업에 대해서 김우창이 설명하는 것은 표면적으로 통상의 시 창작론에서 들을 수 있는 것과 크게 다르지 않다. 단순히 사물의 이름을 부르지 않고 완곡법이나 상징을 사용하여 사물을 감각적으로 재현하려 한다는 것이다. 그는 심상, 소리, 언어의 개념 등을 차례로 들면서 사물을 감각적으로 환기하기 위해 시인이 어떻게 그러한 언어의 자질들을 이용하고 있는가를 설명하고 있다. 그러나 김우창의 논의에서는 다른 사람들의 논의에서 흔히 피상적으로 처리되곤 하는 이미지나 소리 등이 의미를 표상하는 데 어떻게 기여하고 있는가에 대해서 좀더 치밀하고 심화된 파악을 엿볼 수 있다. 즉, 석류를 감각적 이미지로 표현한 이율곡의 시—가죽이 부스러진 구슬을 감싸고 있다[皮裏碎珠]— 에 대한 설명에서 볼 수 있듯이, 감각적인 대상 포착이 '석류알의 시고 신선한 맛과 구슬의 맑음이 서로 잠재의식 속에 이어져 있'을 뿐만 아니라 '지적 인식'에도 이어져 있다는 것이다. 또한 시가 몰두하는 소리의 물리적 실체는 감각적 실체일 뿐만 아니라 '결국 그 자체로 보다는 사물의 세계모방이라고 할 수 있'다는 것이다.

　김우창은 '말의 소리가 모방하는 것은 어떤 특정한 소리 또는 특정한 사물의 소리가 아니고 사물 일반의 사물성'이며, '말의 소리는 소리의 차원 위에 사물을 지칭하는 의미의 차원을 싣고 있다'고 부연하고 있다. 이 설명은 종내는 언어학자 벤자민 워프가 '의미의 근원은 단순한 소리의, 그러니까 사물에 대한 지시관계로 하여 의미를 얻는 것이 아닌 원천적으로 자의적이며 무의미한 소리의 문양화(紋樣化)에 있다'고 주장한 사실을 소개하면서, 리듬이 '투명한 언어의 흐름을 되접어서 어떤 종류의 밀도를 만들어' 냄으로써 의미작용의 모체가 되는 연유에 대한 상론으로 나아가고 있다. 결국 이러한 시적 언어의 요소들은 상호작용과 상승작용을 통해 '시에 하나의 객관적 사물, 하나의 구조물로서의 밀도를 부여'하는 역할을 한다는 것이다. 이러한 논의과정에서 드러나는 것은 김우창이 말하는 구체성이 사물의 리얼리티를 형성하는 규정들의 밀도 있는 관계와 관련된다는 사실이다. 이는 김우창의 시론이 본질적 규정들의 통일로서의 이론적 언어에 맞먹는 시적 진실의 담보가 일종의 실체적 요소나 관계의 밀도를 확보함으로써 이루어진다고 파악한다는 사실을 말해준다. 그러나 산문이나 이론적 언어에 비해서 현저하게 짧은 서정시로써 얼마만큼 밀도를 확보할 수 있는가? 김우창이 다음에 문제삼는 것은 바로 시의 단편성과 밀도의 관계, 곧 실체로서 사물을 시가 어떻게 재현할 수 있다고 보는가에 대한 것이다.

시는 짧다. 특히 우리의 논의 대상인 서정시는 짧을 수밖에 없다. 이러한 단편성은 시가 재현하고자 하는 대상, '구체'에 일정한 제약을 가한다. 시는 '다른 어떤 장르의 경우에서 있어서보다 단편적 사상(事象)의 하나하나, 다시 말하여 단편적 사상의 큰 틀과의 관련이나 거시적인 조화보다도 그 하나 하나의 재현에 초점'을 맞출 수밖에 없다. 시가 이처럼 단편적인 사상의 재현에 머문다고 할 때 거기에 표현되는 것은 바로 재현된 그 단편적인 사상일 뿐인가? 그 단편적인 사상, 하나의 독립적이고 독자적인 단위를 이루는 사물의 재현이 의미하는 바는 무엇인가? 그리고 사물은 정녕 독립적이고 독자적일 수 있는가? 김우창의 분석은 사물 자체에 대한 검토, 하나와 여럿의 통일로 존재하는 사물에 대한 검토로 나아간다. 이 검토는 구체성으로부터 전체성으로의 이행에 해당한다. 여기서 그가 참조하는 것은 헤겔의 사물에 대한 분석이다.

> 하나의 사물은 그것이 독특한 것이면 독특한 것일수록 더욱 더 많은 속성들을 포용하고 있는 그릇이 된다. 물론 이것은 우리의 반성의 시작에 불과하다. 사물이 여러 속성으로 이루어졌다고 하더라도 그것이 하나의 물체로서, 독자적이고 독립된 존재로서 있다는 것은 엄연한 사실이다. 우리는 사물을 실체로서, 속성으로서 또 존재방식의 관점에서 다시 더 고찰해야 한다. 헤겔은 그의 현상학에서 하나와 여럿의 양극에 걸쳐 있는 사물의 변증법적 움직임을 계속 밝혀 나간다. 우리가 여기에서 그 과정을 일일이 추적할 수는 없다. 그러나 점점 충실해지는 사물 개념의 전개 속에서도 사물이 역설적 통일에 있다는 주장을 버리지 않는다. 어떤 사물이 하나로서 그것만의 일체의 상태에 있다고 할 때 그것은 다른 사물들과의 차이를 통하여 그러한 일체의 상태에 있는 것이다. 그러나 이 차이는 바로 이 사물이 스스로만 따로 있다는 것이 아니라 다른 사물과의 관계 속에 있다는 것을 가리킨다. 사물은 바로 그 절대성, 그 맞섬으로 하여 다른 것들에 관계된다. 그것은 본질적으로 이 관계의 과정이다. 그러나 이 관계는 그 독자성의 부정이 된다. 사물은 바로 그 본질적인 성질로 하여 스러져 버리고 만다.[8)]

서양에서 사물이 속성들의 다발로 존재한다는 생각은 오랜 역사를 지니고 있다. 아리스토텔레스의 실체론에서 헤겔의 절대정신에 이르기까지 이 실체론의 전통이 연면하게 이어져 온 것으로 볼 수 있다. 그렇지만 다른 한편으로는 헤겔은 실체론과 관계론의 접점으로 간주되기도 한다. 서양의 문화전통에서 핵심을 이루는 실체론은 문학에 대한 관점에도 크게 영향을 미친 것으로 판단된다. 아리스토텔레스가 그리스 3대 고전비극작가 가운데서 소포클레스를 최고의 작가르 본 것도 일정하게는 실체론과 긴밀히 연관된다. 본질과 현상, 내용과 형식의 이원론은 바로 그 실체론의 한 양상이다. 그 관점에서 현상을 통해 본질을 드러낸 소포클레스의 비극은 고전주의의 이상적인 작품으로 평가될 수 있다. 필자는 관계론적 관점에서 이 평가가 역전될 수도 있음을 기왕에 밝힌 적이 있다.9) 김우창이 여기서 논의하는 것은 바로 그 핵심에 놓이는 문제이다. 하나의 사물이 독립된 '배타적 일체성'에 있으면서 '여러 가지 보편적 속성, 요소 또는 힘의 다발로서 존재한다는 사실', 그리하여 '사물의 바탕이 되는 이러한 요소들은 서로 어울려 하나의 체계를 이루는 것'이라는 생각에 대한 논란이다. 그는 사물을 이루는 이 '체계'가 그 사물 본래의 것이냐 하는 물음을 던지고 그 스스로 그것이 역사적 인식으로 성립한다는 점, 주관적 활동에 따라 달라진다는 것을 언명한다. 이 관점은 독자적인 하나의 대상, '단편적인 사상'을 표현한 시작품을 새롭게 볼 수 있게 해준다. 그것은 바탕과 표적의 관계에 대한 형태심리학의 인식내용을 원용한 것일 수도 있고 메를로 퐁티의 『지각현상학』의 관점에 의거한 것일 수도 있지만 근원적으로는 헤겔적 사물관 또는 변증법적 인식에 좀더 크게 의지하고 있다.

　　　시가 어떤 구상물 — 이것은 사물일 수도 있고 주관적 체험일 수도 있는데,

---

8) 김우창, 「시의 언어와 사물의 의미」, 『시인의 보석』, 민음사, 1993, 88~89면.
9) 최유찬, 『토지를 읽는다』, 솔, 1996. 특혀 제3부 참조.

이야기를 간단히 하기 위하여 단순화하여 말하는 것이 불가피했지만, 헤겔의 분석은 단순히 물건이 아니라 주관적인 실체에도 적용되는 것이다—을 재현한다고 할 때, 그 의미는 단순히 고립된 사물을 재현한다는 데에만 있는 것이 아니다. 사물의 재현은 오히려 그것을 통하여 사물의 테두리에 대한, 한 사물로 하여금 바로 그러한 사물이게 하는 여러 요인들에 대한 계시를 준다는 데에 그 의의가 있다고 할 수 있다. 물론 사물을 이루는 요소가 반드시 철학적인 분석이나 과학적인 검사에서 나오는 것만일 수는 없다. 그것이 한결 더 원초적이라는 것은 철학적 과학적 분석에서의 논리적 세련에 이르지 못한, 주관적 감성의 세계에 머물러 있다는 말이기도 하지만, 또 동시에 이러한 세련이나 가공이 행하여지기 이전의 근원적인 세계에 관계되어 있다는 말이다. 이것이 어떤 의미에 있어서 근원적인가 하는 것은 또다시 새로운 성찰을 필요로 하는 것이겠으나 여기서는 단순히 시적 사물의 지각이 주관적이며 자의적인 것은 아닐 것이라는 점을 암시하는 데 그치기로 한다.[10]

철학적 분석이나 과학적 검사에 의거하지 않으면서도 '사물의 테두리에 대한, 사물로 하여금 바로 그러한 사물이게끔 하는 요인들에 대한 계시'를 주는 다른 방법은 동양의 『역경』에서 사용되고 있는 취상법(取象法) 또는 시적 인식 방법에 접근하는 '즉관(卽觀)'의 방법으로 생각해 볼 수 있다. 그 타당성 여부에 대해서는, 김우창의 말처럼, 새로운 성찰이 필요하다할 것이고, 여기서 우선 우리가 관심을 기울여야 할 것은 사물의 재현이 '사물의 테두리에 대한, 사물을 사물이게끔 하는 요인의 계시'를 시 속에 재현한다는 관점이다. 이 관점은 김우창의 다른 글들 속에서 자주 나타나는 표적과 바탕의 관계에서 '바탕'에 대한 관념을 함축한다. 그가 인용문에 이어서 '공간감'이나 '실존의 공간'을 자세하게 언급하는 것은 그 설명에 해당한다. 사물은 독자적으로 존재하는 것이 아니라 일정한 시공간 속, 바탕을 배경으로 하여 존재한다. '모든 현실적인 사물이 하나의 철학적·정치적·사회적 암호'가 되는 것은 그것이 이 '공간', 또는

---

10) 김우창, 「시의 언어와 사물의 의미」, 『시인의 보석』, 민음사, 1993, 90면.

‘바탕’, 또는 ‘사실적 연관’ 속에 있기 때문이다. 단편적인 사상을 재현한 한 편의 시가 ‘우리를 보다 큰 것의 이해에 이르게 하고 스스로 그러한 이해의 구조를 구축’할 수 있는 것은 바로 표적이 되는 ‘단편적 사상’이 독립적으로, 독자적으로 존재하는 것이 아니라 바탕과의 ‘사실적 연관’ 속에 자리잡기 때문이라는 논리이다.

　여기서 우리는 알타미라 석굴의 들소 그림에 대해 게오르크 루카치가 그의 방대한 저작『미학』에서 분석한 내용을 상기할 필요가 있다. 루카치는 매우 사실적으로 그려져 있는 그 들소 그림들이 리얼리즘과는 거리가 가장 먼 것이라고 설명하고 있다. 그것은 추상적인 기하학적 도형을 보여주는 그림들보다도 리얼리즘에서 멀다는 것이다. 그 이유는 석굴의 깊숙한 곳에 그려져 있는 이 들소그림들이 들소가 살아가는 배경을 포함하지 않고 있어서 그에 대한 인간의 절실한 욕망을 표현하고 있는 주술의 흔적일 뿐 사물 자체의 리얼리티를 획득한 것은 아니라는 데 있다. 즉 표적이 되는 대상과 바탕이 되는 대상 사이의 관계성이 전혀 나타나지 않은 것은 그 그림들이 리얼리티를 결여한 핵심적 증표라는 것이다. 루카치의 『미학』은 바로 이 관계성이 예술사에서 어떻게 구체성의 수준으로 발전되어 가는지에 대해 매우 긴 설명을 덧붙이고 있다.『미학』의 중심부를 구성하고 있는 ‘미메시스’에 관한 여러 장들은 바로 그 관계성의 변화에 대한 설명의 여러 단계를 보여 주는 것이라고 볼 수 있다. 이 점에서 김우창의 시에 대한 기본적인 이해는 루카치의 리얼리즘 미학과 동일하다고 할 수 있다. 그의 결론은 그 사실을 단적으로 보여준다.

　　요약하여 말하건대, 우리의 의식과 삶은 감각적 구체성의 차원에 밀착해 있으며 그것을 규정하는 일반적 범주는 내면화하여 무의식 속에만 간직한다고 할 수 있다. 그리고 이러한 작용은 불수의적이고 강박적인 것이어서, 일상적 생활에서는 우리의 삶의 결정적 테두리를 달리 고쳐서 바라보기가 극히 어려운 것이다. 시에 있어서의 구체도 이러한 관점에서 말하여질 수 있다. 그것은 배경

앞에 나와 있는 전경의 사물이다. 그러나 이 배경은 대개는 암시될 뿐이고 적극적으로 우리의 응시의 대상이 되지 아니한다. 그럼에도 불구하고 시적 구체의 의미는 이 배경과의 관련에서만 일어난다(일상적 의식에서 이 배경은 한껏 뒤로 물러가 있는 것으로 생각될 수 있다). 이러한 관련이 시의 인식적 기능— 과학과는 다르게 우리의 정서와 욕망의 장에 나타나는 바, 사물에 대한 진실을 드러내주는 시의 인식적 기능의 초점을 이루는 것이다.[11]

프랑스 루브르 박물관에 소장되어 있는 레오나르도 다 빈치의 '모나리자' 상은 흰 종이 위에 모나리자의 모습만 그린 것이 아니다. 인물상 뒤로 어떤 풍경 같은 것이 펼쳐져 있어 그 배경을 바탕으로 하여 표적인 모나리자의 모습이 형상화되어 있는 것이다. 그러므로 '모나리자'에 대한 우리의 감상은 그 배경이 조성하는 정조로부터 결코 자유로울 수 없다. 화폭이 크지도 않고, 뛰어나게 매혹적이라고도 할 수 없는 여인을 그린 그림이 그토록 많은 관심과 찬사를 받는 것은 여인의 미모나 그림의 현란함이나 그런 등등의 요인 때문이 아니다. 미소짓는 듯 마는 듯 묘한 얼굴 표정을 짓고 있는, 그 수수께끼 같은 웃음 속에 내적인 자기를 가두어 놓고 있는 '내적 인간'으로서 여인의 모습도 중요하지만 바로 그 배경이 되고 있는 풍경과 여인의 관련이 작품의 의미와 가치를 크게 좌우하고 있는 것이다.[12] 김우창의 소론은 바로 이 사실과 직접적으로 연결된다.

---

11) 김우창, 「시의 언어와 사물의 의미」,『시인의 보석』, 민음사, 1993, 96면.
12) 네델란드의 정신 병리학자 반덴베르크는『모나리자』를 서구 최초로 풍경을 풍경으로 그린 것이었다고 말했다. 반덴베르크는 구체적으로 다음과 같이 말하고 있다. "모나리자는 불가피한 일이었지만 풍경에서 소외된 최초의 인물(회화에서는)이다. 그녀 뒤쪽의 배경에 있는 풍경이 유명한 것은 당연한 것이다. 그것은 풍경이기 때문에 풍경으로 그려진, 최초의 풍경인 것이다. 그것은 순수한 풍경이고, 인간 행위의 단순한 배경이 아니다. 그것은 중세의 인간들이 몰랐던 자연, 그 자신 속에서 자족하고 있는 자연이며 인간적 요소가 원칙적으로 제거된 자연이다. 그것은 인간의 눈이 본 가장 기묘한 풍경이다." 가라타니 고진, 박유하 역,『일본 근대문학의 기원』, 민음사, 1997, 40면에서 재인용.

문학은 예술의 한 가지로서 감각적 구체성을 지닌 형상을 기본적인 요건으로 한다. 이 형상은 표현 대상의 특수성, 그것이 다른 유사한 종류의 대상들과 구별되는 차이를 풍부하게 드러내는 특성을 가질 때 생동하는 형상이 된다. 그러나 이 독특한 형상이 표현하는 것은 단순히 개별적인 사물 특유의 것만을 포함하는 것은 아니다. 다른 대상들과 차이를 지니기 위해서는 개별성을 풍부하게 지녀야 하지만 그 개별성은 그 사물을 그것이게끔 한 요인들로 하여 다른 것들과의 관계를 함축한다. 사물을 독립적이고 독특하고 독자적인 것이 되게 하는 요인들은 바로 그 사물을 보편성과의 관계에 들어가게 한다. 그러므로 사물의 독특함을 형성하는 요인은 이미 암암리에 일반적 범주, 보편성에 기반하고 있다고 말할 수 있다. 뿐만 아니라 작품의 형상은 표현의 표적이 된 대상을 그것이 지닌 관계성 속에서 드러내 보여준다. 이 사실이 의미하는 것은 사물의 테두리로서, 그 사물이 바로 그 사물이 된 것은 바로 그 관계들로 하여 가능했다는 점이다. 그 관계들은 통상 우리의 의식에서 '한껏 뒤로 물러가 있는' 경우가 많고 작품에서도 뚜렷하게 전면에 부각되지는 않지만 '시인의 체험의 깊이, 기억의 깊이에서 견져내지는 사물의 모습'에는 어떤 방식으로든 드러나지 않을 수 없다. 그 이유는 독자적인 하나의 사물은 전체와의 관련 속에서만이 존재할 수 있기 때문이다. 그것은 우리가 전체 사회의 규범을 내면화하여 행동하고 전체 사회의 한 구성원으로서 살아가고 있는 것과 같은 것이다. 김우창이 구체적 전체성을 말하는 것은 이와 관련된다.

시는 구체적인 실존의 언어이면서 또 이를 넘어서는 일반적 범주를 그것이 구체적이고 직접적인 생존에 용해되어 있는 만큼을 기술해 낸다. 시적 재현이 표현하고 있는 것은 구체적 전체성이다. 여기에서 전체성의 원리가 되어 있는 것은 평균화, 추상화가 아니라 우리의 육체와 욕망과 기억 ─더 나아가 느낌과 세계의 상호교섭에서 우러나는 끊임없는 현재이다. 시가 이러한 현재에 집착하는 만큼 그것은 사물의 가짜 구체성에 속을 수도 있다. 그러나 참으로 민감하게 깨어 있는 시인에 있어서 이 구체성은 하나와 여럿의 모순을 거머쥔 구체적 전체성이다. 이러한 전체성은 가장 폭넓은 시적 상상력에 있어서 우리의 생존을 규정하는 외적인 조건들을 다 포함하는 전제로서 성립한다. 또 그것은 우리에게 직접적인 감각으로 주어지는 생존의 참다운 조화의 의식, 참다운 행복의 의식의 장이 된다. 그리하여 공적인 수사(修辭)가 말하는 사회적인 행복에 맞서는 비판이 된다. 시의 언어의 건전성은 한 사회의 참다운 인간적 행복 — 개인적이고 사회적인 행복의 척도가 되고, 아니면 적어도 당대의 불행과 있을 수 있는 행복의 약속에 대한 척도가 된다.[13]

시가 표현하는 것은 구체적인 사물, 구체적인 체험이다. 이때 '구체'는 동류의 사물이나 체험의 산술적 평균으로서 확립될 수 있는 것이 아니다. 그것이 개별적이면 개별적일수록, 그리하여 감각적 구체성을 많이 가지면 가질수록 더 효과적이다. 그러나 이 사실은 흔히 가짜 구체성을 허용하는 관점으로 오인될 수도 있다. 루카치가 자연주의에 대해 그토록 지난한 싸움을 지속한 것은 그에 말미암는다. 참으로 구체적이라고 할 만한 것은 고유의 특수성과 함께 보편으로 운동해 갈 요인들을 자신 속에 풍부하게 구현하고 있는 경우이다. 이처럼 어디까지나 개별적이면서 보편, 또는 전체와의 관련을 함축하는 것은 우리가 전형이론에서 익숙하게 보아온 것이다. 그것은 개별에 충실하기 때문에 보편의 모순, 전체의 질곡에 대한 참다운 비판이 될 수 있다. 그것은 헤겔의 국가이론에서 볼 수 있는 것과 같은 특수와 보편의 변증법을 암시한다. 문학, 특히 서정시의 사회적 기능은 여기서 이루어진다. 그것은 개인의 체험에 충실함으로써, '우리의 육체와 욕망과 기억'에 충실함으로써 전체 사회의 질서가 개인에게 질곡이 되는 현실을 비판하고 진정한 행복이 가능한 미래의 행복을 꿈꿀 수 있게 해주는 것이다.

---

13) 김우창, 「시의 언어와 사물의 의미」, 『시인의 보석』, 민음사, 1993, 97면.

3) 김우창의 시론과 게오르크 루카치의 리얼리즘 미학

지금까지 김우창의 시에 대한 견해를 주로 원론적인 해명을 시도한 글들을 통해서 살펴보았다. 분석대상을 시에 관한 전체 논고로 확대하지 않고 이와 같이 한정한 것은 이 글이 분석의 객관성과 해석의 타당성을 획득하는 데 심각한 결함이 될 수 있다. 더욱이 리얼리즘, 특히 루카치의 리얼리즘미학과 관련해서 고찰하려는 입장에서는 매우 위험스런 입론이 될 가능성이 크다. 따라서 이 글의 분석과 해석, 나아가서 주장에 많은 제한을 가하지 않을 수 없다. 물론 이 장에서 이루어지는 비교 분석은 기왕의 독서를 통해 형성된 대체적인 판단에 따른 것으로 전적으로 근거가 박약하다고 할 수는 없지만, 그럼에도 불구하고 여전히 얼마간 자의적인 성격의 논의가 될 수밖에 없다는 점을 부인하기는 어려울 것이다. 그러므로 원래 영향이나 유사성의 관계를 확인하는 일이란 어찌 보면 갖다 붙이기 나름일 수도 있다는 사실을 유념하여 논지의 전개에서 상이한 관점의 개연성을 충분히 인정하고자 한다. 여기서는 먼저 피터 에그리가 루카치의 시에 대한 개념이라고 밝힌 내용을 간략하게 살펴보고 김우창의 시론과 루카치의 리얼리즘 개념의 상관성을 고찰하고자 한다.

에그리는 루카치가 시 장르에 관한 논의에서는 디테일의 정확성이 아니라 객관현실의 전체적 과정의 올바른 반영을 중시했으며 작품 속의 고립된 요소들과 개인적 체험을 비교하지 않고 작품 전체가 주는 충격을 생활체험의 전체성과 대조했다고 설명한다. 또한 그는 루카치가 장르에 대한 논의에 비중을 두는 동시에 시에서의 주관성의 역할을 강조했다고 보고 있다. 이 주관성에 대한 논의는 매우 큰 비중을 차지하는데 그는 루카치의 다음과 같은 언급을 직접 인용하고 있다.

> 서정시의 형식은 궁극적으로 자아와 외부세계의 특수한 관계에 의해 결정된다. 모든 서정시인에게 자아, 직접적인 개인적 체험은 창조적 과정에 비추어 볼

때 서술자나 극작가에게서 보다 훨씬 더 결정적인 어떤 것이다. 후자에게서 자아는 단지 실제 세계나 재현된 세계를 매개하는 역할을 할 뿐이지만 서정시에서 시적 자아는 거울일 뿐만 아니라 재현의 직접적 요인이다. 그러므로 그의 체험 속에서 외부세계에 대한 중요한 질문들이 반영되지 않거나 진실로 반성되지 않는 시인은 진정으로 위대한 서정시인이 될 수 없다. …… 서정시에서 개인적 체험은 표현의 수단임과 동시에 시의 특수한, 분리될 수 없는 직접적 재료이다.14)

에그리의 설명에 따르면 루카치가 서정시에서 결정적이라고 생각한 것은 시적 자아의 직·간접적 표현이 아니다. 진정한 문제는 서정적 자아와 외부 세계의 '관계의 질'이다. 이 점에서 에그리는 루카치가 서정시의 주관성을 능산자(能産者)라고 보았다고 설명한다. 시인은 외부 세계를 그대로 반영하는 것이 아니라 반영의 대상을 스스로의 내면 속에 창조해 낸다는 것이다. 그러므로 시인의 참된 능력은 자기 자신의 개별적 개인적 주관성에 집중하고 침잠함으로써 사회적 보편적 객관성에 도달하는 능력이 된다. 단편성을 특질로 하는 서정시로서는 표현되는 정서적 내용과 사회적 관계들 사이의 균형을 리듬과 같은 세부적 요인들에서까지도 고려해야 한다는 것이다. 에그리는 서정시가 이러한 요구를 충족시키기 위해서는 주관적 변증법에 의지할 수밖에 없다고 루카치가 생각했다고 설명한다. 즉 능산자로서의 시인의 자기 의식이 결정적인 요인이 된다는 것이다. 그는 시적 태도의 특징을 다음과 같이 서술하고 있다.

고양된 주객관계의 예술적 표현은 주관적 자아의 시점에서 보고 보여진다. 세계를 포용하는 자기의 표현과 자기 강화에서 주체와 객체가 하나로 결합되는 양상은 창조적 과정의 주체가 그 창조과정의 직접적인 대상이 되고, 그 과정이 바로 내용을 구성하며 그로부터 작품을 이루는 창조가 행해진다.15)

---

14) Peter Egri, The Lukacsian concept of poetry, in : John Odmark(ed), *Language, Literature & Meaning*, Hamburg Univ., 1979에서 재인용.
15) Peter Egri, Ibid.

　서정시에서 주관성의 변증법은 시인의 내면성의 표현을 위주로 하는, 헤겔이 '본래적인 서정시'라고 구분한 종류의 시문학에서 핵심적인 요인이 된다. 지난 1990년대 초반의 리얼리즘시론에서 시적 주체나 서정적 주인공의 문제가 논점으로 떠오른 것은 이 사실과 연관된다. 그러나 이같이 서정시에 접근하는 방법이 시의 리얼리즘을 논의하는 데 적합한 방식인가 하는 데 대해서는 의문의 소지가 있다. 서정시에서 주관성이 창조의 주도권을 쥐고 있을 뿐 아니라 직접적인 재현의 대상이란 인식은 동의할 수 있는 내용이지만 시작품에 재현된 현실이 리얼리티를 획득했는가 하는 문제를 푸는 데는 그 인식이 적합한 해결 방도를 제시할 수 없는 것이다. 이것은 크리스토퍼 코드웰의 시론이 시적 태도에서 시인의 자기 의식을 강조했음에도 불구하고 결국에는 '꿈의 작업'이란 개념을 도입하여 시적 창조에 관한 신비를 조장하는 데로 흘러가 버린 이유를 짐작할 수 있게 해준다. 이런 측면에서 서정시가 단편적인 사상을 재현하고, 주체와 세계의 관계의 질에서 생겨난 감정을 서술함에도 세계에 대한 올바른 반영이 될 수 있는 이유를 석명하기 위해서는 다른 접근 방식이 필요하다. '구체적 전체성'이란 개념을 축으로 전개되는 김우창의 시론이 시의 리얼리즘을 해명하는 데 보다 효율적이고 적합한 방식이란 필자의 관점은 여기서 성립한다. 더욱이 루카치의 시에 대한 개념도, 또한 논의 방식도 김우창의 시론이 보여주는 바와 매우 흡사하다.

　김우창의 시론의 핵심에 놓여 있는 것을 가략적으로 '구체적 전체성'이라고 했을 때 그에 상응하는 리얼리즘이론은 루카치의 대표적인 논고 가운데 하나인 「예술과 객관적 진리」에서 찾을 수 있다. 과학과 예술을 비교하면서 예술이 어떻게 진실을 담보하는가를 논하고 있는 이 글은 시사적이게도 두 가지 점을 강조하고 있다. 즉 '직접적 명백성'과 '총체성'이란 개념을 예술, 또는 리얼리즘을 해명하는 핵심범주로 삼고 있다. 여기서 루카치의 '총체성'과 김우창의 '전체성'이 어떤 점에서 다르고, 그 차이는 어떤 의미를 갖는가는 또 하나의 성찰의 대상일 수 있다. 그러나 대략적으로 보아서 두 개념이 거의 동일한 함축을 지닌다는 것은 많은 사람이 동의할 수 있는 내용이라고 판단된다. 이 점에서 두 사람의 이론 사이의 동일성이나 차이성을 확정지으려고 할 때 관건은 '직접적 명백성'이 '구체성'과 어떤 관계에 있는가를 확인하는 작업이다. 그러므로 이 자리에서는, 우리가 앞에서 김우창의 '구체성' 개념의 함축을 살펴본 것처럼, 루카치의 '직접적 명백성'의 개념이 함축한 내용을 고찰할 필요가 있다. 루카치의 논문에서 이 개념이 처음 등장하는 대목은 다음과 같이 서술되고 있다.

> 그것(예술)은 현상과 본질의, 개별 경우와 법칙의, 직접성과 개념의 대립이 해소되어 양 측면이 예술작품의 직접적 형상 속에서는 자발적인 통일성으로 통합되어 나가고 수용자에 대해서는 분리될 수 없는 통일성을 형성하는 바의 현실의 상을 제시하는 것이다. 보편자는 개별자와 특수자의 특성으로서 현상하고 본질은 현상 속에서 파악할 수 있고 체험할 수 있게 된다. 법칙은 표현된 개별 경우의 특수한 주동적 원인으로서 제시된다. 엥겔스는 예술적 형상화의 이러한 본성을 소설에서의 인물의 성격에 관해 논하면서 아주 명쾌하게 표현하였다. '각자는 하나의 전형이자 동시에 특정한 개별인간, 즉 헤겔이 만년에 표현한 바처럼, <이 사람>이다. 또한 그렇게 되어야 한다.' 그리하여 모든 예술작품은 하나의 완결된, 자체 내적으로 완성된 연관관계 그리고 그 운동과 구조가 '직접적으로' 명백한 그러한 연관관계를 제시하여야 한다. 이러한 직접적 명백성의 필연성은 문학에서 가장 뚜렷하게 나타난다. 하나의 소설 혹은 하나의 극의 현실적이고도 심오한 연관관계는 종결부에 가서야 비로소 나타날 수 있다. 종결부가 비로소 발단부에 대한 현실적이고도 완전한 해명을 제공한다는 것은 그 관계의 구조와 작용의 본질에 속하는 것이다.[16]

인용문이 이야기하는 것은 예술작품은 하나의 현실의 상을 제시하는데, 그 상은 그것이 재현하고 있는 원래의 현실이 지닌 연관관계를 직접

---

16) 게오르크 루카치, 이춘길 편역, 「예술과 객관적 진리」, 『리얼리즘미학의 기초이론』, 한길사, 1985, 52면.

적으로 명백하게 보여 주어야 한다는 견해이다. 이 논지는 우리가 앞에서 살펴 본 구체성의 개념과 많은 편차를 지닌 것으로 보일 수 있다. 그러나 철학적 개념들에 조금만 눈이 익은 사람은 곧 여기에서 어떤 유사성을 간취할 수 있다. 구체성이 본질적 규정들의 통일, 또는 본질적 연관관계의 통일로 설명된다는 것을 알면 김우창의 '구체성'과 루카치의 '직접적 명백성'이 이야기하는 것이 서로 다른 것이 아니라는 것을 쉽사리 알아볼 수 있다. 더욱이 루카치는 서사문학을 유념하면서 논지를 전개하고 있고 김우창의 주요 관심사는 서정시라는 단편성을 특징으로 하는 문학이다. 차이는 각각의 논지가 대상으로 하고 있는 장르에 따라 서술의 양태가 달라진 데서 비롯되고 있을 뿐 논의 내용은 동일한 것으로 볼 수 있다. 더욱이 루카치의 글에서는 엥겔스의 명제 '전형이자 개별인간, 〈이것〉'으로서의 인물형상에 대한 언급이 나오고 있다. 이 명제는 종래 개별과 보편의 통일을 말한 것으로 인식되어 왔다. 이러한 인식이 전적으로 틀렸다고 할 수는 없겠지만 그것만을 인식하는 것은 엥겔스 명제에 대한 온전한 이해, 또는 루카치의 진의를 올바로 파악하고 있다고 볼 수 없다. 필자는 1990년을 전후해서 리얼리즘 논쟁이 진행될 당시 이 명제에 대해서 나름의 이해와 해석을 피력한 바 있고[17] 그 내용을 그 무렵에 출간한 문학이론서 『문학과 사회』에 다음과 같이 정리해 놓았다.

> 이 문구(엥겔스의 명제)는 종종 개별자와 보편자의 통일만을 말한 것으로 오해되어 왔다. 즉 전형은 보편자이고 '이것'은 개별자라고 단순화해서 파악하는 것이다. 그러나 이 같은 방식의 이해는 엥겔스의 명제에 들어 있는 깊은 함축을 외면하는 것일 뿐 아니라 그에 대한 루카치의 해석인 '보편자는 개별자와 특수자의 특성으로서 현상하고 본질은 현상 속에서 파악할 수 있고 체험할 수 있게 된다'는 내용의 설명 수준에도 미치지 못하는 것이다. 더욱이 전형을 곧바로 보편자라고 이해하는 것은 문학작품을 공식적·도식적인 것으로 만들고

---

17) 최유찬, 「이데올로기와 리얼리즘」, 『리얼리즘이론과 실제비평』, 두리, 1992.

문학의 본질, 특히 전형화 방법의 핵심을 파악할 수 없도록 오도하는 주요한 요인이다. 그러므로 그러한 폐단들을 방지하기 위해서라도 엥겔스의 발언을 좀 더 깊이 음미해볼 필요가 있다. 먼저 왜 엥겔스가 개별과 보편의 통일이라 하지 않고 '전형이자 동시에 개별인간, 〈이것〉'이라고 말했는지가 검토되어야 한다. 이를 위해서 루카치가 미학의 영역범주로서 특수성에 대해 설명한 바를 참조할 필요가 있다. 그는 자신의 저서 『미학서설』에서 전형이 특수자의 특정한 발현태임을 밝히고 있다. 즉 전형은 그 자체 개별과 보편의 통일인 특수성의 대표적 양태라고 할 수 있는 것으로서, '예술적 형상화의 대상은 사상(事象) 자체, 직접적이고 순수한 객관적 진리로서의 사상이 아니라, 구체적 인간들이 구체적 상황 속에서 삶의 구체적 요소로서, 인간들의 노력과 투쟁들, 승리와 패배들, 기쁨과 슬픔 등의 일부로서, 또 인간의 고유성 혹은 인간들 및 인간적 상황들의 전형적 특수성을 눈에 뜨이게 해주는 중요한 수단으로서 작용하는 사상'이라는 것이다. 이런 관점에서 엥겔스의 진술은 소설 속의 인물이 '개별자와 보편자의 통일인 동시에 개별자'라는 모순된 내용이 된다. 그러나 이 모순처럼 느껴지는 내용은 실제로 문학예술에서 이루어지는 본질과 현상의 변증법적 통일을 함축하고 있다는 점에서 올바를 뿐만 아니라 의미심장한 내용을 갖는다. 익히 알다시피 과학은 그 체계의 조직형성 중심을 보편자에 둔다. '과학적 형식은 좀더 적절하게 객관현실을 반영할수록, 보편적이고 포괄적일수록, 일상적으로 나타나는 직접적, 감각적, 인간적 현상형태를 강력하게 극복하고 탈피할수록, 더 높은 단계에 위치한다'고 말할 수 있다. 즉 과학은 수학의 상태를 동경하는 것이고, 그리하여 과학에서는 개별자는 지양되어 보편자에 흡수되어 버리는 것이다. 그러므로 과학에서는 획득된 개념적 인식이 개별자와 분리되어 표현될 수 있고 표현형식과 불가분리의 관계에 놓이지도 않는다. 이에 비해서 문학예술은 조직형성 중심이 특수성에 놓인다. 그러므로 그 인식내용과 형식은 보편자와 개별자 양자로부터 확연하게 분리될 수 없으며 그 둘 사이의 공간에서 운동하는 것이다. 다시 말해서 문학예술 작품의 조직중심은 보편자에 좀더 다가갈 수도 있고 개별자에 좀더 다가갈 수도 있으나 결코 양극단의 어느 한쪽에 정착할 수는 없는 것이다(인용자주 : 리얼리즘 단계에서는 조직중심이 현저하게 개별자 쪽으로 접근한다고 일반화해서 말할 수 있다). 그러면서 개별자와 보편자를 조직중심에 적합한 것으로 동질화하는 작용이 창작과정에서 수행된다. 이것은 보편자의 특수화(구체화)와 특수자의 구체화 및 개별자의 특수성을 향한 보편화라고 하는 것으로서 이 같은 작업에 의해 작품은 고유한 분위기에 휩싸인 특정한 정신적인 의미내용을 형성할 뿐만 아니라 그것을 통해 현실을 주체적으로 전유할 수 있는 통로를 만드는 것이다. 그러나 문학예술은 과학과는 달리, 이러한 분위기와 정신적 의미내용을 독자적 존재로 독립시킬 수가 없는 까닭에 다시 개별적이고 특수한 감성적 형식에 의지하지 않을 수 없다. 즉 사념적인 수준에서 형성된 정신적인 의미내용도 우리에게 지각될 가능성을 가졌던 것이지만 이제 그것을 실제적이고 효율적으로 지각되는 상태로 실행하지 않으면 안 되는 것이다. 헤겔은 '우리가 내용이라든가 의미라고 부르는 것은 본래적으로 단순한 것이고, 작품을 세부에까지 외면적으로 형성하는 완성과는 다른 것이어서 극히 단순한, 그러나 포괄적인 제 규정에로 되돌아간 사상 자체이다. …… 작품의 실행을 위한 토대로서 이런 단순한 것, 이 주제라고 할 수 있는 것이야말로 세부의 완성을 위한 기반을 이루는 것인데, 그것은 아직 추상적인 데 반해서 실행을 통한 세부의 완성만이 구체적인 것이다'라고 말하고 있다. 그러므로 문학예술은 본질을 명백히 드러내주는 현상형식들을 가짐으로써 구체적 보편이 되며 이로써 현상과 본질의 새로운 통일체가 형성된다. 여기서 문학예술에 구현된 진리는, 과학이 개별적 형식과 특수한 형식들의 전체적 복합체를 지양하여 구체적 보편이 되는 것임에 반해서, 그 개별적 형식과 특수한 형식들의 전체적 복합체를 보존하고 재구성하여 구체적 보편이 되는 것이다. 이렇듯 과학과 명백히 구별되는 문학예술의 형식이 구체적인 인간들 사이의 관계를 생동하는 상징에 의해 보편화함으로써 성취된다는 것은, 여러 사람들의 빈번한 언급을 빌지 않더라도 명백한 것이다. 이에 따라 우리가 작품의 수용과정에서 갖게 되는 지각의 근원이라 할 수 있는 감각적 구체성은 일차적으로는 생활의 현상형식과 닮은 개별자로 현상한다. 여기서 실제 세계의 개별자와 문학예술작품의 형상에서 볼 수 있는 개별적이고 특수한 형식으로서의 개별자가 다른 것은 후자에게서는 보편자 내지 특수자가 전자에게서 볼 수 있는 것보다도 훨씬 더 집중되고 고양된 형식으로 개별자와 통일되어 고유한 분위기 속에서 명백하게 제시된다는 데 있다. 다시 말해서 생활세계의 개별자도 보편자와 실제적 통일을 이루고 있지만 상징적 형식화에 의해서 작품에 형상화된 특수자는 보편자와 개별자를 유기적으로 자체 속에 포함하며 자체 내에서 지양한

다는 점에 특징이 있는 것이다. 하지만 그러한 특성을 지님에도 불구하고 문학
작품에서 개별자는 개별과 보편의 통일로서 특수성의 범주에 지배되면서도 여
전히 자신의 고유한 목소리와 존재를 지속시키려는 지향과 항성(恒性)을 흔적
으로 남긴다. 그리하여 그것은 보편자와의 유기적인 통일을 위해 자유롭고도
구체적인 조화 속의 관계로 서로 결합하는 것이다. 이때 보편자는 통일과 지속
의 원리로서 개별자의 지향과 항성에 대립하는 것이다.[18]

이 서술의 요점을 간단히 말하면 예술형상은 분명히 내용 형식 어느
면으로나 특수자인 것이지만 그것이 리얼리즘을 달성하기 위해서는 개
별자에 준하는 특수자로 자리잡아야 한다는 것이다. 이 관점은 우리가
김우창의 논지에서 구체에 대한 매우 강도 높은 강조가 행해지고 있는
것을 통해 엿볼 수 있었다. 그가 단테의 『신곡』의 각주를 가지고 길게
논의를 이끌었던 것이나 서정시가 사사로운 감정의 표현이라는 것을, 일
상생활의 구체적 체험에 근거하여야 한다는 것을 상론한 것은 모두 이
와 동일한 인식을 보여 준 사례라고 할 수 있다. 이와 함께 주목할 것은
김우창의 논의에서 형상의 구체성이 우리의 감성, 직관 등에 적합한 것
이 되어야 한다는 관점이다. 이는 물리적 실체로 구체화된 작품의 형상
이 수용자의 지각의 메카니즘에 적합한 형태로 되어야 한다는 관점으로
서 루카치의 동질적 매재 개념에 유사한 것이다. 달리 말하여 사념의 수
준에서 형성된 작품의 이념은 아직 추상적인 것으로서 작가가 표현을
위해서 의지하는 장르에 적합한 형식으로 형성될 때, 그리하여 상징형식
이라는 물리적 실체로 전환할 수 있을 때 구체적인 것이 될 수 있다는
파악이다. 이 점에서 전형성에 대한 오해의 문제를 논의하는 가운데 루
카치가 관건이 되는 사항은 '구체적인 것'에 대한 올바른 개념파악이라
고 주장하는 점을 주목할 필요가 있다. 그는 구체성에 대한 이론적 논의
를 전개한 데 이어 '예술적 과제는 직접적인 감각적 명백성 속에서의 구

---

18) 최유찬, 『문학과 사회』, 실천문학사, 1994, 68~71면.

체적인 것의 재현이다'고 단언하고 있다. 그는 이 단언의 의미를 다음과
같이 부연 설명하고 있다.

> 구체적인 것 자체 속에서, 그 통일성이 바로 구체적인 것을 구체적인 것으로
> 만드는 규정들을 드러내어야 하고 뚜렷하게 만들어야 하는 것이다. 그런데 현
> 실 자체 속에서 모든 현상들은 모든 상이한, 등시적인 그리고 앞선 현상들과
> 외연적으로 무한한 관계를 맺고 있다. 예술작품은—내용적으로 고찰한다면—
> 언제나 크든지 작든지 현실로부터의 하나의 단편에 불과한 것이다. 예술적 형
> 식부여는 그리하여 이 단편이 총체로부터 빠져 나온 단편—그리하여 이것의
> 이해와 작용을 위해서는 그것의 공간적·시간적 주변과의 연관이 필연적으로
> 된다—으로서 작용하게 만드는 것이 아니라, 반대로 하나의 완결된 전체, 외
> 부로부터의 어떠한 보충도 필요로 하지 않는 전체의 성격을 지니는 것으로서
> 만드는 것을 과제로 하고 있다.[19]

문학예술 작품이 표현하는 것은 그것이 아무리 크든 작든 하나의 현실
이다. 그 현실은 전체 현실에서 일부분을 취해온 단편적 사상에 불과하지
만 작품이 그것을 표현할 때 단편으로 표현하는 것이 아니라 그 자체로
서 완결되어 완성된 사물로 표현한다. 이런 측면에서 아무리 짧은 작품이
라 할지라도 하나의 작품은 전체임에 반해서 세부는, 그 자체로 완결되지
는 않는, 전체의 한 부분에 지나지 않고 기능적으로 전체에 매인 상태에
있는 요소를 가리킨다. 예술작품이 그 크기에 상관없이 그 자체로 완결성
을 갖는 것은 이 세부들의 긴밀한 관계로 인해 가능하게 된다. 내포적 총
체성이란 작품에 표현된 이 자체 완결된 사물이 그 내부에 있는 여러 요
소들 사이에 긴밀한 관계를 형성하여 유기적으로 결합함으로써 역동적인
생명성을 획득하고 있음을 말한다. 작품의 생동성은 거기에서 비롯된다.
그것은 하나의 체계라고도 할 수 있는 것으로서 작품이 취하고 있는 삶

---

19) 게오르크 루카치, 이춘길 편역, 「예술과 객관적 진리」, 『리얼리즘미학의 기초이론』,
   한길사, 1985, 64면.

의 단편이 원래 지니고 있던 객관적 규정, 모든 본질적인 연관관계들을 포함함으로써, 또 그것들이 밀도를 가지고 상호 작용함으로써 유기성, 생명성을 발휘하는 상태이다. 그리하여 독자는 그 속에서 삶의 단편이 지니고 있는 모든 관련들을 이해할 수 있고 체험할 수 있다. 그렇게 될 때만 이 독자는 작품에 내포된 무한한 연관관계들을 통해 생생한 삶의 경험들을 추체험할 수 있다. 작품은 이런 의미에서 아무리 짧은 서정시라 하더라도 단편이 아니라 전체이며 총체성, 내포적 총체성이다.

내포적 총체성이란 작품이 내장하고 있는 이러한 유기적 관계성, 본질적인 연관관계들의 통일을 의미한다. 루카치가 '가장 짧은 노래도 웅대한 서사시와 마찬가지로 하나의 내포적 총체성이다'고 한 것은 형상화된 삶의 단편이 그것이 원래 지니고 있던 규정들, 연관관계를 올바로, 밀도 있게 반영하고 있기 때문이다. 다만 장르에 따라 그 규정이나 연관관계들을 제시하는 방식은 달라질 수 있다. 김우창의 시론과 루카치의 이론이 약간의 차이를 지니는 것은 기본적인 이해의 상이성에 말미암은 것이 아니라 주로 관심에 두는 장르가 다른 데서 빚어진 차이이다. 결국 김우창의 구체성과 전체성이 루카치의 직접적 명백성과 총체성이란 범주와 대응하고 있는 셈이다. 그러나 두 사람의 문학에 대한 인식이 유사하거나 거의 동일하다고 할 수 있을 정도로 친연성을 보인다고 할지라도 그것이 곧바로 어떤 영향관계를 입증해주는 증거라고 말할 수는 없다. 각기 다른 경로를 밟아서 유사하거나 동일한 결론에 도달하지 말란 법도 없기 때문이다. 이런 측면을 고려하면 김우창의 시론과 루카치의 이론이 지닌 관련성을 말하기 위해서는 좀더 두드러지는 특징들의 공통성을 찾을 필요가 있을 것이다. 이 작업은 두 사람의 전 저작을 검토할 필요성을 제기하는 것이지만 여기서는 현재의 요구에 즉하여 그 동안 느껴 왔던 관점의 동일성 내지 근접성을 몇 가지 사항으로 나누어 설명하려고 한다.

첫째 두 사람은 작품에 물리적 실체로 구현되는 형상의 감각적 구체성을 강조한다. 이는 김우창의 소론에서는 감정이 '세계로 객체화'되어야 한다고 주장하는 데서 드러나는 것이지만 루카치에게게서는 '동질적 매재'의 개념으로 상세히 설경되고 있다. 즉 형상의 형질에 대한 섬세한 감수성을 근간으로 하여 작품의 기호형식에 든 비중을 두고 이론을 펼치고 있는 것이다. 루카치가 그의 주저에 해당하는 『미학』에서 시어의 신호체계를 비중 있게 다룬 것과 장르의 매질을 중요한 미학적 해명의 대상으로 삼고 있는 것은 사물의 현재화, 구체성에 대한 김우창의 강조와 맞먹는 태도라고 할 수 있다.

둘째 두 사람의 시론은 엘리옷의 객관적 상관물 이론과 매우 강한 친연성이 있다. 김우창은 우리가 앞에서 여러 코로 살펴 본 논문에서 '구체적인 사물을 강조하는 것은 어떻게 보면 이미지즘의 시학을 지나치게 중시하는 것처럼 보일는지도 모른다'고 이 에세이에 나타난 자신의 특징적 태도에 대해 자각하는 모습을 토여 주고 있다. 그는 자신의 입장을 옹호하는 한 방안으로 이미지즘에서 말하는 이미지가 단순히 보기 좋은 심상의 재현이 아니라 '지적, 감정적 얼크러짐을 순간에 제시하는 것'이라고 설명했던 에즈라 파운드의 견해를 소개하고 있다. 이와 유사하게 루카치는 그의 『미학』에서 엘리옷의 객관적 상관물 이론을 긍정적으로 도입하고 있다. 루카치는 '자아가 외계를 반영하고 그 가운데서 연출하는 역할은 물론 정확하게 분석되고 개념화'되어야 한다는 입장을 표명하면서, 그에 대한 긴 설명을 생략하는 방편으로, 엘리옷의 『황무지』를 제시하고, 이 작품이 '내면적인 것조차도 외계의 반영에 의해서만 형성될 수 있다'[20)는 사실을 잘 보여준다는 점을 높이 사고 있다. 1990년대 초반에 우리나라 리얼리즘시 논쟁에서 큰 비중을 차지했던 서정시의 특징적인 주관성의 변증법, 곧 시적 주체와 서정적 주인공 등에 대한 개념은 이 '세계의 객체화'에 대한 설명 다음에야 간단히 서술되는 것이다.

---

20) 게오르크 루카치, 木幡順三 역, 『美學』, 勁草書房, 1970, 689면.

셋째 두 사람은 사물의 표피만을 재현하는 시인이나 경직된 이론으로 무장하고 시작에 임하는 시인에 대해서 비판적인 입장을 보여준다. 루카치가 자연주의와 친체제적인 사회주의 리얼리즘 작가들에 대해서 매우 근기 있고 치열한 투쟁을 벌였음은 익히 잘 알려진 사실이다. 이에 비해서 김우창은, 우리가 앞에서 보아 왔듯이, 가짜 구체성의 시를 논외로 하고 있음은 물론 경직된 현실참여시인들의 시에 대해 자주 비판적인 태도를 보여준다. 가짜 구체성이란 것이 자연주의적인 시작법을 이름하는 것이고 경직된 이론으로 무장하여 구호만을 앞세우는 현실참여적인 시인들, 또는 정치지향적인 시인들이 친체제적인 사회주의리얼리즘 작가들과 유사한 입장에 있는 것이라면 두 사람의 이론이나 비평태도에서 동일성을 찾는 것은 크게 잘못된 일은 아닐 것이다.

넷째 두 사람은 시를 주로 인식적 기능에서 파악하고 있다. 리얼리즘의 이론이 전통적으로 현실의 인식에 비중을 두는 이론이란 것은 익히 잘 알려진 사실이지만 구체적 전체성이나 내포적 총체성이란 두 사람의 핵심적 개념들은 시작품이 표현해야 할 대상에 대한 파악의 문제에 깊이 연관되어 있다고 할 수 있다. 즉 단편적인 사실의 그럴싸한 재현이 아니라 그 사물이 지니고 있는 본질적 규정들, 총체적인 연관관계가 표현되어야 한다고 보는 것은 기본적으로 시인의 현실에 대한 인식의 타당성을 묻는 방식이라고 할 수 있다.

다섯째 두 사람은 문학의 기능을 주로 현실의 비판에서 찾고 있다. 비판이 무엇인가는 또다시 깊이 성찰해야 할 문제라고 할 수 있지만, 현실 사회의 모순에 대한 형상화는 현재에 대한 비판이고 미래의 행복이 어떤 것인지 가늠할 수 있는 척도가 된다는 점에 대해서는 거의 유사한 논리를 보여 준다. 다만 이 비판의 사회적 기능에 대해서 루카치 쪽이 좀 더 역사 현실에 대해 직접적인 작용을 기대하는 편이라면 김우창은 공동체 지향성이 있음에도 불구하고 어디까지나 개인의 차원을 넘어선 이야기에는 쉽게 단정적인 말을 하려 하지 않는 경향이 나타난다. 이러한 김우창의 태도는 정치지향성이나 현실참여의 측면에서는 어느 정도 불만스러운 것일 수도 있지만 문학이 곧바로 현실을 개혁할 수 있다고 성급하게 일을 벌리는 경우에 비해서는 좀더 길게 앞을 내다보는 안목을 가지고 사태의 전 국면을 이론적으로 포괄하려는 태도라고 할 수 있다.

이상의 동질성 및 유사성은 궁극적으로 김우창의 '심미적 이성'의 개념과 루카치의 '특수성' 범주의 친연성으로 귀착된다고 할 수 있다. 김우창의 '심미적 이성'이 칸트의 반성적 판단력과 마찬가지로 개별에서 보편을 찾는 주체의 능력에 초점을 맞춘 것이라면 루카치의 '특수성' 범주에 대한 추구는 대상의 성질에 초점을 맞춘 차이만 있을 뿐 근원적으로 사고의 유사성을 짐작할 수 있게 한다. 즉 루카치가 헤겔의 관계개념의 두 가지, 포섭과 내속 가운데서 만년의 헤겔이 버려 두었던 내속성 개념을 되살려 중요한 범주로 확립하려고 한 노력은 전체주의의 획일화에 맞서는 데 매우 강력한 무기가 될 수 있다. 포섭이 헤겔의 철학에서 볼 수 있듯이 체계성에 의해서 개체를 희생시킬 수 있는 가능성을 열어 두는 데 반해 내속의 범주는 기본적으로 개별자의 자유, 보편으로의 지향과 그에 대한 저항을 끝까지 보존하는 형식이다. 마찬가지로 김우창의 심미적 이성 개념도 언제까지나 개별자에 대한 보편의 억압과 전제를 허용하지 않는, 개별자의 욕망과 꿈을 옹호하는 특성을 갖는다고 할 수 있다.

3. 한국 시론의 전망

시의 리얼리즘 문제에 대한 지난 년대의 논쟁은 뚜렷한 합의점을 찾지 못한 채 끝났다. 그 논쟁의 진행과정을 지켜보면서 필자는 좀더 효율적인 논의를 위해서는 김우창의 시론을 토의 대상으로 삼는 일이 필요한 것이 아닌가 생각하게 되었다. 특히 김주연의 '시의 인식의 문제'[21]와 비교하면 시에 대한 리얼리즘 이론의 경계를 어느 정도는 확인할 수 있지 않을까 하고 막연하게 구름 잡는 생각만을 떠올렸던 것이다. 우연하게 계기가 마련되어 오랜 동안 생각만 다듬던 문제를 이 글을 통해서 어느 정도 논의할 수 있었지만 충분한 검토의 시간을 갖지 못한데다 상세한 서술을 할 수도 없었던 까닭에 미진한 느낌은 여전하다.

이 글은 매우 제한된 자료들을 검토하면서 김우창의 시론에 나타난 리얼리즘의 양상을 고찰했다. 김우창의 시론이 게오르크 루카치의 리얼리즘 이론과 어떤 관련이 있는지 알아보려는 입장에서 검토한 것인 만큼 분석이 이미 일정한 방향성 아래서 진행되었을 가능성을 부인할 수는 없다. 평소에 느껴 왔던 점을 좀더 상세하게 살피는 수준에서 분석작업을 진행하였으므로 필자의 관심에서 벗어난 사항들은 많은 부분이 소루하게 다루어졌거나 논의내용 가운데서 빠졌을 것이다. 그러나 게오르크 루카치의 후기 사상, 『미학』이나 『미학서설』, 『솔제니친론』 등에 구현되고 있는 이론적 관점이 특수자 범주를 활성화하는 문제에 집중되었고 김우창의 '심미적 이성' 개념도 특수자의 개념에 대한 문제의식을 내포하고 있지 않는가 하는 필자 나름의 생각이 전혀 근거 없는 것은 아니었다는 심증을 얻은 점은 성과라고 생각한다. 그 생각을 이 글을 통해 어느 정도 서술하려고 하였지만 충분히 개진된 것으로는 볼 수 없다. 좀더 많은 자료와 준비기간을 갖고 작업을 함으로써 이 글의 잘못된 분석이나 해석이 바로잡아질 수 있기를 바랄 뿐이다.

글을 끝맺는 시점에서 우리의 시론으로는 무엇이 있는가 하는 점에 생각이 미친다. 우리나라의 대표적인 문학자의 시론을 서양의 문학이론과 비교하여 고찰하는 행위가 그리 탐탁하게 여겨지지 않기 때문이다.

---

21) 김주연, 「시의 인식의 문제」, 『시의 이해』, 민음사, 1989.

사물의 보편성을 생각하면 나라마다 득특한 문학이론이 있어야 한다는
생각도 속 좁은 티를 내는 것일지 모르지만 우리는 언제까지나 남들이
이루어 놓은 성과 위에서 안주해야 하는 것인지 안타까운 마음이 전혀
없는 것도 문제일 것이다. 이것은 필자의 한계를 다른 사람의 탓으로 전
가하는 행위일 수 있다. 김우창의 시론이 지니고 있는 창조적인 측면을
밝히고 그 이론의 여러 특성을 제자리에 놓고 평가할 수 있는 안목이 필
자에게 크게 부족하기 때문에 나오는 불만일 수 있는 것이다. 그것은 달
리 말해서 우리가 이루어 나가고 있는 성과들을 올바르게 이해하고 평
가하는 작업이 앞으로 좀더 실속 있게 진행되어야 할 필요성이 있다는
당위에 대한 부담감일 것이다. 여러 모로 부족한 이 글이 그러한 실속
있는 작업의 밑거름이 될 수 있다면 그나마 다행스러운 일이라고 생각
한다. 이 글에 나타난 필자의 잘못된 분석이나 평가에 대해서 이 주제에
관심 있는 이들의 광정을 기대한다.

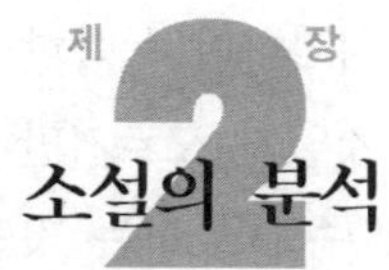

소설의 분석

1. 『카라마조프의 형제』와 『토지』에 나타난 수난의 문제

1) 다성악 소설의 의미

『카라마조프의 형제』는 도스토예프스키 생애 최후의 작품이다. 이 작품을 완성한 뒤 3개월 만에 그는 유명을 달리한다. 그렇기 때문에 이 작품의 속편이 작가에 의해 예고되었음에도 불구하고 그 작업은 끝내 실현될 수 없었다. 이로 인해 호사가들 사이에서는 간혹 이 작품의 완결성이 문제로 제기된다. 알료샤가 무신론자가 되었다가 광신자가 되고 다시 무신론자로 변신함으로써 운명의 변전을 겪는다는 줄거리의 속편이 씌어지지 않았기 때문에 작품의 의미가 완결되지 못했다는 이야기나, 그로 인해 소설이 부친 살해 범죄의 재판이 오판으로 끝나는 어설픈 형국이 되었다는 이야기는 모두 이와 관련된다. 이러한 사정을 감안하면 도스토예프스키의 많은 소설들 가운데서 "본질적으로 『까라마조프가의 형제들』만이 완전히 다성악적인 결말을 갖추고 있다"[1]는 미하일 바흐친의 발언에 대해서도 다시 생각해보아야 할 점이 있다. 바흐친의 발언은 인물들의 대화적 관계에 의해 작가의 사상이 단선적으로 전달되는 양태가 지양되고 있다는, 그래서 좀더 풍부하고 다양한 의미가 생성되고 있다는 점을 지적하는 것이지만, 이 작품이 '인습적으로 문학적인, 인습적으로 독백적인 종말'을 가지지 않고 미결정성의 상태에 머무른 것은 작품이 완결에 이르지 않았기 때문인 것은 아닌가 재고의 여지가 생기게 되는 것이다.

그러나 인간 영혼의 탐구자로 불리는 이 작가의 작품들 가운데서도 이 소설이 특히 주목받는 이유는 단순히 창작 시기가 늦어져 완결성의 문제가 생겼다는 데에 있는 것만은 아니다. 작가의 전기 작가로서 이 소설에 대해 특별한 의미를 부여하는 E. H. 카는 이 작품의 종결이 '형식적이고 전통적인 결말'로 이루어진 것은 작가가 속편을 생각했기 때문이 아닌가 하고 의문을 나타내면서도 "우리는 속편을 아쉬워하지 않는다. 그는 드미트리 카라마조프의 죄와 수난을 통한 구원의 이야기를 생각했으며 그는 그의 작품을 완성했다"[2]고 단호하게 자신의 관점을 밝히고 있다. 이 것은 현재의 상태로도 이 소설이 훌륭하게 작품의 효과를 발휘한다는 평가이다. 이처럼 한 작품의 완성, 사건의 완결을 말한다는 것은 일정하게 그것의 의미를 확정짓는 것이 된다. 이 관점은 분명히 '다성악' 또는 미결정성을 이야기하는 바흐친의 견해와 어긋난다. 또 이 작품에 대한 기왕의 해석들을 참조할 때에도 카의 관점은 여러 다양한 견해들 가운데 하나일 뿐이다. 예컨대 말콤 존스는 이 소설의 플롯에 대한 세 가지 해석 가능성을 말하고 있다. 그 첫째는 이 소설을 속죄와 구원이란 현대의 기

---

1) 미하일 바흐친, 김근식 역, 『도스토예프스키 시학』, 정음사, 1989, 62면.
2) E. H. 카, 김병익·권영빈 역, 『도스토예프스키』, 기린원, 1989, 301면.

독교 신화로 읽는 것이며, 둘째는 무신론과 기독교의 대화라 할 수 있는 이데올로기적 변증법이 전개된 것으로 읽는 것, 셋째는 부친 살해의 플롯으로 읽는 것이다.[3] 이 세 가지 해석들은 각기 카라마조프 형제 세 사람 가운데 한사람씩을 주인공으로 삼은 것으로서 나름으로 타당한 논리적 근거를 가지고 있다. 첫째 해석은 작가가 소설 속에서 직접적으로 주인공이라고 밝히고 있는 알료샤를 중심으로 작품을 해석해야 한다는 견해이며, 둘째 해석은 작가가 말년에 근본 문제로 삼았던 '신의 존재'를 둘러싼 무신론과 기독교의 대화로 작품의 구성을 해석해야 한다는 관점이다. 이에 비해서 세 번째 해석은 '위대한 죄인의 생애'를 형상화하겠다는 작가의 말이나 프로이트의 학설에 크게 힘입고 있는 관점으로서 이 소설이 소포클레스의 「오이디푸스왕」이나 세익스피어의 「햄릿」의 계통을 잇는 작품이라는 견해이다.

이 같은 작품 해석의 다채로운 양상은 역사적으로도 살펴볼 수 있는데, 초기의 도스토예프스키 연구자인 메레지코프스키나 소설가 알베르 카뮈가 『악령』의 끼릴로프나 스타브로긴의 계통을 잇는 이반을 중심적인 인물로 간주해야 한다고 주장한 데 반해서, 최근의 실증적 연구 가운데서는 작품에 인용된 성서의 구절이 철저한 위계 질서를 지니고 있다는 측면에서 기독교적 관점이 작품에 관철된다는 주장을 제기한 경우도 있다.[4] 또한 부친 살해 사건을 중심에 두고 작품을 이해하는 프로이트의 관점은 르네 지라르의 모방이론에서 발전적인 국면을 드러내기도 한다. 지라르는 한 인간이 지니는 대상에 대한 욕망은 다른 매개자에 의하여 생성된다는 '욕망의 삼각형'이란 자신의 고유한 개념을 적용하여 "도스토예프스키의 작품의 정확한 해석은 그의 작품 속에서 형이상학적 욕망

---

3) Malcom V. Jones, *Dostoevsky after Bakhtin*, Cambridge Univ., 1990, 168면.

4) Nina Perlina, "Varieties of poetic utterance, quotation in The Brothers Karamazov", Lanham, 1985. 국내에서 나온 유사한 관점은 허선화, 「『까라마조프씨네 형제들』에 나타난 인물들과 성서의 대화적 관계」, 『도스또예프스끼 소설 연구』, 열린책들, 1998.

을 발견하는 것”5)이라는 관점에서 이 소설을 죄와 수난의 문제로 파악하고 있다. 이 관점은 일찍이 D. H. 로렌스에 의해 ‘죄에서 예수로’라는 간명한 표현을 얻은 바 있는데 E. H. 카 또한 이 소설의 주제를 ‘악의 원칙을 대표하는 이반과 기독교적 이상형인 알료샤 간의 토론’과 ‘죄와 수난을 통한 드미트리의 구제’란 주제 둘로 나누어 볼 수 있지만 “완성된 소설은 두 개의 중심 주제를 포함하면서도 두 번째 주제가 첫 번째 주제를 더욱더 잠식한다”6)고 파악해 이 노선의 해석을 지지하고 있다.

이러한 작품 해석의 착종들은 당연히 바흐친의 ‘다성성’ 개념의 정당성을 강화시켜 주는 쪽으로 작용할 것이다. 어떤 입장을 취하건 간에 타당한 논리적 근거를 가진 다른 해석의 가능성을 배척하는 것은 편협한 지적 태도로 간주될 것이기 때문이다. 그리고 우리로서도 이 해석의 다양성을 거부할 하등의 이유가 없다. 그 해석의 풍요성은 우리가 살피고자 하는 『카라마조프의 형제』와 『토지』에서의 수난의 문제에 대한 이해에 초석이 될 것이므로 배제의 논리보다는 포괄의 논리를 적용하는 것이 텍스트에 접근하는 데 보다 적합한 태도로 판단되는 것이다.

2) 희생제의와 수난의 문제

『카라마조프의 형제』를 수난의 문제와 관련짓는 해석은 프로이트의 견해와 깊은 관련을 맺는다. 프로이트는 이 소설을 「오이디푸스왕」과 「햄릿」에 연결 지으면서 부친 살해의 범죄를 성적 동기에서 비롯되는 것으로 파악한다. 세 작품에서 주인공의 행위가 얼마만큼 의식적으로 행해지느냐 하는 데서는 약간의 차이가 나타나지만 행위의 동기로서 성적 요

---

5) 르네 지라르, 김윤식 역, 『소설의 이론』(원제는 ‘낭만적 허위와 소설적 진실), 삼영사, 1977, 190면.
6) E. H. 카, 김병익 · 권영빈 역, 『도스토예프스키』, 기린원, 1989, 287면.

인을 개입시키고 있다는 점에서는 공통적이라고 지적하고 있다. 이 성적 요인은, 프로이트가 그의 저서『토템과 타부』에서 밝히고 있듯이, 개인의 자아 형성에서 중요할 뿐만 아니라 초자아의 성립을 가능하게 함으로써 문명을 가능하게 하는 기초 조건을 제공하기 때문에도 중요하다. 『카라마조프의 형제』에서도 부친 살해가 일어난 이후에 알료샤와 아이들 사이에 맺어지는 관계는 사회의 윤리적·도덕적 기초의 수립과 관계된다. 그러므로 프로이트의 이론은 부친 살해 사건을 해명하는 데까지만 효과적인 것이 아니라 왜 알료샤가 작품의 처음과 끝을 장식하는지를 이해하는 데도 도움이 된다. 알료샤는 소설 속에서 부친 살해의 범죄가 일어난 이후 아이들에게 도덕적·윤리적 금기를 설정하는 역할을 맡고 있는 것이다. 이 관점은 르네 지라르에 의해 좀더 정교한 설명을 얻는데 그는 성적 요인의 심리적·사회적 측면을 강조한다. 그는 프로이트가 욕망의 뿌리를 성적인 것으로 인식했던 것과는 달리 그 관계를 모방 욕망이라고 본다. 돈키호테가 아마디스를 모방해 기사 편력에 나섰던 것처럼, 기독교인들이 보편적으로 예수를 모방하려고 하는 것처럼, 카라마조프 형제들과 그 아버지의 관계는 모방관계이다. 하지만 아마디스나 예수가 전범이 되는 이상형의 인물임에 반해 카라마조프 형제의 아버지는 그들 자신과 별로 수준이 다르지 않은, 욕망 충족에서 경쟁상대가 되는 짝패이다. 이 같은 경쟁은 사회의 무질서 상태, 무차별화 현상과 깊은 관계가 있다. 아버지와 아들이 한 여자를 가지고 다투고, 형제간에 한 여자를 쟁취하기 위해 암투를 벌이는 상황은 그들 사이에 차별이 지워지지 않은 데서 연원하며, 그런 의미에서 그들이 존재하는 사회는 기본적으로 무질서 상태로 규정지을 수 있는 것이다. 따라서 이 무질서 상태를 극복하기 위해서는 폭력에 의한 무차별화 현상의 지양과 그 폭력의 정당성을 인증하는 기원 신화의 수립이 요청된다. 즉 새로운 질서를 수립하기 위해서 창건자는 무질서의 원인을 제공하는 여러 경쟁자들을 폭력으로 제거해야 하며 그 폭력을 정당화하는 종교적 의식이나 제의는 그 속에 기원적 폭력을 은폐하는 신화를 간직하게 된다. 그리고 이 신화는 질서 수립자가 경쟁자에게 가한 박해를 긍정적으로 묘사하며 희생자의 유죄성을 입증해야 한다. 여기서 질서를 세우기 위한 집단의 초석적 폭력에 의해 박해를 받은 희생자는 일종의 희생양이 되는 것이다. 지라르가 『폭력과 성스러움』에서 밝힌 이 폭력의 메커니즘은 다음과 같이 요약된다.

① 인간이 대면해야 하는 중심 문제는 폭력이다.
② 폭력은 어떤 사람을 모방하려는 경쟁 상태에서 생겨난다.
③ 오래 전부터 인간은 폭력이, 모방 욕망처럼 끝이 없다는 것을 보아 왔다
④ 희생양이 발견되어 바쳐지면 폭력은 일시적으로 끝이 난다.
⑤ 이 희생양이 성화된다.
⑥ 그것이 종교적 제의의 시작이다.
⑦ 재판은 그것의 연장이다. 폭력만이 폭력에 끝장을 낼 수 있다.[7]

폭력과 성스러움의 관계에 대한 지라르의 인식은 「오이디푸스왕」이나 도스토예프스키의 작품을 이해하는 데 새로운 관점을 제공한다. 오이디푸스왕은 페스트의 창궐이란 참혹한 재난 앞에서 희생양으로 바쳐진 존재란 사실을 인지할 수 있게 해주며 드미트리 카라마조프가 자신에게 씌워진 부친 살해의 혐의를 벗는 데 전혀 관심을 보여주지 않는 연유를 짐작할 수 있게 해준다. 햄릿과 마찬가지로 드미트리 카라마조프 역시 자신이 부친 살해의 죄를 짓지 않았음에도 불구하고 일정한 의미에서 스스로 죄에 연루되어 있다는 의식을 가지고 기꺼이 희생양이 되고자 하는 것이다. 원시인들이 격렬한 재난 앞에서 자신들을 대신할 희생양을 바치고 혼란스런 사회의 질서를 회복하려 한 데서 유래한 기원 신화의 변조물을 거기서 발견할 수 있는 것이다. 지라르는 이 기원 신화의 집단적 폭력을 입증하는 텍스트의 특성으로서 첫째 사회·문화적 위기와 무차별화 현상

---

7) 김현, 『폭력의 구조 / 시칠리아의 암소』, 문학과지성사, 1992, 57면.

의 묘사, 둘째 무차별화 범죄, 셋째 무차별화 범죄자의 희생양 가능성, 넷째 폭력을 들고 있다. 드미트리가 아버지와 함께 그루센카를 욕망한 것이나 형의 여자와 맺어지기를 내심으로 바라고 있는 이반 카라마조프는 무차별화 현상에서 빚어진 금기의 위반―범죄를 행하고 있는 것이며, 그런 의미에서 드미트리에 대한 재판은 무차별화 범죄를 응징하는 합법적 폭력에 해당되는 것이다. 지라르는 이 폭력을 기술하고 있는 인류학적 텍스트 가운데는 희생자가 속죄양이라는 사실을 숨기는 텍스트와 밝히는 텍스트가 있는데 다른 많은 신화와 달리 『성서』는 후자에 해당한다고 설명한다. 우리가 구약의 「욥기」와 신약의 「요한복음」을 통해 『카라마조프의 형제』의 의미를 짚어볼 수 있는 것은 이에 말미암는다.

욥은 '순전하고 정직하여 하나님을 경외하며 악에서 떠난 자'이다. 그럼에도 불구하고 그는 시험에 들어 어느 날 하루아침에 가족과 친지와 재산을 모두 잃을 뿐만 아니라 온몸에 악창이 나서 흘러내리는 고름을 사금파리로 긁어낼 정도가 된다. 그리고 그 참경에서 자기를 찾아온 세 친구들이 자신이 겪고 있는 고난이 인과응보라고 주장하는 데에 대해 항의·반박한다. "나의 의를 빼앗으신 하나님, 나의 영혼을 괴롭게 하신 전능자의 사심을 가리켜 맹세하노니(나의 생명이 아직 내 속에 완전히 있고 하나님의 기운이 오히려 내 코에 있느니라) 결코 내 입술이 불의를 말하지 아니하며 내 혀가 궤휼(詭譎)을 발하지 아니하고 단정코 너희들을 옳다 하지 아니하겠고 죽기 전에는 나의 순전함을 버리지 않을 것이라"는 것이다. 이 같이 고난의 극한 속에서 신음소리와 울부짖음을 토해내는 그의 목소리 속에서 우리는 자신의 순전함에 대한 약간은 자만심이 섞인 태도를 간취할 수 있다. 그리고 이로 인해 마지막에 욥은 여호와로부터 '무지한 말로 이치를 어둡게 하는 자'란 나무람을 받지만 그가 신과 대중에 의해 희생된 자라는 것은 분명하다. 친구들로 대표된 대중은 인과업보라는 논리로 신의 폭력을 성스러운 것으로 만들고 있으며 욥은 그에 주눅 들지 않고 인간의 목소리로 항의한다. 이 점에서 그는 오이디푸스와는 달리 집단 폭력에 의한 신화 만들기, 폭력의 악순환을 거부하고 있으며 '될 뻔한 속죄양'이 됨으로써 예수의 길을 예비한다.

욥의 고난을 기록한 「욥기」와 예수의 수난의 생애를 극적으로 표현한 「요한복음」을 비교할 때 우리는 우선 고난을 겪는 주체의 성격 차이에 주목해야 한다. 욥은 순전한 자일지라도 유한한 존재인 인간이며 신과의 관계에 있어서 자신에게 닥친 고난의 연유를 모른 채 불평과 항의와 신음소리를 낼 수밖에 없는 나약한 존재이다. 이에 비해서 예수는 이적을 행하는 신적 존재이자 인간이다. 그는 자신이 하나님의 독생자로서 그와 일체임을 자각하고 있다. 그는 단순히 신에 의해 선택받은 자가 아니라 근본적으로 신과 결합되어 있는 존재이다. 그러나 인간으로서 그가 지상에서 남긴 최고의 업적은 '하나님의 의지에 따른 고난'의 이행이다. 그는 마땅히 다른 사람이 책임져야 할 죄, 모든 사람의 보편적 죄를 스스로 짐 지는 존재이다. 그는 신과 자신의 결합, 일치를 강조하는 입장에서 자신을 박해하는 자들을 위해 십자가를 짐으로써 폭력에 의한 성스러움의 창조라는 신화의 순환고리를 드러내고, 자신의 희생에 대한 공동체의 인정에 바탕한 구원과 평화를 기구한다. 그는 신과의 직접적 결합을 인류의 보편적 이념으로 제시한 것이다. 이러한 태도는 당시 신으로부터 선택된 민족이란 인식을 지니고 있던 유대인들의 성전 해석과는 상충하는 것이었다.8) 유대민족의 전통적인 성전 해석은 신에 의해서 선택된 인간이란 관념, 그래서 신의 계명과 은총을 중시하는 것이었고, 그렇기 때문에 10대 계명으로 표현된 행위의 규범을 교리의 중심에 놓는다. 이 양상은 서구 기독교에서도 오랫동안 지속된, 교리를 중시하는 종교의 형태이다. 이에 대해서 '하나님을 사랑하고 이웃을 사랑하라'는 예수의 2대 계명은 행위가 아니라 특정한 감정상태를 요구한다. 이 양태는 초기 기독교의 윤리적 이상을 잘 표현하고 있는 산상수훈의 '마음의 정결함, 온유

---

8) John Bowker, 脇本平也 역, 『苦難의 意味』, 敎本館, 1982, 77면.

함, 의에 굶주리고 목마른 자' 등의 요구와 일치한다.[9] 그렇기 때문에 예수는 하나님과의 직접적 결합, 그에 대한 순종과 수난을 강조한다. 그는 고난의 현실에서 자신의 삶의 종착지를 알고 있었고, 그것을 고난의 적극적 이행으로 확증한 것이다. 그는 하나님의 의지에 순종하여 고난을 감내한다. 그것은 신에 대한 특정한 감정에 바탕을 둔 행위이다. 신에 대한 특정한 감정이 행위의 방향을 결정하고 그 근본 바탕이 되고 있는 것이다. 바꾸어 말해서 그에게 십자가를 지는 일은 필연적이었는데, 그것은 하나님의 의지에 대한 순종이자 인간에게 고난을 초래하는 제 세력과의 싸움에 적극적으로 나서는 것, 그리하여 그 희생 제의를 통해 이웃과 하나님과 결합하는 것을 의미한다. 최후의 만찬이 현세에서 그의 감정 대상이 되고 있는 이웃 친구들과의 결합을 나타낸다고 한다면 십자가의 수난을 통해서 그는 신과 직접적으로 결합하고 있는 것이다.

3) 『카라마조프의 형제』의 구조와 고난의 특성

욥이나 예수의 수난과 비교할 때 드미트리 까라마조프의 수난이 지닌 특성이 무엇인지 음미하기 위해서는 우선 이 소설의 전체 구조에서 죄와 수난의 문제가 어떤 자리를 차지하는지가 먼저 검토되어야 한다.

도스토예프스키의 소설을 말할 때 흔히 등장하는 말이 극적 구조이다. 길게 이어지는 서술보다 몇몇 인물들이 펼치는 행동과 대화를 중심으로 농밀한 장면이 구성되고 그 장면 몇 개가 모여 소설을 이루고 있기 때문이다. 그 양상은 일견 몇 개의 프레임으로 이루어진 커트와 몇 개의 커트로 이루어진 장면(scene)들을 이음으로써 하나의 전체를 이루는 영화의 구조에 비견할 수 있는 것이다. 그러나 바흐친이 지적했듯이 도스토예프

---

9) E. H. 카, 김병익·권영빈 역, 『도스토예프스키』, 기린원, 1989, 214면.

스키 소설의 대화적·극적 장면과 일반적인 극의 장면은 그 성질이 다르다. '모든 대화적 대립을 해결하는 극적 행위의 개념은 순수히 독백적'인데 반해서 도스토예프스키의 소설에서 대화는 '다른 의식들을 객체로서 자신 속으로 끌어들이는 어느 한 의식의 전체로서가 아니라, 절대로 다른 의식의 객체가 되지 않는 몇몇 의식들의 상호작용의 전체로서 짜여져 있'기 때문이다.[10] 그렇기는 하지만 도스토예프스키의 소설이 부분들의 집합으로서 하나의 이미지를 갖는 장면들을 중심 축으로 하여 사건을 전개시키는 구성원리를 갖고 있는 것도 사실이다. 이 구성원리에 비추어 『카라마조프의 형제』의 전체 구조를 살필 때 거기에서는 기본적으로 다섯 개의 장면이 구분될 수 있다. 즉 알료샤가 등장하여 소설의 단초를 열기도 하고 끝맺기도 하는 도입부와 에필로그의 장면, 그리고 '난장판' 또는 '위기의 순간들'이라고 할 수 있는 세 개의 길고 밀도 높은 극적 장면으로 구성되어 있는 것이다. 그 위기의 순간들을 묘사한 첫 장면은 수도원의 회합에서 '대심문관'의 이야기까지, 둘째 장면은 부친 살해 사건의 전후, 셋째 장면은 재판의 장면이다. 이렇게 파악하면 소설의 구조는 부친 살해와 그에 대한 심판이라는 중심 사건을 알료샤의 이야기가 앞뒤로 감싸고 있는 형태로 드러난다. 다시 말해서 중심에 있는 부친 살해 사건의 의미가 알료샤와 소년들의 이야기로 이루어지는 바깥의 맥락에 의해서 한정되고 있는 것이다. 이 감싸기 구조가 의미하는 것은 르네 지라르가 모방이론을 통해 말하고 있는 폭력의 희생제의적 성격에 의해서 가장 잘 설명될 수 있다. 지라르는 오이디푸스신화를 집단 내부에서 분출하려고 하는 폭력을 희생의식을 통해 해결하는 제의와 관련지으면서 이렇게 말하고 있다.

외디푸스 신화를 완전히 이해하면, 즉 희생양 메커니즘을 알게 되면 제사장들이 겨냥하는 목표를 이해할 수 있게 된다. 그들은 희생양 메커니즘을 통해서 해

---

10) 미하일 바흐친, 김근식 역, 『도스토예프스키 시학』, 정음사, 1989, 27~28면.

결되었던 (…중략…) 위기의 모델을 가능한 한 정확하게 재현하고자 한다. 실제적이거나 상상적인 모든 위험들은 한 사회가 직면할 수 있는 가장 무서운 위기인 희생위기에 동화된다. 제의는 공동체 내부에 질서를 회복시킨 최초의 자연발생적인 사형(私刑)의 되풀이다. 왜냐하면 그것은 희생물과 그 주위에 대해서 일어난 상호적 폭력 속에서 상실되었던 일체감을 다시 만들어주기 때문이다. 외디푸스와 같은 희생물은 주위의 모든 것을 오염시키는 오점으로 간주되고, 공동체의 평정을 되찾아주는 그의 죽음은 효과적으로 공동체를 정화시킨다.[11)]

인용문을 참조하면 우리는 소설의 중심 플롯에서 약간은 비껴 있는 듯한 알류샤와 소년들의 이야기가 작품에 필수적인 요소가 되는 이유를 알 수 있다. 에필로그에서 알료샤가 소년들과 함께 '손에 손을 잡고' '죽음에서 일어나 다시 생명을 얻고', '서로서로를 (만나)볼 것이며 기쁘고 반갑게 그 동안 일어난 일들을 서로 이야기'할 것을 기약하는 장면의 의미가 파악되기 때문이다. 그것은 금기의 위반으로 초래되었던 사회의 위기를 극복하는, 공동체 구성원이 일체감을 형성하고 그들 영혼이 정화됨을 나타내는 것이며, 그리하여 전체적으로 질서의 회복을 상징하는 것이라고 파악할 수 있는 것이다. 이것은 또한 부친 살해라는 소설의 중심 사건에 구심점이 되는 요소가 무엇인지를 알려준다. 노스럽 프라이는 신화에서 로만스로, 그리고 다시 상위모방양식, 하위모방양식으로 전개된 문학양식의 역사가 아이러니 양식 단계 다음에 다시 신화로 회귀함으로써 순환하는 것[12)]이라는 견해를 피력한 바 있는데, 『카라마조프가의 형제』는 바로 그 신화 쪽으로 방향을 돌리고 있는 아이러니 양식의 하나, 소설의 새로운 단계를 나타내는 대표적 작품인 것이다. 그리고 거기에서 '파국으로 치닫게끔 선택되어진' 주인공 드미트리 카라마조프가 희생양이 된다. 프라이는 이렇게 말하고 있다.

---

11) 르네 지라르, 김진식·박무호 역, 『폭력과 성스러움』, 민음사, 1993, 144~145면.
12) N. 프라이, 임철규 역, 『비평의 해부』, 한길사, 1982, 63면.

이리하여 전형적인 희생물, 즉 우연의 희생물이 되는 인물은 가정 비극에서 아이러니의 정도가 깊어짐에 따라서, 비극 내에서 구체적인 모습을 갖기 시작한다. 우리는 이 전형적인 희생물을 파르마코스 즉 산 제물이라고 일컬을 수 있다. 호오돈의 헤스터 프린, 멜빌의 빌리 버드, 하아디의 테스, 『댈러웨이부인』의 세프티머스, 유대인이나 흑인의 박해 이야기, 재능 때문에 부르조아 사회에서 버림받은 예술가들의 이야기 등에서 우리는 파르마코스의 인물을 만난다. 파르마코스는 죄가 있는 것도, 죄가 없는 것도 아니다. 고함소리로 산사태를 가져온 등산가처럼, 자기가 저지른 행위에 비해서 그에게 닥친 불행이 그 결과로서는 훨씬 심각하다는 의미에서 그는 죄가 없다. 그러나 그가 죄에 물들어 있는 사회의 한 구성원이라는 의미에서 또는 죄를 짓는 행위가 피할 수 없는 존재의 일부가 된다는 의미에서 그도 죄가 있는 것이다. 아이러니 양식에 알맞게 이 두 사실은 부합하지 않고, 서로 분리된 채 있다. 요컨대 파르마코스는 욥이 처한 상황과 똑같은 상황 하에 있는 것이다. 그의 파국을 도덕적인 어떤 잘못으로 돌리는 비난에 대해서 욥은 스스로 변호할 수 있다. 그러나 욥의 자기 변호가 성공하게 되면, 그 파국은 도덕적으로는 이해하기가 불가능한 것이 된다.[13)]

인용문은 『카라마조프의 형제』에서 드미트리가 주인공의 자리를 차지하고 있음을 알 수 있게 해준다. 드미트리는 부친을 살해하지 않았다. 부친 살해의 범인은 스메르자코프이고, 그의 행동을 촉발한 것은 이반 카라마조프의 논리와 감정이다. 그렇지만 드미트리는 부친 살해의 범죄에 대한 자신의 책임을 자인하고 죄에 대한 벌로서 수난을 기꺼이 감수하려고 한다. 자신의 욕망의 뿌리에 부친 살해 욕구가 있었다는 것, 그러므로 부친의 죽음에 자신이 책임져야 할 몫이 있다는 것을 인정하는 것이다. 이와 같은 양상은 이반에게서도 유사하게 나타난다. 이반은 아버지의 죽음에 자신이 개입되지 않았음을 논리적으로 입증할 수 있다. 그러나 세 번에 걸친 스메르자코프 방문을 통해서, 그리고 내면의 자아라고 할 수 있는 악마와의 대면을 통해서 부친 살해 범죄에 자신이 간여되었

---

13) N. 프라이, 임철규 역, 위의 책, 62~63면.

음을 느낀다. 물론 소설 속에서는 이반이 정신착란을 일으킴으로써 범죄에 대한 그의 개입은 확정되지 않는다. 하지만 알료샤가 이반이 마음 속으로 부친 살해범은 자기 자신이라고 몇 차례나 말했다고 지적하는 데서 알 수 있듯이 그의 논리적 자기 변호는 감정의 진실 앞에서 패퇴할 수밖에 없다. 이와 같이 부친 살해 범죄에 대한 형제들의 상이한 대응은 이 소설의 문제의식이 지향하는 방향을 짐작할 수 있게 해준다. 그 방향성에 비추어 작품의 세 장면은 다음과 같이 해석될 수 있다.

소설의 첫 장면인 수도원의 회합은 무차별화 현상, 무질서 상태를 나타낸다. 이 회합에서 조시마 장로는 부친 살해 범죄를 예감하고 수난의 대상자인 드미트리 앞에 무릎을 꿇는다. 수도자로서 죄인에 대한 우월감을 가질 가능성, 유혹을 뿌리치고자 하는 것이다. 이 무질서한 장면의 논리적 추상은 「대심문관」 이야기로 나타난다. 그 이야기는 신이 존재하는 데도 왜 인간이 고통을 겪어야 하는가 하는 질문이다. 신은 자유로운 인간으로부터 경배받기 위해서 인간에게 고통과 죄의 가능성을 열어 놓았지 않느냐 하는 질문이고, 인간의 수난을 합리적으로 해결할 수 있는 방도는 무엇이냐는 질문이다. 대심문관은 그리스도를 이렇게 힐난한다.

너는 인간의 양심을 지배하는 대신에 오히려 그 양심을 증진시켜 그 괴로움으로 말미암아 인간의 마음이 왕국에 영원히 무거운 짐을 지워 주지 않았느냐 말이다. 너는 너에게 유혹되어 사로잡힌 인간이 자유 의지로써 너를 따라올 수 있도록 인간의 자유로운 사랑을 바랐다. 그 결과 인간의 확고한 고대의 율법을 물리치고, 그 후부터 무엇이 선이고 무엇이 악인가를 자유의지에 따라 스스로 결정하지 않으면 안되게 된 거다. 게다가 지도자라고는 그들 앞에 너의 모습밖에 없었던 거야. 그러나 너는 이러한 것을 생각해 보진 않았느냐? 만일 선택의 자유라는 무서운 짐이 인간을 압박한다면, 그들은 네게 등을 돌리고 너의 모습도, 너의 진리도 배척하게 되리라는 것을.[14]

---

14) 도스토예프스키, 김학수 역, 『카라마조프의 형제』 상권, 범우사, 1999, 418면.

이것이 대심문관이 '어리석은 무리를 위해' '조화로운 세계'를 건설하기 위해서 '자유'를 담보로 율법의 교회를 세운 이유이다. 여기서 인간 삶의 고통과 불신앙의 죄와 수난의 관계가 드러난다. 삶의 고통을 벗어나기 위한 유클릿적 기획, 그 불신앙에서 '영혼 불멸', '신이 없다면 모든 것이 허용된다'는 논리가 나오고, 그 논리에서 부친 살해의 죄가 잉태된다. 이 죄에 대해 카라마조프의 형제들은 각기 상이한 반응을 보이는 것이다. 분일한 충동을 그대로 노출하는 드미트리와 치밀한 논리로 자신의 깊은 욕망을 엄폐하는 이반, 그리고 사회의 초자아를 대변하는 알료샤, 세 형제가 인류의 보편적 죄를 속죄하는 희생양으로서 '위대한 죄인'의 한 면을 대변하는 분신들이라는 관점은 이에 말미암는다.

두 번째 장면은 부친 살해의 범죄가 이루어지는 경과를 구체적으로 보여준다. 그러므로 이 작품이 부친 살해 사건 자체에 초점을 맞추는 소설이라면 당연히 작품의 중추를 구성하는 부분이 될 것이다. 거기에서는 첫 장면에서 설정된 여러 인물들과 충동들이 개연성 있는 형태로 사건의 얼개를 형성해간다. 그러나 이 작품에서 두 번째 장면은 첫 장면과 셋째 장면을 이어주는 연결고리의 역할에 더 큰 비중이 실린다고 할 수 있다. 그 이유는 이 작품의 전체 구조에 대한 파악과 관련된다. 이 소설에서 부친 살해 사건은 인간의 보편적 죄에 대한 하나의 은유이며, 거기에서 빚어지는 죄의식과 그로 인한 수난의식이 작품의 주제 형성에서 핵심적 지위를 차지하기 때문이다. 그리고 각각의 장면은 주인공들의 죄의식과 수난의식이란 감정의 행위들과 심리적 갈등들을 집중적으로 표현하기 위해 극적 장면의 성격을 많이 지니고 있는 '위기의 순간'을 묘사하는 형태로 되어 있기 때문이다. 그 장면들에서는 연속적인 시간의 흐름이 멎은 듯이 공간적 심상이 으위에 놓이고, 그러한 상태에서는 행위의 양상보다는 인물의 감정상태나 관념이 좀더 중요한 역할을 하게 된다. 셋째 장면에서는 바로 그 양상이 특히 두드러지게 나타나고 있다.

셋째 장면은 세계 문학사에서 저판의 과정이 가장 심도 있게 다루어진 장면으로 유명하다. 추리소설에서 흔히 그렇듯이 누가 범인인가를 추적해 가는 과정도 뛰어나지만 스메르자코프가 범인으로 드러난 뒤에도 독자의 긴장감은 누그러지지 않는다. 그것은 이반과 스메르자코프의 대결, 그루센카와 카테리나 이바노브나란 두 여인의 긴박한 심리적 갈등과 전환, 드미트리의 수난의식 등에 의해 조성된다. 이 가운데서도 이반과 드미트리의 비중이 절대적이라는 것은 말할 필요도 없다. 셋째 장면에서 작품의 형식적 주인공으로서 알료샤의 존재는 두 형의 빛에 의해서 많이 지워진다. 두 형에게서 공통적인 것은 부친의 죽음에 대한 죄의식이다. 이반의 경우 스메르자코프와 악마에 의해서 자기 자신에게서조차 감추어져 있던 부친 살해 의지가 드러남으로써 감당해야 하는 죄의식이고, 드미트리의 경우 누군가에 의해 행해진 부친 살해에 대해 자신이 책임져야 할 몫의 인정이란 속죄의식이 그 배경을 이룬다. 여기서 이반의 죄의식이 인생의 고통과 고뇌를 현실적인 방법으로 해결하려고 한, '신이 없다면 모든 것이 허용된다'는 논리의 이율배반과 관계된다면 드미트리의 속죄의식은 '타인의 죄에 대한 참여감'과 '수난의 축복 받음에 대한 믿음'과 관련된다. 즉 드미트리의 경우 기독교의 속죄양 개념에서 볼 수 있는 것처럼 인간의 보편적인 죄에 대한 대속으로서의 수난의식, 여기서는 부친 살해에 대하여 자신에게 책임이 있다는 괴로운 의식 속에서 자기에게 주어지는 수난을 기쁘게 받아들이는 것이며, 이반의 경우 자신의 내면에 숨겨져 있던 부친 살해 의지의 진실을 정직하게 대면할 수 없었기 때문에 미쳐버리는 것이다. 그러나 드미트리와 이반의 경우가 기독교와 무신론의 대립으로만 파악될 수는 없다. '미래의 조화'가 현실의 고통을 정당화하는 것일 수 없다는 이반의 합리적인 수난해석과 달리 드미트리는 분명히 수난이 죄를 용서받는 하나의 심리적 전제조건이라고 파악하지만 그것이 바로 드미트리의 수난의식이 서구 기독교의 속죄양 개념과 동일한 것이라는 증거가 될 수는 없다. 이와 관련해서 E. H. 카의 다음과 같은 관점은 참조가 될 만하다.

『카라마조프가의 형제들』의 조시마는 죽어 가는 형으로부터 '모두가 모든 사람 앞에서 모든 일에 죄를 졌다'는 말을 인용한다. 그는 알료샤에게 '우리 모두는 이 땅 위 모든 사람의 모든 일의 죄를, 보편적인 세계의 죄뿐만 아니라 개별적인 죄를 지닌다'고 말한다. 그것은 어쩌면 속죄의 신학적 이론을 수락할 수 있게끔 하는 유일한 이론일 것이다. 서구의 범상한 신학에서 속죄는 예민한 사람에게는 이해될 수도 없거니와 불쾌한 형태로 제시된다. 그러나 도스토예프스키에게는 타인의 죄 때문에 받는 수난은 모든 기독교인의 특권이 된다. 의심할 바 없이, 보편적인 죄에 대한 이 같은 개별적 참여감은 얼마간의 서구인에게는 허황한 주장으로 보이겠지만 러시아인의 성격에는 깊이 영글어 있고 어쩌면 러시아인의 뿌리깊은 집단본능과 관련되어 있을 것이다. 그것은 아마도 가장 특징적인 아시아인 성격으로 보여지는 무한한 관대성을 설명해줄 것이다. 이웃을 욕하는 대신 그의 잘못에 자기 책임분을 인정한다는 것이다.[15]

인용 부분에 대해서 카는 러시아에 배심제도가 도입되었을 당시의 사례를 들어 설명하고 있다. 러시아의 배심원들은 다른 사람의 죄에 자기도 일정하게 책임이 있다는 생각 때문에 분명히 유죄임에도 불구하고 무죄로 평결하는 경우가 많았다는 것이다. 그러나 드미트리가 보여주는 러시아인으로서의 민족적 특성에 대해서 좀더 구체적으로 설명하기 위해서는 『백치』의 무이시킨에 대한 설명을 참조하는 것이 좋을 것이다. E. H. 카는 도스토예프스키가 창조한 대표적인 '아름다운 인물'로서 무이시킨에게서 나타나는 '윤리적 이상'이 능동적이라기보다 수동적인 이상이라고 말하고 그것이 '체념과 정신적 평화의 사상'을 내포한 '겸양(smirenie)'이라고 지적한다. 그는 이렇게 설명하고 있다.

그것은, 자부심, 뻔뻔스러움과 정신적 반역을 뜻하는 익숙한 그리스어 Hybris와 반대어이다. Smirenie는 본질적으로 수동적인 덕성이다. 그것은 수치심과 수난을 통해 성취된다. 도스토예프스키가 그것에 부여한 의미는 그가 좋아하는

---

15) E. H. 카, 김병익·권영빈 역, 『도스토예프스키』, 기린원, 1989, 297면.

인물들이 복종하게 되는 수난을 설명해준다. (…중략…) 무이시킨의 이상은 그
리하여 행위에서보다 수난에서 스스로를 드러내고, 행위를 감정에 귀속시키는
그런 것이다. 인간과 인간 간의 도덕적 심리적 관계가 가장 중요하며, 그 관계
에서 나오는 행위는 상대적으로 대수로운 것이 아니다. 감정과 행위 간의 이율
배반에서 유럽은 끊임없이 전자를 후자에게 귀속시켜왔으며 서구의 기독교 형
태는 더욱더 어떤 행위 과정을 부과하거나 금지시키는 것으로 종교를 규정하
는 경향을 띠어 왔다.16)

Hybris는 서양 비극의 주인공들이 파국에 떨어지는 원인이 되는 성격
적 결함이나 과오로서 지나친 자부심과 자기 확신을 뜻한다. 그것은 인
물의 결점이나 죄를 뜻하는 hamartia와 함께 서양 비극의 파국을 설명하
는 데 중요한 요소이다. E. H 카의 설명은 도스토예프스키의 주인공에게
서 나타나는 성격적 특징이 서양 비극 주인공들의 적극성과 반대 방향
으로 향하는 수동성이고, 그 수동성과 수난이 서구 기독교의 전통에서
일정하게 벗어나 있는 러시아 민족의 전통과 관련된다는 것이다. 그는
그 특성을 다른 자리에서 원시 기독교의 산상수훈, ‘슬퍼하는 자는 복이
있나니’와 같은 구절에 드러나 있는 정신처럼 행위에 대해서 감정을 중
시하는 전통에 연결된다고 보지만 그보다 좀더 많은 요인이 러시아인의
성격에서 연유한 것으로 설명하고 있다. 드미트리가 자신의 부친 살해
혐의를 벗는 데 조금도 신경 쓰지 않고 임박한 고난을 기쁘게 받아들이
는 태도를 나타내는 이유가 ‘광활성’이라고 특징지을 수 있는 러시아인
의 뿌리 깊은 집단본능과 관계된다는 것이다. 그리고 그것이 일정하게는
‘무한한 관대심’이라는 아시아인의 성격과 연결된다고 보고 있다. 실제
로 많은 연구자들은 드미트리가 다른 인물들과는 달리 자연에 민감하게
반응하고 시적 표현을 자주 사용하며 논리적인 판단보다는 주로 감정에
의지해서 행동한다는 점을 주목한다. 또한 우리는 ‘드미트리’란 이름이

---

16) E. H. 카, 김병익·권영빈 역, 『도스토예프스키』, 기린원, 1989, 213~214면.

"그리스 신화에 나오는 대지의 신이며 농업의 여신인 데메테르의 러시아식 이름"[17]이라는 사실에 유의할 필요가 있다. 도스토예프스키의 작품에서 빈번하게 찾아볼 수 있는 대지에 입맞추는 장면은 우연한 것이 아니라 그의 대지사상과 일정하게 연관되는 표현인 것이기 때문이다. 이 대지사상에 관하여 조주관은 이렇게 설명하고 있다.

> 지금까지 도스또예프스끼의 비평가들은 그의 종교사상을 주로 기독교 사상의 관점에서 이야기해왔다. 그러나 그의 작품이 등장하는 고통받는 인물들이 의지하는 최후의 믿음은 기독교 사상이라기보다는 민중 지혜의 원천인 민속신앙(기독교 관점에서는 이교신앙)이라는 점이 독특하다. 특히 인간의 구원의 메시지라 할 수 있는 도스또예프스끼의 대지주의는 러시아인들의 토속신앙이라 할 수 있는 대지숭배사상과 깊은 관계를 맺고 있다.[18]

인용문의 필자는 러시아의 대지숭배사상이 대지를 모든 생명의 근원인 신적 존재로서, 병을 치유해주는 능력으로 인정하기도 하고 고해의 대상으로 삼기도 한다는 점을 밝히고 있다. 그리고 생명존중의 사상이기도 한 이 대지사상으로 인해 대지에 뿌리박지 못하는 인텔리겐차에 대한 러시아 민중의 불신이 싹튼다고 설명한다. 실제로 『악령』 이후의 도스토예프스키의 작품에서 서구의 합리주의 사상을 설익힌 인텔리겐차에 대한 불신은 농후하게 나타나고 있다. 『악령』은 서구의 물을 먹은 지식인을 도깨비와 같은 인물들로 표현하고 있고 『카라마조프의 형제』에서도 합리주의를 모토로 하는 인텔리겐차에 대한 혐오의 태도는 분명하게 나타난다. 그 대표적인 사례가 이반 카라마조프를 서구적인 지식인으로 설정하고 드미트리를 러시아 민중의 생명력을 상징하는 인물로 설정한 인물구도일 것이다. 이 양상은 그루센카와 카테리나 이바노브나의 대립구도에도 나타난다. 이 점에서 도스토예프스키의 인물이 지니는 '무한한

---

17) 조주관, 「도스토예프스키의 대지(大地)숭배사상」, 『문학과의식』, 1998년 여름.
18) 조주관, 위의 글.

관대심'이 광대한 시베리아를 생활영역에 포함하고 있는 러시아의 유라시아적 특성, 그 민족적 특성과 일정하게 연관된다는 점을 시인할 수 있다. 여기서 우리는 샤머니즘의 무대로 널리 알려져 있는 시베리아에서 유형의 고난을 겪었던 도스토예프스키의 소설과 샤머니즘의 전통을 지닌 한국의 서사문학, 특히 『토지』에 나타난 수난을 같은 자리에 놓고 견주어 볼 필요를 느낀다.

4) 『토지』에 나타난 수난의 문제

한국문학에서 수난의 주인공을 보여주는 대표적인 사례는 서사무가 「바리데기」에서 찾을 수 있을 것이다. 아들을 바라는 집안의 일곱째 딸로 태어났기에 부모로부터 버림을 받지만 저승의 약수를 길어와야 하는 갖은 고생 끝에 죽을병이 든 아버지를 살려내고 무신(巫神)이 되었다는 바리공주의 이야기다. 한국인의 원형 심상을 보여준다고 할 수 있는 서사무가의 대표적인 형식이 수난의 문제를 다루고 있다는 것도 심상치 않은 일이지만 그보다도 더 주목해야 할 것은 한국 고전 문학 최고의 작품으로 일컬어지는 판소리 「춘향가」가 「바리데기」와 같이 수난의 주제를 가지고 있다는 점이다. "서사무가에서 판소리까지 이행한 과정은 문학사의 전체적인 전개를 요약한 것이라고 해도 좋다"[19]는 조동일의 의견을 참조한다면 우리 문학의 큰 줄기 가운데 하나는 수난의 주제로 이루어진다고 할 수 있는 것이다. 여기에다 현대 한국 소설의 대표작 가운데 하나인 박경리의 『토지』또한 수난의 역사를 기록하고 있다는 사실을 상기하면 수난의 주제가 우리 문학에서 차지하는 비중이 얼마나 큰지 쉽게 짐작할 수 있다. 서사무가·판소리·소설이란 이야기 문학의 역사가

---

19) 조동일, 『한국문학통사』 권3, 지식산업사, 1984, 532면.

수난의 주제를 다룬 작품들로 점철되고 있는 것이다. 이와 함께 우리는 세 작품이 지니는 샤머니즘이란 공통성에도 눈을 돌려야 한다. 저 신화 시대의 잔영을 보여주는 서사무가에서 근대인의 삶을 다룬 소설까지 다 같이 수난의 문제를 다루면서 샤머니즘에 뿌리를 둔다는 사실의 공통성이 지닌 의미를 우리는 결코 간과할 수 없는 것이다. 그런 까닭에 샤머니즘과 수난이 왜 결합하는가 하는 질문이 필요한 것이다. 이 질문에 대해 우리는 김열규의 다음의 글을 참조할 수 있다.

> 한 샤만의 영성화는 그가 겪어야 하는 수난과 고통의 열매다. 이런 관점에서 당연히 샤머니즘이라는 사회–문화적이고도 역사적인 복합체 그리고도 또한 정신–심리적 복합체이기도 한 샤머니즘에서는 한 문화와 사회 전체에 걸친 고통의 의미이며 수난의 의미를 묻지 않을 수 없다. 그는 무엇보다도 '고통받은 고통의 치유사', '수난 당한 수난의 해결사'이다.[20]

인용문에 따르면 샤만은 '고통받은 고통의 치유사'이고 '수난 당한 수난의 해결사'이다. 샤만이 샤만이 되는 것은 그의 영성(靈性), '영적인 매체'로서의 기능에 말미암은 것이라고 한다면, 그 능력을 얻는 과정에 필연적으로 개입되는 것이 고통과 수난이라는 해석이다. 이 해석은 바리공주가 무신(巫神)이 될 수 있었던 연유를 설명해준다. 부모로부터 버림받은 존재로서 온갖 고통을 겪으면서 아버지를 살리는 경험을 했기 때문에 신령과 사령(死靈), 자연의 정령과 통할 수 있는 능력을 가진 샤만, 그 중에서도 무신(巫神)이 되었다고 볼 수 있다. 그렇다면 신화의 세계를 떠나 개연성 있는 이야기를 펼치는 「춘향가」의 주인공 춘향도 샤만인가? 필자는 잠정적으로 그렇다고 생각한다. 판소리의 발생이 굿과 연관된다는 데서 그와 같은 판단의 근거를 찾을 수 있으며 이 이야기가 '관탈민

---

20) 김열규, 「동북아인에게 샤머니즘은 무엇인가?」, 『동북아 샤머니즘 문화』, 소명출판, 2000.

녀(官奪民女)형 설화의 수용'이라는 견해21)나 자녀학대(恣女虐待)의 풍습이 한국 샤머니즘의 대표적인 사례로 언급되고 있는 데서도 그와 같은 사정을 짐작할 수 있다.22) 부모에게 버림받고 사회적으로 억압을 당하는 바리공주의 후신을 춘향에게서 찾아볼 수 있는 것이다. 이 양상은 『토지』에서도 동일하게 나타난다.

『토지』에서 많은 독자의 심정을 안타깝게 하는 월선이는 무당의 딸이다. 뿐만 아니라 그녀의 '월선(月仙)'이라는 이름 자체가 여자 무당을 가리킨다. 月은 음(陰), 여자를 나타내고 仙은 샤만을 나타낸다. 그녀는 사랑하는 남자가 있었지만 최하층 천민계급인 무당의 딸이라는 신분 때문에 그와 결혼하지 못한다. 그리고 남자가 결혼한 뒤 다른 사내에게 시집 가지만 거기서 살지 못하고 도망쳐 와서 남자의 주위를 맴돈다. 무당의 딸로서 번듯한 아버지를 모시지 못하고 신분차별의 전형적인 희생자가 되어 죽을 때까지 사랑하는 사람을 지아비로 맞지 못한다는 점에서, 그리고 그 생애가 고통과 수난의 연속이라는 점에서 그녀는 바리공주의 후신이라고도 볼 수 있다. 그러나 이 소설에서 수난의 주인공은 월선이 한 사람이 아니다. 남성으로서 파란곡절의 삶을 사는 구천이 또한 수난의 주인공 이미지를 간직하고 있으며, 흐르는 눈물로 눈가가 짓물러진 성환할매 같은 다른 인물들도 얼마든지 수난의 주인공으로 가름할 수 있다. 이 말은 곧 이 작품에 등장한 모든 인물들, 다시 말해서 한민족 전체가 수난의 주인공임을 가리킨다. 이 점에서 『토지』는 수난의 주인공 한 사람을 중심으로 플롯을 구축하는 「춘향가」와 구별된다. 소설의 구조 전체가 한민족이 일제에게 주권을 빼앗기고 식민지인이 되어 수난을 겪다가 해방을 일구는 이야기이기 때문에 등장인물 대부분이 『성서』의 인물들과 같이 수난사의 주인공이 되는 것이다. 그리고 이 전체 구조를 고려할 때23) 소설에 나타난 수난의 전개 과정은 좀더 명확하게 드러난다.

---

21) 조동일, 『한국문학통사』 권3, 지식산업사, 1984, 334면.
22) 이규태, 『한국인의 샤머니즘』, 신원문화사, 2000, 제1부 참조.

소설의 사건은 갑오 동학 농민 전쟁을 배경으로 하여 펼쳐진다. 이 역사적 사건은 '동학'이라는, '인내천' 사상을 특징으로 하는 종교 형태와 결부되어 있다는 점에서 그 의미를 짚어볼 수도 있고, 오랜 봉건지배를 뚫고 나온 농민들의 혁명의 기도라는 점에서 그 의의를 말할 수도 있다. 그것들은 다같이 종래의 신분질서, 지배 구조를 혁파하고자 하는 욕망의 분출이라는 점에서 동질성을 갖는다. 그로 인해 빚어지는 사태는 사회의 무질서이다. 소설에서 사회의 무질서란 양태는 김개주의 윤씨부인 겁탈이나 구천이와 별당아씨의 도주 사건으로 표현된다. 상놈의 양반부녀 겁탈은 신분적 차별의 무효화이며 형수와 시동생의 결합은 카라마조프의 형제들 사이에서도 시사되고 있는 짝패의 경쟁, 무차별화 현상이다. 이와 유사한 양상이 최참판가의 재산을 노리고 씨를 속이려고 했던 귀녀의 살인 기도나 친척의 집을 송두리째 말아먹으려는 조준구의 간계에서도 나타난다. 이러한 무질서, 무차별화 현상 속에서 인간의 적나라한 욕망들이 빚어내는 사건들이 『토지』의 줄거리를 이룬다. 그러나 이 작품의 특징은 수난의 문제가 개인의 문제로만 제시되지 않는 점에 있다. 조준구가 최참판가의 재산을 착복할 무렵 일제는 한반도를 자기들의 식민지로 강점하고 그 주민을 노예로 삼는다. 이에 따라 작품에는 갖가지 다양한 폭력과 억압, 그리고 수난 받는 민중의 모습이 그려진다. 그 그림 중에서 선명한 인상을 남기는 사건만을 열거한다 해도 수십 가지가 넘을 것이다. 김개주의 양반사냥 및 처형과 최치수의 살인사건, 살인범의 아들로 사회에 대한 증오 때문에 일제 밀정이 된 거복이의 악마같은 형상과 그 희생자들, 어린 남희를 겁간한 일본군 장교, 삼월이에 대한 조준구 부부의 폭력 등등. 이런 개별적인 사건들 외에도 독립운동가와 그 가족들에 대한 일본 관헌의 고문과 살인, 징병·징용을 통해 한민족에게 가해진 유형·무형의 폭력과 억압은 제도적으로, 체계적으로, 도처에서, 장

---

23) 최유찬, 『토지를 읽는다』, 솔. 1996, 제2장 참조.

기간에 걸쳐 지속된다. 이 무한한 권력을 장악한 폭력 세력의 발호 앞에 무방비로 노출된 한민족의 고난은 그 하나 하나가 욥의 수난에 비길 수 있는 것이라고 해도 좋을 것이다. 억울한 죽음을 당한 남편과 일제 관헌에게 쫓기는 자식, 그리고 강간의 충격으로 넋이 나간 어린 손녀 때문에 눈가가 짓물러진 성환할매의 참경은 사금파리로 고름을 긁어내는 욥의 고난에 비해 심하면 심했지 결코 덜하다고 할 수는 없다. 더욱이 고난을 겪는 그들이 무고한 희생자라는 사실은 욥과 다를 것이 없다. 그들은 드미트리 까라마조프처럼 자기가 겪는 고난을 어떤 사태에 대한 죄책감이나 인과응보의 논리로 정당화할 수조차 없다. 그들의 수난은 삶 그 자체와 결부된 것이지 특정한 계기나 자신이 저지른 죄에 관련된 것이 아니다. 즉 『토지』의 주인공들이 겪는 수난은 기독교의 전통이나 서양 문학에서 그런 것처럼 죄와 연관되어 있는 것도 아니고 속죄의식의 바탕 위에서 전개되는 것도 아니다. 여기서 우리는 도스토예프스키의 소설과 달리 박경리의 소설에 표현된 수난이 왜 삶 그 자체와 결합되어 있는 것처럼 나타나는지 그 원인을 고찰할 필요가 있다.

드미트리 카라마조프는 부친 살해의 혐의를 받아 재판을 받는다. 재판이 합법적 폭력이고 부친 살해 사건이 자신의 범행이 아니라는 사실을 누구보다도 잘 알지만 그는 살인 혐의를 벗으려는 노력을 전혀 하지 않는다. 다른 사람의 죄라고 할지라도 자신에게 일말의 책임이 있다는 죄의식 속에서 그는 자신에게 닥친 고난을 기꺼이 수용하려고 한다. 이 양태는 욥보다는 예수의 수난과 맥락을 같이 한다. 예수가 인류의 죄를 대속하는 속죄양이었던 것과 같이 드미트리 또한 남의 죄를 뒤집어쓰고 자신이 희생양이 되고자 한다. 드미트리의 이와 같은 속죄의식이 원시기독교의 그것인지, 아니면 러시아 정교의 전통이나 슬라브주의에서 유래한 것인지, 또는 E. H. 카의 말대로 러시아 민족성에 연원을 둔 것인지 분명하지 않지만 그가 수난을 받아들이는 동기에는 죄를 지었다는, 죄에 대해 자신이 책임져야 할 몫이 있다는 의식이 중요한 자리를 차지하고 있다. 이에 반해서 『토지』의 인물들에게서 속죄의식은 두드러지지 않는다. 물론 살인범의 자식이라는 자의식 속에서 평생을 조심스럽게 살아야 했던 한복의 경우나, 아버지의 악업을 부끄러워한 조병수, 형장의 이슬로 사라진 아버지의 운명과 형수를 사랑해야 했던 자신의 생애에 대해서 회한의 감정을 지니지 않을 수 없었던 김환의 경우 그들의 의식 속에 속죄의식이 전혀 없었다고 할 수는 없다. 특히 김환의 경우 그 선대인 김개주나 정신적 후계자라 할 수 있는 길상이 모두가 일정하게 무차별화 범죄를 행하고 있다는 측면에서, 그리고 그에 대한 희생양으로 기능한다는 점에서 『카라마조프가의 형제』와 마찬가지로 폭력―성스러움의 구조, 희생제의를 통한 질서의 수립과 신화의 창조 메커니즘과 관련되어 있다고 할 수 있다. 그러나 월선이·이용·성환할매·주갑이 등 더 많은 인물들에게서는 죄의식을 가질 하등의 이유도 발견할 수 없다. 그들이 겪는 고난과 고통에서 개인적 사회적 원인을 발견할 수는 있지만 그 원인이 죄와 직접적으로 연결되고 있지는 않다. 그렇다면 『토지』의 인물들이 겪는 수난을 우리는 어떻게 이해해야 하는가. 이에 대한 해답의 단서는 최서희의 남편이 된 길상이 수년간의 옥고를 치르고 나와서 그린 관음탱화에서 찾을 수 있으리라고 본다.

김길상은 김개주―김환으로 이어지는 무차별화 범죄의 끝자리에 놓이는 인물이다. 그의 범죄는 김개주의 양반 부녀 겁탈, 김환의 형수와의 도주에 비해서 상대적으로 매우 경미한 것이다. 주종의 관계에 있던 서희와 결연함으로써 그는 봉건제 사회의 상징적 신분질서를 위반하지만 이미 그것은 사회적으로 용납이 되는 결합이다. 하지만 그는 이 무차별화 범죄에 대해 일정한 속죄, 대가를 치르지 않을 수 없다. 그가 가족과 떨어져서 독립운동에 가담하고, 그로 인해 감옥에서 수형생활을 하는 것은, 알레고리적으로 해석하면, 속죄로서의 희생의식이라 할 수 있다. 고아라는 출신에서부터 시작된 삶의 고난이 종살이를 거쳐 합법적 폭력인 감옥형에 이르고 그 과정을 통해 그는 새로운 존재로 거듭 난다. 그의 거듭난 모습을 소설은 관음탱화를 그리는 존재로 표시하여 거기에 특별한 의미를 부여한다. 그가 그린 관음보살 그림은 거듭난 존재로서 김길상이 도달한 깨달음, 그의 감정과 사상의 정수를 보여준다고 해석할 수 있는 것이다. 이 해석은 『토지』에 나타난 수난이 일정하게 고난에 대한 불교적 이해와 관련될 수 있으리라는 추측을 가능하게 한다. 그리고 실제로 이 소설에 나타난 수난이 '고(苦)'에 대한 불교의 인식과 긴밀하게 얽혀 있다는 것은 여러 곳에서 방증을 구할 수 있다.

익히 알다시피 부처의 가르침 가운데서 '고'에 대한 깨달음은 가장 근본적인 것이다. 존 보우커는 불교에서 '고'에 대한 자각이 차지하는 의미를 다음과 같이 진술하고 있다.

> 고뇌의 자각은, 어떤 허식이나 과장을 하지 않더라도, 실로 불교의 근본 및 토대에 놓여 있다. 부처의 깨달음은 '네 개의 성스러운 진리(四聖諦)' 속에 가장 집약적으로 나타난다. 그것들은 일반적인 말로는 보통 다음과 같이 표현되고 있다. 즉 고뇌의 존재(苦諦), 고뇌의 원인(集諦), 고뇌의 지멸(止滅), 고뇌의 지멸로 통하는 길(道諦)이다.[24]

고집멸도라는 사성체(四聖諦)의 핵심 개념은 생노병사로 압축되는 인간 삶의 고통과 그 고통의 원인에 대한 앎, 그리고 그 고통을 없애는 일과 그 방법으로서 팔정도(八正道)를 포함한다. 보커는 '고뇌'라는 표현이 산스크리트어 duhkha에서 번역된 말로서 원래 매우 복잡한 뜻을 내포한다고 지적한다. 즉 한편으로는 고통, 비탄, 불행이라는 일상적인 의미로서 행복이나 만족에 대립하는 개념이고 다른 한편으로는 무상(無常), 공허, 완벽이나 완전의 결여를 뜻한다고 설명한다. 그는 이 개념을 세 차원으로 구별지어 설명하고 있다. 첫째 인생의 과정에는 생노병사와 같은 고유한 고뇌가 존재한다는 사실 그 자체(duhkha-duhkha 苦·苦), 둘째 감각과

---

24) John Bowker, 脇本平也 역, 『苦難의 意味』, 敎本館, 1982, 359~360면.

의식을 가진 생명이 욕망하는 것과 얻을 수 있는 것 사이의 거리를 인식하는 것, 다시 말해서 모든 사물이 끊임없이 변화하는 것을 자각할 때 갖는 고뇌(viparinama-duhkha, 壞·苦), 셋째 인간의 성격이나 구성물이 어떤 것인가에 따라서 생기는 고뇌(sankhara-duhkha, 行·苦)이다.25) 이와 같은 불교적 고뇌의 관념은 한국인에게 매우 익숙하다. '인생은 고해'라는 말은 그 어원의 종교적 색채 여부와 상관없이 일상적으로 사용된다. 그만큼 한국인에게 삶 그 자체가 고난이라는 인식은 상식적인 관념이다. 뿐만 아니라 생노병사의 고통 이외에 인생의 무상성에 대한 느낌도 발달해 있다. 죽음의 자리를 앞둔 김환은 장횡거의 철학을 되새겨 보면서 "만상(萬象)은 음양이기의 부침승강(浮沈昇降)이며, 모여서 만물이 되고 흐트러져서 태허로 돌아가며 생멸(生滅)은 부증불감(不增不減)이라"고 말하고 있다. 세상 만물이 부단히 변하기 때문에 모든 것이 덧없다는 생각이다. 작품의 전체 구조도 소설의 이야기가 특별한 것이 아니라 영겁의 시간이 흐르는 세계의 한 토막 이야기라는 사실을 뚜렷이 드러내고 있다. 소설의 대미를 장식하는 이미지가 하늘에 떠가는 실구름 한 조각으로 되어 있는 것은 그와 관련된다. 그 이미지에는 苦·苦와 壞·苦 이외에 行·苦의 관념도 나타난다. 부질없는 인간의 작위에 대한 인식이 그 속에 들어 있다. 그런 의미에서 김길상이 그린 관음보살상에는 바로 그 고난의 인생에 대한 깨달음과 그에 대한 주체의 대응 방식이 시사되고 있다고 볼 수 있다. 보살이란 원래 '깨달음을 위해 온몸을 던진 존재'를 뜻한다. 부처가 될 수 있었음에도 중생의 구제를 위해 자신의 득도를 미루고 있는 존재로서, 석가모니가 가르침을 베푼 본디 뜻을 실천하는 존재이다. '고'의 깨달음이란 자칫 비관주의나 염세주의를 초래하고 자기 중심주의로 떨어질 소지가 있으나 석가모니는 자신의 '설법'하는 생애를 통해 중생에 대한 자애심을 나타낸다. 그 설법이 인생고에 묶여 있는 중생을 제

---

25) John Bowker, 脇本平也 역, 위의 책, 361~362면.

도할 수 있기 바란 것이다. 대승불교의 이념이 보살행에 집약되어 있다고 하는 것은 이에 말미암는다. 그렇기 때문에 김길상이 자신의 고난에 찬 인생을 통해 일정한 깨달음을 얻고 그것을 관음상에 표현한 것은 이 소설의 중심에 있는 주제의식이 무엇인지 파악하는 데 도움이 된다. 관음보살의 자애스런 표정은 십자가를 짊어진 예수의 고통스런 표정과는 또다른 의미를 함축하고 있다고 볼 수 있는 것이다. 김열규는 예수의 표정과 부처의 미소 띤 표정을 비교하여 이렇게 설명하고 있다.

> 워낙 예수의 고통과 불상의 원만구족은 넘을 수 없는 대립으로 해석될 것은 아닐 것같다. 원만구족은 고통의 결과이고 고통은 원만구족의 시작일 수 있기 때문이다. 좀 논리의 비약이 있을 법도 하지만, 예수의 얼굴과 석가의 얼굴은 어쩌면 한 동전의 앞뒤라고 볼 가능성이 전혀 없는 것은 아닐 듯하다. 그런데도 동양에서 대중적으로 '미소'라고 해석되기도 한 불상의 얼굴은 고통을 빼어 버린 채, 일방적으로 강조되어온 느낌이 없지도 않다. 그것은 고통이나 수난이 일방적으로 회피되어야 마땅한 것, 그리고 고통은 또는 수난은 무턱대고 부정적이기만 한 것 그래서 저주이고 재앙이고 파멸적이기만 한 것 등으로 인지되어온 경향이 강했다는 것이 동양의 경우 지적될 수 있을 것같다. 원시 경전에서는 그렇지도 않으나, 대중제도의 차원의 불교가 불상의 특정적 표정을 미소에 국한했을 때, 이같은 경향성을 부채질한 것이라고 생각되기도 한다.[26]

김열규의 글이 미소 짓는 부처의 얼굴에 부정적인 의미만을 부여하는 것은 아니다. 그는 우리에게서 '아픔'이란 무엇인가를 물을 때 '일그러진 얼굴 없는 원만구족의 얼굴은 여간 큰 표정, 그리고 여간 결정적인 얼굴이 아니다'고 본다. 고통스러워하는 표정이나 미소 짓는 표정이 아픔, '고'에 대한 우리의 생각을 어느 한 편으로 몰아갈 위험을 환기시키고자 하는 것이다. 그런 의미에서 고난의 삶을 살아온 존재로서 길상이 그린

---

26) 김열규, 「동북아인에게 샤머니즘은 무엇인가?」, 『동북아 샤머니즘 문화』, 소명출판, 2000.

관음보살상이 짓고 있는 표정은 고난에 대한 작자의 사유를 파악하는 데 매우 중요하다. 그러나 이 작품의 인물들이 겪고 있는 수난과 그에 대한 주체적 대응의 방식을 불교와 관련짓는 것은 불충분하고 일면적이다. 그 이유는 이 소설의 핵심적인 플롯의 전개가 '고'에 대한 불교적 이해와 보살행만으로는 명확히 해명되지 않기 때문이다.

필자는 『토지』의 플롯을 츠베탕 토도로브의 서술명제 이론27)을 원용하여 다섯 단계로 나눈 바 있다.28) 즉 봉건 사회의 안정된 질서, 그 질서를 깨트리는 힘의 개입, 그로 인해 초래된 식민지의 불안정한 상황, 최초의 힘에 대한 반동, 해방으로 표시되는 다시 안정된 상황의 도래라는 파악이다. 이 도식에서 첫 번째 단계와 다섯 번째 단계는 하나의 상태로만 표시되기 때문에 작품에서는 구체적인 묘사가 생략되며 소설의 대부분을 차지하는 것은 불안정한 상황을 초래하는 힘과 그에 대한 반동으로서 다시 안정을 찾으려는 힘의 묘사이다. 이처럼 파악했을 때 작품의 결구를 해명하는 데 관건이 되는 사실은 불안정한 상태를 안정으로 이끄는 힘의 정체가 무엇이냐는 것이다. 이에 대해 필자는 『토지를 읽는다』에서 그 반동의 힘이 들끓는 말씀, 대화를 통해 표현된 영성(靈性)의 작용이라고 밝힌 바 있다.29) 다시 말해서 '인내천' 또는 '내유신령 외유기화(內有神靈 外有氣化)'의 개념으로 표현되는 '영성'과 그 발현으로서 우주의 조화(造化)의 관념에 의해 플롯이 축조된 것이다. 좀더 자세히 설명하면 이 사유 구조에서 생명이나 사물은 모두가 신령체이고 그 영성의 발현은 '하염없이 절로 된다'는 조화(造化)로서의 우주가 된다. 여기에서 '신령'과 '우주'의 관계는 어떤 것인가. 김정설은 동학의 '시천주조화정영세불망만사지(侍天主造化定永世不忘萬事知)'를 이렇게 해설한다.

---

27) 츠베탕 토도로브, 곽광수 역, 『구조시학』, 문학과지성사, 1981, 101면.
28) 최유찬, 「한민족의 위대한 서사시-『토지』」, 『한국문학의 관계론적 이해』, 실천문학사, 1998 참조
29) 최유찬, 『토지를 읽는다』, 솔, 1996, 258면.

첫째 '侍'자의 어의를 두고 말하자면 구태여 說文을 끌어낼 것 없이 저 불교에서의 '나무(歸依·歸命·歸信)'라든가, 또 기독교 등에서의 '신앙'이라든가 하는 것과 大同할 것이라. 이러한 면으로 볼 때는 '아미타불'이나 '여호와'와 같이 인격적 성격이 농후하기도 하다. 그러나 수운의 신관은 이것과는 아주 딴판이다. 왜냐하면 그냥 天이 아니라 천주이고 또 그를 모셔야 한다고까지 분명히 道破하면서도, 저 佛願力의 加被라든가 기독교 등의 섭리라든가 하는 것과는 전연 그 원리를 따로 가지고 있다. '侍'자를 侍者內有神靈外有氣化라 하니 이 內는 '神의 內'인 동시에 곧 '人의 內'인 것이고, 이 外는 '人의 外'인 동시에 곧 '神의 外'인 것이다. 말하자면 천주가 內인데 인간이 외이거나 인간이 內인데 천주가 外이거나 그런 것이 아니라, 我의 內가 곧 天의 內이며 天의 外가 곧 我의 外에 삼라한 만상이 곧 천주의 氣化란 것이다. 그러므로 천주의 神靈을 떠나서 我의 神靈이 따로 있거나 천주의 氣化를 떠나서 我의 氣化가 따로 있는 것이 아니다. 그러기에 후인의 '人乃天'이란 것도 저간 소식을 두고 한 말일 것이다. 다시 말하자면 '天人一體', '神我一體', 이것이 수운의 신관으로서 저 기독교 등의 外在神觀과는 상이한 점이다. 그러나 역시 天은 天이요 人은 人인 사실이 엄연한 바에, 人의 수행 없이는 天人妙合의 경지에 도달할 수 없는 것이다.[30]

설명을 좀더 평이하게 풀이하면, 동학에서 신은 인간과 떨어져 있는 별개의 존재가 아니다. 기본적으로 하늘은 하늘이고 인간은 인간이지만 그와 동시에 인간과 모든 사물 그 자체가 신의 구성부분이 된다. 그러므로 내 안에 있는 신령은 곧 천주의 신령이고 그것을 극진히 모셔야 조화(造化)가 일어난다. 이때 조화는 어떤 개체로서의 신적 존재의 의지에 의해 일어나는 사건이 아니라 '하염없이 절로 되는' 천지의 운행이다. 하지만 이 조화는 어떻게 해서 '하염없이 절로 되는' 양상으로 일어나는 것인가. 이에 대해 말하고 있는 부분이 '조화정(造化定)'인데 수운은 이 대목을 스스로 풀이하여 '정자합기덕정기심(定者合其德定其心)'이라 하고 있고 그것을 김정설은 다음과 같이 설명하고 있다.

---

30) 김정설, 『풍류사상』, 정음사, 1987, 93면.

그 德은 곧 '天德'이며 그 心은 이 '我心'이라, 侍天主를 도저히 해서 조화가 定하는데 그 定한다는 것은 다름 아니라, 즉 我心이 天德에 합하여 조화가 定하는 것이니 我心이 天德에 합할 때는 天德이 곧 我德이며 我心이 곧 천심이라, 이야말로 造化定이 아닌가? 그래서 평생을 두고 存想을 해서 잊지 말고 쉬지 말고 정진을 하고 보견 마침내 만사를 알게 될 것이라.[31]

이 설명을 참조하여 『토지』의 플롯을 이해하면, 일제의 침략에 대해 반동의 힘으로 작용한 것은 조선 민중의 마음이다. 침략자의 가혹한 탄압 속에서 수난을 겪는 조선 민중 한사람 한사람은 자신의 고난에 대해 신음을 할 수밖에 없고 그 신음은 그들이 토해내는 말과 대화, 말씀 속에 깃들인다. 이때 말씀으로 표현된 것은 영성의 표현이라 할 수 있는데 그것이 천덕(天德)과 합일하여 해방이란 사건을 이루어낸다. 이것은 내 마음과 하늘의 덕이 묘하게 합치된 사건, 천인묘합(天人妙合)의 사건이다. 이 천인묘합의 사건은 우연히 그렇게 된 것이 아니다. 『토지』의 후반부에 대해서 김진석은 소내(疎內)라는 개념을 써서 설명한 바 있다.[32] 욕망의 추구가 빚는 소외와 대립하는 개념이라 할 수 있는 '소내'는 속을 비우고 비워서 존재 자체가 그늘과 같이 엷어지는 상태를 말하며, 그 양태를 그는 "햇살이 맑게 비쳐 투명한 시냇물의 바닥에, 잔잔하기만 한 줄 알았던 수면의 작은 물결의 결들이 작은 무늬들로 아른거리며 지나가듯" 하는 '그늘'로 비유한다. 태평양전쟁에서 이기기 위해서 일제가 마지막 발악을 하고 있을 때, 그들의 광기와 발악 앞에서 조선 민중이 취할 수 있는 삶의 태도는 무엇이었겠는가. 그들은 오직 숨만 깔딱거리며 일제의 패망을 기원할 수밖에 없었다. 그 깔딱거리는 숨 속에서 한민족이 품었던 비원, 그것은 '천덕(天德)'에 합치되는 '아심(我心)'이자 영성이었다. 세상의 온갖 부귀영화를 바란 것이 아니라 오직 생명의 존엄을 지키고자

---

31) 김정설, 위의 책, 94면.
32) 김진석, 「소내하는 한의 문학―『토지』」, 『한·생명·대자대비』, 솔, 1995.

하는 소박하고 지극한 소망이었기에 천인묘합의 사건이 일어난 것이다. 김정설이 지적하는 것처럼 이러한 세계관, 믿음은 인간에게 특별한 자기 수행을 요구한다. '천덕'에 합치될 수 있는 '아심'이 필요하기 때문이다. 이것은 『토지』의 주인공으로서 이용과 월선이에게 주목할 것을 요구한다. 이 소설에서 최참판가의 인물들과 맞먹을 정도로 중요한 인물들은 대부분 이용의 가계에 속한다. 이용은 평범한 농민이지만 작품에서 중요한 역할을 한다. 작가는 개인적으로 일본에는 우리말 '농민'이나 '농부'에 짝할 적당한 낱말이 없다는 말을 한 적이 있다. 일본의 경우 농민은 일종의 천민이어서 우리말 '농민'이 함축하는 인간적 기품을 찾아볼 수 없다는 것이다. 이용은 바로 이 농민이 갖는 기품을 보여주는 대표적 인물이다. 그는 월선이를 사랑하지만 부모의 분부에 따르지 않을 수 없다. 부모가 맺어준 인연이기에 본처인 강청댁의 강짜와 횡포에 진절머리를 내면서도 그녀를 끝까지 버리지 않는다. 이와 같은 자기 절제는 월선이의 임종 때에도 나타난다. 아들 홍이가 찾아와 월선이의 임종이 가까워졌음을 알리는데도 그는 산판이 끝날 때까지 묵묵히 벌채작업을 한다. 그것이 돈에 대한 욕망 때문이 아니라는 것은 누구라도 알 수 있는 일이다. 그는 인간의 '도리'를 중시한다. 그 도리를 지키기 위해 인생의 고난을 감내한다. '도리'란 매우 복합적인 것이다. 사랑하는 사람과 결혼해야 한다는 원칙만 중요한 것이 아니라 자신이 속해 있는 사회의 도덕관습, 자신의 위치, 지향이 다같이 고려되어야 한다. 그것은 관계적 사고를 필요로 한다. 거기에는 '중용'이라는 개념을 적용하는 것이 좋을지 모른다. 부닥치는 일마다 적합한 대응을 신중히 고려해야 하며, 그것은 지나치거나 모자라지 않아야 한다. 현실은 과거의 연속이자 결과이므로 그 관계성을 하나의 원칙이나 원리를 내세워 일거에 지워버리는 것은 타당치 않은 태도이다. 이용이 월선의 임종의 자리에서 그녀와 나누는 대화는 그 관계적 사유의 정당성에 대한 상호 확인이다. 그들에게 있어서 그 동안 살아온 삶의 과정은 고통스러운 것이었지만 그 속에서 자신들이 할 수 있었던 최선을 다해 왔다는, 인간의 도리를 저버리지 않았다는 자기 긍정의 표현인 것이다. 그것은 부처의 '원만구족'의 표정은 되지 못할지 모르지만 나름대로 삶의 고난과 싸우고 그것을 견디어온 자의 의연한 모습이다.

수난사로서 『토지』가 샤머니즘과 결부되어 있다는 해석은 이에 말미암는다. 거기에는 기독교 전통이나 서양 문학에서 찾아볼 수 있는 죄의 개념이 들어 있지 않다. 죄의 개념이 없으므로 속죄의식이나 구원의 이상이 사건의 전개에서 중요한 역할을 하지 못한다. 삶의 고뇌에 대한 불교적 이해와 마찬가지로 인생이 고난에 찬 신산스런 것이란 점은 사실이라 인정한다 해도 그 속에서 도리를 다하면서 사는 삶은 그런 대로 살 만한 삶인 것이다. 그것은 천주를 지극한 정성으로 모시는 삶이고 천지의 조화(造化)를 일구어내는 삶이며 우주의 온갖 생령과 호흡을 함께 하는 삶이다. 샤만이 '고통받은 고통의 치유사', '수난받은 수난의 해결사'인 이유는 여기서 찾아볼 수 있다. 삶이 터한 관계의 자리와 과정 속에서 인생의 한걸음 한걸음이 고통스럽고 어려운 것일지라도 그에 대한 깨달음을 가지고 그것을 넉넉히 수용하여 극복해 가는 인간 주체의 모습을 샤만이 대표하기 때문이다. 샤먼이 고통의 경험을 먼저 가지지 않았다면 고난의 삶을 사는 인생에게 그가 해줄 말이나 보여줄 모습은 아무 것도 없다. 그는 고통의 경험자로서, 수난의 의미를 진정으로 이해하는 자로서, 그리고 그것을 포용하고 넘어서는 자로서만 다른 인간의 앞에 설 수 있는 것이다. 박경리의 소설에서 용이와 월선이의 이야기는 바로 그 샤만의 이야기이다. 그들은 사랑의 좌절이란 고통 앞에서 도리를 지키기 위해 한없이 욕망을 비우는 자기 절제를 기도했고, 그리하여 '한의 빛깔로 다듬어진' 존재가 된 것이다. 그렇기 때문에 그들의 인생에서 비척비척 쓰러질 듯 쓰러질 듯 비틀거리며 걸어가는 철쭉꽃을 먹은 양의 이미지를 떠올리는 것은 우연이 아니다.[33] 김길상이 그린 관음탱화는 이 비척거리는 인간, 그리고 모든 생령과 사물들이 지니는 모든 관계, 사사무애(事事無碍), 중중무진(重重無盡)의 관계를 아는 부처의 대자대비, 그 자비심의 실천으로의 전환을 상징하고 있다고 볼 수 있는 것이다.

5) 맺음말

『카라마조프의 형제』와 『토지』에서 수난의 문제는 작품의 골간을 형성하는 중심 주제이다. 이 글에서는 두 소설이 수난의 주제를 어떻게 다루고 있는지 그 차이점을 중심으로 논의했다. 그러나 E. H. 카의 지적대로 도스토예프스키의 수난에 대한 이해가 러시아인의 민족적 특성, 즉 '아시아인의 무한한 관대성'을 지니고 있다고 한다면 다른 문화 전통의 수난 해석과 상이한 두 작품만의 공통성을 추출할 수도 있을 것이다. 이 작업은 현재의 작업에서는 제외될 수밖에 없었는데, 그 이유는 크게 두 가지이다. 하나는 도스토예프스키의 인물이 지니는 '아시아인의 무한한 관대성', '광활성'이 서양의 문화적 전통과 어떻게 다른 것인지, 그것이 작품의 형상화에 어떤 작용을 하는 것인지 아직 충분히 밝혀져 있지 않은 점이고, 다른 하나는 샤머니즘에서 고통이 무엇을 의미하는지 이론적·역사적으로 명확하게 해명되지 않고 있기 때문이다. 샤머니즘이 세계 여러 지역에서 관찰되는 보편적 현상이고 특히 시베리아가 주요한 무대였다는 사실을 상기하면 두 작가의 작품에 일정한 공통성이 있을 개연성은 충분하다. 러시아가 종래 서양 속의 이방인 지위를 차지해 왔고 그 사실을 강조해서 슬라브주의, 유라시아주의 등이 자국인들에 의해 주창된다는 점을 감안하면 그 개연성은 어렵지 않게 현실적인 문제로 제기될 수 있다. 따라서 앞서 지적한 이 두 가지 문제가 어느 정도 해명된다면 우리는 서양의 기독교 전통에서 수난사가 차지하는 의미와 함께

---

33) 최유찬, 『「토지」를 읽는다』, 183~184면 참조.

수난의 보편적 개념을 검토해 볼 수 있을 것이다.

이 글을 통해서 드러난 도스토예프스키와 박경리 소설의 차이는 동일한 소재라 할지라도 세계관이나 문화적 전통에 따라서 그 형상화 방식이나 주제사상이 얼마나 크게 달라질 수 있는가를 엿보게 해준다. 이것은 세계 각국의 문화 형식들이 그 자체로서 존중되어야 할 한 이유가 될 것이다. 그것은 또한 상이한 종류의 문화 형식들이 서로 비교·대조됨으로써 종래 밝혀지지 않은 면모를 드러내기도 한다는 사실을 알려준다. 특정한 형식이나 주제, 모티브들에 따라 다양한 계보학이 시도될 필요성을 여기서 찾을 수 있지만 그것이 미끄러지는 기표들의 유희를 산출하는 작업에 머문다면 그 의의는 크게 저상되지 않을 수 없다. 어둠 속에 감추어진 미약한 존재를 밝은 곳으로 이끌어내는 한 개의 빛이 될 때에야 비로소 그 작업들이 도로에서 벗어났다고 할 수 있지 않겠는가.

2. 문학사와 민족, 그리고 비평

"문학은 문학사의 문제라기보다는 민족의 문제이다."

—카프카

1) 체험의 문학과 관찰의 문학-나도향과 주요섭

탄생 백주년을 맞은 작가들의 삶과 문학을 돌아보는 일은 유구한 시간에 마디를 내어 삶의 질서 속에 통합하는 문화 행위의 하나이다. 또한 그것은 새로운 척도에 따라 그들의 업적을 다시 해석하고 평가하는 비평의 작업이다. 여기에서 관건은 비평의 방법이다. 나는 방법을 여행자가 일정한 목적지에 도달하기 위해서는 반드시 밟지 않으면 안 되는 일종의 '길 차례'라고 생각하는 터이지만 어느 한 가지에 매일 필요 없이 사정에 따라 항시 융통성 있게 구사될 수 있는 것이라고 본다. 이 글에서 취상법(取象法) 또는 취상법(取象法)과 역사주의란 대척적인 방법을 이용하는 것은 그 때문이다.

역사주의 방법은 인문학의 연구 일반에 통용되는 것으로 그 핵심은 '항상 역사화하라'는 프레드릭 제임슨의 구호에 잘 집약되어 나타난다. 그는 "최선의 상태에 있는 그러한 비평에서 '삶' 그 자체는 동일 작가에 의한, 그의 다른 작품 이상의 적지 않은 특권이 있는 또 하나의 텍스트가 되며 작품들과 함께 연구 자료에 첨가돼야 할 것"이라고 말한 적이 있다. 이에 비해서 취상법은 텍스트로부터 '뒤로 물러서서' 일정한 거리에서 바라보았을 때 파악되는 대상의 상(象)을 중시하는 노스럽 프라이의 원형비평에 근사한 방법이다. 이 두 방법은 분명히 이론적 입각지가 다르고 그에 따라 용처가 다른 것처럼 보인다. 그러나 이 글에서는 두 방법을 일정한 원칙이나 순서에 따라서 기계적으로 적용할 수 있는 것이 아니라, 서로간에 상대의 성과에 입각하여 새로운 차원을 개척할 수 있는, 감싸기 구조 속에서 상호 간섭 효과를 낳는 관계에 있는 것으로 파악하여 작업에 응용하고자 한다.

올해 탄생 백주년을 맞는 작가 가운데 시기적으로 제일 먼저 두드러진 문학활동을 펼친 사람은 〈백조〉의 동인이자 요절한 천재 작가로 알려진 나도향이다. 『백조』 창간호에 「젊은이의 시절」을 발표하기도 했던 도향은 1922년 『동아일보』에 장편 『환희』를 발표함으로써 일찍이 문명을 얻는다. 도향 스스로 자신의 처녀작이라고 손꼽은 『환희』는 헝크러진 실타래처럼 복잡하게 얽혀 있는 젊은이들의 애정문제를 다루고 있다. 삼각관계의 애정 갈등에 돈 문제를 끼워 넣은 통속 드라마라고도 할 수 있지만 사건의 결구는 나름대로 짜임새 있는 모습을 갖추고 있어 미숙한 대로 작가의 솜씨를 엿보여 준다. 또한 「옛날 꿈은 창백하더이다」나 「별을 안거든 우지나 말걸」 등의 초기 단편에 나타났던 누이에 대한 근친애적 상상력이 수면 아래로 잠복하면서 인간의 욕망에 대한 작가의 인식이 심화된 점은 이후의 문학적 성취를 이해하는 데 도움이 된다.

　도향의 대표작으로 손꼽히는 「뽕」·「물레방아」·「벙어리 삼룡이」는 모두 1925년부터 1926년 사이에 발표된 작품이다. 『환희』에 이어서 「여이발사」·「행랑자식」·「전차 차장의 일기 몇 절」 등을 발표한 뒤이므로 세 소설은 작가의 수법이 어느 정도 난숙한 경지에 이른 무렵의 작품이다. 세 작품의 특징은 에로티시즘이 삶의 문제와 긴밀히 결합되고 있다는 점이다. 「뽕」의 안현집이 남편의 부재나 가난과 결부된 문제들로 인해 성의 풍문을 일으킨다면, 「물레방아」나 「벙어리 삼룡이」의 주인공들은 똑같이 남의 집 머슴이란 신분적 제약을 안고 있다. 이와 같은 인물 설정은 이 시기에 신경향파 문학이 대두된 사실과 일정한 연관을 갖는다고 할 수 있다. 실제로 이 세 작품보다 약간 뒤늦게 씌어진 중편 「지형근」에서는 빈궁이란 환경적 조건과 성적 충동이 주인공을 타락시키는 주요요인으로 제시되고 있다. 작가가 다분히 신경향파 문학을 의식하고 있었다는 점을 엿볼 수 있게 해주는 사실이라 하겠다. 그러나 도향의 소설에서 성은 훨씬 더 근원적인 인간문제로 자리잡고 있다. 후기 소설에서 에로티시즘이 삶의 문제와 긴밀하게 결합하고 있는 것은 욕망의 사회적 의미에 대한, 나아가서는 인간 자체에 대한 도향의 인식이 심화된 사실을 반증하는 것이지만, 그것이 곧 근본적인 문학경향의 변화라고는 할 수 없다. 이런 측면에서 도향의 문학 전체는 작가의 자기 표현, 표현적 특질이 두드러진 체험문학이라고 할 수 있다. 낭만주의적 상상력의 한 예증이라고 할 수 있는 마왕을 등장시키며 근친애를 표현한 초기의 문학에서부터, 타오르는 불꽃 속에서 웃음으로 죽음을 맞음으로써 이승의 신분적 질곡과 갈등을 정신적으로 승화시키는 벙어리 삼룡이에 이르기까지, 도향은 자신의 체험적 진실에 근거한 하나의 주제를 일관되게 추구한 것이다.

주요섭은 초창기 조선문단에서 특이한 존재이다. 주로 중국에 국한되었더라도, 그는 이국의 현실을 여러 차례 소설로 형상화한 작가이다. 이는 작가의 생활무대가 외국이었던 것도 한 원인이라고 하겠으나 작가의 기질과도 일정한 관련을 지닌다. 주요섭의 소설은 초기부터 뚜렷한 경향성을 띠고 있었다. 실제 등단작이라고 할 수 있는 「추운 밤」은 극도로 가난한 가정에서 일어나는 부자간의 갈등을 그리고 있다. 얼음장처럼 차가운 방에서 병든 어머니가 죽어 가는 가난한 집안의 정경이 사실적으로 묘사되고 있는 이 소설에서 빈궁으로 인해 빚어지는 부자간의 갈등은 거의 직설적으로 서술된다. 곧 자기 가족의 비극이 아버지의 술로 인한 것이라고 인식한 소년이 술집을 찾아가 여러 사람이 지켜보는 가운데 술독을 깨트려버리는 것이다. 이 양태, 곧 사실적인 묘사와 그에 입각한 교훈적 주제의 제시라는 이야기방식은 작가의 다른 작품 속에서도 반복해서 나타난다. 작가가 중국에 유학하던 시절에 쓴 「살인」과 「인력거군」·「영원히 사는 사람」 등은 다같이 중국인이 등장한다는 점 외에도 「추운 밤」에서 선보였던 이야기 틀을 거의 그대로 이용하고 있다는 공통성을 지닌다. 창녀가 포주를 살해하는 사건이나 인력거군이 돈 몇 푼 더 벌기 위해 악착같이 뛰어다니다가 죽어 가는 이야기, 마적들의 약탈에서 급행열차를 구해내고 죽는 역무원의 교훈적 이야기가 사실적인 묘사와 함께 반복되는 것이다.

주요섭 소설의 두 번째 특징은 관찰자적 시점이 많이 등장한다는 점이다. 이는 주로 1930년대 이후의 작품에 두드러진 특징으로 작가의 대표작은 대부분 이 계열에 속한다. 「사랑 손님과 어머니」·「미완성」·「아네모네의 마담」 등 남녀의 사랑 문제를 다루고 있는 이들 작품에서 관찰자의 시점은 인물들의 미묘한 감정 구조를 포착하는 데 효과적으로 작용하고 있다. 사랑 손님과 어머니의 사랑은 나이 어린 옥희의 순수한 시각과 감수성을 통해서 지극한 아름다움을 얻게 되며, 화가 박병직의 인생과 예술의 중첩된 미완성, 아네모네 마담과 손님인 대학생의 잇따른 미완의 사랑은 관찰자의 효과적인 배치와 부조에 의해 우리 앞에 선연하게 모습을 드러낸다. 주요섭의 소설 가운데는 이밖에도 「진남포행」·「할머니」·「대서」·「봉천역 식당」과 같이 관찰자의 시점을 효과적으로 사용한 작품이 여러 편 있다.

이야기의 계몽성과 관찰자 시점은 해방 이후 주요섭의 소설에서도 그대로 이어진다. 변화가 있다면 빈궁현상에 대한 묘사가 사라지면서 계급적 관점이나 사회비판의 치열성이 희석되고 정밀한 관찰의 시각도 자취를 감추었다는 점이다. 이에 따라 주요섭의 소설은 「대학교수와 모리배」, 「여대생과 밍크 코우트」, 「세 죽음」과 같이 당대 사회의 풍속을 담담하게 묘사하고 꼬집는 비판적 아이러니의 특징을 지니게 된다. 그때그때 눈에 띄는 사회의 비리와 부조리에 대한 작가의 윤리적·도덕적 관점이 반영된 비판과 풍자가 주류를 이루게 된 것이다.

나도향과 주요섭의 출발점은 낭만주의적 경향과 사실주의적 경향이라는 대극되는 지점이었다. 그러나 자신의 체험이란 확고한 바탕 위에서 문학의 길을 개척한 도향은 점차 여러 사회적 사실들을 자신의 소설 속에 끌어들이지 않으면 안 되었다. 그것은 자기의 고립된 세계로부터 사회 세계로 나아가는 길이었다. 이에 반해서 오랜 동안 외국생활을 해야 했던 주요섭은 이국의 생활을 관찰하는 데서 얻은 방법을 자신의 문학에 도입하여 성공을 거두었다. 소재와 방법이 적절히 융합했을 때 가장 완성도가 높은 작품이 씌어진 것이다. 그로 인해 나도향과 주요섭의 문학은, 체험문학과 관찰문학이란 대조적인 이름으로 부를 수밖에 없다고 할지라도, 그 정상 부근에서 서로 매우 가까워지는 모습을 보이고 있다.

2) 리얼리스트의 방법과 실천 ― 채만식

채만식은 소설 이외에도 희곡·수필·비평 등의 여러 분야에서 활동하였다. 따라서 그의 문학 행위를 한 가지 장르만을 대상으로 하여 규정하는 데는 무리가 따른다. 또한 그를 풍자작가로만 간주하는 것도 그의 작품이 지닌 다양한 양상을 외면하는 것이기에 적절한 처사가 되지 못한다. 1923년에 씌어진 「과도기」에서 마지막 작품인 1950년의 「소년은 자란다」에 이르기까지 여러 차례 경향이 바뀐 것도 그에 대한 논의를 어렵게 한다. 첫 작품인 「과도기」와 프로문학의 영향을 받아 창작된 「산동이」 사이에 어떤 관점의 변화 또는 방법의 변화가 있으며, 『탁류』와 「패배자의 무덤」사이에 어떤 간극이 있는지를 모르고서 그의 문학을 정당하게 평가할 수는 없다.

그럼에도 불구하고 채만식의 문학에서 일관성을 찾는 것은 어렵지 않다. 그의 문학은 일괄해서 리얼리즘이라고 말할 수 있는 조건을 갖추고 있는 것이다. 물론 시기에 따라 심리주의가 우세한 경우도 있었고 자연주의적 경향이 농후한 시절도 있었지만 그의 문학이 전반적으로 리얼리즘의 경역에 놓인다는 것은 많은 사람이 동의할 수 있는 내용의 평가일 것이다. 그러나 여기서 채만식을 리얼리스트의 방법을 구현했던 작가로, 리얼리즘을 실천한 작가로 평가하는 것은 약간 다른 의미를 함축한다. 곧 그의 문학이 리얼리즘의 성과를 거두었을 뿐만 아니라 그의 문학 행위 그 자체가 리얼리스트의 전범이 된다는 함축인 것이다. 이러한 평가는 사전에 그 평가를 뒷받침할 만한 충분한 근거가 제시되지 않으면 공허한 주장이 되기 십상이다. 그러나 여러 가지로 제약을 받는 현재의 여건에서 그 일을 수행할 수는 없으므로 여기서는 그 근거에 해당될 수 있는 핵심적인 사항만 지적하고 상론은 후일을 기약하기로 한다.

오랜 동안 채만식 문학을 연구해온 김홍기는 최근에 발표한 저작[34]에서 "그는 글쓰는 일을 생명을 내건 투쟁으로 삼았다"고 말하기도 하고

"채만식은 항거로 일관한 작가"라고 평하기도 한다. 이러한 진술이 정당성을 획득하기 위해서는 적어도 일정 말기 채만식의 친일문학 행위에 대한 석명이 이루어져야 함은 물론 그의 문학 행위 전반에 대한 재평가가 전제되어야 한다. 그런 의미에서 김홍기의 저작이 수행한 재평가 작업의 결과는 앞으로 면밀한 검토의 대상이 될 필요가 있다. 발표자는 김홍기의 재평가 작업이 의미 있다는 기본 입장을 갖는데 그 입장에서 채만식 문학의 근본적 재인식을 위해서는 다음의 사항들이 새롭게 고려되어야 한다고 본다.

첫째 장편 『탁류』의 알레고리 구조에 대한 인식이다. 이 소설은 기왕에 채만식의 대표작으로 간주되어 왔으며 식민지 조선의 현실을 잘 형상화하고 있는 작품으로 평가되었다. 그러나 그 평가의 대부분은 이 소설이 "미두를 통해 미약한 민족 자본의 파편이 어떻게 일제 식민지 자본 속에서 분쇄되는가를 일부 보여주지만, 작품 후반부로 갈수록 풍속 소설의 범주에로 전락한다"[35]는 매우 제한된 것이다. 이 장편소설이 전반부에서는 미두나 수형할인 등 자본주의사회의 특성과 착취 구조인 식민지의 현실을 잘 반영하고 있지만 작품 후반부는 통속 애정물에 지나지 않는다는 관점이다. 하지만 이 작품에서 미두 이야기는 작품 초두에 잠깐 등장하는 부수적인 사항에 지나지 않은 점을 감안하면, 작품의 상당 부분이 부실한데도 그것을 좋은 소설이라고 할 수는 없을 것이다. 그러므로 이 소설에 대한 정당한 이해를 위해서는 "초봉이의 일생, 정주사의 딱한 처지와 같은 개인적인 문제를 민족의 수난이라는 전체적인 문제와 함께 그리려는 것이 작품의 설정이다"[36]고 보는 쪽에 서야 할 것이다. 이 견해는 전자와 달리 작품의 전체 구조를 고려한다는 장점을 지니기 때문이다. 그리고 이 관점에서 보면 "작품 후반부로 갈수록 풍속소설의

---

34) 김홍기, 『채만식 연구』, 국학자료원, 2001.
35) 김윤식, 『한국근대소설사연구』, 을유문화사, 1986, 372~373면.
36) 조동일, 『문학연구방법』, 지식산업사, 1982, 94면.

범주에로 전락"한다는 견해는 『탁류』의 전체 구조, 곧 알레고리 구조를 파악하지 못한 데서 기인한 것이라는 사실이 분명하게 드러난다. 조동일은 『탁류』의 소설기법과 알레고리의 연관을 이렇게 설명한다.

> 민족의 처지, 미두장에서 벌어지는 수탈이 멱살이 잡혀 있는 정주사의 딱한 사정과 안팎을 이루고 있으므로, 전체도 보아야 하고 부분도 보아야 한다. 부분만 보는 독자를 위해서는 전체를 조망하는 눈을 열어주고, 전체만 막연히 알고 있는 독자를 위해서는 부분을 자세하게 들여다보는 눈을 열어주어야 하기 때문에 전체에서 부분으로, 부분에서 전체로 작가의 사진기가 부산하게 움직이는 것이다.[37]

이 설명은 기법을 통해 작품의 구조를 읽어낸 점에서 탁월하다. 그러나 작품 첫 부분만 분석했기 때문에 작품 후반부가 풍속소설로 떨어진다는 주장에 대해서 이 설명은 아무런 대답을 제공해줄 수 없다. 이와 같은 기왕의 작품해석들을 종합하면 『탁류』는 전반부는 기막히게 잘 짜여진 알레고리 구조에 근사한 것인데 후반부는 형편없는 멜로드라마가 되고 만다. 이 불균형을 시정하기 위해 작품을 좀더 꼼꼼히 살피면(그래서 텍스트에서 취상(取象)을 하면) 이 소설의 수평적·수직적 구조가 드러난다. 많은 사람이 주목해 왔던 군산 미두장의 장면이 수평 구조인 데 반해 초봉이의 전변하는 운명은 수직적 구조로 되어 있다(이 수평적·수직적 구조는 1930년대 초반에 평단의 논란의 대상이 되었던 단편소설 「산동이」에서도 시도된 바 있다). 그리고 초봉이의 기구한 운명의 변전은 각각의 변화 마디가 대응물을 가지는 알레고리 구조가 되는 것이다. 곧 초봉이의 성의 결합이 일정한 사회세력의 등장과 관계를 지니는 배치이다. 좀더 구체적으로 말하면 본남편인 고태수가 저절로 다 망해가는 대한제국에 비유될 수 있다면, 박제호는 종이 호랑이인 청나라쯤에, 장형보는 극악한 일본세력에 해당한다고

---

37) 조동일, 『문학연구방법』, 지식산업사, 1982, 96면.

볼 수 있는 것이다. 이와 같은 성적 결합의 알레고리 구조는 프레드릭 제임슨이 발자크의『노처녀』를 분석하는 데 사용한 바 있으며 우리 문학에서도 이광수의『무정』, 박경리의『토지』, 복거일의『비명을 찾아서』를 분석하는 데 매우 유용하게 쓰인 바 있다. 그리고 이 알레고리 구조가 한번 확립이 되면 작품의 모든 요소는 새로운 의미를 지니고 작품의 중심으로 재적응 된다. 예컨대 박제호가 자기가 데리고 사는 여자를 순순히 장형보에게 넘겨주는 일이나 계봉이가 남승재를 좋아하는 하면서도 결혼할 의사가 없는 이유, 초봉이가 자수하기 전에 남승재에게 '명일의 언약'을 받는 이유 등등이 납득될 만한 의미를 가지게 되는 것이다.

『탁류』가 알레고리 구조를 지닌다는 사실을 아는 것이 채만식 문학의 재인식을 위해 중요한 이유는 어디에 있는가? 채만식은『탁류』를 발표한 직후에『태평천하』를 발표한다. 이때는 1937~38년 어름으로 일제의 발악이 절정을 향해 치달리던 무렵이다. 곧 작가가 문학 행위를 계속해야 할 것인가 말아야 할 것인가를 결정해야 했던 시점이다. 이 선택의 기로에 서 있던 순간에 채만식은 아이러니와 알레고리의 수법을 익히고 있었다. 익히 알려져 있는 대로 아이러니는 "겉으로 나타난 말과 실질적인 의미 사이에 괴리가 생긴 결과"이다.『태평천하』를 예로 들어서 말하면 겉의 표현은 일제치하의 현실이 '태평천하'라는 것이지만 실제 의미는 그렇지 않다는 인식이다. 이 아이러니는 보통 말의 아이러니와 극적 아이러니로 구분되는데 채만식의 소설에는 이 양자가 모두 등장한다.「치숙」같은 작품은 극적 아이러니로 볼 수 있는 것이다. 뿐만 아니라 채만식의 친일문학 행위가 시작된 시점의 대표적인 평론으로 거론되는「문학과 전체주의」(1941.1)에서는 신체제에 협력해야 한다는 이야기를 죽 펼친 다음 작가 자신은 그 논리에 따라 20와트 짜리 전등을 끄고 잠을 자기로 결심했다고 적어놓고 있다. 이것은 거룩하고 엄숙한 이야기를 하다가 갑자기 전혀 엉뚱한, 든천스러운 이야기를 펼치는 일종의 낭만적 아이러니로서 독자의 쓸쓸한 웃음을 낳게 하는 수법이다. 이것이 우연하게 그리 된 것이 아니라는 사실은 비슷한 시기에 발표된 평론 「시대를 배경하는 문학」(1941.1)에서도 똑같은 수법이 사용되었다는 데서 드러난다. 즉 작가들은 '신체제에 순응하는 방향'으로 나아가지 않을 수 없으리라는 이야기를 하던 끝에 기차의 한 좌석에 앉은 일본인 청년이 고단한 잠을 자느라 자신에게 기대는 조선인 노동자 청년을 매몰차게 밀어내더라는 작가의 목격담을 늘어놓고 있다. 이것이 일종의 아이러니 수법이라는 것은 길게 설명을 하지 않더라도 누구나 알 수 있다.

그러나 일제 당국이 눈먼 봉사나 어린 아이가 아닌 다음에야 이 수법이 언제까지나 통용될 수는 없다. 작가에게는 일제의 탄압을 이겨낼 새로운 대처 방안이 요구되었던 것이다. 여러 가지 사정상 문학 행위를 포기할 수 없다고 결론 내리고 있던 채만식이 강구해 낸 대처방안은 아이러니의 표면적 발언과 실질적 의미를 각기 다른 글로 분리하는 방법이었다. 예컨대 친체제적인 발언을 담은 글을 발표하는 한편으로 왜 그와 같은 글을 발표할 수밖에 없었는지 그 이면을 밝히는 글을 쓰는가 하면, 친체제 발언과 상치되는 의미를 담은 작품을 동시에 발표하는 수법이다. 일제 말기 채만식의 소설에 사소설적인 경향이나 심리소설이 나타나는 이유를 여기서 찾을 수 있다. 작가는 이 사소설적인 경향이 문학의 정도가 아니라 '사도(邪道)'라고 인식하면서도 '당분간만 이에 몰두하리라'고 밝히는가 하면, '사도의 길까지 막혀' '최소한의 의식(衣食)'마저 해결할 수 없는 상황을 이야기하고 있다. 이와 같이 속사정을 이야기함으로써 자기 발언의 의미를 뒤집는 소극적 대응과 함께 채만식은 체제의 논리를 거부하고 정확한 현실 인식을 담보하는 작품을 쓰기도 했다. 이런 종류의 작품에서는 직설법이 불가능했기 때문에 작가는 대부분 고전을 차용하여 패로디하거나 우의적인 수법을 사용하지 않을 수 없었다. 이런 방법을 사용해 창작된 작품으로는 「4호 1단」·「차중에서」·「삽화」 등의 단편소설과 『배비장』·『어머니』·『심봉사』 같은 장편소설이 있다. 이와 같은 사실을 감안하면 일제 말기 채만식의 문학을 올바로 이해하기 위해서는 알레고리 구조에 대한 파악이 필수요건이 되는 것이다. 이 알레고리 구조를 의식하고 살펴보면 채만식의 대표적인 친일작품으로 거론되는『여인전기』의 의미조차 다르게 해석할 수 있다. 흔히『여인전기』의 끄트머리에 나오는 일본군 장교인 임중위에 대한 긍정적 묘사가 친일의 증거로 들먹여지지만 이 부분은 작품의 사족이어서 의미를 형성하는 데 별다른 기능을 하지 못하고 그 부분을 떼어내더라도 소설의 완결성에는 아무런 문제가 없다. 임중위의 묘사는 일종의 입막음 장치에 해당되는 것이다. 다시 말해서 『여인전기』의 작품 의미는 시어머니의 폭압에 의한 여인 수난사라고 할 수 있고, 그것은 바리공주 이야기와『춘향전』으로 이어지는 수난 문학의 전통을 잇는 의미를 지니는 동시에 일제의 폭압을 알레고리를 통해 비판한다고 볼 수 있는 것이다.

아이러니와 알레고리 구조에 대한 이상의 언급은 일제 말기에 창작된 채만식의 수십 편에 달하는 장·단편소설과 희곡 작품에 대한 기존 문학사의 편견이 시정되어야 할 것임을 말해준다. 그 작업은 당연히 작가의 문학적 실천에 대한 가치판단을 포함하지 않을 수 없다. 그렇지만 민족문학도 문학의 한 가지일 뿐이란 견해와 함께 문학도 민족생활의 한 부분일 뿐이란 서로 다른 입론이 가능하다는 점을 생각한다면 어느 한쪽의 손을 들어주는 일이 쉽지만은 않다. 해방 후 친일문학 행위를 반성한 유일한 소설로 간주되는「민족의 죄인」에 대해서도 판단은 어렵다. 그것을 구차스런 변명으로 치지도외시할 것인가 아니면 가치 있는 작품으로 평가할 것인가. 일본학자 사에구사 도시카쓰[三枝壽勝]는 이 작품의 주인공이 동맹휴학에서 혼자만 빠져 나오려는 조카를 나무라는 마지막 대목이 이 소설을 맥빠지게 만든다고 판단한 자신의 느낌을 이야기하면서, 그 대목이 필요하다고 보는 한국인 독자들의 '한국적 감수성'을 거론하고 있다. 그렇지만 그것은 감수성의 문제만이 아니다. 거기에는 친일의 문제에 대한 일본인과 한국인의 상이한 이해와 함께 작가의 문학적 실천에 대한 사실판단을 어떻게 내리는가 하는 문제가 관련되어 있다고 보는 것이 온당할 것이다.

채만식은 카프에 가입하지 않은 채 프로작가를 자임했다. 「산동이」에 대한 논쟁도 그의 독특한 문학관 내지 처신과 긴밀한 관계를 갖는다. 이 소설에서 그는 일제의 감시를 피하여 사회모순을 표현하는 방법을 찾았다. 그 추구는 그가 소설을 쓰기 시작하면서부터 해방되기까지 20여 년간 지속된 것이었고 그 결실의 한 양태가 아이러니와 알레고리의 방법이었다. 그러나 풍자문학의 특성 때문에 아이러니의 특성이 일찍부터 관심을 끈 것과는 달리 채만식 문학에서 알레고리가 차지하는 비중은 거의 주목을 받지 못했다. 대표작으로 손꼽히는 『탁류』의 후반부가 풍속소설로 떨어졌다는 평가가 정설로 굳어지는 속에서 일제 말기에 발표된 채만식의 장·단편 소설의 알레고리 구조는 관심의 사각지대에 방치되지 않을 수 없었다. 일제의 엄혹한 검열의 눈을 피하면서 문학 행위를 지속하기 위해 작가는 아이러니와 알레고리의 방법을 시험하는 외에 제재를 다루기에 적합한 여러 장르·양식의 가능성을 타진했다. 채만식의 희곡이 근래에 들어서 주목받는 것은 그의 문학적 실험이 일부분이나마 보상을 받는 것이라고 할 수 있다. 그러나 희곡보다도 훨씬 더 많은 장·단편소설의 알레고리 형식은 아직껏 제대로 조명을 받지 못하고 있다. 이것은 작가의 문학적 실천, 생명을 건 투쟁이 빛을 보지 못하고, 보상을 받지 못하고 있음을 의미한다.

채만식은 문학을 계속 해야 할 것이냐 말아야 할 것이냐를 고민하던 시점에서 「패배자의 무덤」이란 작품을 썼다. 이 소설에서 '패배자'는 달려오는 기차에 머리를 부딪쳐 스스로 목숨을 끊는다. 시대 상황으로 말미암아 자신이 다니던 잡지사에 사직원을 던지고 나서의 일이다. 그런 의미에서 채만식의 끊임없는 문학적 실험은 끝까지 문학 행위를 지속하고자 하는 노력의 일환이었다고 할 수 있다. 그는 발표가 중단된 작품을 다른 이름으로 완성시키기도 하고 장르를 바꾸어 효과적인 표현의 방도를 모색하기도 했으며 풍자나 알레고리의 방법을 동원하기도 했다. 그

갖가지 실험을 통해서 작가는 『탁류』나 『태평천하』· 「제향날」· 「당랑의
전설」 같은 성과를 얻기도 했으나 더 많은 경우는 실패를 맛보았다. 그
러나 그가 이룬 성과 가운데 무엇보다도 더욱 값진 것은 어떠한 난관 속
에서도 문학을 실천하고 문학을 위해 살아온 그의 문학적 삶 그 자체인
지도 모른다.

3. 소설 4편

1) 윤대녕의 『달의 지평선』

작품은 하나의 존재를 표상한다. 현실적 존재는 그 스스로 완성된 상
태를 지향하므로 작품이란 말은 내면적으로 완성의 개념을 함축한다. 작
품이 형상을 통해 존재를 표상한다면 그 형상은 완성된 것이지 않으면
안 되는 것이다. 예술적 형상의 완성은 완결성을 전제로 한다. 플롯에는
처음과 중간과 끝이 있다는 고전적 명언은 작품이 완결됨으로써 완성되
는 것임을 말해준다. 그러나 완결은 완성의 필요조건일 뿐 충분조건은
아니다. 완결이 지어졌을 뿐만 아니라 그 외에 질적인 무엇인가가 더 갖
추어져 있어야 작품은 완성될 수 있다.
소설의 의미는 종결부에 이르러서야 드러난다고 한다. 이야기가 종결
이 된 다음에야 처음과 중간과 끝이 무엇인지를 확정할 수 있다는 말이
다. 그렇지만 종결지어지지 않았다고 해서 작품이 아니라고 말할 수는
없다. 홍명희의 『임꺽정』은 끝이 마무리되지 않았지만 그 작품성을 의심
하는 사람은 별로 없다. 그 이유는 사건의 진행이 이미 예비된 종결을
보여 주고 있을뿐더러 기왕에 서술된 부분의 질이 작품성을 입증하고

있기 때문이다. 그렇기는 하지만 끝을 맺은 작품에 비해서 종결을 가지지 못한 작품에 많은 결함이 생기는 것은 분명하다. 그것은 끝을 맺지 못한 발음, 불분명한 표상일 수밖에 없기 때문이다. 이와는 반대로 분명히 끝을 맺었음에도 의미의 흔들림이 있는 작품이 있다. 여기서 말하는 '의미의 흔들림'이란 다의성이나 작품의 개방성과는 다른 개념이다. 그보다는 초점이 맞지 않아 흐려진 상태, 형상의 윤곽이 불투명함을 가리키는 개념이다.

윤대녕의 『달의 지평선』은 1980년대 학생운동에 가담했던 남녀가 이혼했다가 다시 결합하는 이야기이다. 삼각관계로 인해 두 사람의 결혼 생활에 끼어 든 오해와 감정의 찌꺼기가 이혼을 초래했지만 주인공들은 상대방에 대한 사랑에도 불구하고 마음의 문을 닫고 지낸 과거에 대한 반성을 거쳐 재결합에 이른다는 줄거리이다. 이 재결합의 과정에서 주인공의 반성을 이끄는 것은 상반된 성격의 두 여자이다. 자신의 불행한 운명에 원한을 품고 복수의 길을 찾은 주미와 장애자인 오빠를 어머니처럼 감싸안는 순결의 여인 수연이 바로 그들이다. 이들은 작품에서 빛과 어둠, 과거와 미래, 자기 집착과 헌신이란 대극적인 성격을 상징하는 인물로 표현된다. 주인공은 과거에 집착하여 세상에 원한을 지니는 주미를 통해, 또한 '지배관계를 벗어나 서로 의사소통을 가능하게 해주는, 닫힌 내면 세계 밖으로의 초월을 가능하게 해주는 존재, 진정한 의미의 타자'인 수연을 통해 지난날을 반성하고 헤어진 아내와 재결합을 결심하게 되는 것이다. 이러한 사건의 구도는 이 작품에 '끝'이 있음으로써 파악된다. 그 끝이 없었던들 '독자들은 본말이 뒤집히는 기묘한 오해 속에서 내내 소설을 읽게 마련'되어 있다. 달리 말해서 소설을 읽는 동안에 독자는 주인공이 '두 여자를 만나 벌이는 감정의 모험담'이란 '통속성'을 기반으로 한 소설을 마주하게 되는 것이다. 그러나 이 소설에서 '여자'는 두 사람만이 아니다. 아내였던 은빈, 동거생활까지 한 주미, 환각상태에 있는 남자의 몸을 훔친 김혜정, 사랑하는 사람을 위해서 자기 처녀막을 스스로 파열시키는 수연, 중년여인의 욕망을 은근하게 드러내는 이명숙, 주미의 어머니 등등 이 소설은 '나'와 '그녀' 사이에서 벌어지는 착잡한 사건들로 점철되어 있다. 비록 '모든 사건의 고삐를 거머쥐고 있는 두 사람의 이야기'가 '끝'을 통해 주도권을 되찾는다 해도 그것은 독자가 '감정의 모험담'에서 야릇한 충동을 만끽한 다음의 일이다. 이 점을 의식하고 보면 이 소설에 등장하는 여러 장치들에 관심이 가지 않을 수 없다. 일식과 월식, 파리와 인도네시아와 제주도와 우도와 강원도, 카페와 호텔과 호반의 풍경, 달빛 풍성한 섬에서의 밀회, 게다가 탈렌트인 남자 주인공과 아름다운 여인들이 엮어내는 드라마, 덧붙여서 전직 고문기술자와 성고문의 피해자가 연출하는 신비스럽고 환상적인 분위기, 이와 같은 배경과 주인공과 사건과 주제는 이 소설이 1980년대와 1990년대 현실을 주인공들의 운명에 결부시키는 데 주안점을 둔 작품이 아니라 영화적인 기법에 더 많은 관심이 쏠린 작품이라는 사실을 드러내 준다.

　『달의 지평선』의 기본적인 정조는 작가 특유의 추리소설적 분위기이다. 전직 기관원이자 일식집 주방장, 현재는 '일종의 심리치료사'인 신비스러운 경력의 인물이 조성하는 환몽적 분위기 속에서 소설은 전개된다. 이 환몽 상태 속에서 상식적인 인과관계를 훌쩍 벗어난 사건의 연결이 독자의 의문과 호기심을 자극하고 긴장을 유도한다. 이 분위기 또는 정조는 독자가 소설 세계에 들어가는 통로 역할을 한다. 작품성을 가늠하게 하는 '질'이라는 것도 바로 이러한 요소들의 복합이라고 할 수 있을 터인데, 이 작품에서는 그 분위기가 심리치료사의 일회적인 설정에 의해 설정되는 것이 아니라 소설 전편의 문장 스타일을 통해 조성된다. '흔히 보이는 덧없음과 막막한 표정으로' '그녀가 캄캄하게 기침을 해' 대거나, '네온사인 빛들이 사각으로 뒤엉켜 거리를 번요하게 난도질하고' '그 아슴한 길 한 가운데로 사랑이 끝난 뒤처럼 서글피 맑은 햇살이 빈수레처럼 흔들리며 가고', '길에 아련한 얼굴을 던져 놓고' '홍천 길로 무연히 걸어' 가는 것이다. 즉 주인공들은 '캄캄한 안개만 망연히 내다보고 있'

거나 '갑갑하게 사위를 두리번거리며', '파라솔에 듣는 안개 소리에 망연히 귀를 팔고' '커피향처럼 목에 감기는 하오의 적막' 속에서 '홀연한 기분에 사로잡혀' '무르츰하게' '그저 우멍하니 앉아'서 '실밥처럼 풀어진 눈'과 '수음을 하고 난 소년의 목소리'로 '어둠 속을 불안스레 서성이며 수없이 많은 문들을 힘겹게 밀고 나가봐도 생은 좀처럼 빛을 허락하지 않는' '캄캄한 외로움에 몸을 떨며' '술에 취해 있는 혼곤한 표정으로' '마음이 황막한 밤', '혼몽한 상태에 밤이 깊어 갈수록' '무의식 속에서 아련히 감지되는', '비행접시가 내려 와있는 것처럼 홀연해 보'이는 '시든 장미만 망연히 바라보고 있'는 것이다. 여기에 제시한 것과 유사한 구절들은 작품 속에서 얼마든지 더 찾을 수 있다. 이 구절들이 작품의 분위기 조성이나 의미 형성에 어떻게 작용할 것인가 하는 문제는 자명하다. 세계는 '혼몽', '캄캄', '적멸', '번요'의 상태에 있고 그것을 바라보는 주체의 시선은 '아연히', '무연히', '망연히', '아련히', '아득히' 멀어져 있는 것이다. 따라서 주인공의 행동은 '번안조로 응대'하거나 '기웃기웃'하는 것이며 '안절부절못하는 모습으로 도사리고 있'거나 '그들 사이에 서먹하게 끼어 앉는 것'이기 때문에 '누웠으면 좋겠을 지경'인 것이다. 이 같은 문체의 특징은 '천의무봉에 가까운 문장력'과는 '무연'할뿐더러 자기 소설을 '완성품'으로 만들려는 작가적 성실성까지를 의심하게 한다.

2) 조경란의 『가족의 기원』

글쓰기 도구로 컴퓨터가 이용되기 시작한 이후, 전체적으로 글의 분량이 늘어났다는 것은 흔히 하는 말이다. 팔의 고통이 줄어든 데다 고치기 쉽고, 덧붙이기 쉽기 때문에, 하고 싶은 말이면 얼마든지 주절주절 늘어놓을 수 있게 된 것이다. 종이 수요가 늘어나 숲이 황폐해질 것을 우려하는 목소리도 있지만, 많은 사람이 글쓰기를 아이들의 소꿉장난처럼 즐거운 놀이로 인식할 수 있게 된 것도 이런 사정과 얼마간 연관된다고 볼수 있다.

그러나 전체적으로 글의 분량이 늘어난 것과는 상관없이 최근에 나오는 장편소설들은 짧다는 특징을 공유하고 있다. 원고지 천 매 내외의 글들을 단행본으로 출간하면서 거기에 '장편소설'이란 이름을 붙이는 것이 어느덧 우리 사회의 관행처럼 되었다. 우리 근대문학의 첫 장을 연 '신소설'이란 이름이 맨 처음 광고에 쓰인 용어였다는 것을 감안하면 이 관행은 결코 새삼스러운 일이 아니다. 기업소설이니, 대하소설이니, 예술소설이니 하는 용어를 만들어 자기 상품의 표지로 이용하는 것은, 어찌 보면, 출판사의 자유재량권에 속한다. 그러나 그 동일한 표지들 속에서 일어나는 작은 변화들은 결코 심상한 것이 아니다.

조경란의 장편소설『가족의 기원』은 소담하게 꾸며진 갖고 싶은 책이다. 엥겔스의『가족, 사유재산, 국가의 기원』을 연상시키는, 약간은 딱딱한 제목에도 불구하고 소설의 내용은 작가의 섬세한 감수성을 잘 드러내고 있다. 주인공은 딸만 셋인 집의 둘째로, 파산 상태에 이른 집안 사정과 유부남인 애인 문제로 심적 고뇌를 겪고 있다. 소설은 주로 주인공의 심리 묘사를 통해 이러한 상태를 알려 준다. 아버지가 사기를 당해 가진 돈을 다 날리고 집마저 저당 잡힌 뒤, 가정 경제를 담당했던 언니는 외국으로 떠나버리고, 동생은 집안 형편을 외면한 채 대학원에나 다니는 사정, 이 같은 궁핍한 상태를 벗어날 아무런 방책도 없이 옥탑방에서 어머니의 궁시렁거리는 소리를 고문처럼 들어야 하는 주인공의 답답한 처지가 차례차례 묘사된다. 주인공은 이 암울한 집안에서 탈출하기 위해 애인의 도움을 받아 셋방을 얻지만 '가족'과 맺어진 인연의 끈은 그녀를 온전하게 해방시켜 주지 않는다. 아버지가 가출했다는 소식이나 집이 경매에 넘어가 어머니와 동생이 여관방을 전전하게 되었다는 전갈, 애인의 부인이 자기를 은밀히 만나려고 하는 사실 등이 그녀를 끝없는 고뇌 속에 잠기게 한다. 결국 주인공은 애인을 여행지에 혼자 남겨 두고 몰래 떠남으로써 모든 인연들로부터의 또 다른 탈출을 시도한다.

이 소설 속에서 주인공은 내찬 성격이다. 내찬 성격과 개성이 동일한 것은 아니지만 그녀에게는 분명한 자기 주장과 독자적인 판단 이외에 매몰찬 단호함이 있다. 그럼에도 불구하고 주인공의 행동은 명확하지 않다. 이 같은 형용모순은 소설에서 심리묘사가 중심이라는 사실과 맞물린다. 사건들은 서술자에 의해 직접적으로 연관지어지는 것이 아니라 독자의 빈칸 채워 넣기에 의해 의미 있는 관계를 갖게 된다. 독자가 직접 대면하는 것은 단편적인 묘사에서 환기되는 심상들의 연속이므로 심상들 사이의 공백을 메꾸어 나가면서 독서하지 않으면 소설의 의미를 파악할 수 없다. 이러한 소설 형식은 모더니즘 기법의 소산이라기보다는 영상세대의 등장 이후 두드러진 형상화방식의 하나이다. 빠른 장면전환에 의한 속도감과 각각의 쇼트가 지닌 미적 특질을 결합하려는 고안이다. 이 형식에서는 명확한 의미 전달보다는 각 부분의 완성미와 전체적인 심상의 형성이 중요하다. 종래 장편소설이 현실의 복합성을 구체적인 행동과 사회관계들 속에서 보여주는 데 치중했다면 이 소설과 같은 작품들은 아렴풋한 인상의 형성을 중시한다고 할 수 있다. 이 진술이 직접적으로 어떤 가치 평가를 함축하지는 않는다. 영상에 익숙한 사람의 경우에도 각각의 부분들을 연결 지어 전체의 의미를 구성하는 나름의 방식을 가질 수 있기 때문이다.

근래 장편소설이 짧아진 이유를 작가가 출판사의 요구나 독자의 기호에 영합한 데서 찾는 경우를 자주 볼 수 있다. 그것이 설사 확실한 근거를 갖지 못한 호사가들의 추측에 불과하다고 할지라도 요즘에 나오는 장편소설에서 현실의 여러 사태에 대한 깊이 있는 이해를 찾아보기 어렵다는 평가를 외면만 할 수도 없다. 그것은 대상을 구체적인 관계 속에서 묘사하여 완결된 형상으로 보여주는 것이 아니라 그에 대한 감각적 인상을 만들려고 하는 영상시대의 지향과 연결되는 것으로 보인다. 영상예술의 도도한 흐름 앞에 문학의 존재가 왜소해지는 구체적인 사례가 아닌지 우려되는 것이다. 영상매체는 문학에 새로운 가능성의 세계를 열어줄 것인가 파괴적인 영향을 미칠 것인가? 이 세속적인 질문에 대한 답변은 현재로서는 부정적이다.

3) 은희경의 『타인에게 말걸기』

문: 안녕하십니까?

오늘은 90년대 신인작가로 주목받고 있는 은희경 씨의 소설집 『타인에게 말걸기』를 가지고 이야기를 나누기로 하겠습니다. 은희경 씨는 95년도 『동아일보』 신춘문예에 당선되어 문단에 등단했고, 그 해 말에 장편소설 『새의 선물』을 출간하여 일약 베스트셀러 즈가 반열에 올랐던 것으로 알고 있는데요, 이번 작품집도 독자들의 많은 관심을 끌고 있습니까?

답: 네. 종로서적 집계에 따르면 이번 즈 베스트셀러 5위에 올라 있습니다. 첫 작품인 『새의 선물』이 아직까지 서점가에서 독자들의 호응을 받고 있는 점을 생각하면 은희경 씨는 해마다 한 권씩 책을 내어 두 해 만에 베스트셀러 작가로서 자리를 굳혔다고 할 수 있겠습니다.

문: 첫 번째 소설에서는 열두 살 먹은 깜찍한 여자아이의 눈을 통해 드러난 어른들의 세계를 재미있게 표현하고 있지요? 은희경 씨는 이 작품으로 이지적인 작가라는 평을 얻은 것으로 알고 있는데, 이번 작품은 어떻습니까? 여전히 이지적인 면모가 두드러집니까?

답: 그렇다고 할 수 있습니다. 첫 번째 소설은 30대 후반의 여자가 회고한 어린 시절의 이야기였습니다. 외할머니와 함께 살게 된 불우한 소녀가 세상에 드러내는 작위적인 자신의 도습과 그러한 자신의 모습을 관

찰하는 내면의 자아를 분리하면서 요지경 속 같은 어른들의 세계를 분석해 보여 주었습니다. 일종의 성장소설이라고도 할 수 있는데, 이번 소설은 그동안 발표한 단편들을 모은 소설집이지만 기본적으로 첫 소설의 주제를 변주하면서 심화하고 있고, 다른 작가들의 작품에 비해서 분명히 이지적인 측면이 두드러집니다. 슬픔을 표현하는 경우에도 축축하게 젖게 하는 것이 아니라 말랑말랑한 느낌을 갖게 하는 것이 자기 절제력을 입증해주고 있습니다.

문: 한 작가가 같은 주제를 반복하여 다룬다는 것은 작품의 깊이를 더할 수도 있지만 소재를 이리저리 바꾸었을 뿐 똑같은 타령이라는 혹평을 자초할 수도 있을 텐데, 은희경 씨의 경우는 어떻습니까?

답: 은희경 씨가 붙잡은 주제는 현대사회에서 사람들 사이에 의사소통이 단절되었다는 매우 근본적인 문제입니다. 『타인에게 말걸기』라는 소설집의 표제가 말해주듯이 은희경 씨의 소설에서 천착되고 있는 것은 인간의 존재조건에서 비롯되는 고독, 그 고독에서 비롯된 외로움을 극복하기 위해서 다른 사람에게 신호를 보내지만 번번이 그 신호는 차단되고 어긋나서 제대로 교신이 안 된다는 것입니다. '다른 사람'이 아니라 '타인'이라는 격한 발음을 지닌 단어가 제목에 쓰인 것은 그 '타인'의 완고성, 깰 수 없는 껍질을 강조하는 의미가 있습니다. 그 단어는 '타인'이 절대적으로 나와 하나가 될 수 없고 의사소통조차 안 된다는 뜻을 함축하고 있습니다. 이처럼 사람들 사이의 의사소통에 단절이 일어나는 것은 남녀의 사랑에서 가장 많이 볼 수 있는 것인데, 그것은 인간 존재의 불완전성에 말미암은 것이기도 하지만, 은희경 씨 작품의 경우 현대사회의 소외현상과 긴밀하게 관련된다는 측면에서 현대를 살고 있는 사람들에게 강력한 호소력을 갖는다고 할 수 있습니다.

문: 은희경 씨의 소설에 보면 사랑하는 사람에게 배신을 당하는 이야기
나 어떤 사람을 사랑하지만 결혼은 다른 사람과 한다는 이야기가 자주
나오는데, 그런 사건을 의사소통의 단절이라고 하는 것입니까?

답: 네, 그렇습니다. 사랑의 어긋남이라는 사건의 형태 속에서 의사소통
을 원하지만 진정한 상대를 구할 수 없는 인간존재의 근본조건에 대한
탐구를 진행하고 있다고 보입니다.

문: 요즘 소설들을 보면 사회 역사적인 문제보다는 개인의 일상사를 다
룬 작품이 많고, 그러면서 사랑이나 성 문제를 지나치게 많이 끌어들여
서 판에 박은 이야기들이 되고 있다는 인상을 자주 받는데, 그런 작품들
과 은희경 씨의 작품을 뚜렷이 구별할 수 있겠습니까?

답: 이번 작품집의 표제작인 「타인에게 말걸기」라는 단편소설을 보면 등
산가는 날 시키지도 않았는데 김밥을 준비해오느라 여러 사람을 몇 시
간씩 기다리게 한다든지, 술자리에서 공연히 부지런을 떨면서 술병을 나
르다가 맥주병에 얼굴을 찍히는 어리숙한 여자가 나옵니다. 좋게 보면
적극적인 성품이고 나쁘게 브면 공연히 설치거나 서대는 여자입니다. 이
여자가 점차 어려운 처지로 떨어지면서 남자들의 성적 노리개로 전락하
는데, 그 과정에서 작품의 화자인 남자 주인공에게 자꾸 전화를 걸어댑
니다. 별 상관도 없는 여자한테 전화를 받고 끌려 다니는 남자주인공의
이야기로 사건을 전해 듣는 독자들은 그 여자가 덜 떨어진 여자이거나
진드기 같은 여자라고 생각할 수밖에 없지요. 그러나 마지막에 가면 입
장이 역전됩니다. 가장 합리적인 것처럼 보였던 남자는 다른 사람에게
곁을 주지 않는, 우렁이같이 자기 세계 속에 칩거하는 자폐적 인간이거
나 소외된 인간이고, 여자는 비정한 현대사회 인간의 모습을 높은 자리
에서 냉철하게 관조하는 관찰자가 되는 것입니다. 일종의 낭만적 아이러

니 수법인데, 여기에서 사랑이나 섹스는 단순한 흥밋거리가 아닙니다.

문 : 사랑의 문제가 문학의 영원한 주제라는 점을 시인하면 얼마만큼 깊이 있게 그 문제를 천착하는가가 작품의 수준을 재는 척도가 될 것입니다. 사회 역사적인 문제도 사랑의 윤리라는 문제에 겹쳐지면서 표현되는 것이 문학의 일반적 방식인데 은희경 씨의 소설에서 그런 측면을 찾는다면 어떤 점을 말할 수 있을까요?

답 : 물론 그렇습니다. 사회 역사적인 갈등의 문제도 소설 속에서는 윤리의 문제로 표현되지 않을 수 없습니다. 얼핏 보면 은희경 씨의 소설에서도 요즘 유행하는 여성해방주의적인 면모를 찾을 수 있습니다. 예컨대 이번 책의 맨 앞에 실린 작품인 「그녀의 세 번째 남자」에서 여자의 첫사랑이나 첫 경험, 또는 성실의 의무나 순결의 관념에 대한 강한 거부의 몸짓을 읽을 수도 있습니다. 이런 양상은 그 자체로 우리 사회의 남녀관계와 인간관계가 변화되어 간다는 사실을 나타내주는 지표의 역할을 해줍니다. 그러나 그 이면에는 모든 사람의 진정한 관계가 단절되고 각자가 자기 세계 속에 유폐됨으로써 사회가 황막해진다는 인식이 깔려 있습니다. 사람들이 철두철미 위장된 가면을 쓰고 나다니며 자기의 세계를 절대화하려고 하는 경우 사랑의 공동체를 기대할 수는 없겠지요.

문 : 은희경 씨의 작품은 재미있게 읽히지만 대상에 대해 냉정하다는 지적이 있습니다. 작품의 이지적인 특성을 말하는 것이라고 생각되고, 그런 측면은 주로 감성적인 측면에 기대어온 우리 문학이 균형을 잡는 데 꼭 필요한 요소이기는 하지만, 그것이 지나칠 경우 자칫 대상을 개념화하고 희화화할 수도 있으리라고 생각합니다. 첫 작품인 『새의 선물』과 비교할 때 이번 작품의 문체나 형식적 특징은 어떻습니까?

답: 은희경 씨의 작품에서는 항상 어떤 긴장감을 느낄 수 있습니다. 그만큼 사건을 구성하고 묘사하는 작가의 균형감이나 절제력이 뛰어나다는 반증이라고 할 수 있을 것입니다. 그러나 발표 순서대로 작품을 놓고 보면 작가가 차츰 기발한 구성이나 재치 있는 말이나 문장을 즐기고 있지 않나 하는 인상을 받게 됩니다. 이것은 물론 작품을 읽는 독자들이 표현과 문체 자체를 즐길 수 있게 하는 긍정적인 효과를 낳을 수도 있습니다만, 재기 발랄한 에피세트나 경구의 빈번한 등장으로 작품의 전체 분위기를 조성하는 데 해를 끼칠 수도 있습니다. 전반적으로 작가의 성숙과 함께 극복되어야 할 문제라고 생각합니다.

문: 좋은 작가가 태어나는 데는 비평의 조언도 필요하다고 하겠습니다. 은희경 씨에게서 앞으로도 좋은 작품을 기대할 수 있을 것같습니다. 감사합니다.

4) 바이어트의 『소유』

빅토리아시대의 천재 시인 랜돌프 헨리 애쉬와 여류시인 크리스타벨 라모트 사이에 이루어진 사랑의 진실은 무엇인가. 도서관의 책갈피에서 발견된 한 장의 편지를 단서로 하여 두 시인의 관계를 추적하는 젊은 대학 강사 롤런드와 그의 파트너 모드 베일리 박사 앞에는 전혀 예측할 수 없는 사건들이 잇달아 닥쳐온다.

애쉬의 유물을 차지함으로써 자신의 사회적 지위를 반석에 올리고 싶어하는 전공학자들의 이욕과 암투, 사회적인 지위와 지성인으로서의 긍지 때문에 자신의 진실을 애써 감춰야 했던 시인들의 처지가 사건의 진실을 더욱 미궁 속으로 몰아넣는다.

여기서 사랑과 소유의 이중주가 전개된다. 영국의 여성작가 바이어트의 『소유』는 이 이중주에서 야기된 미로와 같이 얽힌 사건의 미궁 속에서 현대인의 삶을 지배하고 있는 거친 파토스들을 생생하게 묘사하고 있는 것이다.

사랑은 자신을 대상 속에서 소멸시키려는 지향을 낳기도 하지만 그 대상을 소유하고자 하는 욕망을 불러일으키기도 한다. 사랑은 궁극적으로 주체와 객체의 동일화를 지향하는 것이다. 그러나 소유는 사랑을 배반한다. 사랑의 대상이 소유물이 되는 순간 그것은 더 이상 사랑이란 이름을 허용할 수 없는 것이다. 이 작품에서 작가가 이야기하는 것은 이러한 인생의 진리이다. 하지만 이러한 요약은 작품의 전면적 진실에서 얼마나 동떨어진 것일까?

『소유』는 결코 안이하게 읽을 수 있는 작품만은 아니다. 등장하는 주인공들이 한 사회의 최고의 지성들이라는 점에서 그들이 엮어내는 드라마는 고도의 두뇌회전을 요구한다. 이것은 추적의 대상인 과거 시인들의 서한이 섬세한 감정을 표현하고 있다는 점에서 비롯되기도 하고, 그 감정의 진실을 깊이 이해하기 위해서 참조해야 하는 두 시인의 작품들이 세계의 원형적인 이미지들을 간직하고 있는 상징적인 시들이라는 데서 야기되기도 한다.

하지만 더 근본적인 이유는 작가가 과거의 역사적 진실을 추적하는 이 작품에서 이중효과를 노린 데서 연유한다. 즉 빅토리아시대 시인들의 사랑이 작품의 한 축을 형성한다면 그 삶을 추적하는 한 쌍의 젊은 학자들의 사랑이 다른 한 축을 형성하고 있는 것이다. 그 두 개의 사랑은 보들레르의 「만물조응」에서 엿보이는 천상계와 지상계의 상응처럼 과거와 현재라는 시간 속에서 서로 조응하고 있는 것이다.

그러나 여기서 두 사건이 단순한 반복의 관계에 있는 것은 아니다. 두 시인이 열정적인 사랑에도 불구하고 그들에게 주어진 외부적인 여건을 이겨내지 못하고 비극적인 운명을 감수해야 했다면 오늘의 젊은이들은 자신들의 감정의 진실을 토대로 해서 새로운 삶의 길을 성공적으로 열어가고 있는 것이다. 작가는 이 점에서 현재의 상황에 대해 낙관적인 비전을 제시하고 있는지도 모른다.

그렇지만 두 시인에게 가로놓였던 장애들이 상대적으로 단순하고 사적인 성격의 것이었다면 젊은 학자들이 부닥친 현실의 문제는 좀더 복잡하고 사회적인 제도의 차원에서 주어지는 것으로 그려지고 있다는 점에서 그와 같은 판단은 성급할 수도 있다. 작가는 모든 것이 소유의 대상이 된 오늘의 현실에 대해 역사적인 투시도를 제공하고 있다고 보는 것이 더 온당하다. 그리고 이 같은 관점에서 『소유』의 소설적 특징에 주목할 수 있다.

이 작품은 책갈피에 끼어 있던 편지의 발견에서 무덤 속의 편지를 발굴하여 모든 의문을 해소하기까지 여러 장면에서 빈번하게 빅토리아시대의 시인들이 쓴 서한과 시작품을 인용한다. 이 인용문들은 수식적인 것이 아니라 작품의 구성에서 절대적인 비중을 차지한다. 글쓴이의 육성이 가장 진하게 베어 있을 수밖에 없는 서한과 시인의 자기 발언이자 독백이라고 할 수 있는 시, 이에 비해서 현재의 사건을 묘사하고 있는 객관적인 소설적 문장, 이 두 가지의 대비는 곧 원형적인 이미지가 살아 있던 시대와 그것이 사라져버린 시대의 대비이다. 뿐만 아니라 세계의 원형적인 이미지에 대한 감각을 지니고 살았던 시인들의 삶에 대한 젊은 학자들의 추적은 원형적 이미지의 세계에 대한 현대인의 동경이 변형되어 나타난 것이다.

결국 외면적으로 치밀한 추리소설과 같은 구성을 보여주고 있는 이 작품은 내면적으로 과거의 흔적들과 함께 살면서도 그 과거의 삶이 지녔던 진실을 붙잡지는 못하고 왜곡된 소유의 욕망을 통해서나 거기에 접근하게 된 현대인의 상황을 작품의 형식 바로 그것을 통해 비판하고 있는 것이다. 그것은 온갖 장르들의 생산양식을 포용하는 소설장르가 의식적으로 자신이 처한 역사적 상황을 조망하는 자의식적 형식으로 탈바꿈하고 있는 모습이다.

4. 한국 역사소설의 흐름

역사소설이 일반적인 의미의 소설과 구별되는 별개의 장르인가 하는 데 대해서는 회의하는 사람이 많다. 과거의 사실과 기억들을 일정한 형태로 잘라내어 형상화한다는 점에서는 두 가지가 마찬가지이기 때문이다. 그럼에도 불구하고 특정한 시대의 역사적 사건을 소재로 하여 만들어진 작품들을 역사소설이라는 이름으로 구분 짓는 관행은 충분히 이해할 만한 일이다. 과거의 사건을 단순히 흥미로운 이야기의 소재로 이용하는 것이건 역사의 진실을 재구성하려는 야심을 지닌 것이건 간에 실제의 사건을 다루기 위해서는 작가에게 특별한 방법과 의식이 요구되고, 그것은 작품의 구조에 흔적을 남기기 때문이다.

한국문학사에서 역사소설의 대두는 임진왜란과 병자호란을 겪은 다음의 일이다. 두 차례의 전란은 사람들에게 역사에 대한 지대한 관심을 불러 일으켰고 그 결과 나타난 것이 「임진록」과 「임경업전」이다. 일종의 전쟁의 기록이라고 할 수 있는 이 두 작품은 전란을 치르고 난 당시의 국민 감정을 반영한 것이면서도 일정한 차이점을 지니고 있다. 「임진록」이 역사적 사실에서 취재했으면서도 다분히 허구성을 가미해 군담소설과 같은 구성을 가지고 있는 데 반해 「임경업전」은 비교적 정사에 충실히 따르고 있다. 이 시대에는 이러한 '전쟁의 기록'이란 형태 이외에도 역사상의 위인들의 전기를 소재로 하여 신기하고 흥미로운 이야기를 서술한 「최고운전」·「을지문덕전」·「박문수전」 등이 나온다.

조선시대의 역사소설이 전쟁의 후유증을 앓는 속에서 잉태된 것이라면 구한말의 역사소설은 임박한 민족의 위기를 극복하는 하나의 방책으로서 시도되었다. 을사보호조약이 체결됨으로써 일제의 침탈이 가시화되는 시점이었기 때문에 이 시대의 역사소설은 알레고리나 상징에 의해 교훈적 내용을 전달하는 우의소설(寓意小說)의 성격을 지니고 있었다. 「금

수회의록」과 「쇼경과 안즘방이 문답」같이 대화나 토론을 통해 직접적으로 교훈적 내용을 표현하는 토의체 문학과 함께 양계초의 「이태리건국3걸전」이 번역되고 장지연의 「애국부인전」이 쓰어진 것이다. 이 작품들은 동학농민전쟁 이후 두드러지게 많이 나타나기 시작한 「월남망국사」·「서사건국사」 등의 역사물의 계통을 이으면서도 문학성이 강화된 형태였다. 제목에서 드러나는 것과 같이 애국사상을 고취하는 인물의 전기 형태를 띤 작품들이었다. 그러나 구한말의 역사소설은 신채호의 작품으로 대표된다. 「이순신전」·「을지문덕」·「최도통전」과 같이 우리 역사에서 위인으로 손꼽히는 인물들의 전기를 통해 민족정신을 고취하는 작품들이 쓰어진 것이다. 신채호의 역사전기소설은 국한문을 혼용하여 독자층을 넓히고 있고 인물의 전기 자체를 재구성하기보다는 민족의 영웅적 기상을 표현하는 데 초점을 맞춘 점에 특징이 있다.

한일합방으로 국권을 빼앗긴 직후에는 역사소설이 모습을 감춘다. 1920년대 중반에 이르러 박종화의 「목대이는 여자」, 이광수의 「가실」 등이 쓰어지지만 그것들은 단편적인 역사적 사실을 소재로 취했다는 점 외에 특별한 의미를 지니지 못한다. 그런 점에서 1928년 말에 『조선일보』·『동아일보』에 거의 동시에 연재되기 시작한 홍명희의 『임꺽정전』과 이광수의 『단종애사』는 한국 근대역사소설의 본격적인 시작을 알리는 사건이었다고 할 수 있다. 두 작품이 양대 일간지에 동시에 연재되기 시작한 것은 당시의 야담운동과 밀접한 관계가 있다. 일제는 치안유지법을 공포하여 사회에 공포분위기를 조성하고 조선의 역사를 체계적으로 왜곡하기 위해 '조선사편수회'를 조직하는데, 이에 저항하려는 뜻 있는 사람들이 우리 역사를 우리의 시각으로 전하자는 '야담운동'을 펼치고, 이 운동은 큰 호응을 얻어 하나의 사회운동이 되었던 것이다. 조선, 동아 양 신문은 이 야담운동을 펼치는 한 방편으로 당대의 대표적인 문인인 홍명희, 이광수를 동원하여 우리 역사를 소재로 한 이야기를 연재하기 시작한 것이다. 그러나 동일한 취지에서 출발한 작품들이지만 두 소설은 뚜렷이 서로 다른 경향을 나타내고 있다. 그 전에도 망국의 한을 지닌 인물인 마의태자 이야기를 소설로 지으려고 시도한 적이 있는 이광수의 작품은 『단종애사』란 이름으로 '단종의 슬픈 역사'를 강조한다. 일제에 국권을 빼앗긴 민족의 현재적 상황과 임금자리를 빼앗긴 단종의 처지 사이에 일종의 알레고리를 설정한 것이다. 이에 비해서 홍명희의 『임꺽정전』은 임꺽정의 백정이란 계급적 특성을 다분히 의식하고 있음에도 불구하고 '민족의 정조'를 표현하는 데 성공하고 있다. 곧 임꺽정이 살았던 '역사적 시기의 전체적 묘사'를 도모한 작품으로서 일정한 성취를 보여준 것이다. 게오르크 루카치의 『역사소설론』의 분류법에 따르면 홍명희의 소설이 작가의 역사의식, 역사적 상상력에 의해 창작된 사실주의 계통의 고전적 역사소설이라면 이광수의 소설은 개별 인물의 전기에 집중하는 우의소설의 범주를 벗어나지 못한 것이다.

홍명희·이광수의 역사소설을 뒤이어서 1930년대에는 표현이 제약을 받던 당시의 시대 상황으로 인해 박종화·김동인 등의 역사소설이 쏟아져 나온다. 그 가운데 박종화의 소설은 대부분 기존의 역사기록에 문학적 형상의 옷을 입힌 것이라고 할 수 있고 김동인의 작품도, 이광수의 『단종애사』에 대한 안티테제로 씌어진 『대수양』의 새로운 역사해석을 제외하면, 대부분 사실(史實)의 부연에서 크게 벗어나지 못한다. 그러나 김동인은 대원군 이하응을 그린 『젊은 그들』·『운현궁의 봄』에서 현재와 가까운 거리에 있는 과거의 사건을 형상화하는 '시대물'의 형식을 선보인다. 일본의 시대물을 본 딴 김동인의 새로운 역사소설형식은 그 자체의 성취보다는 현재와 직접적 관련을 가지는 과거 역사의 형상화라는 문제를 제기한 점에서 의의를 찾을 수 있다. 즉 현실을 재현하기 위해 가까운 과거로부터 역사의 추이(推移)를 살피는 창작방법론은 1930년대 말엽에 김남천에 의해 제기된 가족사연대기소설론으로 구체화되는데, 이 방법은 김남천 자신의 『대하』 이외에도 이기영·한설야의 아류를 낳기도 하지만 1960년대 이후 안수길의 『북간도』, 박경리의 『토지』, 최명희의 『혼불』 등

에서 큰 성과를 얻는 것이다. 물론 이러한 성과들은 김동인의 시대물보다
도 한국문학의 가문소설 전통이나 가족을 형상화의 중심에 놓을 때 얻어
지는 창작상의 이점과 훨씬 더 긴밀한 관계를 가지는 것으로 파악하는
것이 온당하지만 가까운 과거를 취재의 대상으로 삼는 방법의 도입이라
는 점에서는 김동인이 분명히 선구자였다.

　1970년대 들어서 박경리의『토지』와 황석영의『장길산』에 의해 촉발된
역사소설에 대한 관심은 수많은 작품이 양산되는 계기를 제공한다. 김주
영의『객주』를 비롯하여 최근에 인기를 끌고 있는 최인호의『상도』까지
다양한 형태의 역사소설이 등장하고 있다. 이 가운데 박경리의『토지』는
안수길의『북간도』, 최명희의『혼불』과 함께 가족사의 형태를 지니고 있
음에도 불구하고 역사 그 자체에 대한 관심보다도 인간의 구원한 문제에
초점을 맞춘 작품이라고 볼 수 있다. 당대적 진실을 넘어서는 보편적 진
리의 탐구를 목표로 하는 작품인 셈이다. 이에 비해서『장길산』은 과거
역사의 옷을 입고 있지만 작가의 현재에 대한 관심이 소설 속에서 지배
적인 역할을 하는 작품이다. 이러한 양태는 최근 '대체역사소설'이라는
이름으로 발표된 이인화의『영원한 제국』이 정조와 그 주변 인물을 다루
고 있지만 내면적으로는 한국의 근대화를 위해서 독재의 칼이 필요했다
는 논리를 제시하는 것과 대립되면서도 일맥상통하는 현상이다. 주제의
식이 역사적 진실성의 요구를 넘어서고 있는 것이다. 이 양상과 대조적으
로 최명희의『혼불』은 역사의 과거성 그 자체가 재현의 대상이 되고 있
다. 작가가 섬세한 문체로 과거의 사물들을 묘사하고 있는 것은 로마시대
의 카르타고를 형상화한 플로베르의『살람보』와 같은 이국취미와 상통한
다고 볼 수 있다. 최인호의『상도』는 이와 달리 역사적 인물의 전기를 주
안점으로 하여 이루어진 소설이다. 이국취미도 있지만 상인의 길에 대한
주인공의 생각을 중시하여 주제로 삼고 있는 역사소설이다. 따라서 이런
형태의 소설에서는 주인공의 심리에 대한 탐구가 중요하며 역사적 사실
은 그 심리의 전개, 사고 과정과 일치하여 묘사되지 않으면 안 된다.

제 3 장

물질주의 사회와 문화의 위상

1. 물질주의 사회

　서울 지하철 2호선을 타고 가다 잠실 역에서 내리면 우리는 자연스럽게 롯데월드로 빨려 들어가게 된다. 그 세계로 가는 길은 다른 어느 곳으로 가는 길보다도 더 넓고 화려하고 잘 정비되어 있으므로 우리는 누구나 아주 쉽게 그 곳으로 발걸음을 내딛을 수 있다. 거기에서 다른 길을 선택한다는 것은 여간 의지가 굳지 않고서는 힘든 일이다. 롯데월드로 가는 길에 비해서 옹색하고 초라하고 누추하기 그지없는 것들이 다른 선택의 길들이기 때문이다. 그리고 일단 그 롯데월드로 가는 길에 들어서면 우리는 현대의 욕망과 쾌락과 미로를 생생하게 경험할 수 있다. 그 곳에서는 길눈이 밝은 사람일지라도 어느 길로 빠져나가야 할지 쉽사리 분간할 수 없다. 그리하여 가는 곳이 롯데호텔이든 롯데백화점이든 또는 다른 어느 곳이든, 사람들은 휘황찬란한 조명과 산더미처럼 쌓여져 있는 상품들과 인간들의 정글을 통과하지 않을 수 없다. 상품과 사람들의 유혹을 기꺼운 마음으로 즐기면서 그 정글 세계 깊숙한 곳으로 들어가 동화의 나라 롯데월드 한 중앙에 서면, 거기에는 많은 사람이 길게 줄을 지어 찾아가는 하나의 높은 첨탑이 있다. 사람들을 40~50미터 높이의 하늘로 끌어올렸다가 눈 깜짝할 새에 지상으로 돌려 보내주는 자이로드롭이라는 거대한 기계장치이다. 하늘 높은 곳에서 잠깐 정지하여 서울, 강남의 풍경을 조망하게 했다가 순식간에 몇십 미터를 떨어져 내리는 데서 생기는, 무중력 상태의 짧은 쾌락을 사람들은 올가니즘 직후의 허무감에 비기곤 하면서도 열심히 그곳을 찾아가 길게 줄을 서는 것이다. 자이로드롭은 현대 소비생활의 구심점인 백화점의 가장 내부에 자리잡고 있을 뿐만 아니라 외형적으로나 내면적으로 성의 욕망과 쾌락을 상징하고 환기하고 체험하게 해준다는 점에서 롯데월드의 여행에서 빼놓을 수 없는 코스인 것이다. 그것은 롯데백화점에서 '소비의 이미지를 소비'할 때의 충만감 및 그 직후에 찾아오는 허탈감을 한데 겹쳐 놓은 것과 동질의 것이라고 할 수 있다. 상품의 구매동기를 '필요에서 욕망'으로 바꾸어 놓은 근대 소비사회의 대표적 산물인 백화점이 제공하는 쾌락의 본질과 정수가 자이로드롭이라는 얄궂은 기계에 잘 구현되어 있는 것이다. 그것은 물질주의 사회의 풍요와 쾌락의 추구가 잘 결합되어 있는 형태이다.

우리가 살고 있는 현시대를 물질주의 사회라고 하는 것은, 정보화 사회라고 하는 것이나 물신시대라고 하는 것과 마찬가지로, 현대사회의 한 측면을 부각시키는 강조어법에 해당한다. 그것은 언어의 기본 성격이 보편화의 형식이자 단순화의 형식이라는 사실을 단적으로 드러내준다. 말은 본래적으로 개별자를 보편자의 범주 속에 포섭하는 작용이므로 사물의 고유성을 훼손하지 않은 채 개별자 그 자체를 전체로서 제시하지 못하고 그것의 어느 한 측면만을 강조하여 존재를 나타낼 수밖에 없는 한계를 지니는 것이다. 그러므로 말은 개별 사물을 보편의 자리에 끌어들임으로써 그 사물에 보편적 존재의 자격을 줌과 동시에 그 말이 지니고 있는 개념의 틀로 사물의 다른 존재적 속성을 배제하는 단순화 및 규격화 작업을 하게 된다. 이런 의미에서 '물질주의'라는 규정은 현대사회의 속성들을 드러냄과 동시에 존재의 저 편으로 은폐하는 작업을 수행한다고 말할 수 있다. 이와 같은 드러냄과 감춤의 변증법은 말의 본질이자 숙명이라고 할 수 있는 것이다. 그렇기는 하지만 물질주의라는 개념은 한편으로는 근대적인 삶의 지배적인 어떤 속성을 압축적으로 제시해주는 말이면서 다른 한편으로는 그와는 다른 삶의 가능성을 암시해주는 이중적인 역할을 하는 말인 것도 분명하다. 더욱이 그 개념은 현대사회의 여러 특징적인 양상들을 포괄적으로 해명할 수 있게 해주는 열쇠개념으로도 기능한다고 할 수 있다.

물질주의의 개념이 함축하는 의미를 제대로 이해하기 위해서는 그 말이 직접적으로 지시하는 근대적인 삶의 태도나 생활의 방식에 대한 고찰과 함께 그와 대비될 수 있는 이상적인 삶의 태도나 전근대적인 삶의 지배적인 양상을 나타내주는 어떤 개념을 상정하는 일이 필요하다. 그러나 이 경우, '물질'과 쌍을 이루는 개념이 '정신'이기 때문에, 누구나 쉽게 떠올릴 수 있는 '정신주의'의 개념이 전근대적인 삶의 지배적인 양상을 나타낸다고 할 수 있느냐 하는 문제가 발생한다. 즉 근대의 물질주의에 대해서 전근대의 정신주의라는 도식이 성립하지 않는다는 점을 의식하게 되면 '물질주의'라는 개념이 단순히 전근대와 근대의 차이의식에서 비롯된 것이라기보다는 근대에 나타난 삶의 어떤 왜곡현상을 가리키고 있다는 점에 상도하게 된다. 여기서 근대사회에서 이상적인 것이라고 생각되는 인간의 삶의 형태를 왜곡하게 만든 제일원인이 물질주의라고 한다면, 이 시대를 진단하는 데는 이상적인 삶의 형태와 물질주의가 낳은 생활의 양상 사이에 개재되는 간극을 파악하는 일이 우선적으로 필요하게 된다. 이런 측면에서 우리가 전통적으로 행복한 삶이라고 상정해온 삶의 형식과 그것의 훼손이라고 생각되는 삶의 형식 사이의 관계에 대한 종래의 논의들을 이 자리에 끌어올 수 있다. 그 논의 들 가운데 우리가 가장 손쉽게 상기할 수 있고 널리 알려진 대표적인 것은 게오르크 루카치가 『소설의 이론』에서 보여준 것이라고 할 수 있다.

익히 알다시피 루카치는 자신의 저작에서 고대그리스 황금시대의 문학형태인 서사시를 소설의 선행 형태로서 주목하고 있다. 그는 개인과 사회, 본질과 삶, 행위와 의미 사이에 균열이 없는 공동체적 사회에서 서사시가 발생하였다는 인식에 입각하여 그와 그별되는 소설시대의 사회적 삶과 그 문화적 반영형식을 검토하고 있다. 소설은, 개인과 사회의 분열이 전면화하여 삶이 본질로부터 유리되고 행위가 의미를 지니지 못하는, 산문시대의 문학형식이라는 관점을 이론화한 것이다. 이 관점에 따르면 현대의 조직사회와 본래적인 의미의 공동체는 구별된다. 산업사회는 대규모의 조직을 가지기는 하였지만, 그 조직은 개인들의 경쟁의 장으로서만 기능할 뿐이기 때문에, 참다운 공동체라고 말할 수는 없다. 공동체는 단순히 사람들이 조직을 이루어 집단적인 생활을 영위하는 데서 성립하는 것이 아니다. 공동체를 이룬 성원간의 관계가 유기적이어야 할 뿐만 아니라 그 구성요소인 인간과 사물, 인간과 세계 사이에 맺어지는 관계들까지도 유기적인 관계에 놓일 필요가 있다. 즉 공동체에서 개인의 행동은 곧바로 그 집단 전체의 지향에 일치하거나 적합한 것이 됨으로써 본질적으로 의미 있는 것이 될 뿐만 아니라 하나 하나의 물건까지도 사람의 참다운 욕구에 관계됨으로써 행복한 삶의 근원이 된다. 이같이 사람과 사물과 세계가 제자리에 있으면서 조화를 이루어 창조적인 삶에 기여하는 것이 될 때 사람과 사물과 세계는 각기 본연의 빛을 발하게 되는 것이며, 거기에서 이상적인 삶의 방식이 실현된다고 할 수 있다. 이러한 삶의 방식이 실현되는 상태를 가리키는 개념이 루카치의 『소설의 이론』에서는 전체성의 범주이다.

전체성의 개념은 부분이 유기적 관계 속에서 전체적으로 통일을 이룬

상태를 나타내기도 하고 부분과 전체의 본질적 일치의 관계를 나타내기도 한다. 따라서 전체성은, 김우창 교수의 말에 따라, '개인적으로나 사회적으로나 삶의 중심부와 변두리에 있어서의 의미의 편재성을 의미한다'고 할 수 있다. 이 말을 쉽게 풀이하면 그것은 곧, 개인의 행위나 삶이 자연스럽게 사회 전체의 지향에 본질적인 의미를 지니는 방향으로 이루어지는 것을 말하는 것으로, 여기서 개체와 세계는 '신비스러운 삼투의 관계'에 의해 일치하는 상태에 있다고 볼 수 있다. 그 일치에 의해서 개인의 행동은, 그것이 비록 무자각적으로 행해지는 것일지라도, 전체의 삶을 위해 기여하는 것이 되고 본질적으로 의미 있는 것이 된다. 그러나 이 일치는 어느 한쪽의 자발성과 독립을 전제조건으로 한다는 점에서 전체주의에서 나타나는 개체와 전체의 일치와는 근본적으로 성격이 다르다. 전체주의 사회에서 개체성은 좌절되는 데 비해 공동체는 진정한 개체성을 보장하는 사회적 삶의 형식인 것이다. 그러므로 여기서 개체와 전체의 유기적 통일을 나타내는 전체성은 개체의 원리가 되기도 하고 전체의 원리가 되기도 한다. 루카치는 이와 같은 전체성이 그리스 고전고대의 황금시대를 살았던 사람들의 삶에는 실제적으로 구현되고 있었다고 본 것이다. 그리스의 서사시는 바로 이 황금시대의 사회적 삶을 대상으로 한 것이므로 그 형식은 그 자체로 부분과 전체의 유기적 통일을 나타내고 의미의 편재성을 실현하고 있다는 관점이다. 그리스 서사시 이후의 서사문학은 토대가 되는 사회적 삶의 형식이 전체성을 잃었기 때문에 과거의 형식을 계승하지 못하고 잃어버린 전체성을 작품의 형상화 작업 속에서 추구하는 새로운 방식이 되었다는 설명이다.

현대사회의 특징적인 삶의 방식이나 태도로서 물질주의를 거론하는 것은, 암묵적으로, 위에서 살핀 전체성과 같은 범주를 논의의 바탕에 깔고 있는 것이라고 할 수 있다. 그 이상적 삶의 형태에 비추어서 현대적인 삶의 왜곡현상을 지적하는 것이 물질주의란 개념이다. 이 물질주의가 현상적으로 어떻게 나타나고 있으며 그 연원은 어디에 있는가 하는 문제는 이 시대 문학의 위상을 살피려는 우리의 작업을 위해서 긴요하다. 문학은 시대의 전체성에 대한 반응과 대응으로서 성립하는 것이므로 물질주의가 초래하는 삶의 양상과 그 본원에 대한 파악은 우리의 논의에 필수적인 것이다.

오늘날 우리가 영위하고 있는 삶의 형식들을 특징짓는 개념은 여러 가지이다. 대중사회라는 이름이나 기술사회라는 이름, 관리사회라는 이름이나 정보화사회라는 이름은 나름대로 우리의 삶이 지닌 특정한 양상을 부각시켜 주고 있다. 그 가운데서 '물질주의'라는 특성화는 자본주의적 생산관계가 성립한 근대 이후의 산업화사회에서 나타난 삶의 방식과 태도를 압축적으로 나타내준다. 이 물질주의는 다른 말로 하면 유물론이라고도 할 수 있는 것이지만 그것이 사회주의국가나 공산주의국가에서 이루어지는 집단주의 이데올로기 또는 그 삶의 양상만을 지칭하지 않는다는 것은 말할 것도 없다. 사회주의이건 자본주의이건 산업혁명의 뒷물결로서 생겨난 근대사회의 삶의 방식에서 특징적인 양상은 인간적 가치나 정신성보다도 물질을 위주로 한다는 점이다. 여기서 '물질을 위주로 한다'는 점은 인간이 생활을 영위하기 위해서 필수적으로 물질을 추구해야 한다는 점과는 의미가 다르다는 사실이 분명히 인식되어야 한다. 인간이 생명을 유지하기 위해서 외부의 자료를 섭취하고 이용한다는 점에서는 옛날이나 지금이나 다를 것이 없다. 그러나 현대사회가 상품의 생산과 소비를 통해 외부와 교섭하는 형식을 취한다는 것은 분명히 옛날과 달라진 양상이다. 물론 상품은 오랜 옛날부터 있었던 것이 사실이다. 오늘날의 상품이 옛날의 상품과 다른 점은 그것이 우발적이고 우연적으로 상품이 된 것이 아니라는 데 있다. 근대의 물질적 재화는 어느 것이나 기본적으로 상품의 생산을 위한 노동에 의해서 만들어진 것이다.

이처럼 생활자료가 되는 물질적 재화의 생산 방식이 전면적으로 상품생산을 지향한 것은 자급자족 경제에서 잉여 재화가 상품으로 되는 것과는 전혀 다른 효과를 낳는다. 상품의 생산은 자신의 생활을 영위하는 데 필요한 재화를 구매할 수 있는 상징적인 교환수단의 확보를 목적으로 하는 것이므로 주체의 무한정한 욕구에 내맡겨지게 되는 것이다. 즉 재화가 지닌 사용가치를 직접적 목적으로 하는 경우 생산은 주체의 기본적 욕구와 관련되기 때문에 일정한 한도를 가지게 된다. 그러나 재화의 상징적 교환수단을 확보하기 위한 목적으로 생산이 이루어지는 경우 그 교환수단은 주체의 직접적인 욕구와 관계하는 것이 아니라 추상적인 욕구와 관계하기 때문에 상상 속의 무한한 욕구를 충족시키려는 충동에 따르게 된다. 이러한 생산에서 상품은 자연스럽게 그것이 지닌 사용가치보다도 교환가치라는 점에서 더 중요한 의미를 지니게 된다. 상품은 인간의 욕구를 충족시킬 수 있는 고유의 자질보다도 교환의 수단으로서만 의미 있는 것이 된다. 여기서 자연히 상품의 가치는 기호화된다.

상품은 다른 상품과 얼마든지 교환가능하고 대체 가능한 것이 된다. 상품은 사물로서 자신의 고유성을 지니기보다 자신 속에 표시된 교환가능성과 대체가능성에 의해 가치가 판단된다. 그것은 모든 교환가능성과 대체가능성을 대표하는 기호, 곧 물신의 한 예증으로 격하된다. 이에 따라 사람들은 자신의 욕구를 충족시켜줄 재화를 추구한다기보다 그것의 교환수단, 물신을 추구하게 된다. 그러나 그 교환수단은 현실적으로 자신의 욕구를 충족시켜 주는 것이 아니라 상징적으로만 충족의 가능성을 암시하기 때문에, 그에 대한 주체의 욕구는 잠재워지지 않고 언제까지나 지속될 수밖에 없다. 사람들이 평생을 쓰고도 남을 재화를 소유하고도 여전히 굶주린 아귀처럼 허덕허덕하는 것은 욕구충족이 가능성으로만 존재하는 까닭에 직접적인 욕구가 만족되지 않을뿐더러 충족 가능성 또한 매우 불안하게 느껴지기 때문이다. 여기서 무한한 소유의 욕구와 함께 모든 것에 우선해서 물질을 추구하고자 하는 경향이 배태된다.

물질주의가 우리의 삶에 끼치는 영향은 여러 측면에서 찾아볼 수 있다. 우선 일상적인 생활의 차원에서는 탐욕으로 나타난다. 탐욕은 제 몫 이상을 차지하려는 병적인 현상을 일컫는 말로 우리는 그 적나라한 사례를 무한한 자본의 증식욕구에서 찾아 볼 수 있다. 문어발식 확장을 계속해온 우리나라 재벌들의 행태는 자본의 무한한 증식욕구를 잘 나타내준다. 자본은 이윤이 있는 곳이면 어디든지 손을 뻗치고 필요하다면 모든 사람을 상대로 하여 무한 경쟁을 아무런 거리낌없이 해치울 수 있는 것이다. 또한 이 탐욕의 양태는 소비를 위한 소비에서도 드러난다. 오늘날 우리 사회에서 상품의 용도는 인간의 기본적 욕구를 해결하는 데 있다기보다는 그것이 나타내는 사회적 지위나 능력을 과시하는 일과 관련된다. 즉 상품은 소비자의 사회적 신분을 상징하는 증표로 기능하거나 소비 행위 자체에서 얻어지는 만족감을 위해서 봉사하는 것이다. 한때 서울의 강남지역의 풍속도를 압축해 보여 주었던 오렌지족이나 낑깡족이란 이름은 소비가 사회적 관계의 증표로 기능하는 양상을 잘 드러내준다. 이 같은 소비의 행태는 근대의 개인들이 생산과 생산물로부터 소외되고, 그리하여 사회로부터 소외된 현상과 밀접한 연관을 갖는다. 자신의 존재가치를 어느 곳에서도 인정받지 못한 개인들은 잡다한 상품들을 구매하고 유행을 좇으면서, 또 그러한 행위를 통해 자신의 수입액수를 과시함으로써 자신만의 독특한 존재가치와 개성을 추구한다. 그러나 이 개성 추구는 소비의 이미지를 소비한 것에 근거한 것인 만큼 가상의 수준에서 멀리 벗어나지 못한다.

이윤과 소비의 경쟁적 추구라는 행동양태로 나타나는 근대사회의 물질주의는 생활의 풍요를 가져 왔을지는 모르지만 그 동기가 극단적일 정도로 확대됨으로써 개인이나 그가 속한 사회집단에 대해 파괴적인 힘을 행사한다. 우선 이윤의 추구라는 동기는 개인들에게 종전보다 훨씬 더 넓은 세계를 무대로 하여 활력 있는 움직임을 펼칠 수 있게 했지만 다른 모든 요인을 외면하고 그 자신만의 행복을 도모하는 행위는 쉽사리 공동체적 유대에 결렬을 가져왔다. 경쟁적으로 자기 이익을 추구하는 속에서 사람들은 '나' 이외에는 마지막 한 사람까지 적으로 간주함으로써 '만인의 만인에 대한 투쟁'을 실행하게 된다. 대인관계를 지뢰밭으로 여기고 '네가 없어져야 내가 산다'는 경쟁의식이 생활의 구석구석에 자리잡는 것이다. 그리고 이러한 적대적 경쟁으로 인해 파괴된 공동체는 필연적인 반대급부로서 개인에게 불행의식을 돌려주지 않을 수 없다.

한편 소비를 위한 소비의 증대는 사물이 지닌 본래의 값어치를 왜곡할 뿐만 아니라 사람과 사물의 관계, 나아가서 사람과 세계의 진정한 관계를 해치게 된다. 즉 소비를 위한 소비의 추구는 사람의 창조적인 삶에 유기적인 구성요소가 되어야 할 물건과 사물을 일회용품과 같은 단순한 도구적 수단으로 간주하게 하고, 그럼으로써 사람과 사물과 세계의 조화로운 관계를 회복할 수 없으리만큼 훼손시킨다.

현대의 대도시에서 큰 골칫거리가 되는 쓰레기의 처리문제는 바로 물건과 사람의 관계가 이미 얼마만큼 심각하게 결렬되었는가 하는 점을 알려준다. 물건들은 생활 세계의 자연스런 순환의 궤도에서 벗어남으로써 처치 곤란한 쓰레기가 되고, 이로 인해 자연의 균형은 깨어지는 것이다. 결국 이윤과 소비의 경쟁적 추구는 공동체적 유대를 깨트림으로써 사람의 사회성을 좌절시킬 뿐만 아니라 각 개인들이 자신의 일관된 정체성을 견지하여 개체성으로서 존립하는 데도 장애적인 요소가 된다. 끝을 모르는 이윤 획득의 욕망과 낭비적인 소비 행위의 감각적인 쾌락은 사물과 세계의 고유한 값어치, 그 타자적인 성격을 부정함으로써 근대사회의 인간성을 내적 외적으로 왜곡하게 되는 것이다. 오늘날 세계 도처에서 세계주의의 이름아래 시행되고 있는 경제일변도의 정책들은 그것들이 추구하는 이익의 정도와 정비례하여 지구를 황폐화하는 길로 몰아가는 것이라고 할 수 있다. 그 행태들은 인간의 자연지배를 정당화하는 계몽성이란 근대 이데올로기의 비호하에 저질러지고 있는 물질주의의 횡포인 것이다.

2. 문학의 위상

물질주의가 위세를 떨치고 있는 시대에 문학은 어떤 위상에 놓일까 하는 문제를 고찰하는 데는 대략 세 가지 방안을 생각해 볼 수 있다. 첫째는 물질주의가 문학에 끼치는 직접적 영향이란 관점에서 살펴보는 것이고, 둘째는 현재 이루어지고 있는 문학의 상태를 점검함으로써 문학의 현재와 미래를 고찰하는 방안이며, 셋째는 문학의 본질에 대한 이해를 통해서 물질주의시대에 문학이 차지할 위상의 추이를 짚어보는 방법이다. 이 세 가지 방안은 서로 겹치기도 하고 엇나가기도 하는 것이지만 그런 대로 이 시대에 문학이 존재하는 양상의 윤곽을 그려 보여 줄 수 있을 것이다.

근대산업화 이데올로기의 쌍생아라고 할 수 있는 물질주의는 문학에서도 큰 영향력을 행사해 왔다. 그 영향력은 우선 근대사회의 문학이 상품으로 된 데서 찾을 수 있다. 문학이 상품으로 된다는 것은 여러 가지 사실을 함축한다. 산업화가 막 시작되던 1970년대 초부터 우리 문학에 상업주의소설이 등장한 데서 알 수 있듯이 문학의 상품화는 문학이 시장의 법칙에 매인다는 사실을 의미한다. 작가는 자신의 창조작업이 문학적 가치를 지닌 작품을 생산해 냈는가를 묻기 전에 시장성이 있는가를 묻게 되고 출판사 또한 작품의 예술성이나 진리가치를 묻기보다 독자의 취향에 영합할 수 있는가 하는 문제를 먼저 고려하게 되는 것이다. 여기서 문학은 자연히 대중의 취미에 맞고 그들을 위안할 수 있는 대중문학으로 전환한다. 또한 시장의 수요에 맞추어 유사한 틀거리를 가진 작품들이 대량생산되며 그것들은 한결같이 독자의 감각에 호소할 수 있는 표면의 미학을 중시하게 된다. 이런 경향은 문학작품이 상품으로 전신하는 순간에 이미 예정되어 있던 운명이라고 할 수 있다. 현재 우리나라에서 생산되는 문학작품 가운데 가장 많은 수는 바로 이와 같이 작품의 상품성을 고려하여 제작되고 있다고 보아도 좋다. 멜로드라마와 같이 똑같은 줄거리를 조금씩 변용하여 이야기를 엮는 작품들이나 무협지나 추리소설과 같이 기업의 형태로 생산체계를 형성하여 대량 제작되는 유사문학류들, 베스트셀러 작품을 흉내낸 작품들, 독자의 감수성을 자극하기 위해 제작된 작품들은 모두 문학의 상업주의에 초점을 맞춘, 한탕주의를 기대하고 제작된 물질주의시대의 가장 조야한 문학상품들이라고 할 수 있다.

그러나 우리 문학이 모두 물질주의의 대세에 함몰되었다고 보는 것도 지나친 비관주의이다. 현재 이루어지고 있는 문학의 실태를 분석해보면 물질주의가 크게 힘을 얻은 형세 속에서도 서로 다른 특성을 나타내는 몇 가지의 문학적 경향을 추출할 수 있다. 그 첫 번째 유형은 물론, 실제로 독자의 취향을 고려하면서 작품의 상업성을 극대화하기 위해 만들어진 작품들이다. 그 대표적인 것들은 소위 베스트셀러란 이름을 얻고 있는 작품들이다. 김진명의 『무궁화꽃이 피었습니다』를 위시하여 양귀자의 『천년의 사랑』, 이인화의 『영원한 제국』·『인간의 길』, 김정현의 『아버지』 같은 작품들을 우선 손꼽을 수 있다. 이 가운데는 기본적으로 문법에 맞는 문장도 구사되어 있지 않음에도 불구하고 시류를 타고 베스트셀러가 된 작품이 있는가하면 사람들의 미세한 정조의 변화에 민감하게 대처한 작품, 특정한 입장이나 이데올로기에 편승하여 의롭지 못한 주장을 강변하는 작품들이 있다. 이런 종류의 작품은 크게 보면 상업주의문학으로 분류할 수 있는 것들이지만 제각기 문학의 진정성을 표방한다는 점에서는 물질주의에 휩쓸리고 있는 작품들과 일정한 차별성을 지니기도 한다.

두 번째 유형은 시대의 사실을 충실히 관찰하여 기록하는 부류의 작품들이다. 이런 종류의 작품은 이른바 본격문학을 지향한다고 생각되는 부류의 작가, 시인들 속에서는 대종을 차지한다. 따라서 이 유형은 내부에서도 몇 가지 서로 다른 경향을 구분해 볼 수 있다. 첫째로는 자신의 사사로운 일상사를 벗어나지 않은 채 꼼꼼한 사실 추구와 내면의 기록으로 문학을 일구는 유형을 들 수 있다. 이 유형은 일찍이 서구의 여러 나라와 일본에서도 모더니즘 이후의 문학사조 가운데 주류를 형성해온 문학으로, 경험적 사실을 서련된 감각으로 정밀하게 묘사하는데 장점이 있다. 하일지의 『경마장 가는 길』은 프랑스 누보로망의 영향을 읽을 수 있게 하는 작품이지만 이런 경향의 대표적인 한 사례로 들 수 있다.

그러나 이 사례는 우리나라에서는 약간 특수한 것이라고 할 수 있고, 많은 시인 작가들은 그와 같은 정치한 사실의 관찰과 기록 가운데서도 각자의 특성을 드러내는 기지와 야유, 아이러니의 형식을 통해 묘사된 사실에 대한 비판적 관점을 드러내기도 한다. 즉 사실에 대한 정밀한 관찰과 기록을 위주로 하는 현실주의적 태도를 나타내는 한편, 그 사실에 대한 비판적 태도를 나타내는 문학류들이다. 이와 같은 특성들은 서구 현대문학의 보편적인 경향과 얼마간 일맥상통하는 양상으로서, 그 사실의 묘사와 비판들 속에서 시인 작가들은 현실의 문제에 대한 나름의 미적 도덕적 감성을 표현하고 있다고 할 수 있다. 그러나 이 경향의 시인 작가들의 작품에서는 시대의 근본적인 문제에 대한 천착과 도전이 미미한 상태에 머물러 있는 점을 눈여겨볼 수 있다. 사실에 대한 많은 표현은 있지만 심각한 현실의 문제에 대한 대결은 미약하기 때문에 작품에서 약동하는 진실의 에너지는 거의 감지할 수 없는 것이다. 그 언어들은 나르시시즘에 빠져 있거나 장식적인 데로, 또는 감각적인 데로 많이 흐르고 있는 것이다.

이런 경향의 작품들과 구별되는 두 번째 경향은 훨씬 더 언어에 자각적이고 표현의 문제로 씨름하는 일군의 작가들을 포함한다. 지난 시기에 서구의 작가들이 습관화된 언어를 배격하기 위허서 갖은 표현의 실험을 했던 것처럼 우리의 작가들 중 일부는 새롭게 전개되고 있는 현대적인 사물을 신선한 감각으로 제시하기 위해 나름대도 많은 심혈을 기울이고 있다. 일종의 전위적인 시인 작가들이 행하고 있는 새로운 소재의 도입이나 표현형식의 실험을 이 경향에 포함시킬 수 있는 것이다. 신세대적인 감각을 보여주는 젊은 문학인들 이외에도 실험적인 작업을 계속하고 있는 시인 작가들을 이 부류에 포함시킬 수 있다. 그러나 두 번째 유형의 여러 경향은 서로 구분할 수 없이 밀착되기도 하고 서로 엇갈리면서 만나기도 하기 때문에 작가들을 일일이 특정 경향으로 구분하기는 힘들다. 다만 이 경향들은 우리 문학의 큰 흐름을 형성하고, 그에 따라 대중 매체를 통해 독자들에게 가장 많은 영향을 끼친다는 점에서 그 문화적 성과를 짚어보는 일은 필요하다. 그 작업을 통해 우리가 반성해 볼 일은 오늘날 대부분의 사람들이 매체의 발달로 인해 종전보다도 더 많은 문화의 혜택을 입는 것이 사실이기는 하지만 사실에 대한 꼼꼼한 묘사로 일관하는 이 작품들을 통해서 어떤 감동을 얻느냐 하는 문제이다. 그리고 이 문제에 있어서 필자는 표현의 홍수를 이루는 작품들이 진실의 힘을 동반하지 않을 때 그 가치는 평가절하될 수밖에 없다는 사실을 환기하는 것으로 논의를 한정하고자 한다. 사사로운 생활과 정서의 기록들이 문학적 감동으로 다가오기 위해서는 그 묘사들이 좀더 보편화되어야 함은 물론이고 다루어지는 사실 자체가 전체성의 규준을 획득해야 한다는 것은 거의 일반론에 가깝기 때문이다. 그러나 구체적 사실로부터 비약하지 못하고 감정의 무늬를 쓰다듬기에 급급한 묘사들 속에서 보편성이나 전체성의 획득을 기대하는 것은 난감한 일이다. 그것은 이 시대 왜소한 문학이 스스로에게 부과하고 있는 규범과 배치되고 있는 차원이다. 따라서 이 문제는 문학의 본질을 논의하는 대목에서 좀더 상세하게 거론될 필요가 있는 것이다.

세 번째 유형은 이른바 진보적인 문학 또는 현실참여를 지향하는 문학을 포함한다. 이 유형은 1980년대에는 크게 각광을 받았지만 1990년대 들어서서 거의 실천력을 잃고 있는 것처럼 보인다. 대중의 관심에서 멀어진 만큼 창작의 실제나 문학에 대한 담론에서 비중이 약화된 것이다. 그러나 이 유형은 문학의 사회성을 지향한다는 점에서 이 시대의 문학의 위상을 검토하는 데서 빼놓을 수 없다. 즉 이 유형은 우리 시대, 물질주의시대 문제의 핵심을 개인적 차원에서보다도 도덕적 위기의 문제, 곧 공동체의 위기문제로 보고 있다. 그러나 1980년대에 거시적인 차원에서 사회의 모순을 해결하는 데 직접적으로 관여하려는 입장을 보인 이 유형의 문학은 1990년대의 복잡화된 현실에서 뚜렷한 대립구도를 차지 못한 채 방향타를 잃고 말았지만 그 근본적인 지향은 우리 사회의 핵심적인 문제가 공동체적 유대의식의 해이 내지 도덕적 위기와 관련되는 것으로 파악하는 것이다. 이 점에서 이 유형은 물질주의시대 인간의 소외 문제에 정면으로 대결할 수 있는 가능성을 지니지만 현실적으로 창작의 성과는 미흡한 것이 부인할 수 없는 사실이다.

이상에서 살펴 본 우리 문학의 현재의 좌표는 1980년대와 극히 대조적이다. 1980년대가 집단주의에 의해서 문학의 공동화를 초래하였다면 1990년대는 전반적으로 개인의 문제에 매몰되는 경향을 보이고 있다. 물론 이런 경향에 대해서 그것이 현대문화에 대한 미시담론적인 대응이라고 보는 관점도 있다. 소비사회에서 만연되고 있는 가짜 욕망과 주체의 정체성 위기문제를 비판함으로써 문학의 기능을 올바로 수행하고 있다는 견해이다. 그러나 개인의 고독과 심정의 문제나 사사로운 일상사를 치밀하게 묘사하는 것이 문학 본연의 모습이라면 지난 시기에 풍부한 생활의 경험들과 감각적 세련들을 보여 준 바 있는 서구 선진제국의 문학은 이미 완성의 경역에 든 것일 것이다. 이런 논리에 따르면 우리 문학에게 주어진 일은 앞선 모범을 따라 지리한 묘사의 작업을 계속하는 것뿐이다. 그렇지 않다고 할 때 우리는 문학의 가능한 영역이 무엇이며 그 위상이 어떠해야 하는지에 대해서 논의할 수 있다. 물론 우리가 '1990년대의 문학은 모두 쓰레기'라고 한 마디로 그 존재가치를 부정했다는 어느 작가의 선례를 따를 필요는 없다. 문학이 개별적인 체험의 구체성을 떠나서는 성립할 수 없다는 사실을 상기할 때 1990년대 문학이 다져놓은 사실 추구의 정신과 감각적 언어의 세련은 매우 중요하다. 그러나 관찰하는 대상에 자신이 매몰되어 버리는 사태나 가치 있는 현실은 개인의 생활과 내밀한 내면뿐이라고 고집하면서 쇄말사에 대한 묘사로 시종하는 작태가 바람직하지 못하다는 것은 분명하다. 더욱이 감각적 구체성을 지닌 개별적 사안만을 사실로 파악하여 거기에 안주하는 태도는 진정한 사실추구 정신과도 어긋난다고 할 것이다. 사실은 끊임없이 현실을 탐구하는 속에서 발견되어져야 할 것이지 원래부터 미리 주어져 있는 것이 아니다. 이 점에서 주어진 사실의 정밀한 묘사를 추구하는 정신과 발견술적인 의미의 사실 추구의 정신은 구분될 수 있다. 그리고 여기서 이 시대 문학의 본래적인 자리를 확인하는 작업의 의의를 찾을 수 있다.

앞서 말한 대로 문학은 개체적인 체험에 충실할 것을 요구한다. 그 개체적인 체험은 끊임없이 변화하는 구체적인 현실의 실상 가운데 하나이므로 그 사실에 대한 관찰과 반성과 비판은 문학이 수행해야 할 기본 과제에 해당한다. 그러므로 이러한 기본과제가 제대로 수행된다고 할 때 문학작품에서 이루어지는 사실에 대한 묘사는 단순히 관찰된 내용의 언어적 형식화에 그치는 것이 아니다. 묘사는 있었던 일의 확인에 그치는 것이 아니라 대상이 될 사물을 언어가 지닌 보편성의 그물에 의해 건져내는 것이고 그럼으로써 그것의 현재를 넘어서는 일이다. 이때 일어나는 사실의 초월은 일정한 의미를 만들어내려는 작가의 일관된 지향에 의해서 틀 지워진 방향으로 정향된다. 개별 사물이 지닌 보편적, 초월적 속성은 언어의 그물에 의해서 건져짐과 동시에 작가에 의해 마련된 통일성에 적응하는 형태로 묘사됨으로써 의미에 접근 가능하게 된다. 우리가 개별 사물에 대한 묘사에서 의미를 읽어낼 수 있는 것은 이처럼 그것이 일관된 구도 속에서 좀더 큰 전체의 통일성에 기여하는 것으로 자리 매김 되고 있기 때문이다. 즉 개별적인 사물은 보편적인 규정의 틀 속에 포섭됨으로써 의미를 지니게 되거나 어떤 전체적인 목표와 일치함으로써 의미를 지니게 되는 것이다. 따라서 낱낱의 묘사는 그와 같은 의미로의 지향을 지닌 물질적 정신적 모험으로서의 성격을 지닌다고 할 수 있다. 그 묘사들은 자체로서 자족적이지 않고 다른 묘사나 전체와의 연계성을 함축하는 것이다. 우리가 자연주의적 묘사를 리얼리즘의 묘사와 구분하는 것은 이 같은 관점에서이다. 전자에서는 묘사가 즉물적이고 자족적인 것에 머무는 데 반해서 후자에서 묘사는 타자 및 전체와의 관계를 함축하는 것이고 그와 같은 운동성을 띰으로써 의미 형성적인 것이 된다고 말할 수 있기 때문이다. 이런 측면에서 개체적인 체험의 묘사는 그것의 가치에 대한 물음을 내포한다. 이때 가치에 대한 물음은 개별 사물의 차원에서 판단될 수 있는 것이 아니며 언제나 전체나 보편의 차원에서 그것의 자리가 무엇인가에 관련된다. 이처럼 전체나 보편과의 관련성의 차원에서 가치가 판단된다는 것은 개체적인 체험의 묘사가 또한 작가의 윤리의식과 참조관계를 지닌다는 사실을 함축한다. 그 개체적인 체험이 지닌 윤리적 의미에 관한 물음을 통해서만이 문학적 묘사는 보편과 전체성의 문제로 고양될 수 있는 것이다.

이상에서 살펴 본대로 문학은 개체적인 체험을 토대로 하고 있다할지라도 보편으로의 지향을 본질적인 요소로 하고 있다. 이 사실은 문학에서 묘사되는 개체적인 체험이 개별성의 수준에 머물러 있을 때 그 의미가 매우 제약된다는 점을 나타내준다. 이와 같이 개별과 보편의 양 방면에서 부하 되는 인력은 문학의 묘사가 매우 긴장되고 착잡한 것이 되지 않을 수 없음을 말해준다. 그렇기 때문에 1990년대의 문학이 사사로운 생활과 감정의 무늬를 사실적으로 그리는 데 급급함으로써 극단적으로 개별성 쪽으로 편향되어 있다는 것은 문학적 묘사의 긴장성을 잃은 문제적 사태라고 할 수 있다. 이러한 사실을 환기할 때 과거의 위대한 작가들이 외줄타기와 같은 긴장 속에서 창조작업을 수행한 것은 그 편향을 벗어나기 위한 노력이었다는 점을 이해할 수 있다. 그러나 개별과 보편의 한 중간에 서는 것만이 능사는 결코 아니다. 작가에 따라서는 개별성에 매우 가까운 곳에서 묘사를 진행하여 성공적인 작품을 만들어 내는 경우가 있는가 하면 보편성에 가까운 자리에 자신의 위치를 정하여 묘사를 진행한 작가도 있다. 그 자리는 문학의 장르에 따라 달라지기도 하지만 작가의 능력과 취향에 따라 달라지기도 한다. 단테의 『신곡』이 매우 높은 수준의 보편성에 근접한 자리에 운동의 공간을 마련하고 있다면 근대소설은 기본적으로 개별성에 매우 근접한 위상에서 운동공간을 형성하여 보편을 껴안는 방법을 택하고 있는 것이다. 이처럼 문학은 어느 것이나 보편과 개별 사이의 매우 넓은 공간 가운데서 운동하면서 자신의 특수성을 반영하여 거점이 되는 자리를 마련할 수 있다. 묘사의 전략적 거점이 어느 곳에 자리를 잡든 문학은 개별과 보편을 다같이 특수로 지양한 채 포함하는 것이다. 그러나 1990년대의 문학이 보여주는 편향은 전체나 보편에 대한 홀시와 매우 긴밀한 관련이 있는 것으로 판단된다. 그것은 1980년대의 편향에 대한 하나의 반동이기도 하면서 부지불식간에 이루어진 포스트모더니즘이나 해체주의적 경향의 수용에 말미암은 것으로 볼 여지가 많다. 현실의 총체성을 입에 단 듯이 뇌까린 1980년대 문학에 식상한 시인 작가들이 1990년대 들어 특히 목청을 높이기 시작했다는 것은 그 사실을 입증하는 하나의 사례이며, 료타르의 사례를 통해 명확하게 드러나듯이, 포스트모더니즘과 해체주의에서 전체성에 대한 집요한 공격을 하는 것도 익히 알려져 있는 사실이다. 그러나 문학의 토대가 개별적인 체험의 구체성이라는 사실이 진실임과 마찬가지로 그 묘사의 성공여부는 보편화의 내용이나 전체에 대한 적응관계에 의해 결정된다는 것도 진리이다. 여기서 우리는 개별적 체험에 충실했으면서도 그야말로 피나는 노력에 의해 극히 높은 보편성을 획득한 작가들의 경우를 돌아보지 않을 수 없다. 우리 문학 가운데서 사례를 든다면 『토지』의 작가 박경리와 『비명을 찾아서』의 작가 복거일, 『난장이가 쏘아 올린 작은 공』의 작가 조세희가 그런 경우에 속한다. 예를 들어 『토지』의 경우 1960년대 말에 씌어지기 시작한 작품이고 일제하의 삶을 묘사한 작품이지만 거기에는 근대의 이성주의에 의해 발생하게 되는 문제들에 대한 깊은 천착이 들어 있다. 바로 우리 시대의 대표적 이데올로기인 물질주

의에 대한 비판이자 그것을 극복하기 우한 대안으로서 생명사상이 표현
되어 있는 것이다. 그 생명사상은 인본주의에 기초한 것이 아니라 우주
론적인 관점에서 제기되고 있다는 점에서 오늘날 양식 있는 사람들 사
이에서 힘을 얻고 있는 생태론이나 환경론의 관점도 훌쩍 넘어서고 있
다. 마찬가지로『비명을 찾아서』에 나타난 식민주의에 대한 비판은 우리
들의 저 내면 깊숙한 곳에 자리잡고 있는 심층의식을 철저하게 해부하
고 있으며 세계화가 눈앞의 현실이 되고 있는 지금의 현실에 더 적중한
것이 되고 있다. 이런 점들을 고려하면 오늘날, 믈질주의가 만연한 이 시
대의 문학이 쇄말사의 묘사에 치중한다는 것은 물질주의를 예증하는 또
하나의 사례를 보여주는 데 지나지 않는다고 말할 수 있다. 이 번쇄주의
를 벗어나기 위해서는 오늘의 문학이 구체적인 사실에 대해 깊이 천착
하는 전통을 이어 받으면서도, 다른 한편으로는 자이로드롭의 꼭대기 위
로 더 높이 치솟아 올라서 인류 전체의 운명을 조감할 수 있는 새로운
위상을 확보하는 일이 필요한지도 모른다. 그것은 치열한 사실추구정신
의 발양이면서 동시에 약동하는 상상력의 발현을 요구하는 일일 것이다.

제 4 장

한국문학과 정치이데올로기의 관련 양상

새로운 패러다임의 적용 가능성

한국문학의 정치이데올로기와 기술이데올로기는 외양의 차이에도 불구하고 심층부에서 긴밀히 연결되고 있다. 근대가 전통 사회의 정치적 지배의 방식 내지 제도적 틀의 신성 불가침성이 의심받으면서부터 시작되었다는 점을 고려하면 이 두 이데올로기의 연관성은 분명하게 드러난다. 사물에 대한 새로운 지식과 기술의 획득은 전통 사회의 제도적 틀이 지닌 목적 수단 관계의 합리성을 비판적인 시각으로 바라볼 수 있게 하였으며, 이 시각에서 새로운 사회적 지배의 방식이 강구되었기 때문이다. 한국근대문학의 유달리 강한 정치성은 근대 초입에 한민족이 겪은 특수한 역사체험과 관련하여 새로운 사회의 가능한 형태에 대한 탐색이 넓은 스펙트럼을 가진 데 연유한다. 그러나 이 정치적 이데올로기의 분광을 어떻게 범주화하느냐 하는 문제는 아직 많은 논의의 여지가 있는 부분이다. 문학사에서는 좌·우 이데올로기로 구분하여 논의하는 것이 통례이지만 거기에는 많은 편차가 있다. 진보주의만 하더라도 급진 개혁주의가 있고 온건 개혁주의가 있으며 그 외에도 구분 방법에 따라 여러 분파를 설정할 수 있다. 이것이 단지 정치이데올로기의 문제일 뿐 문학사와 무관한 것이라면 논의에서 배제할 수도 있다. 그러나 정치이데올로기와 문학의 관계는 매우 긴밀하고 복잡하다. 따라서 정치이데올로기를 작가 및 작품과 연관지어 논의할 때는 섬세한 고려가 필요하다. 산업화시대의 문학과 진보정치 이데올로기를 관련짓는 데서도 종래 관습이 되어온 방식이 타당한지 엄밀히 고찰할 필요가 있다. 여기서는 근대 한국문학에 대한 해석을 참조하면서 새로운 범주화의 가능성을 모색한다.

이인직의 신소설은 영웅소설의 구조이다. 영웅소설은 통상 선악의 대결을 기본 축으로 하기 때문에 권선징악의 주제를 나타내는 경우가 많다. 이인직이 나라를 팔아먹는 데 주동적인 역할을 하였다는 사실을 잠시 접어두고 그가 근대의 초입에 위치한 작가라는 점만을 고려하면 그의 소설이 부자를 선으로, 관리를 악으로 삼은 것이나 미국과 일본에만 진리가 있다고 생각한 데는 일리가 있다. 그의 가치판단의 척도는 기술에 있었고, 그 기술이라는 관점에서 보면 전통사회의 제도적 틀, 그것의 인격화인 부패한 관리는 척결하여야 할 첫 번째 대상이다. 기술의 발전은 생산력의 향상을 의미하는 것이고 관리로 표상된 전통 사회의 제도적 틀은 생산력의 발전에 장애가 되는 생산관계에 해당하기 때문이다. 이에 비해서 새로운 지식과 기술을 가진 인물이나 그것들을 이용해 생산을 담당하는 부자는 새로 만들어지는 사회적 지배의 형식에서 중심적인 역할을 해야 할 당위성 내지 필연성을 지니고 있다. 기존의 제도는 전통 사회의 세계 해석에 따른 것으로 새로운 기술과 지식에 의해 세계 해석이 바뀌어지고 재구성됨에 따라 의당 변혁되어야 하며, 나아가서 그 '기술'로 표현된 존재는 '제도'로부터 자립성을 획득할 필요성까지도 있는 것이다.

이인직이 기술이데올로기에 입각해 친일파가 되는 데 서슴치 않았다면 그 문제로 인해 가장 고민한 사람은 이광수이다. 그가 『무정』에서 끝어들인 애정 삼각관계는 그 고민의 실체이다. 의리와 인정의 세계를 대변하는 영채에 대한 끌림을 단호하게, '무정'하게 끊어버리고 문명개화를 주장하는 데서 계몽문학가로서 그의 면모는 확연하다. 그 단절의 계기가 기생의 체취라는 '감각'이었다는 사실은 더욱 의미심장하다. 사회적 체계가 목적 합리적 행위를 중시하는 사회인가 상호 행위를 중시하는 사회인가에 따라 나뉘어질 수 있다면 그의 결단은 기술문명 사회인 근대 세계로의 정향이라는 상징적 의미를 지니는 것이다. 이광수의 입장은 그 근대 세계가 일본의 식민지체제라는 사실은 당분간 괄호 속에 넣어둘 수밖에 없다는 판단 위에 서있다.

그러나 『무정』으로부터 10년 뒤, 『임꺽정』을 쓴 홍명희에게서 이 문제는 다시 불거지고 다른 시각에서 검토된다. 문학사는 이때를 국민문학파와 카프계열 작가가 양립한 시기로 처리하고 있다. 민족주의와 사회주의라는 정치이데올로기가 문학에서도 지배적인 이념이 되었음을 고려한 구분이라고 할 수 있다. 하지만 『임꺽정』이라는 작품은 어디에 속하는 것일까? 해방 후 월북한 작가의 행적을 고려하여 판단하는 것은 일종의 결과론이다. 또한 이 소설이 야담운동이라는 사회운동의 일환으로 이광수의 『단종애사』와 같은 시기에 씌어진 점을 고려하면 결과론에 따른 판단에 동조하기는 더욱 힘들다. 그 이유는 야담운동이 조선의 역사를 왜곡하기 위하여 식민당국이 급조해 낸 조선사편수회에 대항하여 민족사의 정통성을 수호하기 위해서 펼쳐진 운동이기 때문이다. 작품 자체에 대한 평가는 논자들에 따라 다른 의견이 성립할 수도 있겠지만 작가가 집필을 시작하면서 표명한 '백정들이 단합하여 계급투쟁'을 벌이는 모습은 실제로 형상화되고 있지 않다. 해방 후의 좌담에서 작가는 이 작품에 대해 '조선적인 정조'만을 거론하고 있을 따름이다. 이런 점을 모두 고려하면서 우리는 작가의 정치적 이념을 물을 수 있다.

일제강점기에 홍명희의 최대의 정치적 행적은 신간회운동과 관련된다. 신간회는 1926년 '정우회선언'에서 공식 표명된 민족유일당운동 또는 민족 협동전선을 위한 조직으로 발족한 단체이다. 이 단체는 온건 사회주의 세력과 비타협적 민족주의자들의 연합단체로서 1927년부터 1931년까지의 활동을 통해 3·1 운동 이후 분열된 사회 단체들의 역량을 결집하여 일제강점기 어느 시기보다도 괄목할 만한 운동성과를 낳는다. 1930년대의 노동자 농민운동은 대부분 이 신간회운동을 통해 마련된 조직 기반을 토대로 해서 가능했다. 이 신간회가 일제 고등경찰의 책략과 자치론자를 중심으로 한 민족주의 우파의 분열책동, 대중운동으로의 전환을 명목으로 한 극좌파의 해소안 제출이라는 3개 요인에 의해 불의에 해체된 것은 익히 알려진 사실이다. 여기에서 드러나듯이 홍명희의 정치노선은 좌·우의 이데올로기와 일정한 거리를 지니고 있다. 이 사실은 정치이데올로기와 한국문학의 관계를 파악하려고 할 때 심중히 고려될 필요가 있다. 신간회가 해체된 다음달 바로 신간회 해소안을 낸 당사자인 임화를 비롯한 좌파 문인들이 대거 검거됨으로써 카프의 문학운동이 실제적으로 막을 내리게 된다는 것은 그 단체의 존립이 민족운동에서 어떤 위치를 차지하는가를 반증해주는 하나의 참조사항이다. 즉 1920~1930년대의 한국문학에 영향을 끼친 정치이데올로기를 민족주의와 사회주의만으로 규정하는 데는 문제가 있는 것이다. 1930년대의 문학과 문학론을 두 범주가 아니라 세 범주로 나누는 방법의 타당성 여부는 당시의 문학 내지 문학론, 문학계의 현상에 대한 정치한 고찰 외에도 해방 직후의 문단 상황을 살펴봄으로써 방증을 얻을 수 있다.

　해방 후 한국문학계는 세 단체를 구심점으로 하여 이합집산하는 분열을 면치 못한다. 김동리·박종화·조연현을 중심으로 하는 우파의 청년문학가협회와, 임화·김남천·이태준의 좌·우 문학인이 연대한 문학가동맹, 그리고 한설야·한효·이기영을 중심으로 하는 좌파의 프로예맹이 그것이다. 여기서 문학가동맹을 단순히 좌파 전략의 산물이라고 보는 기존의 해석에 대해서는 논급치 않는다. 남북 분단이 물리적으로 이루어진 뒤 문학가동맹에 속했던 문학인들이 남북에서 다같이 어려운 처지에 놓

이게 되었다는 것은 그 조직의 구성이 단순히 전략적 사고에 의해 농단
된 사실이 아니었다는 점을 말해주고 있기 때문이다. 해방 직후의 문학
가운데서 체제 선택의 문제를 다룬 대표적인 작품인 이태준의 『해방전
후』가 복벽주의와 공화주의 사이에서의 선택만을 다루고 있다는 것은
이 점에서 시사적이다. 거기에는 아직 민주주의·사회주의·자본주의 등
에 대한 선택의 갈등이 나타나지 않고 있다.

이 점에서 반공이데올로기가 극성을 부린 1950~60년대를 지나서 성
립한 1970~80년대의 남한문학을 어떻게 바라보아야 하는가 하는 것이
중요한 문제로 제기된다. 북한까지 넣어서 좌파 문학은 북쪽에 고유한
것이고 남한에는 보수주의와 중도좌파문학만 있는 것인가? 이에 대한 의
견을 말하자면 북한의 문학은 1960년대 이후 보수주의로 일관되고 있다.
그것이 사회주의 사실주의를 표방하든 주체 사실주의를 표방하든 그 체
제의 정치적 이데올로기의 정당성을 옹호하는 문학은 당연히 보수주의
의 이름을 가져야 할 것이다. 이에 비해서 남한의 사정은 좀 복잡하다.
허버트 마르쿠제는 부르주아 문화를 '긍정적 문화'라고 하였다. 그것은
'그 발전 과정에서 물질적 문명으로부터 분리되어 가치의 독립적 영역으
로서의 정신 세계'가 된 문화로서, 그 '결정적 특성은 무조건 긍정되어야
만 하는, 보편적으로 구속적이고 영원히 보다 가치 있는 세계에 대한 주
장'1)을 담고 있는 점이다. 즉 부르주아 사회에서 '문화는 사회 생활의 새
로운 조건들을 긍정하고 은폐하는 기능'을 한다는 것이다. 이 관점을 원
용하면 사회의 통념에 크게 어긋나지 않게 진보와 보수를 구분할 수 있
다. 리얼리즘 계통의 문학이 흔히 진보적 문학이라고 생각되는 것은 그
것이 '탈은폐의 기능'을 갖는 데 기인한다. 자본주의사회의 구조적 모순
으로 인한, 가지지 못한 사람들의 고통스러운 삶을 고발하고 그로 인해
야기되는 계급대립의 현실을 적나라하게 폭로하는 것은 일종의 '탈은폐

---

1) 허버트 마르쿠제, 최현·이근영 역, 『미학과 문화』, 범우사, 1982, 31면.

의 기능'일 것이다. 이런 측면에서 마르크스주의의 영향을 일정하게 감지할 수 있는 1970~80년대의 리얼리즘 문학은 남한의 대표적인 진보주의 문학으로 꼽혀 왔다. 그러나 그 외형을 닮았으면서도 '리얼리즘'에 미달하는 작품의 존재는 말할 것도 없고 '리얼리스트들'이 외면하는 수많은 '리얼리즘' 작품이 있다는 것은 종래의 범주 구분이 적합하지 않다는 사실을 말해준다. 그 대표적인 사례가 문학사를 논의하는 자리에서 흔히 자주 언급되고 있는 『난장이가 쏘아올린 작은 공』과 복거일의 『비명을 찾아서』, 박경리의 『토지』 등이다. 이 세 작품 외에도 수많은 작품이 실제로 진보적인 성격을 지니고 있음에도 불구하고 진보주의 문학에 대한 논의에서 배제되기가 일쑤이다. 그것은 '진영 테제' 같은 것에 말미암은 것으로서 『난장이가 쏘아올린 작은 공』에 대한 논의에서 전형적인 사례를 찾아볼 수 있다.

최근의 리얼리즘 / 모더니즘 논의에서 논자들은 이 작품을 황석영의 「객지」와 비교하고 있다. 각각의 작품은 나름의 독자적 세계를 지니는 것이므로 단순한 비교는 위험한 것이지만 「객지」가 1980년대 후반의 노동소설과 동일한 패턴을 보여준다는 것, 나아가서 전 세계적으로 유사한 모형들이 무수하게 많다는 것은 이 작품의 어떤 유형성을 말해준다. 이에 비해서 『난장이가 쏘아올린 작은 공』의 독특한 정조, 한국 산업화 현실에 대한 총체적 이해는 아직 그 유례를 찾아볼 수 없는 것이다. 이 작품을 처음 읽고 한국판 『자본론』이라고 느꼈던 개인적인 독서체험은 지금도 생생하게 기억 속에 살아 남아 있다. 이 같은 작품성과를 놓고 그것이 모더니즘 정신에서 나온 것인가 리얼리즘 정신에서 나온 것인가를 따지는 것은 공리공론에 지나지 않는다.

또한 1970년대의 『난장이가 쏘아올린 작은 공』에 상응하는 1980년대의 업적으로서 『비명을 찾아서』가 진보문학 논의에서 유보되고 있는 것도 이해할 수 없는 현상이다. 물론 작가 자신이 내세운 자유주의가 진보인가 보수인가 하는 데 대해서 이견이 있을 수 있다. 하지만 다른 사정이 개입한다고 할지라도 자유주의(리버럴리즘)가 지닌 진보성은 나름대로 인정될 필요가 있고, 설사 그 이념이 보수에 속한다고 할지라도, 작가가 보수주의라고 해서 작품도 보수주의라고 해석하는 것은 경직된 환원론에 지나지 않는다. 작품은 기본적으로 알레고리를 쓰고 있기 때문에 여러 가지로 해석할 수 있는 여지를 열어 놓고 있지만 거기에는 오늘날 사회 각 부문에서 문제가 되고 있는 생활 속의 식민주의에 대한 근본적인 비판이 담겨 있는 것이다. 그 비판은 '탈은폐'의 전형적인 사례에 속할 뿐만 아니라 형상화의 방법에 있어서도 독창의 경지에 서있다. 같은 논리로 『토지』에 대해서 이야기할 수 있다. 환경문제가 중요한 사회문제로 대두되고 있는 현 시점에서 이 작품만큼 그 문제를 근본적인 시각에서 천착한 작품을 별도로 찾을 수 없다는 것은 『토지』가 진보문학 논의의 중심에 놓여져야 한다는 사실을 말해준다. 그것은 피상적인 수준에서 문제에 접근한 것이 아니라 근대성 자체에 대한 철저한 반성을 통해서 삶의 본질을 통찰하여 그와 같은 결론에 이른 것이다. 물론 그 접근법은 기왕의 '진보문학'에서 취한 방식과 다르다. 그러나 특정한 접근법이 '진보문학' 여부를 가리는 척도가 된다면 그것은 매우 편애한 구분이 될 것이며 존재 사실을 외면하는 처사일 것이다. 거대담론이 아닌 미시담론, 실천론이 아닌 운동론이 현재의 필연적인 추세라면 기존의 시각을 바로 잡는 과정이 필요할 것이다.

한 시인은 좌익 우익이 있기 위해서는 '몸통'이 있어야 한다고 말한 적이 있다. 특정한 정치이데올로기를 모태로 한 문학만이 있는 것이 아니고 문학에서 새로운 정치이데올로기가 생겨날 수 있다는 점을 인정한다면 한국문학을 바라보는 기존의 패러다임은 이제 바뀌어져야 할 것이다.

3부

디지털시대의 문화론

제 1 장

컴퓨터 게임의 문화적 의미

1. 게임과 인간

올 해 게임산업의 세계 시장 규모는 2천 5백억 불이 될 것이라고 한다. 이는 2천 5백억 불에 달할 것으로 예상되는 반도체 산업의 전체 시장 규모에 육박하는 것으로, 앞으로 3년 뒤에는 게임 산업이 반도체의 두 배에 가까운 큰 시장을 가지리라는 예측이 나오고 있다. 한 마디로 게임을 비롯한 문화컨텐츠 산업이 미래의 새로운 경제체제에서 중심 축을 이루리라는 전망이다. 우리나라의 현실을 돌아볼 때 이와 같은 예측은 매우 개연성이 높다고 판단할 수 있다. 컴퓨터를 가지고 있는 많은 가정에서 아이들의 교육과 관련하여 게임 때문에 골치를 썩이는 것은 비근한 일이며, 게임을 즐기는 세대도 점차 유아로부터 장년층까지 넓게 분포하게 되었기 때문이다.

사람들이 왜 게임을 좋아하는가 하는 질문은 우문에 속할지 모른다. 게임은 놀이의 한 형태이고 사람이 놀이에서 즐거움을 느끼는 것은 너무나 당연한 것으로 생각되기 때문이다. 그러나 놀이에서 왜 즐거움을 느끼게 되는가 하고 재차 질문을 던지면 대답은 쉽지 않다. 그것이 인간의 본능이라고 하는 대답은 질문에 포함된 근본적인 궁금증을 해소하지 못한다. 이런 측면에서 놀이의 다른 말인 '유희'라는 말이 '일체의 속박에서 벗어나 자유자재의 경지에 있는 상태'를 나타낸다는 점을 상기하면 놀이가 현실의 제약을 받는 노동이나 실제적 행위와 달리 사람을 자유로운 상태에서 유동할 수 있게 하기 때문에 즐거움을 준다고 해석할 수도 있다. 하지만 놀이의 구체적 상황을 살펴보면 놀이를 하는 사람이 항시 자유로운 것만도 아니다. 놀이를 하는 사람도 놀이의 규칙을 지키면서, 그 규칙이 허용하는 행동의 범위를 벗어나지 않는 한도 내에서 행동해야 한다는 점에서 일정한 제약을 받고 있다. 그럼에도 불구하고 우리가 '속박에서 벗어나 자유자재의 경지에 있는 상태'를 놀이와 연관시킨다면 거기에는 실제의 현실에서 행해지는 노동이나 실천 행위와 규칙을 지닌 가상 세계에서의 유희행동을 구분하면서 대비시키는 관점이 개입된다. 즉 사람이 삶을 영위하기 위해서 요구되는 행위로서의 일과 그러한 삶과의 직접적인 관련에서 벗어나 가상의 질서 속에서 행하는 유희행동을 구분하면서도 연결시키는 관점이다. 이런 측면에서 놀이를 노동과 도덕에 연관짓는 관행을 이해할 수 있다.

프랑스의 철학자인 질 들뢰즈는 그의 저서인 『의미의 논리』에서 "사실 놀이들이란 노동과 도덕의 희화화 또는 모델이며, 그 요소들을 새로운 질서로 통합하는 것이다"고 규정한 바 있다. 이 규정은 매우 단순하지만 깊은 함축을 지니고 있다. 우선 그것은 놀이를 노동의 세계, 도덕의 세계와 연결시킴으로써 실제의 삶과 놀이의 연계성을 분명하게 밝히고 있으며, '희화화 또는 모델'이란 개념을 통해서 놀이의 세계가 현실의 가상화 또는 시뮬레이션이라는 점을 드러내고 있다. 어떤 것을 희화화한다는 것은 그것의 본질을 강조하거나 특징적인 사실을 변형하여 제시하는 것이며 '모델'이란 말에는 전형적인 양상을 형태화한다는 관념이 함축되어 있는 것이다. 또 놀이가 노동뿐만 아니라 도덕과 관계되는 이유는 놀이의 규칙과 연관해서 이해할 수 있다. 도덕이 공동체 속에서 삶을 이루어가기 위해 요구되는 행동의 규범이라면 놀이 행위에 규범을 부여하는 규칙은 현실의 도덕과 일정한 관계를 지니지 않을 수 없다. 그런 의미에서 놀이는 노동뿐만 아니라 도덕과도 연관된다고 할 수 있다. 들뢰즈는 여기서 한 걸음 더 나아가 놀이란 가상의 세계가 지닌 구조적 특질을 간명하게 제시하고 있는데, '그 요소들을 새로운 질서로 통합하는 것'이란 표현이 그에 해당한다. 다시 말해서 놀이에서는 노동과 도덕에 포함되는 여러 요소들이 통합됨으로써 하나의 새로운 질서가 생겨난다는 관점이다. 이 견해는 문학 작품이 다양한 감각적·지적 요소들을 체제화하여 우리에게 전달한다고 설명하는 것과 동일한 내용이다. 곧 문학예술은 우리가 일상생활에서 자주 마주칠 수 없는 여러 가지 충동들을 효과적으로 조직하여 일관된 질서 속에서 체험할 수 있게 해준다는 개념이 체제화의 개념인데 이 양상이 놀이에서도 실현된다는 관점이다. 실제로 특정한 대상을 파괴하고 싶은 욕망이나 어떤 인물과 호의적인 관계를 맺고 싶은 욕망이 있더라도 현실 세계에서는 그 욕망을 실현할 수 있는 방법을 찾기 곤란한 경우가 많은데 게임에서는 그러한 충동들을 쉽게 분출시킬 수 있게 하고 그 분출의 경험은 사회에 대한 적응력을 높여 줄 수 있다. 들뢰즈는 이 다양한 충동들이 놀이의 일관된 질서 속에 통합되어 경험의 효율성을 높여준다는 관점을 제기하고 있는 것이다. 이 체제화 또는 질서란 관념은 아리스토텔레스가 비극의 기능으로서 카타르시스를 언급하면서 작품 구조 전체의 완결성을 그 전제조건으로 삼았던 것과 마찬가지로 우리가 게임의 사회적 효용을 살피는 데서도 부분적 요소의 감각적 효과 외에 텍스트 전체 구조의 질서에 유념해야 할 것임을 말해준다.

놀이의 한 형태로서 게임은 놀이 일반이 지니는 특성을 공유한다. 그러나 게임을 놀이 일반으로 해소할 수 있는 것은 아니다. 우리가 일상적으로 사용하는 용어에서도 그와 같은 어감을 느낄 수 있듯이 게임은 놀이 가운데서도 특별한 성질을 지닌 한 종류의 형태를 이름한다. 그것의 특성이 무엇인지 분별하기 위해서는 『놀이와 인간』의 저자 로제 카이와가 행한 놀이의 분류를 참조할 필요가 있다. 카이와는 놀이를 분류하는 기준으로서 규칙과 의지라는 두 가지 요소를 중시한다. 놀이에 규칙이 있는가 없는가, 거기에 사람의 의지가 얼마만큼 작용하는가에 따라 네 가지 형태를 구분한다. 즉 규칙도 있고 의지의 작용도 큰 아곤(경쟁 : 바둑, 스포츠, 가위바위보 등), 규칙은 있지만 의지가 큰 작용을 하지 못하는 일레아(운 : 룰렛, 주사위, 복권), 규칙은 없지만 의지의 작용이 중요한 미미크리(모의 : 인형놀이, 소꿉장난, 연날리기), 규칙도 없고 의지의 작용도 중요하지 않은 일링크스(현기증 : 그네, 회전목마 등)의 네 가지이다. 이 가운데 게임은 아곤(경쟁)과 가장 가깝다. 물론 다른 놀이 형태들이 게임으로 될 수 없는 것은 아니다. 〈다마고치〉라든지 〈포켓몬〉 같은 게임은 다른 놀이형태의 요소를 다분히 내포하고 있다. 그렇지만 아곤이 게임의 전형적인 양상을 대표하는 것 또한 분명하다. 현재 시장에 나와 있는 대부분의 게임은 일정한 규칙 아래서 게이머가 자신의 의지를 가지고 특정한 목표를 추구하게끔 만들어져 있다. 게이머들 사이의 경쟁과 각축, 그리하여 성공과 실패를 명확히 구분 짓는 아곤의 형태가 게임의 주종이라는 것은 현대 사회의 삶의 형태가 어떤 것인지 일정하게 시사하는 것이기도 하면서 게임이 내포하는 세계의 성격을 규정하기도 한다. 곧 게임은 나와 너, 주체와 객체가 상호작용함으로써 하나의 세계를 만들어 갈 수 있게끔 조직되어 있는 세계인 것이다. 따라서 아곤에 중심을 둔 게임들은 그 자체로 독자의 규칙을 가짐으로써 현실과 구별되는 별도의 세계를 구성하여야 하며 그 속에서 나와 너, 주체와 객체의 상호작용이 이루어질 수 있게끔 만들어져야 한다. 놀이를 위한 프로그램으로서 게임이 현실의 삶과 직접적인 교섭을 좀더 많이 갖는 다른 놀이형태에 비해 독자적인 세계

구성을 위한 조건들을 더 많이 필요로 하고 게이머의 관여를 필수적 요소로 하는 이유는 이에 말미암는다. 즉 게임에서는 현실의 삶과 같은 어떤 사건이 재현되어야 하는데, 그 재현은 영화나 문학의 방식과는 달리 한편으로는 데이터베이스를 통해 게임의 사건 재현을 위해 필요한 요소를 제공해야 하며, 다른 한편으로는 게이머의 선택과 행동이라는 실행이 이루어져야 한다. 이 두 요소가 결합되는 이중 재현 구조 속에서 게임은 게이머에게 어떤 사건을 체험하게 하는 것으로, 이 체험은 문학이나 다른 예술형태에서 이루어지는 간접적인 현실체험과 대비될 수 있는 성질을 지니고 있다.

게임이 영화나 소설처럼 내부에 '서사'를 지닌다는 파악은 게임의 이해에서 매우 중요한 의미를 지닌다. 『호모 루덴스』라는 저작을 통해 놀이의 긍정적인 의의를 고창 했던 호이징하는 놀이 일반이 어떤 이미지, 총체적 형상을 지닌다고 지적했다. 그러나 이 지적은 그 선구성에도 불구하고 충분히 그 의의가 인정되지 못했다. 하지만 게임이 등장함으로써 놀이가 지닌 형상성은 재인식될 수 있게 되었다. 벽돌깨기나 테트리스같이 구체적인 캐릭터가 등장하지 않는 게임조차도 나와 너의 관계, 주객관계에 기초한 서사를 실행하고 있고 그 서사는 현실의 삶과 게임이 떼려야 뗄 수 없는 관계를 지닌다는 점을 알려준다. 게임을 형상을 통한 서사로 파악하는 이 인식에 기초할 때 게임의 상호작용성은 그 의미가 제대로 인식될 수 있다. 영화나 소설에서 우리는 현실의 경험에 유사한 어떤 세계를 발견하는 것인데 게임에서도 그와 같은 체험이 발생함은 물론 기왕에 다른 문화형식에서 찾아볼 수 없는 방식의 현실체험이 가능하게 되었다. 게이머는 이제 과거의 문화형식에서 관객이나 독자가 현실을 간접 체험한 것과는 달리 자신이 직접 참여하여 사건을 이루어가고 세계를 재구성할 수 있게 된 것이다. 이때 게이머는 현실을 구체적 형상을 통해 지각할 뿐만 아니라 그 세계가 나의 관여에 의해서 이루어지는 세계라는 사실, 곧 현실이 나와 너의 상호작용에 의해 이루어지는 세계라는 사실을 재인식하게 된다. 이 인식은, 영화나 소설 속에 펼쳐지는 세계를 나와 동떨어진 낯선 현실로 지각하던 것과는 달리, 게임의 세계를 좀더 현실적인 것으로, 자신과 긴밀한 관계를 지닌 세계로 파악하게 해준다. 게이머들이 게임에 집중하고 몰입하는 것은 이와 같은 긴밀한 관계의 성립에 말미암는다. 뿐만 아니라 게임 속에서 게이머는 여러 가지 역할을 맡아 수행할 수 있다. 영화나 소설 속에서 대체로 독자는 주인공과 자신을 동일시한다면 게임에서 게이머는 여러 인물들과의 동일시를 체험할 수 있게 된다. 어느 특정의 아바타를 선정했다고 할지라도 그 성격을 바꿈으로써 다른 인물이 될 수 있으며, 전혀 성격이 다른 아바타를 선택함으로써 종래와는 완전히 다른 경험의 세계를 탐험할 수도 있다.

하나의 서사로서 게임이 걸어온 길을 살펴보면 게임의 역사는 '나'와 '너', 자아와 세계의 형태와 관계양상이 변화되어 온 과정이라고 할 수 있다. 초기의 게임에서 상징적 부호에 지나지 않았던 '나'와 '너'가 점차 구체적 형상의 옷을 입는 형태로 발전했으며, 나와 너의 상호관계에 있어서도 단순히 힘이나 작용을 주고받는 데서 여러 인물과 복잡한 플롯에 의해 매개되는 복합적 작용, 복합관계를 바탕으로 하는 형태로 발전했다. 주체와 객체의 성격이 분명히 드러나는 슈팅 게임이나 액션 게임이 전략전술 게임이란 복잡한 스토리를 지닌 게임이나 다양한 인물이 등장하는 롤플레잉 게임으로 전개되어 온 양상은 그 변화과정을 잘 드러내준다. 게이머가 선택할 수 있는 인물이나 역할, 그가 걸어가야 하는 사건의 경로가 그만큼 복잡해진 것이다. 이로 인해 게이머의 체험과 게임 서사의 형태에는 종래 볼 수 없었던 양상이 나타난다. 게이머가 여러 아바타를 차례로 선택함으로써 다중정체성, 또는 복합정체성을 경험한다는 사실은 잘 알려져 있다. 이 같은 복합정체성의 경험은 현대사회에서 게이머에게 모처럼 자기 실현의 기회를 제공하기도 하지만 게임의 세계를 객관적으로 파악할 수 있게 하는 계기도 마련해준다. 게임은 흔히 사냥이나 항해,

또는 항행으로 비유되는데, 목표를 달성하기 위해 게임 세계의 이곳 저곳을 돌아다녀야 하는 양상을 가리키는 표현이다. 게이머는 이처럼 부단한 노력을 통해서 목표를 달성하여 엔딩을 보지만, 엔딩을 보았다고 해서 게임에서 떠나가는 것은 아니다. 다른 아바타를 선택하든지 다른 경로를 선택함으로써 종전과는 다른 행로를 걸어서 또다시 목표를 달성하고자 하는 것이다. 이 과정에서 게이머는 자연스레 일련의 사건의 연쇄를 체험하게 된다. 이런 일이 반복될 때 게이머는 게임의 세계를 서로 다른 경로를 갖는 여러 개의 사건의 연쇄로 파악하게 된다. 그 사건의 연쇄들은 게이머가 선택한 아바타가 걷는 시간적 행로와 일치하는 것으로 이를 일러 병렬서사라고 한다. 영화나 소설의 서사가 독서 또는 관람의 시간적 순서에 따라서 차례로 지각되듯이 게임에서도 아바타의 행로에 따라 게임 세계가 파악되는 것이지만 아바타가 달라지든가 아바타가 선택하는 경로가 달라짐으로써 게임에서는 여러 개의 서사가 성립한다는 개념이다. 그러나 인간의 기억에는 용량의 한계가 있는 까닭에 게이머가 그 병렬서사를 일어난 순서 그대로 모두 기억할 수는 없다. 게임의 실행을 반복한 회수가 늘어날수록 게이머는 시간적 계기성을 지닌 각각의 플롯을 잊어버리고 그 플롯에 들어 있는 특정한 순간의 광경들만을 섬광처럼 기억으로 간직하게 된다. 그리고 종국에는 각종의 지형지물을 포함한 게임의 전체 공간을 의미가 충만한 세계로서 일시에 포착할 수 있게 된다. 우리가 고향의 특정한 지형지물을 지각하는 순간 그 사물과 연관된 오래된 기억들을 떠올리게 되듯이 게임의 공간도 낱낱의 지형지물이 기억의 공간으로 변하면서 하나의 통일된 상을 만드는 것이다.

　게임을 공간 중심의 구도라고 하는 것은 이와 같은 메커니즘을 가리켜서 하는 말이다. 게임 세계의 공간은 하나의 평면도에 지나지 않는 공간이지만 그 속의 사물 하나 하나는 각각이 심연과도 같은 기억의 시간들을 함축하고 있다. 게이머가 부지런히 게임 세계를 돌아다니면서 목표를 추구할 때 그는 대상 세계를 주체화하여 기억의 공간에 담는 작업을 수행한다고 볼 수 있다. 이때 게이머의 기억에 작용하는 요인은 시각적 요소에 국한되지 않는다. 흔히 스펙터클이라고 호칭되는 시각·청각·촉각의 요인은 말할 것도 없고 플롯이나 퍼즐과 같은 지성적 요인도 한 요소가 된다. 그것들이 어떤 순서와 배분율로 기억에 참여하는가에 대해서는 일률적으로 말할 수 없지만 그럼에도 불구하고 그 요인들의 집합에 의해서 게이머는 하나의 총체상으로서 게임 세계를 파악하는 것이다.

사람들이 게임을 즐기는 것은 그것이 우리에게 즐거움을 주는 놀이이기 때문일 것이다. 그러나 게임은 놀이의 특정 요소가 집중된 형식이다. 느슨하게 이완된 형식이 아니라 놀이에 집중하고 몰입하지 않으면 성공할 수 없게끔 경쟁과 각축의 밀도를 높인 형식이다. 놀이 일반이 그렇듯이 게임은 실제 현실의 정황을 가상화하고 있어서 삶에 대한 교육적 효과를 지닌다. 더욱이 가상의 세계를 가만히 지켜보게끔 하는 형식이 아니라 그 세계에 주체 스스로 가담하여 사건의 추이를 결정하는 데 관여하게 하는 형식이다. 고대 그리스에서 사람들이 직접 행사에 참여하는 디오니소스 제전이 쇠퇴하면서 비극과 같이 사람들이 수동적으로 진행을 지켜보는 방관의 문화형식이 발전한 것과는 정반대로 참여자에게 적극적인 상호작용을 할 수 있게끔 조장하는 것이 게임이다. 이 점에서 유독 우리나라에서 상호작용성이 강한 온라인 게임이 성행하는 것은 이해할 만한 일이다. 풍물놀이나 탈춤, 판소리 등 우리의 전통문화는 오랜 동안 상호작용을 중심 기축으로 하는 형태를 유지해 왔고 우리의 미감도 주체와 객체의 혼융과 화합을 기본원리로 하는 '신명풀이'에 근거하고 있기 때문이다. 하지만 컴퓨터라는 매체를 이용해서 경쟁의 밀도와 상호작용성을 강화한 게임은 인간의 지각방식 자체를 변화시키고 있다. 인류의 문화가 사물을 지각하고 반응하는 방식에 따라 형성되어 온 점을 감안하면 컴퓨터 게임에 의해서 지각방식이 바뀌고 있다는 것은 차후 젊은 세대에 의해서 생성될 문화의 형태가 크게 바뀔 것이라는 사실을 짐작하게 해준다. 게임이 앞으로 문화 형성의 중심적 기제가 될 것이라는 예측은 이에 바탕을 두고 있다. 키판을 두드리거나 조이스틱을 거칠게 잡아당기는 방식, 마우스와 키보드를 함께 운용하며 미니맵과 국부지도, 도구창과 유닛들을 동시에 스캐닝하는 방식 속에 내일의 인류문화가 잠재되어 있는 것이다.

2. 인터랙티비티와 한국문화

새해 들어서 우리 경제가 호전의 기미를 보이고 있다고 한다. 그와 함께 영화 〈쉬리〉가 미국에서 개봉되어 크게 주목을 받고 있으며 중국에서 일기 시작한 한류 열풍이 베트남에까지 번지고 있다는 소식도 들린다. 이와 관련해 서구의 한 비평가는 한국의 문화 제국주의 가능성에 우려를 표하기까지 했다고 한다. 이런 소식들은 미국의 부시대통령이 북한을 악의 축, 악의 화신으로 규정한 발언과 함께 전해졌다. 다른 나라 대통령의 말 한 마디에 수천만 국민이 전쟁의 공포를 느껴야 하는, 누란(累卵)의 위기 속에 사는 한민족의 문화 창조 역량이 모처럼 빛을 발하려고 하는 순간 그 한편에 그늘이 드리워지고 있는 것이다. 한반도에서의 전쟁 발발 가능성 여부에 대한 각종의 억측은 언제까지나 변함 없이 지속되리라고 생각한 일상의 평화가 얼마나 부질없는 착각이었던가 하는 사실을 일깨워준다. 전쟁의 참화를 딛고 어렵사리 일군 오늘의 작은 번영이 또다시 일순에 잿더미가 될 수도 있다는 악몽을 떨쳐 버릴 수 없는 현실인 셈이다. 그러나 그 악몽이 얼마나 험상궂은 것이든 그 속에서도 나날의 삶을 설계해 나가지 않으면 안 되는 것이 생명의 논리이기도 하다. 그런 측면에서 세계로 도약하기 위해 한국문화의 바탕과 힘의 원천을 확인하는 일은 어느 모로 보나 중요한 일일 것이다.

외신 보도에 따르면 지난 해 미국에서는 94억 달러 어치의 비디오 게임기가 판매되었다고 한다. 이 액수는 전년 대비 43% 증가한 것이며 미국 영화 입장 수입금 총액 83억 달러를 웃도는 것이다. 그러나 게임기 판매액 가운데 3분의 2는 소니의 플레이스테이션2가 차지하고 있으며 마이크로소프트의 엑스박스와 닌텐도의 게임큐브가 나머지 액수를 비슷하게 분점한다. 일본의 게임기가 미국 게임기 시장의 4분의 3 이상을 차지하고 있다는 얘기다. 이렇게 된 연유는 마이크로소프트사의 기술력이 모자랐거나 미국인에게 애국심이 없어서가 아니다. 플레이션2가 확보하고 있는 게임 소프트웨어가 다양하고 우수했기 때문이다. 이 점을 고려하면 게임 소프트웨어의 매출이 전년 대비 4.4% 증가한 14억 달러에 그쳤다는 표면적인 사실만을 지적한 보도는 진실을 드러내지 못한다. 일본은 지난 수년 동안 〈포켓몬〉과 〈다마고치〉 등의 게임으로 이미 수십억 달러 어치의 수출 효과를 거둔 바 있으며 그 부대 효과까지 따지면 그 전체 값어치는 기하급수적으로 늘어난다. 그러면 일본은 어떻게 해서 소프트웨어의 강국이 되었는가.

일본 고에이사가 제작한 전략전술 게임 〈삼국지Ⅷ〉을 하던 어느 날이었다. 공손찬을 주인공으로 삼아서 계를 공략하여 태수인 유우를 부하로 삼았다. 그러나 충성도가 낮은 유우를 계의 태수로 놓아둘 수가 없어 본부인 발해로 불러 들였다. 이에 불만을 품은 것인지 유우는 공손찬이 찾아가도 만나주지를 않았다. 만나서 이야기를 해야 충성도를 높일 수 있을 터인데 만나기조차 거절하는 유우의 처치가 곤란하다고 여긴 공손찬은 그를 다른 태수 밑으로 보내고자 했다. 그런데 유우는 부임을 거부했다. 그곳에 가봤자 자신이 할 일이 없다는 이유였다. 이런 식으로 군주와 신하 사이에 심리적 갈등이 벌어지던 어느 날 자신에게 면담을 요청한 공손찬을 그냥 돌려 보내면서 유우는 혼잣말처럼 뇌까렸다. "주공이라……." 나는 이 뇌까림의 장면을 보고서 깜짝 놀랐다. 그가 면담을 거절하는 이유가 어디에 있는지 단박에 깨달을 수 있었기 때문이다. 『삼국지

문학과 컴퓨터 게임

1. 문학과 테크놀로지

한 때 우리 사회에서 '순수문학'이란 용어는 참여문학과 대척되는 지점에 있는 어떤 문학을 가리키는 의미로 쓰였다. 문학이 현실 사회의 문제에 직접적으로 관여해야 하느냐 하는 문제를 놓고 입장이 나뉠 때, 문학적 순수주의를 지향하는 일파를 지칭하는 용어였던 것이다. 이러한 '순수문학'의 의미는 오늘날의 용례에서는 사용 빈도수가 별로 높지 않다. 순수문학이라고 했을 때 그 대극되는 자리에 놓이는 것은 대중문학 또는 혼합예술장르인 경우가 훨씬 더 갖아진 까닭에 기호의 형식은 동일하다고 할지라도 그 내포가 크게 달라진 것이다. 이처럼 하나의 낱말이 지닌 의미가 짧은 기간에 바뀌는 현상을 놓고 보면 어떤 사물의 항존성을 운위한다는 것은 매우 미심쩍은 일이기 섭상이다. 순수문학만이 아니라 문학으로 범위를 넓혀보아도 사태는 마찬가지다. 우리가 '문학'이라고 하면서 특정한 어떤 대상을 떠올리는 것은 그 내포에 대한 일정한 암묵적 합의가 바탕에 깔려 있기 때문에 가능하다. 그러나 과연 그 합의는 얼마만큼 지속성과 보편성을 가지고 있는 것이겠는가.

문학이라고 했을 때 우리는 흔히 문자를 매개로 해서 이루어진 어떤 예술작품을 떠올린다. 문학의 매재가 언어라는 것을 알고 있음에도 불구하고 음성으로 이루어지는 문학현상은 도외시한 채 문자형태를 갖추었느냐 하는 점만을 척도로 고려하는 것이다. 이렇게 보면 유구한 인류의 역사에서 문학이 인간의 곁에 자리잡은 시간은 결코 길지 않음을 알 수 있다. 더욱이 우리가 문학이라고 하면 당장에 떠올리는 시·소설·희곡이란 장르들의 역사는 얼마나 되겠는가. 흔히 근대적 문학 개념을 구텐베르크 이후 5백 년의 역사를 지닌 것으로 이야기하는 것도 이 매체와 문학의 상관성을 중시하는 데서 나온 관점이라고 할 수 있을 것이다. 이러한 관점에서 보면 20세기 후반에 본격적으로 진행되고 있는 매체 변화는 문학의 역사에서 중대한 전환점이 된다고 할 수 있다. 특히 컴퓨터라는 통합매체의 등장은 당연히 괄목상대해야 할 이 시대 변화의 중심이라고 하지 않을 수 없다. 그것은 지금까지 분산되어 있던 각종 정보 자료들을 통합할 수 있는 능력을 갖추어 새 시대 변화의 주역으로 부상하고 있기 때문이다. 여기서 다루고자 하는 문학과 컴퓨터 게임의 관계도 그 변화의 소용돌이에 들어 있는 한 영역이지만 컴퓨터가 생활의 여러 영역에 가져오는 변혁은 기본 패러다임의 변화라고 할 만한 것이 되고 있다. 그것은 근대적인 기존의 문화체계 전체를 뒤흔들고 있는 것이다.

문학과 컴퓨터 게임의 관계는 일반인들이 생각하는 것처럼 일방적인 관계가 아니다. 많은 사람들은 통상 컴퓨터 게임에 의해서 문학에 어떤 변화가 일어날까 하는, 새로운 매체가 기존의 문화형식에 어떤 영향을 미칠 것인가 하는 문제에 관심을 두지만 그것은 기존의 패러다임에 익숙한 데서 생긴 견해일 뿐 둘 사이의 관계는 근본적으로 쌍방향적이다.

그 양태를 올바로 포착하기 위해서는 문학과 테크놀로지의 관계를 좀더
거시적으로 바라보는 일이 필요하다. 저 원시시대의 구비문학과 문자의
발명으로 인한 문학형태의 혁신, 그리고 구텐베르크에 의해 가능하게 된
활판인쇄술이 가져온 변혁을 감안하면서 현재의 테크놀로지가 지닌 의
미를 성찰할 필요가 있는 것이다. 그러한 거시적 관점에서 보면 문학이
언제까지나 지금과 같은 형태로 존속해 가리라고 내다볼 수는 없다. 활
판인쇄는 문학을 상품화하는 데 기여했을 뿐 아니라 낭송의 관습을 사
라지게 하고 묵독의 방식을 가능하게 했으며 궁극적으로는 novel이라고
하는 근대적 장편소설을 가능하게 했던 매체 변혁이다.[1] 그것은 곧 문학
의 존재방식의 변화이다. 그러나 관점을 바꾸어서 문학이란 문화형식이
매체의 발달에 어떤 역할을 했는가 하는 물음을 물을 수 있다. 달리 말
해서 소설과 같은 문화형식이 활자매체의 형태를 일정하게 고착시키는
역할을 할 수도 있다는 점을 고려할 필요가 있는 것이다. 물론 문화형식
은 기존의 여건을 토대로 존립하는 것이지만 장기적인 안목에서는 테크
놀로지와 문화 사이에는 상호조응이라고 할 수 있는 긴밀한 연계관계가
성립한다. 그리고 현재 컴퓨터 게임과 문학 사이에서도 그러한 상호조응
관계가 형성되고 있는 것이다.

  그러면 컴퓨터 게임은 어떻게 생겨났는가? 컴퓨터라는 새로운 매체가
탄생함으로써 자연스럽게 컴퓨터 게임이라는 문화형식이 가능할 수 있
었던가? 컴퓨터 게임의 탄생과 문학은 어떤 관계에 있는가? 이에 대한
한 가지 답변은 『전자문학론』[2]을 쓴 에노모도 마사끼[榎本正樹]의 견해
에서 찾아볼 수 있다. 그는 현재의 컴퓨터 게임이 생성되는 데 문학이
결정적인 역할을 했다고 설명한다. 그 연원은 1930년대 초에 나온 J. R. R
톨킨의 『호비트의 모험』에서 찾아볼 수 있다. 익히 알려져 있다시피 톨
킨은 자신이 사랑하는 아이들을 위해 이 작품을 지었고 그것을 더 발전

---

1) 和田敦彦, 『미디어 속의 讀者』, 東京, 2002, 2장 참조.
2) 榎本正樹, 『電子文學論』, 彩流社, 1993.

시켜 20년 뒤인 1954년에 『반지의 제왕』을 출간한다. 이 작품들을 쓰면서 톨킨은 새로운 이야기 문법을 스스로 만들어 가는데 바로 그 문법이 현재의 컴퓨터 게임을 하나의 독립된 장르로 탄생시키는 데 결정적 역할을 했다는 것이다. 곧 컴퓨터 게임의 제작 원칙과 톨킨의 이야기 문법 사이에는 공통성이 있다는 것이다. 다시 말해서 톨킨은 이야기를 만들면서 첫째 이야기 속에 설정된 세계를 세부적인 부분까지 그 자체로 완결된 것으로 만들려고 했으며, 둘째로 독자가 이야기의 세계에 실감을 가지고 몰입할 수 있도록 신화 세계를 구성하려고 했다는 것이다. 마사끼는 톨킨의 이와 같은 이야기 구성 방식이 컴퓨터 게임의 제작에 원용되었다고 본다. 아무것도 없는 곳에서 새로운 세계를 창조한다는 판타지 소설 세계의 창조원칙은 컴퓨터 게임이 그 자체로 자족적인 세계를 구성해야 할 필요성과 맞물리는 것으로서 현재 프로그램이나 게임 시나리오 구성 원칙에 구현되고 있다. 또 신화적 시스템 속에서 영웅이 활약한다는 이야기 형태도 서로 통하는 측면이 있다. 많은 컴퓨터 게임들이 중세적 분위기나 우주 공간을 무대로 삼는 것은 그 양태를 보여주는 사례이다. 마사끼는 이밖에도 테란이나 프로토스, 저그와 같이 캐릭터를 이질적인 종족이나 서로 다른 직종, 예컨대 기사·마법사·도둑 등으로 설정하며, 탑이나 동굴 같은 폐쇄된 공간을 무대로 하는 점, 마법체계를 구성하는 점, 다양한 아이템을 갖추는 방식 등이 톨킨에게서 유래하는 게임의 구성 원칙이라고 본다.

물론 톨킨의 소설이 컴퓨터 게임으로 이행하는 데에는 여러 단계의 중간 다리가 있었다. 『반지의 제왕』을 본떠 게임으로 만든 「던전 앤드 드래곤즈」라는 테이블 토크 롤플레잉 게임(Table Talk RPG)은 바로 그러한 매개의 존재를 입증해주는 실제 사례이다. 1974년에 발매되기 시작한 이 게임은 하나의 자족적인 상상 세계를 설정하여 게임에 참여한 모든 사람이 캐릭터 역을 맡아 게임을 진행하는 방식의 보드 게임이었다. 이 게임은 톨킨의 소설과 같이 그 자체로 자족적인 세계를 구성하고 인물의 역할이 각기 다르다는 특성을 지니고 있었다. 1981년에 나온 초기 단계의 롤플레잉 게임인 「위저드리」와 「울티마」가 이 게임과 같이 『반지의 제왕』의 이미지를 차용하고 있다는 것은 그것들이 행한 매개의 역할을 분명하게 보여준다. 곧 소설에서 보드 게임으로, 그리고 컴퓨터 게임으로 매체를 바꾸고 있지만 그것들은 기본적인 성격을 공유하고 있는 것이다. 이 양태는 소설이라는 장르가 새로운 테크놀로지의 등장에 따라 매체가 전환되는 과정에서 일정하게 영향력을 행사하고 있음을 보여주고 있다. 이러한 전환은 컴퓨터라는 통합매체의 디지털 기술, 곧 정보처리속도의 고속화, 데이터의 압축처리기술, 고사양의 해상도, 기억용량의 증대를 통해서 가능한 것이었다고 할 수 있다. 구비시대로부터 문자시대로의 전환, 그리고 활판인쇄의 등장으로 인한 소설의 등장이 이 세계에 대한 기억들을 보존하는 하나의 방식이었다면 현재에 이르러서는 컴퓨터가 그 역할의 상당 부분을 흡수하고 있는 것이다.

마사끼는 이처럼 멀티미디어의 등장으로 가능하게 된 새로운 문학의 형태를 일괄적으로 '전자문학'이라고 부를 것을 제안하면서 거기에 포함될 수 있는 문학작품의 특징을 다섯 가지로 구분한다. 첫째 컴퓨터 게임의 인터랙티브한 특성을 추구하거나 거기에 비판적으로 접근하는 문학, 둘째 미디어 테크놀로지의 여러 양태를 이용한 문학, 컴퓨터의 메타퍼나 레토릭을 구사해서 기술한 문학, 셋째 기록에서부터 편집·출판·유통의 수준에 이르기까지 컴퓨터와 공동 작업에 의해 성립한 문학, 넷째 전자 네트워크나 CD-Rom 같은 패키지 미디어를 매체로 해서 유통하는 문학, 다섯째 멀티미디어를 통해 독서환경을 조성하는 문학 등이다.[3] 곧 새로운 테크놀로지를 이용해서 이루어지는 모든 문학은 '전자문학'에 속하고, 그런 점에서 예술과 테크놀로지가 표리일체의 공생관계를 이룬다고 본다면, 현시점에서 새로운 문학이 도래하고 있다고 판단할 수 있다는 견

---

3) 榎本正樹, 『電子·文學論』, 彩流社, 1993, 8장 참조.

해이다. 문학지상주의였다고 할 수 있는 근대적 예술관이 활자문화의 상대화에 의해 실효되고 시청각을 이용한 매체의 발달로 장르들 간에 평준화가 이루어지는 문화의 장이 열린다는 주장이다. 그는 이 새로운 환경이 성립하는 데 소설이 기본 문법을 제공하는 역할을 했지만 이제 새로운 환경 속에서 문학은 하나의 매체장르로서 다른 매체들에 의해 계발된 용법이나 기법, 시스템을 적극적으로 받아들일 수밖에 없는 조건에 놓였다고 말한다. 그렇다면 컴퓨터 게임의 등장으로 인해 문학에는 어떤 변화가 일어나고 있는가.

이 문제를 검토하기 위해서 컴퓨터 게임의 영향이 나타난다고 생각되는 몇몇 문학작품을 검토하는 것만으로는 충분하지 않다. 그것은 작가의 취향이나 경험의 차이에 따라 큰 편차를 보이는 개별적인 경우에 해당될 것이기 때문이다. 따라서 여기서는 직접적인 대조보다는 컴퓨터 게임에 구현되고 있는 스토리 또는 텍스트 구성 문법의 문학적 속성을 파악하는 우회적 방법을 선택하기로 한다. 그 속성들은 당장에는 뚜렷한 효력을 나타내지 않을지라도 암암리에 컴퓨터 게임 이용자에게 익숙해질 것이고 긴 시간 동안 지속되다보면 그 신세대들이 생산하게 될 문학에 반영될 것이라고 예측되기 때문이다.

2. 컴퓨터 게임의 문학적 요소

컴퓨터로 상징되는 디지털 기술이 등장하면서 문학에 나타난 변화는 대강 세 단계로 구분해 볼 수 있다. 첫 단계는 컴퓨터를 단순히 워드프로세서로 이용하여 문장의 길이나 수사법, 형태를 변화시킨 경우이며, 둘째 단계는 컴퓨터에 구현되어 있는 디지털 기술을 이용해서 종합예술과 같은 형태로 시각적 요인과 청각적 요인을 도입하는 외에 텍스트 자체를 다양하게 연결할 수 있도록 제작되는 새로운 형태의 문학이다. 세 번째 형태는 컴퓨터의 상호작용성을 극대화하고 있는 컴퓨터 게임에 내재하는 문학이다. 이러한 문학 생산 측면에서의 변화 이외에 텍스트가 유통되고 수용되는 과정에 디지털 기술이 미치는 영향도 중요한 것이지만 그에 대해서는 잠정적으로 논의를 유보한다.

문학 생산의 측면에서 디지털 기술이 끼친 변화의 세 가지 가운데 통상 문학연구자들이 문학의 영역에 속하는 것으로 간주하는 것은 두 번째 단계까지이다. 첫째 단계는 사실상 기존의 문학 개념으로도 넉넉히 포괄할 수 있는 변화라 할 수 있고 두 번째 단계는 디지털 기술에 의존하지만 그 세부에서는 문학의 기본 형태인 문장과 문단이 상당 부분 보존되고 있어 조금만 유연한 자세를 갖는다면 문학으로 받아들이는 데 별반 문제될 것이 없기 때문이다. 이에 반해서 셋째 단계를 문학과 관련지어 이야기하는 데는 많은 장애요소가 있을 뿐만 아니라 그것을 받아들이기 위해서는 근본적으로 문학 개념의 변화를 요구한다. 우선 컴퓨터 게임은 특별한 경우를 제외하고는 거의 문자텍스트를 지니지 않고 있어서 선뜻 문학이라고 규정하기 꺼림직하며 그것이 끊임없이 텍스트의 변형을 갖는다는 점에서 작품이라든가 텍스트 개념에 적합한 형태로 고정시키기 어렵다는 한계를 지닌다. 물론 이런 제약에도 불구하고 컴퓨터 게임을 문학텍스트로 간주하여 분석하고자 한 시도는 점차 증가하는 추세에 있다. 조지 P. 랜도우 같은 하이퍼텍스트 전문학자의 작업도 그렇지만 자넷 머레이의 『인터랙티브 스토리 텔링』이나 마사끼의 『전자문학론』에서 볼 수 있듯이 직접적으로 컴퓨터 게임을 문학과 관련시켜 담론을 창출하고 있는 젊은 학자들의 작업은 이미 많은 연구 성과를 축적하고 있다. 이처럼 외양상 거의 동질성을 지니지 않은 컴퓨터 게임을 문학과 관련지으려는 시도가 연속적으로 나타나는 것은 테드 프리드만이 밝히고 있듯이 디지털 테크놀로지의 상호작용성과 문학의 접합을 가장 잘 보여주는 것이 컴퓨터 게임이기 때문이다.[4] 따라서 디지털 테크놀로지의 문화적 효과를 측정하는 데 컴퓨터 게임이 가장 중요한 부문이 될 뿐만 아니라 컴퓨터를 통해 기존의 문화에 일어난 변화를 측정하는 데도 게임이 관건이 되기 때문이다. 그렇다면 컴퓨터 게임에서 문학은 어떤 양태로 자리잡고 있는가?

컴퓨터 게임의 성립과 톨킨의 소설 사이에 긴밀한 관계가 있음을 설명하면서 이미 밝힌 바이지만 컴퓨터 게임은 자족적인 세계로 존립한다. 이 세계의 자족성은 규칙에 의해 갖추어진다. 문학작품을 읽을 때 독자가 그것이 실제의 이야기가 아니라 허구의 세계라는 것을 전제하듯이 게임에서도 규칙을 전제하지 않으면 세계 자체가 성립하지 않는다. 이 규칙에 의해 마련된 세계에서 게이머는 프로그램을 상대로 하거나 네트워크를 통해 연결된 다른 게이머를 대상으로 하여 게임을 실행한다. 그러므로 우리가 게임의 문학적 특성을 살핀다는 것은 다른 말로 하면 이 게임의 세계가 어떻게 구성되어 있는지를 파악하는 일이다. 이 세계를 파악하는 데는 여러 가지 방법이나 이론이 적용될 수 있겠지만 여기서 적용하려는 이론은 헤겔의 행위이론이다. 헤겔은『미학』에서 예술작품의 세계를 구성하는 세 가지 요소를 말하고 있다. 행위의 기반이 되는 일반적 세계상태와 그 특수한 발현인 상황, 그리고 행위자의 개별적인 행위가 그 세 요소이다. 이것은 예술작품 속에 하나의 세계를 구성하는 보편과 특수와 개별의 변증법이 내포된다는 함축을 지닌다. 일반적 세계 상태가 보편을 나타낸다면 상황은 특수에 해당되고 행위는 개별자의 범주에 적용되는 것이다. 이 행위이론을 염두에 두면서 컴퓨터 게임의 문학적 특성을 분석할 때 우리는 거기서 다음과 같은 차이점을 식별할 수 있다.

첫째로 컴퓨터 게임에는 다른 문학작품에서 찾아볼 수 없는 목적 또는 목표라는 요소가 있다. 게이머가 게임을 실행한다는 것은 어떤 보물

---

4) 테드 프리드만, 「컴퓨터 게임과 텍스트 상호작용」, 『인터넷과 온라인 게임』(이재현 편), 커뮤니케이션북스, 2001, 58~59면.

을 찾는다든가 점수를 딴다든가, 전쟁에서 승리를 한다든가 하는 목적의
달성을 위해 노력한다는 것을 의미한다. 이 목적의 개념은 기존의 문학
이나 예술에서 중심적인 범주나 요소로 부각되지 않았다. 구태여 전례를
찾는다면 『판단력 비판』에서 칸트가 행한 목적론의 분석이 대표적일 것
이다. 토마스 아퀴나스가 신의 존재를 증명하는 데 세계의 질서에 근거
를 둔 목적론을 도입했듯이 칸트는 자신의 이론을 전개하기 위하여 자
연을 끌어들여 법칙성을 강조함으로써 합목적성 개념을 도출한다. 그것
은 미의 합목적성을 설명하기 위한 필연적인 요청이다. 초자연적인 것의
목적을 쫓아 자연이 만들어진 것과 같이 예술작품도 어떤 목적에 합치
되는 질서를 갖추어서 성립한다. 여기서 필연과 자유는 일치한다. 의지
와 욕구의 문제를 다루는 실천이성의 세계와 자연의 세계를 본래의 대
상으로 하는 순수이성의 서계는 이 판단력이라는 선천적 형식에 의해
매개되고 이어지는 것이다. 그렇기 때문에 이 목적의 개념은 예술작품의
배후에서 창조원인으로 작용한다. 그것은 근원적 실재이지만 표면에 노
출되지 않는 것이다. 이에 반해서 컴퓨터 게임에서 목적은 행위의 직접
적 원인이 된다. 이 목적의 개념을 빼놓는다면 게임에서 이루어지는 여
러 가지 행위에서는 어떤 의미도 찾을 수 없다. 예컨대 벽돌을 깨트린다
든가 적의 모든 유닛을 살상하는 행위에 어떤 가치를 인정할 수 있을 것
인가. 뿐만 아니라 목적은 컴퓨터 게임의 특유의 기제인 몰입을 낳는 제
일원인이다. 게이머가 게임 속의 어떤 대상에 대해 애증의 감정을 갖는
것은 전적으로 이 목적을 달성하기 위한 지향성에서 비롯된다. 지향성이
없다면 우리는 어떤 사물에 대해 감정을 가질 이유가 없다. 나의 목적에
도움이 되는가 방해가 되는가 하는 문제가 감정의 방향을 결정하는 것
이다.

두 번째로 컴퓨터 게임에 고유한 문학적 특성으로서 배경 스토리를
들 수 있다. 배경 스토리는 처음에는 구체적인 사건의 전개를 갖는 게임
에서만 제시되었다. 그러나 점차 추상적인 형태의 게임이나 단순한 액션

만으로 구성된 게임에도 그 요소가 도입되는 방향으로 나아가고 있다. 컴퓨터 게임에 배경 스토리가 거의 필수적인 항목으로 자리잡게 된 데는 이 요소가 게임에 목적을 설정하는 역할을 하기 때문이기도 하지만 더 기본적으로는 그 게임이 속하는 세계의 일반적 상태를 설정하기 위해서이다. 게임이 어떤 액션을 행함으로써 기존의 상태를 다른 상태로 변화시키는 구조를 본질로 하고 있다는 점을 감안하면 배경 스토리가 어떤 역할을 하는지 짐작할 수 있다. 우선 게이머는 자신이 마주친 세계가 어떤 상태에 있는가를 파악해야 하며, 거기서 자기가 지향해야 할 목적을 확인하여 행동에 나서야 한다. 이때 게이머가 파악해야 하는 세계의 상태는 크게 일반적 세계 상태와 특수한 상황이라는 두 부분으로 나누어 볼 수 있다. 여기서 일반적 세계 상태는 또다시 두 부분으로 나뉘는데, 하나는 그 세계가 지니고 있는 시공간이 어떤 것이냐 하는 것이며 다른 하나는 거기에서 이루어지는 행동의 방식은 어떤 것이냐 하는 문제이다. 모든 세계는 항시 일정한 시공간에 위치해야 함은 물론 특정한 행동의 방식을 규범으로 가지고 있다. 그것은 그 세계의 역사 속에서 형성되어 온 문화이자 삶의 방식과 긴밀한 관계를 지니고 있다. 한 사회의 삶의 방식이 다른 사회에서도 타당하다는 보장은 없기 때문에 우리는 새로운 세계에 들어가면 항시 그 사회의 삶의 방식, 행동 규범을 익혀야 한다. 게이머에게 주어진 조건도 마찬가지다. 게이머가 컴퓨터 게임에서 마주치는 세계도 그 역사와 문화에 따라 정당한 행동과 그렇지 못한 행동을 구분하고 있고 행동의 가치에 대해서도 일정한 평가기준을 갖추고 있기 십상이다. 그 가치질서와 행동의 규범을 파악하는 것은 게이머가 자신이 놓인 시간적 공간적 위치, 물리적 공간을 파악하는 것 이상으로 중요하다. 게임에서 배경 스토리는 바로 이러한 세계의 일반적 상태에 대해서 알려 줄 뿐만 아니라 게이머가 놓인 상황에 대해서도 가르쳐 준다. 개별, 특수, 보편의 변증법에서 특수자에 해당하는 이 상황은 게임에 따라 미션이라든가 단계에 따라 배경스토리와 분리해서 제시하기도 하지만 그것이 게임이 실행되기 이전에 주어진다는 점에서, 게이머가 행동에 돌입하기 전에 조성되어 있다는 점에서 근본적으로 배경 스토리에 속한다고 볼 수 있다. 곧 배경 스토리는 행동이 일어나기 위한 조건들을 규정짓는 역할을 맡고 있는 셈이다.

세 번째로 시공간의 문제를 들 수 있다. 모든 텍스트가 그러하듯이 컴퓨터 게임도 그 속에 하나의 세계를 상정한다. 그 외양은 물리적으로는 시공간의 형태를 지니게 되는데, 컴퓨터 게임의 시공간이 지닌 특징은 활동의 영역이 폐쇄적이라는 점이다. 이 폐쇄의 양태는 기본적으로 두 개의 차원에서 고찰될 수 있다. 하나는 컴퓨터가 프로그램 차원에서 일정하게 한정된 세계만을 설정한다는 점에서 거론할 수 있는 폐쇄성이며 다른 하나는 구체적으로 행동이 펼쳐지는 세계를 밀폐된 형태, 제약된 상황으로 제시한다는 점을 주안점으로 할 때 드러나는 특징이다. 곧 많은 컴퓨터 게임은 동굴이라든가 탑, 또는 특정한 건물의 통로를 시공간으로 설정한다. 이와 같이 밀폐된 환경은 게이머의 정보 획득 방식을 제한함으로써 긴장도를 높이기 위한 한 방책이기도 하면서 행동의 범위를 고정하기 위한 장치이기도 하다. 물론 컴퓨터 게임에는 우주 공간을 무대로 삼는 것도 있고 필드형이라고 해서 시야가 트인 환경을 제공하는 프로그램도 있지만 이러한 개방성은 정도의 차이일 뿐 근본적인 측면에서 살필 때 폐쇄성이 주요한 성격으로 되어 있는 것이다. 구체적으로 우리나라에 온라인 게임 붐을 가져온 〈스타크래프트〉의 경우에도 게이머의 선택에 따라 공간을 바꿀 수 있게 되어 있고, 공간의 파악 상태가 게임의 결과에 중요한 요인이 될 수 있게끔 설정되어 있다.

넷째로 행동의 주체인 캐릭터를 손꼽을 수 있다. 컴퓨터 게임의 캐릭터는 소설과 달리 매우 다양하게 설정될 수 있다. 인간이 아닌 우주의 낯선 괴물이 캐릭터로 등장하기도 하고 동물을 캐릭터로 쓰기도 하며 물체가 캐릭터 역할을 맡는 경우도 있다. 심지어는 특정한 캐릭터가 등장하지 않으면서 게이머 자신이 그 역할을 맡도록 설정되어 있는 게임도 있다.

초기의 탁구 게임이나 테니스 게임에서는 라켓이 캐릭터이며 〈스페이스 인베이더〉 같은 슈팅 게임에서는 비행기나 탱크가 캐릭터 역할을 맡기도 한다.

3. 컴퓨터 게임의 문학적 구조

　이상의 네 가지 특징은 컴퓨터 게임의 중요한 요소들을 문학의 요소들과 비교했을 때 뚜렷하게 나타나는 차이이다. 이 요소들은 컴퓨터 게임을 가상 세계에서 행위가 펼쳐지는, 곧 사건의 표상이 만들어지는 텍스트로 파악할 때 그것을 구성하는 기본 성분들이다. 그러므로 이 성분들이 결합하여 만들어 내는 게임 텍스트는 종래의 문학과 현격한 차이를 나타내게 된다. 이 차이는 게임과 문학이 다같이 주체와 객체, 자아와 세계의 상호작용 행위로 구성되는 사건의 구조로서 본질적으로 '서사'라는 기본 특성의 동일성을 전제로 했을 때 구분해 볼 수 있는 차별성이다.
　컴퓨터 게임을 통해 게이머가 체험하는 서사의 특성으로는 보통 세 가지가 거론된다. 그 첫째는 게임 프로그램과 게이머 사이의 긴밀한 상호작용성이며, 둘째는 사건 전개의 병렬 구조, 셋째는 이중 재현 구조이다. 여기서 이중 재현 구조란 컴퓨터 게임의 텍스트가 데이터 베이스와 게이머의 실행이란 이중의 장치에 의해 일정한 표상을 생성해내는 구조를 이름한다. 즉 데이터 베이스에 사건을 재현하는 데 사용될 여러 자료 뭉치를 갖춤과 동시에 그 자료뭉치를 이용해서 사건을 재현하는 알고리즘, 작동논리를 입력해 놓아야 하고 게이머가 이 기반에서 구체적으로 게임을 실행할 때 게임 텍스트가 실현되는 것이다. 따라서 게임의 재현에는 데이터베이스란 상징형식과 그것을 이용하는 게이머의 실행이라는 두 요건이 필수적으로 요청되는 것이다. 그러므로 컴퓨터 게임은 제작자가 만드는 데이터베이스의 상징형식과 게이머가 그 상징형식을 이용하여 실제로 가상현실을 구현하는 이중 구조를 통해 재현되는 메커니즘을 지닌다.

상호작용성이란 이 이중 구조로부터 유래하는 컴퓨터 게임의 특성이다. 기존의 문학텍스트가 상대적으로 완결된 텍스트를 통해 수용자의 체험을 낳는다면 게임에서는 문학의 독자에 해당하는 게이머가 텍스트 생산의 주체 역할을 동시에 맡게 되는 것이다. 이에 따라 게이머는 텍스트의 생산에 자신이 직접 개입하는 것이므로 기존의 문학텍스트의 체험에서와는 달리 강력한 체험을 가지게 된다. 우선 텍스트에 표현되는 사건의 구성에 자신이 참여하고 있다는 점이 차이이기도 하며, 그러한 직접 참여의 형식으로 인해 텍스트에 대해 훨씬 강력한 몰입을 경험하게 된다. 상호작용은 이와 같이 게이머와 데이터베이스 사이에 일어나는 상호적인 힘의 작용을 가리키는 개념으로서 문학텍스트의 구성성분의 차이를 나타낸다. 이에 비해 병렬 구조란 컴퓨터 게임의 반복 수행으로 인해 텍스트에 나타나는 특성을 가리키는 개념이다. 컴퓨터 게임은 상호작용성으로 인해 게이머의 강력한 몰입을 야기하고, 이 몰입은 컴퓨터 게임에 대한 게이머의 강한 집착을 낳는다. 한번 게임의 전체 과정을 경험해보았다고 해서 게임의 세계를 떠나는 게이머는 많지 않다. 게임의 엔딩을 보았다고 할지라도 종전과는 다른 방식으로 게임을 해보고 싶은 욕망이 일어나는 것이므로 게이머는 반복 수행을 하게 된다. 이 반복 수행은 게임을 실행하는 사람에게 이전과는 다른 사건 전개를 체험하게 한다. 이와 같이 하나의 게임 프로그램을 통해서 게이머가 서로 다른 사건 전개를 체험할 때 그 텍스트의 구조는 병렬의 형태를 지니게 된다. 비록 처음과 끝이 같은 것이라 할지라도 중간 단계의 사건들이 다른 형태로 연결되기 때문에 게이머의 기억 속에는 병렬 형태의 사건이 자리잡는 것이다. 이 병렬 구조는 시간적 계기로 이루어진 사건들의 선분성을 약화시키고 결국에는 컴퓨터 게임 텍스트를 공간 구조로 지각하게 만드는 효과를 낳는다. 낱낱의 선분적 서사 구조가 반복 수행되는 동안 차차 의미를 잃어가게 되고 그에 따라 의도하지 않은 결과로서 게임 텍스트의 배면에 머물러 있던 공간성이 전면으로 부각되는 데 따른 결과이다.

이상에서 살핀 컴퓨터 게임 텍스트의 특성은 기왕의 텍스트 개념에 대한 근본적인 반성을 촉구한다. 우선 이중 재현 구조는 텍스트의 완결성 개념을 해체시키는 효과를 낳는다. 퍼포먼스에 가까운 게이머의 실행에 의해서 매번 서로 다른 텍스트가 완성되기 때문에 데이터베이스나 게이머의 실행 어느 곳에서도 확정적인 텍스트의 구조를 확인할 수 없다. 실행이 이루어지는 순간에만 현현하는 구조이므로 게임의 텍스트 구조는 기본적으로 퍼포먼스의 개념으로 이해하는 것이 적합한 형태가 되는 것이다. 두 번째로 컴퓨터 게임의 병렬 구조는 단일한 텍스트의 의미를 확정할 수 없게 만든다. 이 의미의 다양성 또는 다중성은 단순히 동일한 기표에 대한 해석상의 다의성이 아니라 표상 자체의 변화를 내포한다는 점에서 기존의 텍스트에서는 찾아볼 수 없던 현상이다. 이밖에 컴퓨터 게임은 단일한 코드에 의해 시각적·청각적·언어적 정보를 처리하는 형식이라는 점에서, 외면상 종합예술의 성격을 지니면서도 연극이나 영화와 같은 장르에서 찾아 볼 수 없었던 양상을 보여준다. 종래에 미술이나 문학의 주체들에게서 찾아볼 수 있던, 개별 주체에 의해 이루어지는 텍스트 산출 방식이 종합예술에 해당될 텍스트를 산출하는 것이다. 컴퓨터 게임의 이러한 새로운 특성들은 세부적으로도 특이한 국면을 창출한다. 그 대표적인 것이 스펙터클과 긴장의 요소이다.

스펙터클은 이미지들이 일정한 방식으로 질서를 이루어 집적되어 있는 상태를 이름한다. 스펙터클은 사전적으로는 "사람들의 자기 관념이 음악, 영화, (특히)텔레비전 같은 대중문화 형식에 싸여 가려진 특수한 문화적 상태를 나타내"는 것으로 그 속에서는 체험이 "표상들로 대치되며, 그 표상들, 다시 말해 이미지들은 사회적 상호작용의 모든 층위에서 매개하거나 개입"하는 것으로 정의된다.5) 이러한 스펙터클이 게임에 구현되는 것은 텍스트의 서사성이 약화되어 캐릭터가 단순한 행위능력만을 보여주는 속성으로 전환함으로써 공간여행의 성격을 띨 경우에 현저하게 나타난다. 퓰러와 젠킨스는 게임의 일차적 즐거움이 이 같은 공간전유에 있다고 보고 그 성격을 이렇게 설명한다.

「수퍼 마리오 월드」의 시작을 보면, 공주가 또 다시 납치되었다는 것을 알게 된다. 게임의 완결 부분에는 공주와 챔피언의 재결합, 그리고 마리오가 정복한 땅에 대한 일종의 승리 여행이 제시된다. 그러나 이러한 시퀀스들은 미리 준비된 것이다. 플레이어는 그 시퀀스를 통제하거나 그것에 개입할 수 없다. 플레이어는 종종 이런 설명을 휙 지나쳐 버리고 행위의 중간으로 바로 들어가기도 한다. 자의적인 서사 목표를 갖곤 하는 이러한 틀의 이야기들은 실제 게임 경험 과정에서는 거의 역할을 하지 못하는데, 이것은 플롯이 곧바로 보다 유연한 공간 탐험의 시간으로 전환되기 때문이다. 비록 플롯 구조들(납치와 구출, 추적과 포획, 길거리 싸움, 침입과 방어)이 자주 반복된다고 하더라도(거의 변화 없이 게임마다 반복되고 같은 게임 내에서도 반복된다), 결코 흥미를 잃지 않게 하는 것은 다음 공간으로 이동할 수 있다는 약속 때문이다. 어린이의 놀이가 서사 논리에 의해 틀지어져 있기는 하지만 대개는 플롯의 명령대로 조정되지 않는다. 공간의 스펙터클이 주는 즐거움은 최소한의 기본적인 공간 이상은 요구하지 않는 게임에서 가장 뚜렷이 확인할 수 있다. 최근 가장 인기 있는 닌텐도 게임 중의 하나인 「스트리트 파이터 2」는 기본적으로 킥복싱 토너먼트를 중심으로 이루어지는데, 이것은 그 어떤 영역에서나 벌어질 수 있다. 그렇지만 그 게임에는 개별적인 경쟁이 이루어질 수 있는 공간들 — 브라질의 부두, 인도의 사원, 중국의 거리 상점, 소련의 공장, 라스베가스의 쇼 궁전 — 이 전체적으로 배열되어 플레이어에게 제시된다. 인도 시퀀스의 경우, 뒤에서 코끼리들이 몸통을 흔들고 있으며 일본의 반사 풀장으로 천장의 물이 떨어진다. 스페인의 경우, 플라멩코 무희들이 활보하고 투사들이 싸울 때 관객들이 환호를 보낸다. 이 모든 세부 요소들은 일종의 영상 과잉(컴퓨터 애호광들이 '눈요기 사탕'이라 부르

---

5) 조셉 칠더즈, 황종연 역, 『현대문학 문화 비평 용어사전』, 문학동네, 1999, 395면.

는 것), 즉 현저한 공간 소비를 만들어낸다. 그와 같이 스펙터클한 장면은 프로그램하기 어렵고 경쟁에서 불필요한 것이지만, 게임이 마케팅에 성공하는 데에는 핵심적인 요소가 될 것이다.[6]

풀러와 젠킨스의 말은 게임이 끊임없이 스펙터클을 제공함으로써 게이머의 욕구를 충족시키는 메커니즘을 지니고 있다는 의견이다. 게임이 스펙터클을 강화하는 움직임은 그들의 말이 아니더라도 그동안의 게임의 역사가 증명하고 있다. 게임 개발자들에게서는 그래픽이나 음향효과를 극대화하기 위한 치열한 경쟁이 치러져 온 것이다. 그러나 이처럼 게임의 제일의 자극요인을 스펙터클로 보는 견해에 대해서 라도삼은 그것이 게임의 텍스트성만 바라본 데서 온 편향으로 컨텍스트성을 고려해야 한다고 주장한다. 곧 게임과 게임이 수행되는 문맥, 게임문화를 같이 고려해야 한다는 것이다. 그는 아케이드 게임에서의 인터페이스의 확장, 극적 시나리오의 현실 구성, 현실을 시뮬레이트한 축구 게임 등을 예로 들어 게임에서 가장 중요한 요인이 '현실과 같은 실재감을 느끼도록 만드는 것'[7]이라고 지적하면서 스펙터클에 과도한 의미를 부여하는 견해에 대해서 비판적 시각을 보여준다.

스펙터클과 함께 컴퓨터 게임에서 중요한 것은 긴장의 요인이다. 스펙터클이 감각의 교란과 화음을 통해 게이머의 시선을 붙잡는다면 긴장은 바로 사건의 전개, 곧 서사란 게임의 문학적 속성에서 비롯되는 요소이다. 이 긴장이 게임에서 중요한 이유는 그것이 게이머가 게임에 몰입하게 되는 가장 중요한 요인이기 때문이다. 긴장은 통상 주관적 긴장과 객관적 긴장으로 구분되는데, 전자는 게임을 진행하면서 게이머가 주관적으로 느끼는 긴장이며 후자는 게임 텍스트가 함축하고 있는 객관적 요

---

6) 매리 풀러·헨리 젠킨스, 「닌텐도와 신세계 여행 담론」, 『인터넷과 온라인 게임』(이재현 편), 커뮤니케이션북스, 2001.
7) 라도삼, 『블랙 인터넷』, 지우, 2001, 149~152면.

소를 가리킨다. 게임에서는 통상 객관적 긴장보다는 주관적 긴장을 전형적인 양태로 생각하기 때문에 여기서는 작품이 지니고 있는 객관적 긴장 요소를 주관적 긴장과 동일한 것으로 간주하여 서술한다.

　기본적으로 긴장은 사물이나 특정한 적에 대해 얼마나 아는가의 문제와 관련이 있다. 사물에 대한 완전한 무지와 완전한 앎에서는 긴장이 발생하지 않는다. 달리 말해서 불완전한 앎으로 인해 가까이 다가오는 미래에 대한 두려움을 가질 때 긴장이 조성되는 것이다. 이런 점에서 모든 긴장은 지나간 어떤 일을 근거로 하며 미래의 한 순간을 목표로 하게 된다고 말할 수 있다. 이 미래에 대한 긴장은 두 종류로 나눌 수 있다. 그 하나는 결말에 대한 긴장으로서 마지막에 이르기까지 어떤 것이 결말을 가져오는가 하는 것이 불분명하게 놓여 있을 때 일어나는 긴장이다. 이에 반해서 진행에 대한 긴장은 관객이 줄거리를 파악하고 있는 상태로부터 생겨나고 알려진 종말이 어떻게 이루어지는가에 의문을 갖게 하는 특성을 지닌다. 예를 들어 「오이디프스왕」에서 일어나는 긴장은 진행에 대한 긴장에 속하고 많은 할리우드 블록버스터영화에서 추구하는 것은 결말에 대한 긴장이라고 할 수 있다. 한편 이러한 사건의 극적 전개와 관련된 긴장과는 성격이 다른 것이지만 감정에서 생기는 긴장이 있다. 이 감정에서 생기는 긴장은 줄거리에서 비롯되는 것이 아니고 캐릭터의 파토스가 지닌 불가피한 힘을 통해 구현된다. 예컨대 에우리피데스의 「메디아」에서 찾아볼 수 있는 긴장이다. 메디아가 남편에 대한 배반감을 이기지 못해 자신이 사랑하는 아이들을 살해하도록 만드는 격렬한 감정을 갖는 것을 목도하면서 갖게 되는 긴장이다. 이 여러 가지 긴장은 등장 인물들 사이의 관계에서 발생하기도 하고, 등장인물과 관객 사이의 사건 파악의 정도에 차이가 생김으로써 발생하기도 한다. 그러므로 게임을 제작할 때는 어떤 요인에 의해서 긴장을 발생시킬 것인가에 대해서 입장이 확립되어야 한다. 예컨대 벽돌깨기 게임에서는 등장인물들 사이의 긴장이 기본 개념이다. 이 게임에서 레벨에 따라 난이도를 조정하는 것은 주관적 능력과 객관적 상황이란, 주체 객체 사이에서 발생하는 긴장이 주축이 된다. 〈스타크래프트〉에서 세 종족의 능력을 균형 있게 조정하는 것은 바로 이 등장인물들 사이에서 발생하는 긴장이라고 할 수 있다. 그러나 〈스타크래프트〉에서 화면을 어둡게 하는 안개기법을 사용함으로써 상대방의 상태를 알지 못하게 하거나 〈퀘이크3〉에서 복잡한 회로를 무대로 하는 것은 사건 파악의 정도에서 야기되는 긴장을 노리고 있다고 할 수 있다. 〈언더 어 킬링 문〉에서 정보를 얻기 위해 게이머의 많은 노력을 요구하는 것이나 어드벤처 게임에 설정되어 있는 퍼즐은 모두 이 정보와 관련된 긴장을 목적으로 하고 있다고 할 수 있다.

따라서 게임의 제작에서 주객 사이에 밸런스를 갖추는 것은 긴장의 조성을 위해 필수요건이 된다. 앤드류 롤링스는 『게임 아키텍처 & 디자인』에서 밸런스를 취하는 방법을 세 가지 종류로 나누어 설명한다.[8] 첫째는 게이머 사이의 밸런스다. 여기서는 게이머들 사이에 실력을 제외한 모든 조건이 동등하게 주어져야 한다. 곧 게이머가 실수를 하지 않았음에도 이길 수 없는 상황에 놓이게 해서는 안 된다. 둘째는 게이머의 학습 곡선에 따른 보상이다. 게임에 임의적인 난이도를 설정함으로써 게이머가 프로그램에 적대감을 가지게 하는 상황을 설정하여서는 안 된다는 원칙이다. 이러한 원칙이 있어야 게이머의 학습이 진척되는 데 따라 흥미가 높아질 수 있는 것이다. 세 번째 요소는 게임 요소들 간의 밸런스이다. 예를 들어 공격력과 그것을 사용하는 비용 사이에 일정한 비례관계가 성립되어야 한다. 즉 비용과 효용이 비례해야 하고 게임 내의 모든 선택 사항은 이따금이라도 쓸모가 있어야 하는 것이다.

컴퓨터 게임에서 긴장을 조성하는 방법으로는 밸런스를 취하는 방법 이외에 사건 전개 구조를 극적 구조로 조직하는 방식이 있다. 즉 게이머의 능력이 향상되는 데 따라 사건의 난이도를 조정하는 방식이다. 가와

---

8) 앤드류 롤링스·데이브 모리스, 한쿨임 팀 역, 『게임 아키텍처 & 디자인』 1, 제우미디어, 2002, 1부 5장 참조.

베 마즈또는 게임에서 일어나는 사건. 드라마란 기본적으로 행동(正)과 환경(反)의 충돌에서 새로운 힘을 창출하는 구조란 인식하에서 컴퓨터 게임에서 자주 사용되는 드라마의 일곱 개의 시퀀스를 구분하고 있다.9) 그 일곱 개의 시퀀스는 절정에서 해결되어야 할 근본 모순점이 제시되고 그에 따라 주인공이 추구해야 할 초목표를 확립하는 발단부, 행동이 착수되지만 실패로 끝나는 전개 1부, 다시 실마리를 찾아서 시도하지만 또다시 실패하는 전개 2부, 좀더 적극적인 행동으로 꽤 성공을 거두지만 주인공이 궁지에 몰리는 전개 3부, 주인공이 절체절명의 궁지에 빠지는 전개 4부, 주인공과 적대 세력 사이에 정면 충돌이 일어나는 절정부, 대폭발 후의 평화로운 균형상태가 제시되는 에필로그로 구성되어 있다. 마즈또는 이 변증법적 구조가 드라마의 세부에서도 프랙탈 구조처럼 반복적으로 구현된다고 설명한다. 개개 장면이나 시퀀스 내에 일곱 단계가 반복된다는 의견이다.

4. 새로운 게임과 문학의 미래

지금까지 게임의 역사는 짧게 치면 30년, 길게 보아도 기껏해야 50년의 연륜밖에 갖지 못하고 있다. 그 역사의 전개는 주로 테크놀로지의 발달에 힘입고 있다고 해도 과언이 아니다. 그리고 테크놀로지가 게임에 미치는 영향력은 현재까지도 거의 절대적이라고 할 만하다. 이 테크놀로지가 어느 시점에 이르러 거의 완벽에 가까운 수준을 보여줄 경우 게임은 어떤 형태를 띠게 될 것인가 그때에 이르면 컴퓨터의 하드웨어보다 소프

---

9) 가와베 마즈또, 김태완 역, 『게임 시나리오』, 시나리오친구들, 1999, 49~51면.

트웨어의 중요성이 증대하리라는 것은 충분히 예측 가능한 일이다. 이 단계에 이르러서 게임의 내용과 형식이 예술의 장르로 승격할 것인지 순전한 엔터테인먼트 산업으로 영화를 누릴지는 속단할 수 없다. 지금의 발전 추세로 미루어 본다면 앞으로 게임의 디자인과 구성은 훨씬 더 정교해지고 인터페이스는 한결 더 편리하고 부드러운 것이 되리라는 것만은 예측할 수 있을 것이다. 새로운 게임은 이 발전의 도상에서, 그 속도와 잠재적 가능성을 실현하는 속에서 생성될 것이라고 말할 수 있다.

그러나 게임의 발전 방향을 일정한 형태로 예단하기는 힘이 든다. 지금까지 전개된 게임의 역사를 돌아보면 그 변화과정은 단순히 자극의 양을 증대하는 차원에서 이루어지지 않았다. 생물학에서 말하는 일종의 돌연변이라고 할 수 있는 요인들이 게임의 운명을 좌우해온 것이다. 네트워크의 발달에 의해서 온라인 게임이 등장했고, 휴대폰의 보급에 발맞추어 모바일 게임이 출현했다. 뿐만 아니라 새로운 개념의 게임은 항시 게임성(gameplay)의 혁신을 동반했다. 최초의 게임인 「퐁」을 대체한 것은 그것의 자극 양(量)을 변화시킨 에피고넨들이 아니라 주체와 객체의 반응 방식을 바꾼 벽돌깨기 게임과 슈팅 게임이었으며, 전략시뮬레이션 게임의 왕좌를 찬탈한 것은 그 전에는 생각지도 않았던 온라인 게임이었다. 그러한 변천의 역사는 인터페이스의 형식을 바꾸는 방향에서 돌연변이와 같은 변화가 나타나기도 하고 서사적 요인을 바꾸는 차원에서 혁신이 이루어지기도 한 것이다. 이러한 변화의 추세를 고려하면 미래의 게임은 지금 게임이 지니고 있는 개념 자체를 바꾸어 나가는 방향으로 전개되지 않을까 점쳐 볼 수 있다.

이와 같은 컴퓨터 게임의 급속한 발달과 변화의 추세가 문학에 끼칠 영향에 대해서 이 자리에서 섣불리 추론하는 것은 봉사 문고리 잡기 식이 될 공산이 크다. 컴퓨터 게임의 존재양상 자체가 불확정성이 큰데다 그것이 다른 문화형식에 끼칠 영향이란 것은 자칫 귀에 걸면 귀걸이 코에 걸면 코걸이 식이 될 우려가 있기 때문이다. 그럼에도 불구하고 대다수의 자라나는 세대들이 컴퓨터 게임의 세례를 받고 성장한다는 점에서 그 관계성은 문학연구를 수행하는 입장에서는 중요한 관심사가 된다. 그리고 기왕의 다른 장르들의 교섭 양상을 참조하면서 게임과 문학의 관계를 성찰하는 방법을 취할 수 있다. 예컨대 한 세기의 역사를 지닌 영화와 문학의 관계는 하나의 선례로서 참조할 만하다.

그러면 영화는 문학에 어떤 영향을 끼쳤는가? 오늘날 영화는 사람들의 생활 속에 깊숙이 침투해 있다. 영화관에서 상영되는 것말고도 비디오, 텔레비전에서 방영하는 드라마·아이맥스영화·실험영화 등 다양한 형식의 영상물이 사람들의 지각환경을 조성하고 있다. 그렇다고 해서 영화가 문학에 절대적인 영향을 끼쳤다고 할 수 있는가? 이에 대한 답변은 그다지 긍정적이지 않다. 물론 많은 사람들이 책을 읽기보다 영화를 보기 좋아하고, 도서관에서 책을 빌리는 것보다 비디오 대여점을 찾는 일이 많아진 것은 분명하다. 또한 이러한 영상에 익숙해져 있는 세대들의 문학에서 영상지각방식을 원용한 삽화구성이나 서사문법을 찾아볼 수 있는 것도 사실이다. 그러나 그 영향은 문학의 존재 방식에 결정적인 작용을 했다기보다는 장르간의 간섭효과에 그친 감이 없지 않다. 곧 장르들 사이에 교류는 이루어지지만 각각의 장르는 독자의 특성을 견지한 상태로 고유성을 지니면서 변화해가고 있는 것이다.

이러한 상황은 컴퓨터 게임이 지금보다도 더 영향력이 큰 문화 영역으로 자리잡는다고 하더라도 문학이 고유의 문법을 지켜 가는 데는 별다른 지장이 없을 것이라는 안도감을 가질 수 있게 한다. 그러나 영화와 비교했을 때 컴퓨터 게임이 문학에 끼치는 영향은 좀더 강력하고 본질적인 것이 될 가능성이 크다. 이같이 말할 수 있는 근거는 컴퓨터 게임이 상호작용성을 기제로 하는 매체를 이용하여 이루어지는 데다 자극의 양이나 긴장의 수위가 영화보다 훨씬 많고 높다는 데 있다. 달리 말해서 영화는 영상을 생산한다는 특성을 지니지만 그 수용의 방식은 문학과 크게 다르지 않다. 영화는 그 텍스트의 내용을 책이란 활자형태를 영상으로 바뀌었다는 것뿐 관객의 수용방식에서는 문학과 거의 동일하게 수용자의 주시(注視)만을 요구할 뿐이다. 이에 비해서 컴퓨터 게임은 텍스트의 형성에 게이머의 직접적 개입을 요청하고, 그에 따라 텍스트를 수용하는 게이머의 사물지각은 민활해지고 집중과 긴장의 정도는 높아진다. 이 가운데서 게이머와 컴퓨터 사이의 상호작용성의 증대는 텍스트 수용방식에서 큰 변수로 작용할 수 있다. 이 수용방식에 익숙해지는 경우 다른 문화형식이나 장르에서도 그 방식을 도입할 개연성은 크게 높아진다. 그것은 낭송의 형식에서 묵독의 형식으로 바뀌어진 독서방식을 새롭게 조정하는 데 한 역할을 맡을 수 있다. 또 텍스트의 수용에서 지속적인 긴장에 익숙해지는 경우 긴장도가 조금이라도 약화될 경우 수용자의 주의력은 지속되지 못할 가능성이 많다. 이것은 곧 게임세대에게 호소할 수 있는 서사의 구조가 좀더 견고한 것이어야 함을 말한다. 이 두 가지 요인은, 한 가지는 문학 텍스트의 외면적 형식, 다른 한 가지는 문학 텍스트의 내면적 형식에 대해서 종전과는 다른 특질을 요구한다는 의미를 지닌다.

그러나 컴퓨터 게임이 미래의 문학에 끼칠 가장 중요한 영향력은 게임세대가 기성세대와는 다른 사물 지각 방식을 체득하고 있다는 점에서 비롯된다. 컴퓨터 게임은 대부분 놀이의 형식 가운데서 경쟁과 갈등을 가장 많이 요구하는 형식으로 만들어진다. 이 때문에 게이머는 고도의 집중력을 가지고 사물을 지각해야 할 뿐만 아니라 순간적으로 주어진 상황에 반응하는 방식을 익혀야 한다. 이 과정에서 게이머는 텍스트의 공간과 시간을 종래와는 다른 방식으로 지각하는 방법을 체득하게 된다. 곧 텍스트의 공간에서 부분적인 표상에 대해 정확히 파악해야 할 뿐만 아니라 전체를 한 눈에 즉각적으로 포착해야 한다. 이러한 지각의 과정은 기본적으로 시간적 순서에 따라 표상이 계기적으로 제시되는, 그리하여 수용자의 성찰의 시간을 보장하는 문학의 형식과는 배치되는 형식이다. 또한 게이머는 시간에 대해서도 긴 경과를 단축해서 파악하는 기제를 익혀야 한다. 게이머에게는 속도가 생명이기 때문이기도 하며 게임 텍스트에서 자주 시간 단축이 일어나고 있기 대문이다. 〈삼국지〉를 예로 들면 낙양에서 보낸 사신은 다음 장면에서는 성도의 군주와 대면하고 있는 것이다. 게이머가 이처럼 시간과 공간을 축약하고 단축하여 전체를 즉각적으로 파악하는 방식[10]에 익숙해지는 경우 기존의 문학 텍스트가 지니고 있는 시공간은 지루하고 따분한 것으로 받아들여질 가능성이 높다. 문화의 형식이 인간의 지각 메커니즘에 따라 조성되는 것이라면 게임에 의해 초래된 사물 지각 방식의 변화는 결국 문학의 텍스트에 변화를 가져오지 않을 수 없다. 미하일 바흐친이 소설의 크로노토프에 대한 논문에서 밝힌 바와 같이 시공간의 조직 방식이 달라지는 데 따라서 문학의 장르가 바뀐다는 점을 고려하면 컴퓨터 게임이 요구하는 사물지각 방식의 변화는 궁극적으로 문학장르의 성격에 중대한 영향을 끼칠 수가 있는 것이다.

---

10) 컴퓨터 게임에서 일어나는 지각의 메커니즘에 대한 상세한 설명은 최유찬, 『컴퓨터 게임의 이해』, 문화과학사, 2002, 제5장 「게임의 기능과 지각」 참조

제 3 장

한국영화와 「탈이념의 정치학」에 대한 메타비평

〈쉬리〉, 〈간첩 리철진〉, 〈공동경비구역 JSA〉

1. 텍스트 원형 파악의 중요성

안녕하세요

오늘 저는 최근의 한국영화와 관련해 발표된 평론을 분석하여 비평적 글 쓰기의 방법을 고찰하고자 합니다. 제가 다루려고 하는 비평문은 백문임의 「'탈이념'의 정치학」이라는 글입니다. 이 글은 저자의 영화평론집인 『줌―아웃』(연세대 출판부, 2001) 첫 장에 실려 있고 최근에 크게 화제가 되고 있는 〈쉬리〉, 〈간첩 리철진〉, 〈공동경비구역 JSA〉를 다루고 있습니다. 저는 사실 이런 자리에서 여러분에게 영화에 대해 이런 저런 이야기를 할 자격을 제대로 갖추지 못한 사람입니다. 문학평론에 손을 대긴 했지만 영화에 대해서는 체계적으로 깊이 연구한 적도 없고 한국 영화사를 꿰뚫어 볼 수 있는 지식을 갖추지도 못했습니다. 그럼에도 불구하고 외람스럽게 강의의 한 자락을 맡은 것은 이 영화들은 이미 관람한 바가 있고, 컴퓨터 게임에 대해서 관심을 가지다 보니 영화의 영상에 대해서도 조금쯤은 언급할 부분이 있겠다 하는 생각이 들어서입니다. 더욱이 자료로 사용하는 평론의 필자와는 연극―영화 세미나를 함께 하고 있는 처지라서 좀 잘못을 하더라도 너그러이 받아들여줄 것이라는 믿음이 있어 용기를 냈습니다. 여러분도 넉넉히 생각해 주시기를 바랍니다.

좀 사적인 이야기로 시작하겠습니다. 이번 추석에 시골에 갔었습니다. 고향의 어른들과 대화하는 중에 우리 아이들 이야기가 나왔습니다. 그래서 두 놈이 군대에 가 있다고 했더니 대뜸 그 어른 말씀이 "김대중 정권이 들어선 뒤에, 다른 건 몰라도 무장 간첩이 안 와서 좋아" 하시는 것이었습니다. 말씀을 듣는 순간 동해안의 잠수정 생각이 퍼뜩 떠올랐지만 그런 문제를 가지고 어른과 쟁론을 할 필요는 없는 일이라서 그냥 덮어두고 다른 이야기로 물꼬를 돌렸습니다. 남북 문제에 대한 사람들의 생각이 어느 새인지 모르게 많이 바뀌고 있다는 이야기일 것입니다.

오늘 분석하고자 하는 평론에서 다룬 영화는 모두 남북관계를 소재로 하여 사회적 이목을 끈 작품들입니다. 동구사회주의가 무너질 때 사람들은 흡수통일을 많이 이야기했습니다. 그로부터 10년이 지난 지금 통일의 비전은 썩 밝은 것이 못됩니다. 그렇지만 최근 몇 년간 이른바 대박을 터트린 영화들 가운데 남북문제를 다룬 작품이 많다는 것은 우리의 잠재 의식 속에 민족 통일이 하나의 비원으로 자리잡고 있다는 반증이 될지 모르겠습니다. 그러므로 그것은 낡은 민족주의니 뭐니 찢고 바수기 전에 먼저 곰곰이 따져 보고 음미해 보아야 할 현상이라 하겠습니다. 이 평론은 바로 그 점에서 선편을 쥐었다고 생각합니다. 그리고 그 덕으로 우리도 한국의 현실에 대해 성찰할 시간을 가지게 되었습니다. 지금 우리가 하는 작업은 비평에 대한 비평입니다. 영화작품도 현실에 대한 하나의 비평이라면 우리의 작업은 현실에서 세 단계나 떨어진 비평이 되겠지만 분석대상으로 삼은 글이 하나의 현실이라고 하면 우리는 현실에 대한 비평을 하고 있는 셈이지요. 저는 항상 비평을 이렇게 생각해 왔습니다. 그런 입장에서 저는 남북문제를 소재로 한 영화의 평론이란 이 현실, 이 텍스트가 어떻게 구성되어 있는지 파악하려고 합니다. 그런 작업을 통해 비평을 어떻게 해야 할지 배우려는 것입니다.

　저는 항상 텍스트 파악의 중요성을 강조합니다. 사람이 살아가는 데 1차 텍스트이건 2차 텍스트이건 텍스트를 정확하게 파악하는 것이 얼마나 중요한 것인지 나름으로 조금 신산고초를 맛본 삶의 체험 속에서 깊이 깨달았기 때문입니다. 이 체험 이야기는 사적인 것이므로 다른 기회로 미룰 수밖에 없는데, 그러면 어떻게 텍스트를 정확하게 파악할 수 있는가 하는 문제가 우리들 논의의 관건이 됩니다. 이때 저는 항상 '전체'의 파악을 강조합니다. 텍스트의 세부를 정확히 파악하는 일이 중요하지 않다는 것이 아닙니다. 세부를 정밀하게 파악하되 그런 속에서도 그 세부의 지엽적인 문제에 파묻히지 않고 전체의 구조를 정확히 읽어 내야 한다는 견해입니다. 이런 방법을 『비평의 해부』의 저자인 노스럽 프라이는 텍스트에서 일정한 거리로 '뒤로 물러서서' 보는 방법이라고 했습니다. 그렇게 뒤로 물러서서 바라보았을 때 파악되는 텍스트의 구조를 그는 '원형' 또는 '신화'라고 했습니다. 원형비평이라든가 신화비평이라는 명칭은 이렇게 '뒤로 물러서서' 텍스트의 전체 구조를 파악하는 방법에 근거한 것인데, 거기에서 세부에 대한 정밀한 이해는 언제나 전제로 되어 있습니다. 저는 이 방법을 분석대상으로 삼고 있는 비평문에 적용하겠습니다. 따라서 여러분은 이 강의를 듣(보)기 전에 대상텍스트 자체를 충분히 숙지해 두는 것이 필요합니다. 그 작업이 선행되지 않으면 제가 말씀드리는 이야기가 무슨 소리인지, 또 설명이 타당한지 그렇지 않은지 판단의 근거를 갖지 못한 채 강의에 임하는 일이 될 것입니다.

2. 이데올로기 비판의 방법

우리가 살펴고자 하는 글은 「'탈이념'의 정치학」이란 제목으로 되어 있습니다. 여기서 우리는 '탈이념'과 '정치학'이란 낱말에 주목하게 되는데, 이런 안목에서 바라보면 이 글이 실린 저서의 부제가 '한국영화의 정치학'이라고 되어 있다는 점에도 유의할 수 있게 됩니다. 곧 저자의 작업은 '한국영화'를 가지고 구축되는 하나의 '정치학'이며, 우리의 텍스트가 된 글은 한국영화 가운데서 '탈이념'이란 사건들을 다룬 영화들, '탈이념'의 현상들을 소재로 한 영화들을 통해 구축되는 정치학인 것입니다. 여기서 사용되는 '정치학'이란 개념은 당연히 일종의 수사이겠지요. 그러면 그 '정치학'의 구체적 내용은 무엇일까요. 그것을 한마디로 말하면 '이데올로기 비판'입니다.

저는 여기서 지금으로부터 십 몇 년 전에 있었던 일을 상기합니다. 십 몇 년 전 경남대 극동문제연구소는 세계적인 석학들을 한국으로 불러서 심포지엄을 개최합니다. 이른바 지성의 향연이 벌어진 이 자리에서 미래의 지적 활동의 방향에 대한 논의가 펼쳐지는데, 거기에서 미국에서 활동하는 정화열 씨는 심층생태학을, 프레드릭 제임슨은 이데올로기 비판을 미래의 주요 방향으로 제시합니다. 전지구적 차원에서 현금의 지성세계의 지형도를 살펴본다고 할 때, 그 당시 두 사람이 제시한 지적 활동의 주요 방향은 각기 저마다 타당성을 지닌 것이었다고 평가할 수 있습니다. 그런데 오늘 분석대상이 된 평론문의 저자는 그 두 사람이 제시한 두 가지 지적 활동의 방향 가운데 프레드릭 제임슨이 말하고 있는 바로 그 '이데올로기 비판'을 자신의 작업으로 선택하고 있는 것입니다. 이와 같은 사실들을 참조하면 우리가 학습대상으로 선택한 텍스트가 지니고 있는 제목의 의미를 얼마간 짐작할 수 있습니다. 그것은 '탈이념'을 표방하는 영화들이 지니고 있는 '이데올로기'에 대한 '비판'의 성격을 지니고 있는 것이지요.

여기서 우리는 이 비평문이 고차원적인 지적 작업을 수행한다는 사실을 알 수 있습니다. 특정한 영화의 줄거리를 소개하거나 주제사상을 설명하는 작업, 또는 배우의 연기나 삽화 연결의 잘잘못을 평가하는 것이 아니라 그 '사회적 의미'를 생산하는 영화가 행하는 대 사회적 발언, 그 '상징적 행동'에 내재하는 정치적 무의식을 까발리고, 분석하고, 비판하는 작업인 것입니다. 따라서 이 비평문에서 영화의 스토리에 대한 단순한 설명이나 플롯 구조에 대한 분석만을 기대하는 것은 밤나무 밑에서 홍시 떨어지기를 기대하는 일이 될 것입니다. 영화 감독이나 제작자, 배우들은 미처 생각하지도 않았던, 그들의 작업을 추동 하는 데 관여한 의식의 이면, 관객들이 눈물짓고 웃음을 흘리게끔 감동을 자아내는 영화미학 속에 은밀히 감추어진 정치적 무의식, 그 '정치학'을 드러내는 일입니다. 이런 관점에서 텍스트를 바라보면 이제 우리는 텍스트의 전체 구조가 어떻게 만들어져 있으며, 각각의 부분은 전체 구조에서 어떤 기능을 하며, 그와 같은 구성은 저자가 하려고 하는 작업을 얼마만큼 성과 있게 수행하고 있는지 판단할 수 있는 자료를 가지게 되는 것입니다. 달리 말해서 우리는 앞으로 이 평론이 전체적으로 어떤 구조를 지니고 있으며, 그 구조 속에서 각 부분은 어떤 역할을 하며, 그러한 구조는 저자가 기도하고 있는 '정치적 무의식'을 드러내는 작업, '이데올로기 비판'을 제대로 수행하고 있는지 살펴보고자 하는 것입니다.

「'탈이념'의 정치학」은 모두 다섯 개의 장으로 구성되어 있습니다. 〈금기의 해체와 '탈이념'의 문제〉라는 이름의 첫 장은 글의 서론으로서 〈쉬리〉 등의 세 영화가 '북한'이란 금기를 어떻게 해체하고 있으며 거기에서 '탈이념'의 양상이 어떻게 드러나고 있는지 설명하고 있습니다. 그러면서 이 장에서는 이 비평문이 어떤 작업을 수행하며 그 작업은 어떤 방식으로 수행될 것인가를 설명하고 있습니다. 곧 이 글의 목적이 무엇이며 그 일은 어떤 방법으로 수행되는지를 밝히는 구성입니다. 그러므로 글의 서론

격인 첫 장은 〈쉬리〉 등의 세 영화에서 드러나는 북한에 대한 '금기의 해체'라는 현상을 먼저 제시하고, 그 현상에서 핵심적인 요소인 '탈이념'의 문제를 적출한 다음, '탈이념'이 지니고 있는 문제성, 곧 '탈이념'이라는 허울을 둘러쓰고 등장하는 세 영화의 '이데올로기'가 무엇인지 밝히는 것이 글의 목적이라는 사실을 언명하고, 그 목적을 수행하기 위해서 어떤 방법을 쓸 것인지 밝히는 순서로 되어 있습니다. 그러나 여기에 제시된 순서는 실제 텍스트와 약간 상이한 부분이 있는 것처럼 보이는데, 첫 장의 맨 끝에서 "이 글은 이 영화들에서 옹호되는 '탈이념'적 가치들이 어떠한 이데올로기적 의미들을 갖는가를 살피는 글이 될 것"이라고 글의 목적이 제시되어 있고, 그 방법은 그 앞 단락의 서두에 "이 글에서는 이 시대 유일하게 '순수이념적인' 집단으로 남아 있는 것처럼 보이는(던) 북한에 대해 남한의 젊은 영화들이 어떤 이미지와 표상과 코드를 활용하여 다루고 있는가를 '탈이념'의 관점에서 분석해보고자 한다"는 진술에서 제시되고 있어서 목적과 방법의 제시 순서가 뒤바뀐 듯한 인상을 줍니다. 그 부분의 서술은 이렇게 되어 있습니다.

'탈이념'은 수사학적인 성격이 짙은 개념이다. 그것은 탈냉전과 동일한 맥락에서 쓰이기도 하고, '포스트모더니즘'을 등에 업고 탈정치적인 뉘앙스를 풍기기도 한다. 상식적인 말이지만, 이념으로부터 벗어난다는 것은 불가능하다. 어떤 체제와 사회와 개인이건 체계화되고 균질적인 하나의 이념만을 신봉하며 살아간다는 것도 불가능하지만, 그 모든 이념 자체에서 벗어난다는 것 역시 불가능한 것이다. 따라서 탈이념이라는 개념은 이념 자체를 부정한다기보다는 특정 이념의 전일적인 지배를 거부하거나, 이념을 유일한 기준으로 삼는 가치관을 거부하는 한정적인 맥락 속에서, 다분히 수사학적인 의미에서 소통되고 활용되는 개념이다. 21세기를 전후한 시점의 남한 대중영화가 탈이념적 관점에서 북한을 다룸으로써 대중적인 호응을 얻었다는 것은 그 자체로 고무적인 일이기는 하지만, 이 글은 이때 탈이념이라는 것이 어떤 이미지와 코드들에 기대어 부각되고 있는가를 분석해보려고 한다. 〈쉬리〉와 〈공동경비구역 JSA〉에서 북한이라는 대상은 어떤 이미지와 코드를 통해 재현되었기 때문에 그토록 남한 대중에게 어필할 수 있었는가. 그리고 이때 이미지와 코드를 뒷받침하고 있는 집단적 무의식은 어떤 것인가. 따라서 그것은 이념을 거부하기 위해 무의식적으로 전제하고 있는 이념이란 어떤 것인가를 살피는 일이기도 하다. 여기에서 거부되고 전제되는 이념들이란 물론 체계화되고 균질적인 어떤 것은 아닐 것이다. 영화를 만든 사람들이나 거기에 호응한 관객들이 의식하지 않았던(못했던), 무의식의 차원에 깊이 침잠된 어떤 것이라는 점에서, '이데올로기'라는 표현이 좀더 익숙할지도 모르겠다. 그렇다면 이 글은 이 영화들에서 옹호되는 탈이념적 가치들이 어떠한 이데올로기적 의미들을 갖는가를 살피는 일이 될 것이다.

앞에서 이야기한 대로 방법을 제시하는 이 부분은 글의 목적과 방법을 함께 언급하고 있습니다. 곧 저자는 세 영화를 '탈이념의 관점에서 분석'하려는 목적을 갖는 것인데, 그 '분석'이라는 것은 "'탈이념'적 가치들이 어떠한 이데올로기적 의미들을 갖는가를 살피는" 작업이라는 것을 부연 설명함으로써 강조하는 용법인 셈입니다. 다시 말해서 서론의 맨

〈공동경비구역 JSA〉

끝에서 저자는 이 글의 목적이 무엇인지를 다시 한번 제시하여 독자의
주의를 환기하고 있는 것이지만, 그러한 글의 목적은 방법의 설명과 함
께 이미 주어진 것입니다. 그 내용을 정리하면, 글의 목적은 세 영화를
‘탈이념의 관점에서 분석’하는 것, 곧 탈이념적 가치들이 어떠한 이데올
로기적 효과를 갖는가를 살피는 작업이며, 그러한 목적을 달성하기 위해
서 “북한에 대해 남한의 젊은 영화들이 어떤 이미지와 표상과 코드를 활
용하여 다루고 있는가”를 분석하겠다는 것입니다. 이것이 이 글에 적용
되는 방법의 핵심입니다. 저자는 이처럼 세 영화의 이미지와 표상과 코
드 활용법을 고찰하는 방법을 통해 ‘탈이념적 가치들’이 지닌 이데올로
기적 의미를 밝히겠다는 것입니다.

3. 이미지, 표상, 문화, 코드, 이데올로기

　글의 목적과 방법이 분명히 파악되었기 때문에 서론에 이어지는 다음
세 장, 곧 본론에 해당하는 세 장의 글 내용과 구성은 명확하게 이해될
수 있습니다. 2장은 〈쉬리〉를 ‘북한, 그 낯설고도 친근한 식민지’라는 이
름으로 분석하고 있으며 3장은 〈간첩 리철진〉을 ‘간첩이 주인공이 되려
면……’이라는 이름으로, 4장은 〈공동경비구역 JSA〉를 ‘남한 남성·군대
문화의 자기 복제’라는 이름으로 분석하고 있습니다. 이 본론에 이어서
글의 결론 격인 5장은 ‘이데올로기와 유토피아’라는 이름으로 본론에서
논의한 내용, 곧 ‘탈이념적 가치들이 지닌 이데올로기적 의미들’을 개괄
하고 그에 대한 저자의 평가를 덧붙이는 것으로 글을 맺고 있습니다. 이
것이 글의 전체 구조입니다. 여기서 여러분들 가운데서는 의문을 품는
분들도 있으리라고 생각합니다. 글의 전체 구조를 설명하면서 서론 부분

은 상세히 다루고 본론과 결론은 간략히 다루어서 전체 구조가 어떻게 되어 있는지 잘 파악이 안 된다고 생각할 수도 있을 것이기 때문입니다. 그러나 이러한 설명 방식은 의도적입니다. 통상 우리는 연구논문과 평론을 구분하는데, 연구논문의 경우 서론에서 연구 목적과 방법론에 대한 설명이 개진되는 데 반해 평론문은 그 구성이 비교적 자유롭습니다. 따라서 평론문의 경우 글 전체를 읽고 난 뒤에야 글의 목적과 사용된 방법을 알아볼 수 있는 형태가 많은 데 반해서 연구논문의 경우 서론에서 이미 글 전체의 구조를 짐작할 수 있습니다. 이 관점을 적용할 때 우리가 분석하고 있는 글은 그 구조 형태로 미루어볼 때 평론인 것처럼 보이지만 실제상 본격적인 '연구논문'의 성격이 강하다고 평가할 수 있습니다. 그리고 이로 인해, 연구의 목적과 그 방법론이 서론에서 명확히 개진되었으므로, 우리는 저자의 작업이 원만하게 진행되었는지 각 부분에서 거의 즉각적으로 판단할 수 있습니다. 그러면 이제부터 글의 전체 구조를 염두에 두면서 세부를 살펴보겠습니다.

서론에서 저자는 '금기의 해체' 현상을 제시하고, 그 현상을 촉발하는 '탈이념적 가치들'이 문제성을 지닐 수 있다는 관점을 피력했습니다. 그래서 탈이념적 가치들이 지니는 이데올로기를 분석하겠다는 글의 목적을 밝히고 그 방법으로서 '남한의 젊은 영화들이 어떤 이미지와 표상과 코드를 활용'하는지 살펴보는 방식을 채택했습니다. 그러면 이 방법론은 본론에서 어떻게 구현되고 있을까요. 〈쉬리〉를 다룬 2장은 이방희/이명현의 캐릭터에 대한 논의로 글을 시작하고 있습니다. 그 캐릭터가 북한 8군단 최고의 저격수이자 남한 OP 요원 유중원의 약혼녀라는 이중성을 거론하고 있습니다. 그리고 그녀가 남한 생활에서 '흔들림과 회의'를 갖게 되었다는 것을 설명하고 있습니다. 이방희/이명현은 '이념'보다도 '사랑', '인간적인 행복'이란 가치에 더 비중을 두는 쪽으로 변함으로써 '흔들림과 회의'를 갖는 인물로 그려지는데, 그래서 남한 관중의 감성에 호소할 수 있는 자질을 갖추는데, 그러한 코드 설정에 작용하는 이데올로기란 무엇이겠는가 하고 묻는 것입니다.

　　이방희 / 이명현은 남한 대중의 대북한 정서를 포착하고 반영한 뛰어난 캐릭터이면서, 호전적이고 낯선 세계를 유순하고 낯익은 이미지로 식민화하는 과정을 보여주는, 북한에 대한 남한의 제국주의적 욕망마저 드러내는 캐릭터이기도 하다. 따라서 〈쉬리〉에서 북한이라는 금기의 해체는, 그리고 거기에서 이념의 색채를 지우는 것은, 낯선 타자를 동일화하고자 하는 욕망의 표현이기도 하다. 그간 남한의 대중 앞에 어떠한 구체적인 형상을 지니고 재현되지 못했던 대상을 재현한다는 의미는 동시에, 그것을 매우 낯익고 남한식으로 코드화된 표상으로 재현함으로써 재코드화한다는 의미도 지니는 것이다. 그것은 북한에게서 기존의 살인마, 전쟁광이라는 코드를 탈코드화하는 것임과 동시에 북한을 남한적인 표상으로 재코드화하는 것이다. 그렇기 때문에 〈쉬리〉에서 이명현이라는 인물을 둘러싼 이미지는, 이념을 해체하는 것처럼 보이면서 더 교묘하고 무의식적인 차원에서 이념으로 재무장을 하게 하는, 일종의 전제군주적인 기표들이다.

▲ 〈쉬리〉에서, 이방희

여기서 우리는 저자의 방법론이 적용되는 양태를 알아 볼 수 있습니다. 이방희라는 캐릭터를 문제삼는 것은 이미지, 곧 표상을 검토하는 작업이며, 거기에 바탕을 두고 영화에 설정된 코드가 무엇인지 분석하는 것입니다. 이 지점에서 우리는 잠시 저자가 공동 번역한 『카메라 폴리티카』(시각과언어, 1996)를 살펴볼 필요가 있습니다. 마이클 라이언과 더글라스 켈너가 함께 지은 이 책의 서론에는 이런 말이 나옵니다. "한 사람의 존재는 자아와 그가 속해 있는 세계에 대한 표상들로 구성된다. 그래서 한 사람의 삶은 지배적인 문화적 표상들이 만들어낸 결과로서 사회적 삶이 띠게 되는 형상이나 형태에 의해서 기술될 수 있게 된다." 좀 어려운 용어들이 연속해서 몇 개 나오지만 글 뜻의 대강을 이해할 수는 있겠지요. 우리의 문맥과 관련해서 설명하면 이런 것입니다. 우리의 행동이나 어떤 사상(事象)에 대한 평가는 그 사회에서 긍정적이라고 인정되는 가치나 덕목과 긴밀한 관계가 있습니다. 이방희란 인물이 사랑이건 무엇이건 다 돌아보지 않고 오직 자신의 임무, '이념'에만 충실한 인물이었다면 남한의 관객들이 그녀에 대해서 애틋한 감정을 가질 수 없습니다. 그녀가 남파된 오열(五列), 북한 공작원임에도 불구하고 관객들이 그녀에게 공감하는 것은 그녀가 남한 관객들이 가치 있는 것이라고 생각하는 '사랑', '인간적인 행복' 쪽으로 흔들리고 회의하기 때문입니다. 〈쉬리〉의 서사 구조는 바로 이런 가치 개념에 근거하여 성립할 수 있었던 것입니다.

그렇지만 이러한 코드 설정, 사건의 연쇄 구조와 그에 대한 의미 부여를 가능하게 하는 문화적 코드는 정당한 것일까요? 저자는 바로 그것을 묻습니다. 〈쉬리〉가 전제하고 있는 가치들은 "자본제와 '가부장제'를 유지하고 재생산하기에 충분할 만큼 코드화된, '이념적'인 덕목"들이라는 것입니다. 이 인용문에서 '이념적'이라는 단어에 따옴표가 붙어 있는 것을 주목해야 합니다. 그 부호가 뜻하는 것은 '이념적'이란 말의 의미가 '이데올로기적'이라는 의미로 이해되어야 한다는 표시입니다. 즉 '이데올로기'는 자유주의나 사회주의라는 긍정적 '이념'을 뜻하기보다는, 또는 단순히 '허위의식'을 의미한다기보다는 알튀세가 말하는 이데올로기 개념을 환기하는 것이라고 보는 것이 좋으리라고 생각합니다. 알튀세는 "이데올로기는 현실을 묘사하기보다는 하나의 의지, 희망, 혹은 향수를 표현한다"고 말하기도 했그, "현실에 대한 상상적 관계"라는 개념을 유포하기도 했습니다. 테리 이글턴은 알튀세의 '이데올로기' 개념을 개괄적으로 설명하여 "알튀세에게 있어 이데올로기는 인간을 사회적 주체로 계속해서 구성하는 특정한 기호적 관행의 조직이며, 이는 그러한 주체가 이를 통해 어떤 사회의 지배적 생산관계에 관련되는 체험적 관계를 산출한다"고 지적합니다. 우리의 맥락에 맞게 그쳐 말하면 자본제적 생산방식과 가부장제적 사회 구조 속에서 사는 으리는 이 사회의 덕목들이 어느 시공간에서나 당연히 정당한 것이라는 의식을 가지고 산다는 이야기가 될 것입니다. 저자는 바로 그 점을 문제삼으면서 이렇게 말하고 있습니다. "〈쉬리〉에서 이명현이라는 인물을 둘러싼 이미지는, '이념'을 해체하는 것처럼 보이면서 더 교묘하고 무의식적인 차원에서 '이념'으로 재무장을 하게 하는, 일종의 전제군주적인 기표들이다." 이것이 〈쉬리〉라는 영화가 은닉하고 있는 '이데올로기'에 대한 저자의 핵심적인 '비판'입니다.

〈간첩 리철진〉을 다루는 3장의 분석방법은 기본적으로 2장과 동일합니다. 이 영화는 저자의 글에 나와 있는 대로 '일종의 풍자 코미디이자 휴먼 비애극'입니다. 그렇기 때문에 저자는 이러한 영화의 성격에 맞는 이미지들이 어떻게 캐릭터의 모습에 나타나 있는가를 설명합니다. 주인공 리철진의 어리숙한 모습, 간첩으로 내려왔으나 '굶주리는 동포들을 위해 남파되었다'는 아리숭한 남파 동기 등을 자세하게 설명하고 있습니다.

그렇다면 리철진은 어떤가? 여기에서 간첩이라는 존재가 한국 영화의 주인공으로 등장했다는 사실에 주목하도록 하자. 주요 시설 파괴와 요인 암살, 군사기밀의 유출을 꾀하는 식으로 적국을 교란할 목적을 지닌 간첩은, 그러한 기능과 성격에 충실하기만 해서는, 남한의 스크린에 주인공으로 등장하기 어렵다. 그는 〈쉬리〉에서 이방희 / 이명현이 재현되었던 것과 유사한 방식으로, 즉 남한 대중의 불안감을 자극하지 않는 방식으로 재현되어야만 안전하게 영화의 주인공으로 등장할 수 있다. 주인공으로서 간첩 리철진의 이미지는 어떤 것인가. 그는 남한을 파괴하거나 교란시킬 목적으로 남파된 간첩이 아니라 북한의 기아를 해결하기 위해 수퍼돼지 유전자를 훔치러 온, 촌스러운 좀도둑처럼 그려진다. 이 간첩은 위험한 적이 아니라 배고픈 도둑이다. 더욱이 수퍼돼지 유전자는 국가안보를 좌우하는 중요재산이나 기밀이 아니라, 영화 후반부에 나오듯이, 남북관계의 변덕스런 상황 변화에 따라 언제든 선뜻 선사할 수도 있는 사소한 상품일 뿐이다.

리철진이란 인물이 남한 관객이 받아들일 만한 윤리적 정당성을 가진 주인공인 것처럼 설정되어 있다는 설명입니다. 이처럼 캐릭터의 이미지, 표상을 분석한 다음 저자는 이 이미지들이 놓이는 영화 속의 코드를 설명합니다. 그것은 '소떼몰이 방북시대와 IMF시대의 문화적 코드를 활용한 것'이란 분석입니다. IMF를 겪으면서 우리나라 사람들은 금모으기를 했었습니다. 정주영 씨가 서부의 사나이처럼 소 떼를 몰고 북한을 방문했을 때도 돈 자랑한다고 비난하는 사람은 거의 없었습니다. 동포라는 의식, 어려운 사람을 도와야 한다는 소박한 동정이 그러한 행위들을 가능하게 했던 것이지요. 저자의 말은, '간첩'이란 섬뜩한 느낌을 주는 인물이 남한 영화의 주인공으로 받아들여질 수 있는 것은 캐릭터의 성격이나 작품의 사건 전개를 가능하게 하는 코드가 남한 사람의 '어정쩡한 동정과 시혜의식'을 불러일으키게끔 설정되어 있기 때문이라는 설명입니다. 이 '어정쩡한 동정과 시혜의식'이 〈쉬리〉에서의 '사랑'이나 '인간적인 행복'이란 가치들과 동일한 역할을 함으로써 작품 속의 숨겨진 이데올로기가 되고 있다는 것은 쉽게 이해될 수 있는 사실입니다.

4장에서 〈공동경비구역 JSA〉를 분석하는 틀도 앞의 두 장과 동일합니다. 그러나 이 장의 이미지 분석에서는 송강호와 신하균이라는 배우를 캐릭터로 설정한 효과와 함께, 동일한 발화가 맥락이 다른 상황에서 반복됨으로써 생기는 효과를 설명하고 있습니다. 〈간첩 리철진〉의 마지막 장면에 나오는 '꿈의 공원'도 그렇듯이, 이 작품은 남북의 경계선이 그어진 공동경비구역의 공간을 기호학적 구도로 의미를 생산하는 장치로 이용하고 있기 때문에 저자의 분석은 좀더 다채롭게 펼쳐지고 있는 것입니다. 그러나 이미지나 표상에 대한 고도한 설명은 글의 전체적인 균형을 깨트릴 수 있기 때문에 저자는 두어 가지의 특징적인 표상의 성격을 분석하고 나서 곧바로 이 영화의 '문화적 코드'를 고찰하는 순서를 밟습니다.

그러나 이념과 체제로 인한 비극을 구체적인 것으로 만드는 이들의 친밀감은 어디서 유래하는가. 아니, 이들을 친밀하게 만드는 코드와 또 그것을 통해 한국 관객이 북한 군인을 친근하게 느끼게끔 만든 코드는 무엇인가. 한국 관객들은 송강호와 신하균이라는 배우들의 친근한 이미지로 인해 증폭되는, 북한군인들의 인간적인 면모에 공감하고 매력을 느낀다. 이때 인간적인 면모를 뒷받침하는 것들은 무엇인가. 그것은 영화에서 초코파이와 김광석과 도색잡지와 라이터라는, 남한에서 생산되거나 유통되는 상품의 매가를 필요로 한다. 이 매개물이 증명해 주는 것은, 북한군인들이 불철주야 두 눈을 부릅뜨고 휴전선 이남을 노려보고 있는 존재가 아니라, 남한 군인들과 마찬가지로 군생활의 적막함과 무료함에 빠져 있는 존재라는 사실이다. 이들이 즐기는 유년기적인 유희는 얼핏 과장된 것처럼 보이기도 하지만, 군이라는 폐쇄적인 동아리 내에서 인간으로서 추구하게 되는 유희방식의 하나로서 설득력을 지니기도 한다. 초코파이를 '맛있다'고 말하며, 남한 특히 남한 군인들에게 있어서 김광석의 〈이등병의 노래〉가 형성하는 코드를 공유하고, 미제 도색잡지와 라이터에 감탄하는 그들의 모습에서 공산주의 이념의 수호자로서, 미제국주의를 증오하는 북한 군인으로서의 경직성은 찾아볼 수 없다. 물론 그들의 체제에 대한 자긍심마저 찾아볼 수 없는 것은 아니다. 이수혁의 은근한 회유에 오경필이 단호하게 대답하는 그 장면은 그러나, 뱉었던 초코파이를 다시 입에 넣는 오경필의 행동 때문에, 코믹한 분위기로 해체되어 버린다. 도색잡지와 여자친구 사진과 라이터는 남성적·군

대적인 코드는 여기에서 이념적인 코드를 대체하며 광범위한 공감대를 이끌어
내는 데 결정적인 역할을 한다.

곧 이 작품에서는 남성적·군대문화적 코드가 이념적 코드를 대체하
고 있다는 지적입니다. 그리하여 "북한 사람들은 이제 '이념적 인간'으로
서는 탈코드화되었을지 몰라도 '남한 군인 식의 인간'으로 재코드화된
것"이라고 진단합니다. 이러한 인식을 바탕으로 하여 저자는 이 영화에
서 북한 사람들의 고유한 문화적 코드를 도외시한 점, 곧 그들이 남한의
문물을 받아들이는 데서 있었음직한 그들만의 독특한 수용 방식을 소홀
히 한 점이 바로 이 영화의 이데올로기적 성격이라고 비판합니다.

글을 맺는 5장은 지금까지의 분석과 진단을 개괄하여 미래를 전망하는
장소로 역할하고 있습니다. 저자는 이미지 표현에 효율적인 도구인 영화
매체를 통해서 이루어진 북한 사람들의 표상 구성은 '이념적인 색채가
탈각된, 식민지의 그것'이라고 규정합니다. 북한 사람들의 고유한 특성을
충분히 드러내지 못하고 남한 사람의 도덕적 가치와 행동 규범을 그들에
게 덮어 씌워 자기와 동일화하고 있다는 것입니다. 저자에 따르면 이 '자
기 복제', 동일화는 양면적인 성격을 지니는데, 한편으로는 북한 사람들
의 이념적 색채를 탈각하여 '인간'으로 바라보기 시작했다는 긍정적인
의미가 있고, 다른 한편으로는 그들을 '남한식으로 순치된 인간'으로 만
들겠다는 욕망을 표현하는 것이라고 파악합니다. 결국 세 영화에서 '이
념'을 탈각시키고 북한 사람에게 덮어씌운 '인간적'이라는 가치, "'탈이념
의 정치학'은 매우 수상쩍다"는 것이 저자의 최종 평가입니다.

이 영화들에서 북한 사람들은 모두 군인이지만, 전쟁을 통해 체험한 군인의
이미지가 아니라 남한 대중의 감수성에 상처를 주지 않으면서 충분히 용인될
수 있을 만큼 순치되고 친숙한, 어찌 보면 '남한의 그림자'와 같은 이미지로 나
타난다. 부모세대처럼 전쟁이라는 체험을 통해 접해보지도 못했던 대상, 그러
나 같은 민족이라는 추상적 동질성 아래 점점 남한의 일상생활에 침투해 들어

오고 있는 대상, 이 미지의 대상에 대해 남한의 젊은 대중들은 반공주의와 같
은 근원적 적개심은 갖고 있지 않지만, 낯설고 모호한 감정을 숨기지는 못한다.
낯선 미지의 대상이 다가올 때 대중적 차원에서는 흔히 일정한 표상을 구성함
으로써 그것을 이해하려는 습관이 있다. 표상구성은 대상화 방식의 일종이고,
낯설고 모호한 대상을 특정한 이미지에 가두려는 시도이다. 특히 영화와 같은
시각적이고 대중적인 장르는 이러한 표상구성에 매우 능하다. 위의 세 영화들
을 통해 드러나는 북한의 표상은, 한마디로 얘기하자면 이념적인 색채가 탈각
된, 식민지의 그것이라고 할 수 있다. 북한 사람들에게서 이념적인 색채를 탈각
한 것은 그들을 인간으로 바라보려는 시도라고도 말할 수 있겠지만, 다른 한편
으로는 그들을 남한 식으로 순치된 인간으로 단들겠다는 욕망의 표현이기도
하다. 그렇기 때문에 이들 영화에서 이념의 대립항으로 놓여진, 소위 '인간적'
이라는 가치는, 매우 수상쩍다.

앞서의 분석을 상기하면 여기서 저자가 '수상쩍다'고 한 말은 자본제
적, 가부장적, 남한 남성적, 군대문화적 이데올로기를 포괄하고 있습니
다. 이 최종 평가에 이어서 저자는 앞으로 우리 영화에서 전개될 가능성
이 있는 사태들을 전망하고 있습니다. '북한'이란 표상은 앞으로 더 많은
영화들을 통해서 '다양한 차이의 권리주장'을 하는 속에서 빠르게 변화
된 모습으로 등장하겠지만 그 표상들은 한편으로는 금기를 해체시키는
유토피아적 성격을 가지면서 다른 한편으로는 '금기의 대상을 (자기와)
동일화하는 이데올로기적 성격'을 지닐 것이라는 예견입니다. 저자는 이
유토피아적 성격이 지닌 능정성을 높이 평가하면서도 '동일화하는 이데
올로기'의 배타성과 폭력에 대해 깊은 우려를 나타내는 것입니다.

4. 이데올로기와 비전

이상이 「'탈이념'의 정치학」이 지닌 전체 얼개입니다. 이 강의는 처음에 말씀드린 것처럼 텍스트 '전체'의 파악에 치중했기 때문에 세부의 멋진 경치들을 감상할 수 있는 많은 기회들을 놓쳤을 것입니다. 그러나 "시를 짓는 방법은 가르칠 수 있지만 은유하는 방법을 가르칠 수는 없다"는 아리스토텔레스의 말대로, (은유에 해당하는) 세부를 풍성하게 하는 일은 여러분의 내공이 어느 정도인가에 따라 달라지는 문제입니다. (시 창작법에 해당하는) 비평문 쓰기를 공부하는 현재의 입장에서는 이 '전체'의 파악이 중요하고 그 요령을 획득해야 할 것입니다. 이 평론을 통해 우리는 무엇을 배울 수 있었을까요. 저는 먼저 방법론을 강조하고 싶습니다. 영화 비평을 하는 경우 여러 가지 방법이 사용될 수 있습니다. 문제의식, 주제가 무엇이냐에 따라 동원할 수 있는 방법은 여러 가지 형태를 띠게 될 것입니다. 그러나 방법에 대한 자각이 분명하지 않은 경우 비평에서 기대하는 소기의 성과는 쉽게 얻어지지 않을 것입니다. 오늘 여기서 다룬 글은 이 점에서 하나의 모범을 보여준다고 생각합니다. 비평을 통해 내가 무엇을 할 것인지 정확한 자기 인식을 가지고 있고, 그 목적을 달성하기 위해서 필요한 분석의 도구를 갖추어 순서에 따라 작업을 진행하고 있습니다. 글의 공간이 좀더 폭넓게 허용되었다면 여러 구체적인 사례들을 풍부하게 제시하면서 논지를 이끌어 갈 수 있었을 것입니다. 특히 〈간첩 리철진〉과 〈공동경비구역 JSA〉는 매우 치밀한 구도로 영화의 효과를 조직하고 있으므로 각각의 표상과 그 구조적 특성을 체계적으로 분석했더라면 저자의 비평은 지금의 상태보다도 훨씬 더 풍성한 의미를 생산할 수 있었으리라고 생각합니다.

지금까지의 텍스트 구조에 대한 분석에 바탕을 두고 고언을 한다면 이런 문제를 지적해 볼 수 있을 것입니다. 세 영화가 '자본제적, 가부장

제적, 남한 남성적, 군대 문화적' 이데올로기를 지녔다는 것은 이해할 만
한데, 그런 이데올로기가 어떤 점에서 나쁜 것인지는 충분히 논의되지
않은 것으로 보입니다. 매우 포괄적인 개념들인데 그것을 지적하는 것만
으로는 이 비평 텍스트의 사회적 효과는 추상적인 관념, 인상을 주는 데
서 멀리 벗어나지 못한다는 느낌이 듭니다. 물론 '그러면 어떻게 해야 하
느냐?' 하고 반문하면 답변이 명쾌하게 주어질 것 같지는 않지만, 그럼에
도 불구하고 이 비평 텍스트가 정치적·사회적 의미를 지닌 담론으로서
효과를 내기 위해서는 한 걸음 더 나아가는 작업, 논의를 구체화하는 작
업을 시도했어야 하지 않는가 하는 생각입니다. 예컨대 '자본제적 이데
올로기'라고 했을 때 그 지시대상이 너무 포괄적이어서 그것이 지시하는
의미가 불분명할 뿐 아니라, '그것이 나쁜 것이냐?' 하는 질문에 한마디
로 '그렇다'고 단정적으로 대답하기도 어려울 것이기 때문입니다. 이 시
대를 살아가는 우리 모두 함께 깊이 생각해보아야 할 문제일 것입니다.
감사합니다.

제 4 장

영화 〈툼레이더〉와 「할리우드 여전사 나가신다!」에 대한 메타비평

1. 영화와 게임

안녕하세요

지난주에 이어서 이번 주에도 영화와 함께 영화평론가의 글을 분석하면서 이야기를 하도록 하겠습니다. 오늘 우리가 구체적으로 살펴보려고 하는 주제는 영화 〈툼레이더〉를 소재로 한 비평인 심영섭의 「할리우드 여전사 나가신다!」입니다. 게임을 영화로 만든 작품이어서 많은 사람의 관심을 모은 사이먼 웨스트 감독의 〈툼레이더〉와 그 여주인공 안젤리나 졸리에 대한 이야기를 대상으로 한 평론입니다. 이 평론을 분석 대상으로 삼은 것은 영화에 대해서 별다른 식견이 없는 제가 이 영화에 대해서만은 그래도 뭔가 여러분에게 도움이 되는 역할을 할 수 있으리라는 기대가 있었기 때문입니다. 게임에 토대를 둔 영화 편수가 늘어나는 상황에서 그동안 공부를 해둔 게임과 관련한 지식을 활용하여 강의하면 조금은 유익한 이야기를 할 수 있지 않을까 생각했던 것입니다.

그러나 〈툼레이더〉에 관한 몇 개의 평론을 조사하는 과정에서 그 일이 여의치 못하리라는 사실을 깨달았습니다. 게임과 관련해서 이 영화를 언급한 글이 거의 없었을 뿐만 아니라, 있다고 해도 수준 및 함량 미달의 글을 가지고 분석을 할 수는 없었기 때문입니다. 그래서 게임과 관련한 언급은 별로 눈에 띄지 않지만 비교적 좋은 평론이라고 생각되는 이 평문을 대상으로 하여 영화와 관련한 비평문 쓰기 방법을 생각해 보도록 하겠습니다. 저번에도 말씀 드렸지만 저는 그것이 영화가 되었든 게임이 되었든, 또는 문학이 되었든 간에 텍스트 '전체 구조'의 파악을 중시하고, 그 파악을 통해서 글 쓰기의 이모저모를 논의하려고 합니다. 따라서 여러분은 영화 〈툼레이더〉와 게임 〈툼레이더〉를 어떤 식으로든 접해보아야 할 뿐만 아니라 원래의 비평 텍스트를 충분히 이해되었다고 할 만큼 확실히 읽어두어야 합니다. 저는 여러분이 이미 텍스트에 대한 충분한 이해를 가지고 있다는 전제하어 이야기를 시작하겠습니다.

지난주에 다룬 백문임의 「탈이념의 정치학」과 오늘 다루게 되는 비평문은 여러분이 보시는 대로 성격이 매우 다릅니다. 하나가 정공법을 쓰고 있다면 다른 하나는 유격전을 펼치는 듯 할 것입니다. 여기서 여러분 가운데서는 본격적인 논문이라기보다는 '가벼운 리뷰'의 성격이 강한 후자에는 제가 지난주에 여러 차례 강조한 '방법'이 뚜렷하게 드러나지 않는다고 보실 분도 있으리라고 생각합니다. 그래서 오늘 이야기의 초점, 분석 작업의 핵심적 목적은 바로 이 '방법'을 알아보는 일로 삼겠습니다. 그러면 한 편의 글이 지닌 '방법'을 알아보기 위해서는 무엇을 해야 할까요. 물론 경험이 많은 사람은 척 보기만 해도 대강은 알아봅니다. 그러나 그러한 직관이 아직 충분히 계발되지 않은 상태에서는 텍스트에 대한 구조 분석의 과정을 거치는 수밖에 없습니다. 구조를 분석하여 전체 얼개를 파악한 뒤에 왜 이와 같은 구조로 글을 썼을까 하고 음미할 때 거기에 적용된 방법을 알아볼 수 있습니다. 여러분도 글 쓴 경험을 많이 가지게 되면 '방법'을 의식하지 않으면서도 저절로 '방법'을 구사하게 되는 것입니다. 지금 현재 자신이 특정한 방법을 가지고 있지 않은 상태에서 글을 쓰고 있다고 생각하시는 분은 자신이 자기 방법에 너무 익숙해서 그것을 방법으로 느끼지 못하는 것일 따름입니다. 그러므로 여기서는 먼저 텍스트의 구조를 분석한 뒤에 그러한 구조를 만들어낸 방법을 음미하는 순서를 밟겠습니다.

2. 텍스트의 전체 구조

먼저 우리의 공부 대상인 텍스트를 보겠습니다.

할리우드 여전사 나가신다!

근육질의 여신, 스크린 향해 번지점프하다.

저리가, 이년아!(Get Away, Bitch!)
우리 모두는 이 대사를 알고 있다. 시고니 위버가 〈에이리언2〉에서 번득이는 안광으로 에일리언에게 주문을 퍼부었을 때, 그것은 곧바로 할리우드 여배우들이 전사의 동굴로 가는 '열려라 참깨!'의 마법이 되었다. 지나 데이비스나 데미 무어 같은 당대의 스타들은 기꺼이 긴 머리채를 자르고 포화 자욱한 연병장으로 달려나갔고, 이윽고 그녀들의 경력은 현재까지도 회복되지 않고 있다.

▲ 안젤리나 졸리

성차와 그 재현에 관한 한, 2001년 할리우드는 더욱더 요지경 속이 되어간다. 〈다이 하드〉의 브루스 윌리스가 맨발의 피에 젖은 러닝셔츠를 벗어던지고, 〈키드〉나 〈스토리 오브 어스〉에서 다감한 월리로 변모하는 사이, 천하의 멜 깁슨은 스타킹을 신고 여자들의 심리를 연구하겠다고 호들갑을 떤다. 한편 〈와호장룡〉의 멋진 언니들—양자경과 장쯔이는 주윤발을 사이에 둔 한판 승부를 이미 끝냈으며, 안젤리나 졸리는 자신의 집 천장에 매달아놓은 번지점프 줄로 이소룡 버금가는 이단 옆차기를 선보인 상태이다.

이 글은 어떤 구조를 가지고 있을까요. 제가 이야기하기 전에 여러분 스스로 먼저 분석해보고 나서 제가 분석한 것과 대조해 보시기 바랍니다. 맨 먼저 제목을 주의해 보기로 하지요. '할리우드 여전사 나가신다!'라고 문장 형태로 되어 있습니다. 근래 들어서 베스트셀러를 노리는 저작물들 가운데서는 문장 형태의 긴 제목을 지닌 책들이 많습니다. 신문이나 잡지들도 편집에서 그런 흉내를 내지요. 그러나 제목이 하나의 단어로 되어 있을 때도 그 기본 성격은 문장입니다. 이 글은 문장 전체를 제목으로 삼는 방식을 채택함으로써 유행에 따른다는 표시를 하면서 독자의 현대적 감각에 호소하고 있는 것입니다.

그뿐만 아니라 제목에는 느낌표까지 들어가 있습니다. 이 제목이 저자스스로 붙인 것인지 또는 어떤 편집자가 있어서 붙인 것인지는 모르지만, 그것은 글의 성격을 나타내주는 하나의 표지입니다. 예컨대 진지한 톤으로 얘기가 진행되어 나간다면 제목이 이런 형태를 지닐 수는 없습니다. 잘못하다가는 갓 쓰고 자전거 타는 꼴이 될 테니까요. 이렇게 글의 성격을 지레짐작하면서 전체의 얼개를 살펴보겠습니다. 첫 절의 제목은 '근육질의 여신, 스크린 향해 번지점프하다'고 되어 있습니다. 그리고 첫 문장이 어떻게 되어 있습니까? '저리 가 이년아!' 하는 표현이 한글과 영어로 표시되어 있습니다. 저는 아마 평생 가더라도 이런 표현 못해보고 죽을 것입니다.

이 절은 글의 첫 부분에 해당하는 것으로서 말로 치자면 허두, 논문으로 치자면 서론일 것입니다. 저자는 여기에서 여배우들이 전사 또는 투사로 등장하는 영화계의 현상을 지적하고, 〈툼레이더〉의 히로인 안젤리나 졸리가 '이단 옆차기'를 선보였다는 사실을 환기하고, 이 2000년대 여신들이 외우는 '새 주문'은 '신세대 감각이 반짝'거린다는 점을 말하고 있습니다. 그리고는 다짜고짜 '여전사 새 계명'이란 두 번째 부분의 제목을 턱 제시하면서 아무 설명도 없이 하나, 둘, 셋 해 가면서 계명들을 늘어놓습니다. 그 계명들의 표현은 이렇습니다. '하나, 괴물 대신 남자와 싸운다', '둘, 모성 이데올로기는 거부한다', '셋, 내 갈 길은 내가 결정한다', '넷, 섹시하되 섹스하지 않는다'.

어째 시원시원하지 않습니까? 이 두 번째 부분이 본론에 들어가는 것이라는 것은 글 깨나 읽어본 사람이라면 금방 알 것입니다. 그런데 문제는 그 다음 부분입니다. 글이 서론, 본론, 결론으로 구성된다는 것을 귀에 못이 박히게 들어온 사람의 견식에서 보면 두 번째 부분 다음의 절들이 결론에 해당되는 것일 터인데, 글의 분량으로 볼 때도 결론이 나와야 할 때가 되었는데, 이 글에서는 그 결론이란 것이 어디서 어디까지인지가 아리까리합니다. 물론 글의 성격으로 보면 '새 계명'을 설명한 부분과 그 뒷부분이 분명히 차이가 납니다. 그래서 '새 계명'을 논하고 있는 부분이 본론이고 그 뒷부분 전체가 결론이라고 눈 딱 감고 우기면 속 편해질 수도 있습니다. 그러나 그럴까요? 저도 그렇게 속 편하게 처리하고 싶지만 그럴 수도 없다는 데 문제가 있습니다. 이런 경우 장절(章節)을 표시하는 제목 번호라도 붙어 있으면 알아보기가 쉬울 텐데 이 글의 저자는 '친절'이란 단어를 전혀 모르는 것 같습니다. 여러분은 어디서부터가 결론이라고 보셨습니까? '정치적으로 교정된 폭력'이란 작은 제목부터 결론에 포함되는 것일까요? 아니면 '과연 여전사들은 페미니스트의 원군인가'부터가 결론일까요? 어떤 분은 분량을 중요한 판단 기준으로 삼아서 '정치적으로 교정된 폭력' 부분부터가 결론이라고 쉽게 단정할 수 있을지 모르겠습니다. 하지만 저로서는 형식적인 특성만을 살펴서는 본론

부분과 결론 부분을 명확히 구분하기 어려우므로, 그것을 판별하기 위한
한 방편으로 내용에 대해 고찰하려고 합니다. '정치적으로 교정된 폭력'
이란 제목의 절은 이런 내용을 담고 있습니다.

　변화하는 여성전사들에 대해 여성관객은 늘어가는 박스오피스상의 지각변동
으로 화답하고 있다. 산업적인 측면에서 쭉쭉빵빵한 2000년대의 여전사들은 지
금까지 남성관객 전유물로만 여기던 액션영화에 여성이라는 새로운 관객을 줄
서게 만든 것이다. 중요한 것은 2000년대 여성전사들이 여성 관객에게 어떤 심
리적 만족감이나 보상심리뿐 아니라 실질적인 여성 정체성에 변화를 주고 있
다는 것이다. 이들은 과거 SF와 액션영화를 적당히 비빔밥하여 남성들의 눈요
기를 충족시켰던 〈바바렐라〉의 제인 폰다나 라켈 웰치류의 백치미인형 여성전
사도, 문신화된 근육이 그대로 남성성을 보장하는 여자 장 클로드 반담도 아니
다. 새로워진 여성전사들의 대공포화 속에서 90년대를 풍미했던 화장도 거의
안 한 비쩍 마르고 유약한 기네스 펠트로 타입의 여성들이 할리우드를 점령하
던 시절은 끝나고 있는 것처럼 보인다.
　사회학적인 면에서 보면 적어도 〈툼레이더〉의 라라 크로프트가 세상을 구할
수는 없어도, 공격성이라는 행동이 남성하고만 연합되어 있다는 성적인 편견을
개선하는 데 도움을 준다는 주장도 만만치 않다. 조지타운대 사회학 교수인 수
잔 월터즈는 〈보스턴 헤럴드〉에 확신에 찬 여전사의 행동을 '정치적으로 교정
된 폭력'이라고 명명했다. 90년대 텔레비전 시트콤에서 로잔 바가 오천평 같은
몸매로 착한 여성 혹은 예쁜 여성이라고 생각하는 모든 행동을 파괴하면서 정
형화한 이상적 여성성에 파격을 가하던 것과도 틀리, 이들은 로잔의 자해적인
방식을 피하면서도 여성관객에게 빈약하고 비쩍 곯은 보이시한 양성성 대신
건강하고 싱싱한 육체를 소유한 양성성도 꽤 세상을 헤쳐나갈 만하다는 환상
을 동시에 심어주고 있다.

평자는 여전사의 등장으로 인해 액션 영화의 여성 관객이 늘어났고,
여성 정체성에 변화가 생겼으며, 성적 편견을 개선하는 효과를 얻었다는
점 등을 설명하고 있습니다. 그리고 그에 이어지는 절인 '과연 여전사는

페미니스트의 원조인가' 부분은 제목에 나타나 있는 것처럼 앞의 단락의 논지를 반전시키고 있습니다. 여전사의 등장이 "여성의 몸과 마음을 이중 구속할지 모른다"고 경고하면서 남성관객들이 라라 크로프트에게서 "강한 여성에게 보호받고 싶은 본능과 싱싱한 여성육체에 대한 관음증을 동시에 충족시킬 수 있다"는 사실을 환기하고 있습니다. 이런 종류의 영화는 여성들의 '슈퍼우먼 콤플렉스'를 낳고, 액션을 통한 성취감을 사회적 성취와 혼동시킬 수 있음을 지적하면서, "2000년대 여성전사의 강화된 섹슈얼리티는 궁극적으로 여성전사의 계보상에서 이루어지는 실질적인 퇴행의 기미라고 보아야 하는 것은 아닐까?" 하고 의문을 제기하는 것으로 글을 끝냅니다. 이 맨 마지막 부분이 앞의 절의 논지를 뒤엎었다는 점에서 어떤 분들은 기승전결의 형식을 떠올릴지 모르겠습니다. 첫 부분이 기(起), 둘째 부분이 승(承), 셋째 부분이 '전(轉)', 넷째 부분이 '결(結)'이라고 말입니다.

그러나 이러한 구분은 세 단위로 나누지 않고 네 단위로 나누었다는 점에서는 그럴듯할지 모르지만 내용의 측면에서는 전혀 들어맞지 않는 구분입니다. 왜냐하면 셋째 부분은 '전'에 해당하는 것이 아니라 두 번째 부분에서 논의된 내용을 개괄하면서 분석하는 내용이고 넷째 부분에는 앞부분의 논지에서 반전하는 내용이 나오기 때문입니다.

이쯤에서 제가 생각하는 구분법을 말씀드려야겠습니다. 이 글은 서론—본론—결론으로 나눌 수도 있고 기승전결의 형식으로 볼 수도 있습니다. 맨 첫 부분이 서론이나 '기'에 해당한다는 점은 거의 분명합니다. 문제는 본론과 결론의 경계, 또는 승—전—결의 마디점(結節點)이 어디인가 하는 점이 요건인데 본론—결론의 경계는 맨 마지막 절의 두 번째 문단에서 나누어집니다. 즉 결론은 맨 마지막 문단 하나로 구성되었습니다. 그 내용은 이렇습니다.

여성영화평론가 바버라 크리드는 90년대 여성전사들의 무성적 전략과 관련,

그들의 양성성이 레즈비언적인 요소를 가지고 있고(바버라 크리드는 여성전사의 몸을 lesbian body라 명명했다) 동성애 공포에 사로잡힌 주류사회에서 이러한 여성전사의 몸은 공포와 매혹의 근원이라고 분석한다. 《에이리언3》에서 리플리의 몸은 이러한 측면에서 볼 때 남성 판타지 안에서 재구성된 또다른 괴물일지도 모른다.) 2000년대 여성전사의 강화된 섹슈얼리티는 궁극적으로 여성전사의 계보상에서 이루어지는 실질적인 퇴행의 기미라고 보아야 하는 것은 아닐까?

기승전결의 형식으로 고찰하면 '새 계명'을 이야기하는 부분과 '정치적으로 교정된 폭력'을 이야기하는 부분이 '승'에 속하고, '전'은 맨 마지막 부분의 첫 문단 하나로 구성되며, '결'은 두 번째 문단 하나로 구성됩니다. 이렇게 파악하면 이 글은 본론, 또는 '승-전'의 부분이 대부분을 차지하고 '결론' 또는 '결'의 부분은 단 한 문단으로 구성되는 특이한 형태라고 할 수 있습니다. 글의 전체 얼거를 이와 같이 파악하면 그 의미 내용이 뚜렷이 드러납니다. 맨 첫 부분에서 여전사의 등장이란 현상을 말하고 본론 또는 '승-전'의 부분에서 여전사의 '새 주문' 또는 '신세대 감각'을 분석하여 그 사회적 의미를 읽었으며, 결론에서 '2000년대 여전사의 강화된 섹슈얼리티'가 여전사의 계보에서 '실질적인 퇴행의 기미'라고 판단하고 있습니다. 다시 말해서 〈툼레이더〉에 대한 이 영화평은 작품이 지닌 다른 여러 가지 특성들에 대해서는 일체 언급하지 않고 있으며 단지 라라 크로프트라는 주인공 한 사람을 그 동안 영화 속에 등장했던 여전사들의 계보 속에서 고찰한 평론인 것입니다.

3. 비평의 방법

그러면 평론의 저자는 왜 글을 이런 식으로 썼을까요? 이제 우리는 평론의 '전체 구조'를 파악한 데 바탕을 두고 저자의 '방법'을 음미할 시점에 이르렀습니다.

『주역』을 보면 64개의 괘마다 '단사(彖辭)'라고 하는 부분이 있고 '효사(爻辭)'라고 하는 부분이 있습니다. 여기서 '단사'라고 하는 부분은 통론(統論)이라는 성격과 결단한다는 뜻을 지닌 것으로 그 괘의 특징적인 사실을 간단하게 집약해서 설명하는 부분이고 '효사'는 6개의 효를 세부적으로, 구체적으로 설명하는 글로 이루어져 있습니다. 그 순서는 항상 먼저 '단사'가 나오고 그 다음에 '효사'가 나옵니다. 시사적이게도 영어 번역본에서는 이 단사를 '이미지'라는 개념으로 제시하고 있습니다. 그 괘의 전체 이미지를 제시하는 부분이라는 뜻일 것입니다. 그러므로 단사와 효사로 이어지는 구조는 『주역』이 먼저 전체를 총괄하는 특징을 설명하고 나서 부분적인 국면을 설명하는 방식으로 구성되어 있다는 것을 알려 줍니다. 저는 이런 방식의 설명이 오늘 우리의 논의 주제가 된 「할리우드 여전사 나가신다!」에도 나타난다고 봅니다. 글의 저자는 〈툼레이더〉에 대한 영화평을 쓰기 위해 무엇을 말해야 할지 생각해 보았겠지요. 영화의 이모저모를 고루 언급하는 방법도 있겠지만 저자는 그렇게 하지 않았습니다. 이 영화에서 가장 특징적인 사실, 라라 크로프트만을 언급하고 있는 것이지요. 제가 강의에 사용할 텍스트를 선정하기 위해 둘러본 많은 글들은 대부분 〈툼레이더〉에서 가장 주목해야 할 부분으로서 라라 크로프트를 언급하고 있었습니다. 예컨대 '사이버 여전사의 원맨쇼 〈툼레이더〉', '게임 속 전사, 인간으로 살아나다'는 등의 제목은 말할 것도 없고 "〈툼레이더〉는 철저한 1인 액션이다", "〈툼레이더〉의 카메라는 오로지 라라 크로프트만을 쫓아다닌다"는 지문 속의 설명도 모두 여주인공만을 주목하고 있습니다.

저자는 이 사실을 분명히 알았을 것입니다. 그는 이런 사실을 글 속에서 다시 언급하는 것이 새삼스러운 일이라고 보고 시작하자마자 곧바로 '여전사'의 역사 속으로 직핍한 것입니다. 그리하여 '근육질의 여신, 스크린 향해 번지점프하다'고 여전사를 클로즈업한 다음에 '저리가, 이년아!' 하고 냅다 욕을 질러댄 것입니다. 이런 글 쓰기 방식은 글의 처음에 독자에게 '폭탄을 앵겨라!' 하는 수사의 전략을 실행에 옮긴 전형적인 사례입니다. 독자의 관심을 확 끌어당긴 다음에 차근차근 이야기를 풀어나가는 방식인 것이지요. 그렇기 때문에 저자는 〈에이리언2〉에 등장하는 이 욕지거리가 할리우드 여배우들이 '전사의 동굴'로 가는 '마법의 참깨', 곧 '주문'이 되었다는 사실을 언급하면서, 그 이후 여전사들이 등장한 영화들을 가벼운 터치로 개괄하고 있습니다.

이 서론 부분에서 저자가 지금 다루고 있는 것이 〈툼레이더〉라는 영화라는 사실을 알려 주는 것은 "안젤리나 졸리는 자신의 집 천장에 매달아놓은 번지점프 줄로 이소룡 버금가는 이단 옆차기를 선보인 상태이다"라고 언급하고 있는 단 한곳입니다. 그 언급은 다른 영화들의 여전사를 설명하는 부분의 꼬랑지에 붙어 있어서 주의하지 않는 경우 무심코 넘어갈 수 있는 대목이기도 하지만, 의미를 부여하는 경우 이 글의 주제는 '안젤리나 졸리'라는 점을 분명하게 밝히는 기능을 발휘하기도 합니다. 서론 부분에서는 이처럼 여전사들을 대거 등장시켜 놓고 나서 "여성전사의 이미지는 어쩌면 섹슈얼리티와 시선의 권력, 관객의 동일시"를 낳는 효과를 발휘한다고 지적함으로써 이 글이 이미지 분석을 통해서 그 사회적 의미를 짚을 것임을 시사하고 있습니다. 서론의 맨 끝에 '2000년대 여전사들이 외우는 새 주문'이란 표현은 〈툼레이더〉의 라라 크로프트를 간접적으로 환기하면서 '신세대 감각이 반짝거리'는 그 이미지의 분석을 시작하겠다는 의사를 밝히고 있습니다.

본론의 시작 역시 서론과 마찬가지로 단도직입적으로 핵심으로 직핍

합니다. 어정쩡한 설명으로 말 자락을 길게 늘어놓는 것이 아니라 안젤리나 졸리가 여성들이 아니라 남성을 상대로 주먹을 날린다는 사실을 단 두 문장으로 단숨에 단언합니다. 그리고 나서는 여전사들의 행태가 항상 이런 것은 아니었음을 설명하는 긴 계보 역사의 고찰로 들어갑니다. 이 방식은 하나, 둘, 셋 하고 열거하면서 진행되는 낱낱의 계명에 대한 설명에서 반복해서 나타납니다. 왜 이런 방식을 사용할까요? 그것은 '계명'이 라라 크로프트의 이미지가 지닌 특징의 공시적 구조 또는 체계적 구조를 나타내는 것이며, 계보 역사는 그 특징들이 과거에 어떤 변천을 겪었는가에 대한 역사적 고찰이라는 점에서 그 의의를 파악할 수 있습니다. 곧 저자는 다짜고짜 아무렇게나 말하는 듯한 모양새를 취하면서도 내면적으로는 라라 크로프트의 이미지가 지닌 특성을 체계적으로 제시하면서 그 특성이 역사적으로 어떤 위상을 지니는가를 검토하는 것입니다.

이 방법은 너무나 유명한 것이지요. 사물에 대해서 우리는 어떤 방식으로 인식할 수 있는 것입니까? 그 인식 방법에 대한 인류의 오랜 추구가 가져온 하나의 결실이 이 역사·체계적 방법, 다른 말로 해서 논리·역사적 방법입니다. 사물의 본질이나 특성을 한편으로는 논리적·체계적으로 파악하는 동시에 다른 한편으로는 그러한 성질들이 어떻게 역사적으로 형성되어 왔는가를 살피는 이 방법은 헤겔의 『정신현상학』, 마르크스의 『자본론』에서 갈고 다듬어진 방법론의 중요한 유산이면서, 단지 그들만의 방법이 아니라 여러 상황에서 다양한 방식으로 구현되는 인류의 공통 자산입니다. 저자는 그 방식을 간편하게 이용하고 있는 것입니다. 그러나 저자는 이 방식을 곧이곧대로 사용하지는 않습니다. 각 계명의 설명 방식이 서로 다른 것처럼 보이는 이유는 저자가 거기에 여러 가지 다른 스타일을 부여하고 있기 때문입니다. 그 방식은 어떻습니까?

둘. 모성 이데올로기는 거부한다.

또한 80년대 여전사들은 아무리 알통 굵기를 자랑해도 여전히 어머니들이었다. 어머니=강한 여성이라는 가치는 일종의 여성의 강인함을 모성 이데올로기의 그물을 통해서 저울질하는 당시의 사회·문화적 배경을 읽을 수 있는 대목이기도 하다. 초창기 여성전사들은 너나 할 것 없이 자신의 아이를 구하기 위해 물불 가리지 않는다. 〈에이리언〉의 여전사 리플리에게는 유사 자녀인 뉴트가 있으며, 〈터미네이터〉에서 린다 해밀턴은 지구를 구할 자신의 아들이 있었다. 아니, 90년대 후반에도 〈롱키스 굿나잇〉의 지나 데이비스에겐 악당한테 납치된 딸이 있다.

또한 초창기 여성전사의 대모들은 흥미롭게도 남성동료들의 죽음으로 실질적인 보호막과 처녀막 모두가 없어져야 본격적인 여성전사의 행보를 내딛기 시작하는 모습을 보이기도 했다. 〈에이리언〉과 〈터미네이터〉 시리즈를 거쳐 확대되는 여성전사들의 남성성은 신성한 어머니라는 면죄부에 의해 설득력을 얻고, 〈터미네이터2〉의 사라 코너는 망해 가는 지구를 위해서 정신병원에 갇히면서도 지구 종말을 대비해 싸우는 단 한 명 남은 근육질의 성모로 격상된다. 80년대 뮤직비디오 속 마돈나의 어떤 면과 정확히 겹치는 이러한 이미지는, 그러나 90년대를 거치면서 서서히 페이드 아웃되어갔다. 당분간, 〈미녀 삼총사〉의 카메론 디아즈나 안젤리나 졸리가 '애들이 커졌어요!'라며 소리 지를 일은 없지 않을까?

그 방식을 일별하면, 두 번째 계명에 대한 설명은 앞부분에서 종래 여전사들에게 모성 이데올로기가 덮씌워졌었다는 사실을 지적하고 시대 순으로 사례를 제시한 다음에 그 양태가 1990년대 이후에 사라지고 있음을 지적합니다. 세 번째 계명에 대한 설명은 '섹슈얼리티와 희생자'의 이미지를 지니고 있던 할리우드 여전사들에 대한 일격이 중국의 〈와호장룡〉에서 이루어졌음을 지적하고, 그처럼 남성에 의해 운명을 휘둘리지 않고 자기의 운명을 스스로 개척하는 액션 영웅, '여신'이 라라 크로프트임을 밝힙니다. 네 번째 계명에 대한 설명은 여전사들의 섹슈얼리티의 문제를 다루는데, 과거의 여전사들이 성적 매력을 상실하는 대가로 전사의 이름을 얻은 데 반해서 라라 크로프트는 아무런 흠집 없이, 그래서 '쭉쭉 빵빵한 몸매'와 '해박한 지식'을 소유한 '여성' '전사'가 되었음을 선언합니다.

'새 계명'을 제시하는 부분이 끝난 지점에서 저자는 예의 방법을 똑같이 사용합니다. '무엇을 하겠다'거나 '무엇을 알아보자'는 식의 상투적인 말을 집어치우고 곧바로 여성전사의 변화와 함께 여성 관객이 증가하고 있으며, 이로 인해서 여성 정체성에 변화가 일어났다는 점을 주목합니다. 그런데 이 지점에서 우리가 주의해야 할 점은 넷째 계명에 대한 설명에서 다른 곳에서와는 달리 '여성 관객의 반응'을 언급함으로써 둘째 부분에서 셋째 부분으로 넘어가는 복선을 만들어놓고 있다는 점입니다. 곧 둘째 부분과 셋째 부분이 연속성이 있음을, 넷째 부분은 그것의 이론적 개괄임을 밝히는 것입니다. 여기서 저자는 '새 계명'을 나타내는 여주인공이 '제인 폰다나 라켈 웰치류의 백치미인형'도 아니고 '물신화된 근육이 그대로 남성성을 보장하는 여자 장 클로드 반담'도 아니라는 점을 지적하고 있습니다.

바꾸어 말해서 '쭉쭉 빵빵한 몸매'와 '해박한 지식'을 소유한 여신으로서의 여전사가 관객에게 미치는 영향, 그 사회적 의미를 짚어보겠다는 의도를 나타냅니다. 저자는 사회학 교수인 수잔 월터즈의 '정치적으로 교정된 폭력'이라는 개념을 원용하여 라라 크로프트의 당당한 행동이 공격적 행동을 남성하고만 연결시키는 종래의 '성적 편견'을 개선할 수 있으며 이로 인해 '예쁜 여성'이라는 '이상적 여성성'의 관념과 '비쩍 곯은 보이시한 양성성' 대신 '건강하고 싱싱한 육체를 소유한 양성성'에 대한 비전을 심어 주었다고 설명합니다. 그러면 '여신' 라라 크로프트에 대한 저자의 견해는 긍정적일까요? 여기서 안젤리나 졸리, 라라 크로프트의 이미지를 분석해온 저자의 논지는 급격히 반전됩니다. 그 양태는 이렇습니다.

과연 여전사들은 페미니스트의 원군인가

그러나 이러한 여전사의 뇌쇄적인 매력에 대해 모든 여성 평론가들이 두손들어 환영하고 있는 것일까? 일각에서는 새로워진 여성전사들의 화려한 액션과 몸매가 여성들이 가지고 있는 현실적인 문제들을 해결하는 데 진정 도움이 될 것인가 하는 데 의문을 제기한다. 이들은 여성전사의 변화에 더 커다란 심리적인 혜택을 얻는 것은 바로 남성들임을 지적하면서 여성전사의 이미지가 여성의 몸과 마음을 이중 구속할지 모른다고 경고한다. 일례로 남성관객은 라라 크로프트에게서 강한 여성에게 보호받고 싶은 본능과 싱싱한 여성 육체에 대한 관음증을 동시에 충족시킬 수 있다. 오히려 2000년의 또 다른 안젤리나 졸리들은 과거 신데렐라가 착한 여성 콤플렉스를 만들어냈듯, 여성들로 하여금 슈퍼우먼 콤플렉스를 양산시키고, 액션을 통해 목표를 성취하는 과정과 사회적 성취를 혼동시킬 위험마저 도사리고 있다는 것이다. 2000년대 이 여성전사들은 '섹시하되 섹스하지 않는다.' 아이러니하게도 이 전략은 성적 관심을 끌되 성행동은 억압한다는 1900년대 초반 히스테리 환자들의 전략과 동일한 것이기도 하다.

반전의 기미는 '과연 여전사들은 페미니스트의 원군인가' 하는 의문문으로 되어 있는 절의 제목에서도 얼마간 간취되지만 그 문단을 시작하는 '그러나'라는 접속사에서 단적으로 드러납니다. 저자는 이 '뇌쇄적인' 캐릭터에 대한 여성 평론가들의 논평, 저자가 암묵적으로 페미니스트의 대표로 간주하고 있는 사람들의 견해를 근거로 지금까지 전개해 온 논지를 거꾸로 뒤집어 놓습니다. 그는 누가 언제 어디서 그렇게 말했는지 구체적으로 밝히지 않은 채로 여성평론가들이 "여성전사의 변화에 더 커다란 심리적인 혜택을 얻는 것은 바로 남성들임을 지적하면서 여성전사의 이미지가 여성의 몸과 마음을 이중 구속할지 모른다고 경고한다"는 말을 옮기고 있습니다. 우리는 이 글 전체의 논지에서 매우 중요한 이 대목에서 구체적인 사실, 발언자의 이름과 발언이 행해진 시공간이 적시되지 않고 있음을 유의해야 하는데, 하여튼 저자는 그 사례로서 "남성관객은 라라 크로프트에게서 강한 여성에게 보호받고 싶은 본능과 싱싱한 여성 육체에 대한 관음증을 동시에 충족시킬 수 있다"는 견해를 들어서 자신의 논지를 보강하고 있습니다. 그 결과 이 시대의 '안젤리나 졸리들'은 '슈퍼 우먼 콤플렉스'를 양산하고, '액션을 통해 목표를 성취하는 과정과 사회적 성취를 혼동시킬 위험'을 초래한다고 저자는 판단하는 것입니다. 그 여성전사들의 이미지는 '섹시하되 섹스하지 않는다'는 점에 특징이 있는데, 이 전략은 '성적 관심을 끌되 성 행동은 억압한다'는 1900년대 초반의 '히스테리 환자들의 전략'과 동일하다는 것입니다. 이렇게 '매혹적인 여전사의 행동'을 비추는 이 시대 영화의 전략이 '히스테리 환자'들의 전략과 같다고 했을 때 여러분은 그에 대해 어떤 태도를 취하겠습니까?

이제 저자는 성적 매력이 넘치는 동시에 당당한 행동을 펼치는 라라 크로프트, 안젤리나 졸리의 이미지에 대해 최종 판단을 내려야 할 시점에 이르렀습니다. 여기서 저자는 여성전사들의 '양성성이 레즈비언적인 요소를 가지고 있고', '공포와 매혹의 근원'이라는 '여성평론가' 바버라 크리드의 견해를 자신의 원군으로 삼아, "2000년대 여성전사의 강화된 섹슈얼리티는 궁극적으로 여성전사의 계보상에서 이루어지는 실질적인 퇴행의 기미라고 보아야 하는 것은 아닐까?" 하고 의문이 섞인 단정을 하고 있습니다. 그리고 이 '의문이 섞인 단정'은 저자의 판단에 깃든 '신념의 흔들림'을 시사하면서 여러분을 대화로 초대하는지도 모르겠습니다.

4. 비평의 수사적 전략

자, 어떻습니까? 글 전체의 의미와 그것을 생산하기 위해 사용된 방법이 드러났습니까? 그것을 다시 환기하면, 저자는 글 전체를 통해서 〈툼레이더〉를 대상으로 하여 그 대표적인 특징이라고 생각되는 여주인공의 이미지를 분석하고 있습니다. 먼저 그 여주인공의 이미지가 '전사'의 것이라고 판단하여 그 특징을 체계적으로 제시하였습니다. 그리고 그 이미지가 역사 속에서 어떻게 형성되어 왔는가를 설명함으로써 '라라 크로프트'의 이미지가 놓이는 위치를 밝혔습니다. 그 다음에 저자는 그 이미지가 지니는 긍정·부정의 사회적 효과를 논했습니다. 먼저 그 긍정적인 측면을 제시하고 이어서 그 반대의 측면, 부정적인 측면에 대하여 언급하고 있습니다. 그리고 그러한 긍정·부정의 효과에 대한 자신의 최종적인 판단을 약간의 망설임을 섞어서 제시했습니다. 이 양태에서 우리는 영화의 평론이 저자의 관심에 따라 얼마나 다양하게 전개될 수 있는지 짐작할 수 있습니다.

이 글에서는 캐릭터의 이미지가 분석되었는데, 관심의 방향이 다른 사람은 플롯이나 극적 기법 등 다양한 주제를 선택하여 평론할 수 있을 것이며, 당연히 영화의 이모저모 전체를 논의할 수도 있을 것입니다. 제가 만약 이 영화를 평한다면 저는 게임에 토대를 둔 이 영화가 게임만큼 재미가 없다고 하는 이유를 밝히는 글을 썼을 것입니다. 이런 식으로 주제가 바뀔 때 서로 다른 방법이 사용되는데, 거기서는 다만 그 방법이 영화를 설명하는 데 얼마나 효과적인가 하는 것만이 문제일 것입니다. 그처럼 글의 목적이 결정되면 방법은 목적 달성에 효과적인 것으로 결정되는 것입니다. 우리가 지금까지 검토해 온 평론은 이 방법의 측면에서 매우 우수하다고 평가할 수 있습니다. 그러면 이 글의 결함으로는 어떤 것을 들 수 있을까요. 저는 저자가 글의 말미에서 서둘러서 급히 글을 닫았다고 판단합니다. 글 쓰기에 싫증이 난 것인지, 아니면 글이 너무 길어진 때문인지 저자는 자신이 정작 하고싶은 얘기를 논의해야 할 대목에 와서 논지를 충분히 전개하지 못하고 끝을 맺었습니다. 길게 이미지를 분석해 온 뒤끝에서 단 한 문장의 의문문으로 끝을 맺는 것은 이 글의 목적이 이미지 분석 자체에 있는 것이 아닌지 궁금하게 만듭니다. 주장이 분명하다면 저자는 그에 대해 명확하게 밝혀 두는 수고를 아끼지 않았어야 하지 않는가 하는 생각입니다.

　　이제 우리는 이쯤에서 강의를 끝낼 수도 있으나 이 평론의 몇 가지 다른 특색에 대해서도 간략하게 언급할 필요가 있다고 생각합니다. 먼저 생각하고 싶은 것은 이 영화평의 수사적 전략입니다. 이 평론에는 수많은 외국 배우와 영화의 이름이 등장합니다. 저자는 그 이름들을 자유자재로 활용하면서 이야기를 펼치고 있습니다. 솔직하게 말해서 저는 그 가운데 상당수의 이름을 모릅니다. 그럼에도 불구하고 저자가 이야기하는 내용을 충분하지는 않지만 대강은 이해할 수 있었습니다. 저자는 그 이름들을, 일화들을, 발화들을 적절히 이용함으로써 짧은 글 속에 풍부한 내용을 담을 수 있었습니다. 그것은 저자의 영화에 대한 지식이나 이해—제가 지난번 강의에서 '내공'이라고 말한 것이 갖추어져 있었기 때문에 가능한 일입니다. 그것은 글의 함축을 풍부하게 하는 역할을 합니다. 물론 간단하게 이름을 거론하고 이미지들을 환기하는 것만으로는 심도 있는 내용을 전달하는 데 한계가 있을 것입니다. 그러나 글 쓸 공간이 좁게 주어지는 속에서는 그와 같은 가벼운 터치도 효율적인 글 쓰기라고 할 수 있습니다. 또 저자는 자신이 지금 수행하려고 하는 일에 대한 언급 등 글의 군더더기라고 생각되는 모든 것을 생략해버리고, 해야 할 말만 딱 하고 글을 맺었습니다. 이러한 방식도 배울 만한 태도입니다. 어떤 글을 보면 자기 자신이 지금 행하려고 하는 일에 대한 자의식을 주절주절 읊어놓고 있는데, 이는 글 읽는 사람의 흥미를 반감시킵니다. 이 밖에 이 글에서 사용되는 구어체에 대해서도 저는 호감을 가지고 있습니다. 평론하는 일을 무슨 거창한 사업을 하는 듯이 폼을 잡는 것도 우스운 일입니다. 독자에게 친근하게 다가가는 한 방법으로서 구어체도 때로는 쓸 만한 가치를 지니고 있습니다. 감사합니다.

4부

문학사

제 1 장

문학사 서술 방법론*

 이 책(토지문화재단 편, 『한국문학사 어떻게 쓸 것인가』, 2001)에 수록된 여러 편의 글은 토지문화재단이 주최한 두 차례의 「한국문학사 편찬연구 심포지엄」에서 발표·토론된 내용이다. 이 심포지엄은 토지문화재단이 한국방송공사 등의 후원을 받아 펼친 한국문학사 편찬 사업의 일환으로 마련되었다. 한국문학사를 20여 권의 책 분량으로 집대성한다는 사업 목표에 따라 편찬의 목적과 방향, 구체적 방침, 작업의 순서와 일정을 정하기 위한 절차의 하나로서 심포지엄이 개최되었으며 이 과정에서 각 분야 발표자와 토론자 사이에 한국문학사의 편찬과 관련된 여러 사항에 대한 허심탄회한 의견 교환이 이루어졌다. 수록된 여러 글에 나타나듯이 한국문학사 편찬의 의의에 대한 긍정·부정의 찬반 토론이 있었는가 하

---

 * 이 글은 원래 토지문화재단에서 펴낸 『한국문학사 어떻게 쓸 것인가』의 내용을 소개하는 서론으로 집필된 것이다. 사정이 생겨 책에 수록되지 못하게 되었으나 글 속에 문학사 서술방법에 대한 몇 가지 생각이 담겨 있어 제목을 바꾸어 여기에 수록한다.

면 사관의 문제, 시대 구분, 갈래체계 등에 관한 학술적 검토가 이루어졌고 부분적으로는 세부 항목의 설정 방법 등에 관한 구체적 방법까지 제시되었다. 토지문화재단에서는 이런 문제들을 좀더 심층적으로 검토할 수 있도록 하기 위하여 젊은 연구자들을 중심으로 한 여러 단위의 세미나 팀을 구성하기도 하였으나 사정이 여의치 못하여 계획한 활동을 원만하게 진행하지 못하였다. 뿐만 아니라 이 책에 제시된 발표·토론의 내용도 두 차례의 심포지엄에서 논의된 내용의 실상을 충실히 전달하는 데에는 크게 미치지 못하고 있다. 미리 준비된 발표와 질의 이외에 참석자 전원이 참여하여 자유롭게 토론하는 과정이 있었으나 그 내용은 녹취되지 않은 관계로 이 책에 수록할 수 없었다. 다만 토론의 내용을 감안하여 발표 내용과 질의 내용을 보완할 수 있도록 집필자들에게 기회가 주어졌으므로 토론의 실제 전개 과정을 엿볼 수는 없지만 토론 과정에서 표출된 문제의식과 논의 내용은 여러 글 속에 어느 정도 반영되었다고 할 수 있겠다.

두 차례의 심포지엄에서 논의된 내용을 거칠게 개괄한다면 세 가지 문제로 요약할 수 있다. 그 첫째는 지금 방대한 문학사를 편찬하는 의의와 목적이 무엇인가 하는 것이며, 둘째는 편찬의 주체는 누구이며 어떤 방법으로 편찬할 것인가 하는 문제, 셋째는 한국문학사의 범위를 어떻게 정할 것이며 그 시대 구분, 갈래체계는 어떻게 설정해야 할 것인가 하는 문제이다. 즉 편찬의 목적과 편찬의 주체, 그리고 편찬 대상인 한국문학에 대한 이해에 얽힌 문제가 고루 제기된 것이라고 할 수 있다. 이 문제들에 관한 여러 의견은 심포지엄에 참여하여 발표·토론한 많은 사람의 글 속에 제시되고 있지만 거기서 편찬 사업에 적용될 확정된 기준이나 방침이 구체적으로 추출되지는 않았다. 그 이유는 심포지엄의 개최가 편찬 사업을 진행하기 위해 필요한 여러 사항을 검토하는 데 일차적인 목적을 둔 것이었고, 제시된 의견을 토대로 구체적인 방침을 정하는 것은 편찬위원회의 소관사항으로 되어 있었기 때문이다. 그러나 심포지엄을 마친 다음 이어졌어야 할 편찬위원회의 활동은 여러 가지 이유로 일정 대로 진행될 수 없었다. 따라서 여기서는 심포지엄을 통해 제기된 문제 들에 관한 주요 의견들을 점검하여 문학사 서술 및 편찬에 관심 있는 이 들의 판단과 참고를 위한 자료로 제출하고자 한다.

1. 한국문학사 편찬의 목적

이번에 토지문화재단이 기획한 한국문학사 편찬의 의의와 목적은 심 포지엄이 진행되는 동안 내내 논란의 대상이 되었다. 지금 이 시점에서 방대한 규모의 문학사를 편찬해야 할 이유가 어디에 있느냐는 직설적 질문들로서 질문의 강도에는 높낮이가 있었지만 편찬사업의 당위성에 대한 철저한 검토가 선행되어야 한다는 입장은 공통적이었다. 이러한 문 제의식이 심포지엄 참석자 대다수에게 공유되고 있었기 때문에 발표와 토론의 내용 가운데는 이 문제에 대한 언급이 상당히 많은 비중을 차지 한다. 그 한 사례로서 기왕의 문학사 저술을 검토한 정하영은 지금까지 의 문학사들이 결함을 지니게 된 첫 번째 원인으로 "문학사 기술의 의의 와 목적을 분명히 하지 못한 점"을 들고 새로이 문학사가 편찬되어야 한 다면 그 성격과 기능이 어떤 것이 되어야 할지 명백히 밝혀야 한다고 지 적했다. 그는 문학이 사실 전달, 감정 및 이념 제시, 미적 감정 표현의 세 층위를 지니는 것으로서 문학사가 이 가운데 어느 층위까지 포괄해야 하는지 검토해야 하며, 학교의 울타리를 벗어나 일반 대중에게 다가가기 위한 방책도 고려해야 한다고 말하고 있다. 기존의 문학사에 대한 이와 같은 반성과 새로 편찬하는 문학사의 성격과 기능이 분명해야 한다는 주장에 비추어볼 때 토론자로 나서서 정보화시대의 한국문학사가 '한국문학백과사전'이 되어야 한다고 밝힌 이종묵의 견해는 신선한 발상으로 여겨진다. 그는 새로 편찬되는 한국문학사는 "종이 출판에서 그칠 것이 아니라 동시에 디지털화되어야 한다"고 말하고 그 구체적인 방법을 다음과 같이 제시하고 있다.

> 정보화시대의 한국문학사는 그 갈래 체계가 완전히 새로운 것이어야 한다. 새로운 갈래 체계는 물론, 시대구분론과 집필 항목 문제와 밀접하게 연결되어야 할 것이지만, 범박하게 토론자의 생각을 말하면 이렇다. 먼저 조선시대라는 큰 디렉토리를 두고 조선시대 문학에 대한 총론이 있어야 한다. 그 하위에 조선 초기, 조선 중기, 조선 후기를 두고 각 시대의 문학에 대한 총론이 있어야 한다. 조선 초기 아래에 다시 인물, 작품 등의 디렉토리를 둔다. 인물이라는 디렉토리 아래 출생연대를 기준으로 하여 문학사에 거론될 수 있는 작가를 나열하고, 그 하위에 개별 작가의 작가론을 한다. 작품이라는 디렉토리 아래 몇 개의 장르를 설정하고 개별 장르에 대한 일반론을 기술하고, 다시 개별 장르 하위의 개별 작품에 대한 작품론을 개진한다. 문학사의 흐름은 시대나 장르에 대한 일반적인 기술을 통하여 알 수 있도록 기술하면 될 것이다. 이와 같은 방식의 문학사 기술에는 '갈래'라는 개념은 전혀 다른 것이 된다. 모든 문학사의 정보를 담을 수 있는 수형도를 그리는 것이 '갈래론'일 뿐이다.

이 견해는 새 문학사의 편찬이 정보 기술 사회가 요구하는 새로운 형태로 되어야 한다는 기본 입장에 근거한다고 할 수 있다. 이 관점은 문학사 편찬 작업이 종래의 방식을 탈피해야 할 당위성을 밝히는 것이고 그런 점에서 이와 유사한 다른 요인들이 실제 편찬작업에서는 두루 참고되어야 할 것이다. 심포지엄에서 「한국문학사의 서술 방향과 체계」를 발표하여 새로 편찬될 문학사의 기본 구조에 대한 의견을 제시한 임형택은 그와 같은 요인들을 감안하여 문학사 편찬이 필요한 이유를 세 가지로 밝히고 있다. 첫째 전환점에 선 세계 상황, 둘째 통일시대를 내다보는 민족현실, 셋째 학계의 현황이 문학사 편찬의 계기로 작용하고 있다는 견해이다. 이 세 가지 사항은 한국문학에 관심을 가진 많은 사람에게 문학사 편찬의 타당한 계기로 이해될 수 있는 것들이다. 그것은 밀레니엄이라고 하는 세기 전환기만을 중시하는 관점이 아니라 정보기술에 의해 촉진되는 지구 차원의 문명의 전환을 인식하는 관점이며, 대립·갈등보다는 화해·통일이 운위되는 남북의 상황, 그리고 급증한 연구 인력에 의해 추진되고 있는 한국문학 자료의 발굴 및 학문 연구의 진척 등을 문학사 편찬의 당위성을 입증하는 새로운 상황으로 판단하고 있기 때문이다. 여기에다 정보기술사회로 들어서면서 한국문학사에 대한 다양한 욕구를 가지게 된 사회 각계각층의 실제적 요구를 덧붙인다면 문학사 편찬의 의의는 객관적으로 충분히 인정될 수 있다.

그러나 한국문학사의 새로운 편찬이 불요불급하다는 시각이 이러한 상황을 전혀 외면한 데서 나온 것은 아니다. 편찬 사업에 대한 회의적인 시각은 주로 문학사의 '집대성'이라는 측면에 집중하고 있는데, 그것은 조동일의 『한국문학통사』를 비롯하여 여러 개별 장르사에 대한 저술이 지금까지 학계에서 이루어진 연구성과를 충실히 반영하고 있는 상태에서 새 문학사가 더 보탤 것이 얼마나 있겠으며 그 형식이 방대한 통합문학사가 될 이유는 어디에 있는가 하는 질문이다. 이와 같은 비판적인 시각은 문학사의 시대구분론이나 갈래체계에 대한 논의에서도 유사한 형태로 제출되고 있다. 충실한 개별 작가·작품 연구의 토대 위에서 개별 장르사를 집필하는 것이 통합문학사의 편찬보다 더 의의 있는 작업이란 의견이 여러 형태로 표출된 것이다. 바꾸어 말해서 포스트모더니즘이론에서 흔히 운위되듯이 거대서사보다 미시서사를 중시해야 한다는 관점이 한국문학사 편찬에 관한 의견에서도 제출된 셈이다. 이러한 시각은 문학사가 근대 사회의 산물이고 민족국가의 성립과 긴밀한 관련을 지닌 문화적 산물이라는 인식과 일정하게 결부된다고 할 수 있다. 전지구적 차원의 생활 공동체, 동아시아 전체를 하나의 문화권으로 설정하는 담론이 펼쳐지고 있는 마당에 고루한 민족국가의 형식에 얽매인 문학사의 틀을 훌훌 털고 일어설 때가 되었지 않은가 하는 문제의식이라고 할 수 있을 것이다. 그것은 또한 다양한 접근 방식을 통해서 한국문학사의 구체적 양상에 다가가야 한다는 방법론의 새로운 이념을 제시한다. 그러나 이와 같은 비판적 시각의 긍정적 의의에도 불구하고 남북한이 대치하고 있는 상황의 전개양상이나 정보기술 사회의 도래로 초래된 사회의 급격한 변화는 새로운 문학사의 편찬에 대한 의미 부여를 불가피하게 만드는 측면이 있다.

일반적으로 역사 편찬의 의미는 세 가지로 간추릴 수 있다. 역사 지식의 전파와 그 교육적 효과, 역사를 거울로 삼을 수 있다는 점이 그것이다.[1] 이 가운데서 첫 항은 가장 기본적인 것이면서도 왕왕 그 의의가 잊혀진다. 역사는 사실의 기록이 무엇보다 우선이라는 점, 즉 문학사는 과거에 있었던 문학적 사실을 기록하여 보관하여야 한다는 점이다. 이 양상은 몇 년 전에 출간된 이가원의 『조선문학사(朝鮮文學史)』를 통해 그 의미를 살펴볼 수 있다. 현대적인 문학사 체제와 일정한 거리를 두고 있는 『조선문학사』임에도 불구하고 많은 문학연구자들이 그 의의를 인정하는 것은 그것이 방대한 문학자료를 제시한 점 때문이다. 이 문학사는 상고시대부터 현대까지를 다루고 있는 통합문학사이지만 주로 한문학의 중요 저작들을 풍부하게 수록하고 있어 거기에 실린 자료만으로도 가치 있는 작업이라는 평판을 얻고 있는 것이다. 한국문학은 『삼대목(三代目)』의 일실 등으로 고대문학 부분에 큰 공백을 남기고 있으며 중세의 한문학도 근래에 들어서 한문세대의 급속한 퇴장으로 고대문학과 유사한 위기를 맞고 있다. 이와 같은 상황에서 『조선문학사』와 같이 과거의 문학을 발굴·조사·기록하여 보존하는 작업은 문학사 편찬의 일차적 의의가 되기에 충분할 것이다. 두 번째로 한국문학의 성과를 후대에게 교육할 뿐만 아니라 현재의 문화 창조에 효과적으로 이용될 수 있도록 가공

---

1) 黃修己, 『中國新文學史編纂史』, 北京大學出版社, 1995, 488~489면 참조.

하는 일이다. 서구 계몽주의의 활동 가운데 가장 중요한 사업이 백과사전의 편찬이란 사실은 잘 알려져 있다. 백과사전은 기왕에 인류가 획득한 지식을 체계화하여 많은 사람이 쉽게 이용할 수 있게 만든 일종의 사회적 기구였다. 정보 기술의 발달이 새로운 매체들을 탄생시키고 그 매체를 통해서 새로운 문화 형식이 창조되고 있는 오늘의 시점에서 계몽주의의 '백과사전' 편찬 작업은 우리에게 많은 것을 시사하고 있는 것이다. 새로운 매체를 통한 문화 창조의 과정에서 과거의 문학적 자산은 매우 유용한 자원이 될 수 있음에도 불구하고 그것이 쉽게 이용할 수 있는 형태로 가공되지 않은 상태로 있다면 그것은 인멸되거나 사장되기 십상이다. 그러므로 새롭게 편찬되는 문학사는 정보기술 사회의 새로운 요구에 부응할 수 있는 내용과 형식을 갖출 필요가 있는 것이다. 세 번째로 한국문학사는 새로운 문화 창조 과정에서 거울의 역할(史鑑的 作用)을 수행해야 한다. 문학사는 개별 작가나 작품을 단순히 해석 평가하는 데 머물지 않고 특정한 맥락 속에서 과거의 문학 행위를 이해하는 일이다.[2] 그것은 작품의 성립과 사회적 맥락 사이의 연관을 전제하는 것으로서 문학사 서술이 정보의 선택적 사용에 입각할 수밖에 없다는 사실을 알려준다. 문학 작품을 특정한 사회적 맥락과 연결짓는 것은 낱낱의 작품 행위가 현실의 삶에 대한 작가의 인식이자 실천적 대응으로서 이루어졌다는 점을 깊이 의식하는 일이고, 현재의 문화 창조 행위를 역사의 거울에 비춰봄으로써 자기 성찰의 계기를 마련하는 일이다. 문화 창조의 과정에서 이와 같은 반성 작용을 생략한다면 우리는 과거 선인들의 실천과 인식을 가치 있는 경험으로 전유할 수 없다. 비유적으로 말해서 과거의 선인들은 분명 우리가 쉽사리 넘볼 수 없는 문화적 거인이지만 우리는 그들의 어깨 위에 올라서서 세계를 바라봄으로써 그들보다 더 멀리, 그리고 더 깊이까지 볼 수 있는 것이다.

---

2) Marshall Brown(ed), *The Uses of literary history*, Duke Univ. Press, 1995, p.66.

2. 편찬 주체의 사관과 서술방법

심포지엄의 과정에서 중요하게 논의된 두 번째 문제, 곧 편찬 주체의 문제는 크게 세 개의 사항으로 나누어 볼 수 있다. 편찬 주체의 구성 문제가 그 하나이며, 사관의 문제, 그리고 서술 방법의 문제가 차례로 그 다음을 잇는다. 이 가운데 편찬 주체의 구성에 대해서는 학계의 모든 역량을 모은다는 공동 작업의 원칙이 세워졌으므로 크게 문제가 되지는 않았다. 그에 반해 사관의 문제는 매우 미묘한 측면이 있었다. 한국 문학의 연구가 근대적 형태를 갖추기 시작한 일제강점기 이래 한국문학사 서술에서는 민족주의나 근대주의, 또는 사회주의 이념이 매우 강력한 자장을 형성하고 있었기 때문이다. 따라서 오늘의 시점에서 문학사를 편찬하는 주체의 사관이 어떤 것이 되어야 하는가 하는 문제는 여러 각도에서 면밀히 검토될 필요가 있었다. 이에 대해 '문학사 서술의 기본 방향'을 검토한 임형택은 기왕의 한국문학사 저술 대부분이 '20세기 한국형'이라고 할 수 있는 문제점을 지닌 형태였다고 비판하고 그 개선의 방향을 제시했다. 기존의 문학사 저작에서 드러나는 문제들에 대한 인식과 반성에 근거한 이 개선책은 크게 세 가지로 나뉜다. 그것은 첫째 근대주의의 청산, 둘째 해석·평가의 공정성, 셋째 문학의 개념 및 문학의 옹호이다.

근대주의의 청산이란 기존의 문학사가 근대의 문학적 성과를 최정점으로 삼는 발전론적 논리 구조를 배경으로 이루어져 있다는 인식에 근거한다. 발전의 개념이 문학사 서술에 끼여들기 때문에 과거의 문학적 사실은 불완전하거나 열등한 것으로 간주되고 그리하여 정당한 대접을 받지 못했다는 인식이다. 이 발전의 개념은 문학사 서술에서 연속성의 모델이 야기하는 여러 문제와 그에 따른 해석·평가의 문제를 낳는다. 연속성의 모델이 야기하는 문제는 한국문학사의 전개에서 근대와 근대 이전의 문학을 '단절'로 파악하는 인식에서 가장 뚜렷하게 나타난다. 근

대한국문학이 서구 양식의 이식에서 성립되었다는 임화의 이식문학론이
나 그에 대한 반발로서 한국문학의 내재적 발전과정을 추적하는 김윤
식·김현의 『한국문학사』로 대표되는 '자생론'의 여러 작업들은 모두 연
속성의 모델에 집착한 것이라 할 수 있다. '한국 현대문학사의 문제'들을
고찰한 한계전이 "근대의 기점에 대한 논쟁은 아직 진행중"이라고 밝히
고 있는 데서 알 수 있듯이 한국문학사의 연속성이란 관념은 아직도 한
국문학의 연구에서 내연하고 있는 논란거리이다. 그리고 이 연속성의 모
델은 문학사의 개별 사안들에 대한 해석·평가에 부정적 영향을 끼치고
있다. 한계전은 한국현대 문학사에서 근대와 현대를 나눌 때 "각 시기에
대한 평가는 이미 예비되어 있는 셈"이라고 지적하는데 이 지적이 타당
한 것이라면 고대·중세·근대를 설정할 때 거기에도 이미 각 시대에 대
한 평가는 내재해 있다고 볼 수 있다. 한계전은 이 연속성 모델의 폐해
를 극복하기 위해서는 문학사의 전개 과정에서 매 시기의 문학은 그 나
름으로 최선의 문학적 인식과 대응으로서 성립한 성과라는 사실이 인정
되어야 한다고 주장한다. 같은 논리로 임형택은 매시기의 문학을 최선의·
것으로 인정할 수 있을 때만이 근대적 편견에서 해방되어 그 동안 현실
도피적이라거나 소극적, 퇴폐적이라고 비난받은 자연친화적 사상이나,
동양적 지혜 등의 가치가 인정받을 수 있게 된다고 설명한다. 임형택은
이 연속성 모델과 발전론적 논리 구조가 한국문학의 사상적 측면과 양
식적 측면에 대한 판단에 고루 작용하고 있어 작가·작품에 대한 공정한
해석과 평가를 왜곡하고 있다고 비판한다. 해석과 평가의 문제가 사관과
관련된 두 번째 고려사항으로 거론되는 것은 이에 말미암는다.

　해석과 평가의 문제는 기실 사관의 문제이기도 하면서 서술방법의 문
제이기도 하다. 그것은 표리의 관계를 이루고 있으며 전자가 주로 대상
에 임하는 문학사가의 입장과 태도를 고려한다면 후자에서는 그 입장과
태도를 문학사 서술 속에서 실현하는 기술적 문제가 주안점이 된다. 그
렇기 때문에 임형택은 해석·평가의 문제에 대해서는 실사구시와 공청

병관(公聽幷觀)의 자세를 강조하는 선에서 논의를 그치고 서술방법에 대해서는 구체적인 언급을 하지 않고 있다. "실증이 주의로 떨어지지 않기 위해서 '실사구시'를, 객관의 미덕이 중성적 객관주의로 떨어지지 않기 위해서 '공청병관'을 든 것"이라는 설명이다.

문학사 편찬에 관련된 사관의 문제를 다루는 데서 '문학의 개념 및 문학의 옹호'라는 항목의 설정은 얼핏 낯설게 느껴진다. 그러나 이 세 번째 항목은 문학사 서술에 적용될 문학의 개념을 확립할 필요성에서 제기된 것으로서 실제로 문학사의 범위를 정하고 개별 작가, 작품의 비중을 결정하는 데 매우 긴요하게 고려해야 할 요소이다. 이 사항에 대해서 논자의 문제의식은 크게 두 방향으로 향하고 있다. 하나는 과거의 문학에 대한 배려이며 다른 하나는 지금 현재 문학이 부닥치고 있는 위기상황이다. 전자는 앞서 논의했던 근대주의와 연결되는 문제로서 근대적 관점에서 과거의 우리 문학을 인식할 때 파생되는 문제이며 후자는 인문학의 위기라고 통칭되는 현재의 상황에서 어떻게 문학을 옹호할 것인가 하는 문제이다. 20세기에 한국문학 연구가 근대적 학문의 형태로 출범한 이후 과거의 우리 문학이 '근대'라는 이름으로 포장된 서구문학의 기준에 따라 제멋대로 재단된 사실은 잘 알려져 있다. 국문문학인가 아닌가에 따라 일거에 한문문학이 문학사에서 배제되기도 하고 다양하게 분기를 이루고 있던 전통 장르들이 서구의 삼분법 또는 사분법에 따라 이리저리 분산 배치되는 혼란을 겪기도 하였다. 오늘날에 이르러서는 한문문학이 한국문학의 중요한 구성분자라는 데 대해서는 이의를 다는 사람이 별로 없지만 그럼에도 불구하고 한국문학사의 시대 구분이나 장르를 설정하는 데에 있어서 한문문학은 여전히 중요한 참조사항이 되지 못하고 있다. 논자는 바로 이러한 상태가 새로 편찬되는 문학사에서는 지양되어야 한다고 본다. 그것은 단순히 한문문학의 비중을 중시하기 때문이 아니라 현재 문학이 마주하고 있는 문화 상황에 적절히 대응하기 위해서도 필요한 조처라는 견해이다. 다양한 매체의 등장으로 문학과 다른 문화 형식 사이의 경계가 불분명하게 되었고 그런 속에서 등장한 각종 문화론은 문학의 존재가치, 의미를 위태롭게 만든다. 따라서 현재의 인문학이 부닥치고 있는 총제적 위기 상황에 효과적으로 대응하고, 서구의 근대주의적 문학개념에 의해 초래된 문학사의 불구 상태를 극복하기 위해서는 문학사의 체제를 조정(措定)하는 일이 필요하다는 견해이다. 임형택은 이 조정의 과정에서 한문문학의 문체 분류 같은 동양문학의 관습적 분류 개념이 시대 구분, 갈래체계의 설정에 참조될 필요가 있다고 제안한다.

편찬 주체와 관련된 세 번째 문제, 곧 서술방법의 문제에 대해서는 이선영의 「한국문학사대계의 기본시각」에서 집중적으로 검토되고 있다. 앞서 밝혔듯이 문학사 편찬에 임하는 기본 태도 또는 정신을 실사구시와 공청병관으로 표방한다 했을 때 서술방법론은 그러한 목표와 이념을 달성할 수 있는 구체적 방침과 수단을 갖춰야 한다. 여기서 '실사구시'에 대해 새삼스럽게 의론을 펼칠 필요는 없겠지만 '공청병관'에 대해서는 약간의 설명이 필요하다고 본다. 왜냐하면 '공청병관'은 문학사의 서술 대상인 작가나 작품에 대한 인식의 객관성 내지 타당성을 확보하기 위해 요구되는 문제인 동시에 그 설명의 공정성이나 객관성을 높이기 위해서도 필수적인 요소가 되는 사안이기 때문이다. 『비평의 해부』의 저자인 노스럽 프라이는 관점에 따라 작품에 대한 여러 가지 우유적 해석이 가능하다고 해도 거기에 기준이 될 수 있는 '원형'을 찾는 일이 중요하다는 관점을 피력하고 있는데 '공청병관'은 일차적으로 이 작업과 관련된다고 생각된다. 프라이가 제시하는 방법대로 문학작품으로부터 일정하게 '뒤로 물러서서' 대상을 관조할 때 파악되는 작품을 '통일하고 있는 원형'3)으로서의 이미지 구조를 논의의 기준으로 삼지 않으면 작품에 대한 설명은 문학사가의 필요에 따라 자의적으로 설정되는 도식의 진부한 사례로 전락하고 말 것이다. 이 점에서 문학사 서술이 갖춰야 할 작품에

---

3) 노스럽 프라이, 임철규 역, 『비평의 해부』, 한길사, 2000, 277면.

대한 인식의 보편 타당성을 확보하기 위해 '공청병관'의 방법은 중요하지만 그 개별 사안들을 특정한 사회 문화적 맥락과 연관짓는 작업을 위해서도 '공청병관'은 필수적 요소가 된다. 앞서 설명한 대로 문학사의 서술 작업은 개별 작가·작품에 대한 설명으로 그치는 것이 아니라 개개의 문학적 사실을 특정한 사회 문화적 맥락과 관련짓는 작업이기도 하기 때문이다. 서술방법의 문제에 대한 이선영의 설명이 토대와 매개의 문제를 중심으로 구성된 것은 그에 말미암은 것이라고 이해할 수 있다. 즉 사회적 맥락과 문학을 연결지어 설명한다 할 때 그 연결의 방식이 어떻게 되어야 하는가 하는 문제에 대한 답변이다. 이선영은 마르크스주의적 방법으로 토대와 문학의 관계를 설정한 임화의 「신문학사의 방법」에 대해 검토하면서 사회적 맥락과 문학을 연결하는 데 참조가 될 세 가지 인과율을 논하고 있다. 양자간의 관계를 당구공의 움직임과 같이 원인과 결과가 분명한 추이적(推移的) 관계로 파악하는 기계적 인과율, 문학적 현상을 시대 전체의 내적 본질이 표출된 것으로 보는 표현적 인과율, 하나의 사상(事象)이란 구조의 효과라고 보는 구조적 인과율이 바로 그것이다. 이 세 인과율은 모두 문학사 서술에 유용한 방법이지만 설명이 정치하게 이루어지기 위해서는 원인과 결과 사이를 매개하는 요인을 충분히 고려해야 한다는 것이 이선영의 주요 논점이다. 이와 같은 인식에 바탕을 두고 그는 하나의 텍스트를 해석할 수 있는 세 개의 층위를 설명한다. 이 설명은 문학을 기본적으로 상징 행위로 이해하는 프레드릭 제임슨의 해석 방법론에 따른다. 곧 작품을 개별자·특수자·보편자란 세 개의 층위에서 정치사·사회사·생산양식사로 읽을 수 있고 이 과정에서 개인의 상징 행위가 무엇이며, 그것이 어떤 계급적 이념소를 함축하며, 궁극적으로는 어떤 생산양식과 관련되느냐를 분석해 내는 방법이다. 이 방법은 문학사가 포괄할 수 있는 사회적 맥락과 특정 텍스트 사이의 연계를 최대한도까지 넓히고 있다. 다만 개별 텍스트에 대한 분석이 아니라 문학사의 편찬이라는 점을 고려한다고 할 때 그 서술은 일정한 제한을 받지 않을 수 없다. 텍스트에 대한 상세한 분석과 해석보다 간명하면서도 핵심을 짚는 서술형태를 문학사가 요구할 것이기 때문이다. 이 점을 고려할 때 서술방법론에서는 서술대상의 선택과 배제의 기준, 서술 문체, 서술 단위의 설정 등이 좀더 구체적으로 검토되어야 하지만 심포지엄에서 이루어진 논의가 미진한 현재의 상태에서는 그에 대한 상론은 뒷날로 미룰 수밖에 없다.

3. 한국문학 이해의 문제

편찬 대상인 한국문학에 대한 이해의 문제는 문학사에 관한 논의에서 통상 중심적인 자리를 차지한다. 토지문화재단이 주최한 두 차례의 심포지엄에서도 이 문제는 당연히 논의의 초점이 되었다. 그 논의를 요약한다면 한국문학의 이해에 관련된 둔제는 크게 네 가지 사항으로 구분될 수 있을 것이다. 하나는 한국문학사의 전체 체계를 어떤 구도로 잡느냐 하는 것이며, 그 둘은 시대구분론, 셋은 갈래체계론, 넷은 남북문학사 통합 서술의 문제이다.

문학사의 전체 체계를 구상하기 위해서는 먼저 문학사 서술에 적용될 문학의 개념과 한국문학의 영역 범위, 장르 구분의 방법 등이 동시에 고려되어야 한다. 또 문학사의 체계 구성에 장애가 될 소지가 있는 문제들에 대한 처리 방침이 확립되어야 한다. 임형택은 이 체계 문제와 관련하여 현실적으로 고려해야 할 사항으로 "국문학과 한문학의 대립 부정의 관계, 고전문학과 근대문학의 단절·계승의 관계, 남한문학과 북한문학의 이질적인 평행선의 관계"라는 세 가지를 들고 있다. 이 문제들이 어떻게 해결되고 통합되는가에 따라 문학사의 형태가 달라진다는 견해이다.

그는 구체적으로 기존의 문학사에서 이 문제들이 어떻게 처리되어 왔는지를 고찰한다. 한문학을 배제한 채 국문문학을 중심으로 문학사의 얼개를 짠 고정옥의 '국문학 형태 발전론'(1949)을 제시한 데 이어 구비문학과 기록문학을 구분하고, 기록문학을 국문문학과 한문문학으로 나누며, 국문문학을 다시 고전문학과 현대문학으로 구분한 김흥규의 '한국문학 범위도'(1982)를 제시하여 한국문학 연구의 진행 경과에 따라 한국문학의 범위가 어떻게 서로 다르게 파악되어 왔는가를 설명하고 있다. 이 고찰의 결론으로서 그는 구비적 원시문학이 삼국시대 이후 국문학과 한문학으로 분리되고, 이것이 20세기의 신문학에 의해 통합되었다가 1945년 이후 남한문학과 북한문학으로 분리되는 과정을 보여 주는 '한국문학사의 체계도'(2000)를 도표로 그려 제시하고 있다. 임형택은 이 체계도가 '하나의 시안'이라고 말하고 있지만 그것이 기왕에 문학사 형태로 저술된 『민족문학사강좌』의 서술에서 실제로 체계 구성의 이론이 된 바 있고, 현재의 시점에서도 이와 같이 분리와 통합을 말하는 데는 남북의 평행선적 이질화에 대한 이론적 극복의 의지가 일정한 정도 잠재되어 있다고 판단되기 때문에 단순히 '시안'이라고 소홀히 할 수는 없을 것이다. 이 체계도는 한문문학을 국문문학과 동등한 가치를 지닌 것으로 판단하고 있으며 고전문학과 근대문학의 단절이란 관점을 지양하기 위한 방안이나 남북 분단에 대한 실천적 극복 의지도 일정하게 반영하고 있다고 할 수 있다. 그 양상은 기왕에 살펴본 문학의 개념 설정에서도 어느 정도 표출되고 있지만 시대구분론이나 갈래체계에 대한 구상에서도 상당한 부분이 간취된다. 그는 이 '체계도'가 시대 구분이나 갈래 구분과 연관되어야 한다는 관점을 제기하는데, 그 관점의 일단을 제시하면 시대 구분에 있어서는 종래의 생산양식에 따른 고대·중세·근대의 구분보다 왕조사를 중심으로 하여 세기별로 구분한 북한문학사의 시대 구분을 높이 평가하고 있으며, 갈래 구분에 있어서는 전래의 관습적 분류가 지닌 장점을 높이 산다. 이러한 방법이 시대 구분이나 갈래 구분에 적용될 경우 고전문학과 현대문학의 단절이란 관점은 상당부분 지워질 것이며 갈래체계를 둘러싸고 벌어진 지금까지의 소모적인 논쟁도 많은 부분이 쉽게 불식될 수 있다는 견해이다.

시대 구분의 문제는 종래 한국문학사의 아킬레스건이었다. 1967~1968년에 있었던 한국경제사학회의 '한국사시대구분론' 심포지엄4) 이후에도 그 양상은 변화가 없었다. 통합문학사의 대표격으로 일컬어지는 조동일의 『한국문학통사』도 중세에서 근대로 이행하는 과도기 3백 년을 설정함으로 인해서 여러 가지 논란을 일으킨 바 있다. 심포지엄에서 '고전문학사 시대구분론' 발표를 맡은 고미숙도 『한국문학통사』가 내재적 발전론을 집약한 성과이지만 이행기의 설정으로 기왕의 논의를 원점으로 돌려버리고 말았다고 비판하고 "『통사』의 시대 구분을 뛰어넘으려면 각 시대에 관한 명명을 어떻게 할 것인가 보다 전체를 관통하는 연속성이라는 전제 그 자체를 벗어나야 할 것"이라고 설명한다. 고미숙은 기존의 문학사들이 "시대구분을 통해서는 엄청난 이념적 차이를 선포하지만, 정작 구체적 장에 들어서면 그 문제의식은 둔탁해지거나 실종되기 일쑤"였다고 밝히고 시대 구분을 만병통치약으로 생각하는 고정관념에서 벗어나야 한다고 주장한다. 종래의 시대 구분이 '거시적 종합의 욕망'에서 산출된 것이라면 이제 "미시적 분절의 선들이 자유롭게 흘러 다닐 수 있는 유연성과 개방성을 마련하는 것"이 최선의 방책이라는 것이 그의 주장의 핵심 요점이다. 고미숙은 그 방안을 구체화하기 위해 '왕조사의 구분법을 적극 활용'하면서 세기 단위로 분절하고 나말려초, 려말선초, 근대 계몽기 등의 단위를 설정하는 시대 구분 방법을 실질적인 차원에서 고려할 필요가 있다고 밝힌다. 그는 『한국문학통사』를 비롯한 기존의 문학사가 문학주의, 진화론, 리얼리즘, 폐쇄적 갈래 개념으로 인해 시대 구분에서 지나치게 구속받았다고 지적하고 "굳이 시대구분의 기준을 설정

---

4) 한국경제사학회, 『한국사시대구분론』, 을유문화사, 1970 참조.

해야 한다면, 한 시대를 대표하는 텍스트들의 집합 및 그것이 다른 것들과 맺는 관계에 따라 다양한 방식을 포진시키는 것이 더 자연스러운 방편이 아닐까?" 하는 의견을 제시한다. 시대 구분에 대한 이와 같은 비판과 제안은 그것이 해체주의적 관점이라거나 지나친 파격이라는 일부의 지적에도 불구하고 심포지엄에 참석한 많은 사람의 공감을 얻었으며 이 양상은 갈래 구분에 대한 논의에서도 유사하게 나타난다.

심포지엄에서 갈래체계에 대한 발표를 맡은 정출헌은 "문학 갈래의 생성과 변화와 소멸의 과정, 곧 다양한 문학 갈래의 역사적 얽힘과 부침이란 문학사의 총체라 일컬을 수 있을 정도로 문학사 편찬의 골간을 이루는 문제"라는 인식에 바탕을 두고 논의를 펼친다. 그는 기존의 문학사가 갈래 문제와 '내밀한 관계'를 가졌으며『한국문학통사』의 경우 저자 자신이 "문학갈래의 역사적 성격 및 갈래체계의 변화에 대한 가설을 입증하기 위해 문학사를 온통 서술해야만 되었다"고 술회했음을 상기시킨다. 그리고 그는 이분법·삼분법·사분법·오분법 등이 문학사 서술에 어떻게 관여하고 있는가를 분석한 결과로서 갈래 개념이 내면적으로 문학사에 중심부와 주변부를 설정하는 역할을 맡아 왔음을 지적한다. 즉 한문문학에 대해서 국문문학이 과도한 평가를 받고 소설을 우위에 두는 시각에 의해 전기·가전·몽유록 등이 홀대받게 되었다는 것이다. 그 양상은 민족적 갈래와 민중적 갈래의 설정에서도 반복된다. 그렇게 된 연유는 국문문학, 소설 관련 갈래, 민족적 갈래, 민중적 갈래가 모두 근대적 문학관의 적자였기 때문이라는 분석이다. 이처럼 문학사에 중심부와 주변부가 설정되는 것은 연속성의 모델, 갈래체계의 완고성 외에도 학문적 연구의 수준과 관련된다. 그 구체적 사례는 기존의 문학사에서 한문문학의 여러 갈래들이 일정한 기준도 없이 이곳 저곳으로 분산 배치되는 양상에서 드러나며, 이와 같은 상태를 지양하기 위해서는 한문문체 분류 방식을 문학사 갈래체계 설정에 일정하게 감안하여야 한다는 것이다. 그의 결론은 갈래에 관련된 기왕의 의혹을 불식시키기 위해서는 "근대적 문학관에 기반한 거대 담론을 근본적으로 재고 지양하려는 발본적 사고가 필요"하며 "역사적 갈래(또는 개별 작품)의 존재 양태를 보다 자유롭게 보장하는 갈래체계를 모색하는 한편, 이들을 보다 풍부하게 읽어낼 수 있는 분석과 평가의 시각을 확보"해야 한다는 것이다. 이상의 논지는 문학사의 전체 체계에 대한 논의나 시대 구분에 대한 논의와 일정한 대응관계를 갖는다. 세 분야 발표자들의 논지에서는 문학사의 연속성 모델이나 발전 개념이 공통적으로 비판되고 있으며, 생산양식에 따라 고대·중세·근대를 나누는 시대 구분 방법이나 모든 문학을 서너 가지 범주에 포괄하기 위해 도입되는 큰 갈래의 개념도 배척되고 있다. 또한 국문문학을 중심으로 설정되던 시대 구분이나 갈래 구분을 지양하고 고전문학·한문문학·현대문학에 다같이 적용될 수 있는 구분 방식이 도입되어야 하며, 그것은 동아시아 문화권이나 지구촌의 개념과 같이 새로이 인식의 범주로 등장한 실제 대상과의 관계 속에서 검토되어야 한다는 견해가 제시되고 있다.

남·북 문학사의 통합 서술에 관해 1차 심포지엄에서 발표한 김재용은 남북의 자유로운 교류가 제한 받고 있는 현재 상태에서 북한 문학사를 서술한다는 것은 '교류의 문학사'가 아니라 남한의 일방적 시각에 의해 이루어지는 '이해의 문학사'일 수밖에 없음을 지적하고 그것이 낳을 폐단을 극소화하기 위한 하나의 방편으로서 북한 사회에서 공식적인 평가를 받지 못했거나 억압된 문학활동을 발굴해 낼 필요성을 제기했다. 같은 주제로 2차 심포지엄에서 발표한 김성수는 남·북의 기존 문학사를 비교 분석해 볼 때 "민족문학과 리얼리즘을 문학사 통합의 한 기준으로 설정"할 수 있다고 밝혔다. 그는 그간에 이루어진 남한의 북한문학사 서술이 남한 문학사를 중심에 놓고 거기에 북한 문학사를 끼워 넣는 구색 맞추기이거나 시대 구분에 대한 고민 없이 남·북을 분리하여 서술하는 분리서술방식이라고 비판하고 진정한 통합문학사가 되기 위해서는 동일한 기준에 의하여 남·북한의 문학을 공정하게 다루는 방식이 되어야 한다고 주장했다. 즉 1950~60년대에는 북한문학 쪽에 비중이 실리는 서술, 1970~80년대에는 남한문학 쪽에 비중이 실리는 서술이 이루어져야 한다는 견해이다. 이 남·북 문학사 통합 서술 문제는 두 차례나 발표·토론의 기회를 가졌지만 이렇다할 뚜렷한 방안을 찾지 못한 데서 알 수 있듯이 한국문학사 편찬의 여러 문제 가운데서도 가장 해결이 어려운 난제로 남겨지게 됐고, 그에 따라 앞으로 문학사가들이 풀어야 할 숙제가 되었다.

한국문학사를 편찬하는 사업의 기초를 닦기 위해 마련된 두 차례의 심포지엄은 사업의 의의나 규모에 비해 미진하고 불충분한 것임에 틀림없다. 젊은 연구자들을 주축으로 하는 세미나 팀을 구성하고자 했던 것은 심포지엄에서 논의되지 않았거나 논의가 불충분한 부분을 보완하고자 하는 취지였지만 그것조차 성취하지 못한 상태에서 심포지엄의 내용만을 덩그라니 세상에 내놓는 데는 많은 주저가 따르지 않을 수 없었다. 그럼에도 불구하고 문학사 편찬의 기획이 무모한 것만은 아니었음을 스스로 입증하기 위해서는 이와 같은 형태로나마 심포지엄에서 얻은 결실을 엮어 내는 일이 필요했다. 발표와 토론을 맡아 주신 분들과 문학사 편찬 사업에 관심을 보여 주신 많은 분들께 토지문화재단을 대신하여 이 자리를 빌어 심심한 사의를 표한다.

2001년 4월 2일

한국 문학사 저술 목록

1. 통합문학사

안 확,『조선문학사』, 한일서점, 1922.

권상로,『조선문학사』, 제일프린트사, 1939.

임 화,「조선신문학사」,『조선일보』, 1939.9~1940.3;『인문평론』1940.11~1941.4.

백 철,『조선신문학사조사』, 수선사, 1948.

이명선,『조선문학사』, 조선문학사, 1948.

김사엽,『조선문학사』, 정음사, 1948.

우리어문학회,『국문학사』, 수르사, 1948.

조윤제,『국문학사』, 동국문화사, 1949.

유창돈,『국문학사요해』, 정연사, 1952.

이숭녕 · 김동욱,『국어국문학』, 을유문화사, 1955.

리용수 · 윤세평 · 안함광,『조선문학사』권3, 교육도서출판사, 1956.

박영희,「현대한국문학사」, 사상계 1958.4~1959.3.

윤세평,『광복 전 조선문학』, 1958.

과학원 언어문학연구소 문학연구실,『조선문학통사』권2, 과학원출판사, 1959.

양주동,『국문학사』, 대일인쇄소, 1959.

장덕순,『국문학통론』, 신구문화사, 1960.

저자미상,『조선문학통사』, 교육도서출판사, 1960.

조연현,『한국현대문학사』, 인간사, 1961.

한룡옥 · 김하명 외,『대학용 조선문학사』권3, 조선문학출판사, 1962.

신구현 · 리용수 외,『조선문학사』권10, 1962.

조윤제,『한국문학사』, 동국문화사, 1963.

조윤제,『국문학사개설』, 동국문화사, 1965.

구자균,『한국문학사』, 아세아연구소, 1965.

이병기 · 백철,『국문학사전사』, 신구문화사, 1967.

조지훈,『한국현대문학사』, 일지사, 1973.

조연현,『한국현대문학사』, 성문각, 1969.

김준영,『한국고전문학사』형설출판사, 1971.

여증동, 『한국문학사』, 형설출판사, 1973.

김윤식·김현, 『한국문학사』, 민음사, 1973.

장덕순, 『한국문학사』, 동화문화사, 1975.

김석하, 『한국문학사』, 신아사, 1975.

장덕순, 『한국문학사』, 동화문화사, 1975.

김동욱, 『국문학사』, 일신사, 1976.

사회과학원 문학연구소, 『조선문학사』 권5, 과학백과사전출판사, 1977~1981.

김춘택, 『조선문학사』 권2, 김일성종합대학출판사, 1982.

정홍교·박종원·류만, 『조선문학개관』, 사회과학출판사, 1986.

박충록, 『조선문학간사(簡史)』, 연변교육출판사, 1987.

조동일, 『한국문학통사』, 지식산업사, 1988

여증동, 『배달문학통사』, 형설출판사, 1990.

민족문학사연구소, 『민족문학사 강좌』상·하. 창작과비평사, 1993.

김재용·이상경·오성호·하정일, 『한국근대민족문학사』, 한길사, 1993.

권영민, 『한국현대문학사』, 민음사, 1993.

정홍교 외, 『조선문학사』 16권, 1991~현재 간행중.

최동호 편, 『남북한현대문학사』, 나남출판, 1995.

이가원, 『조선문학사』, 태학사, 1997.

신형기·오성호, 『북한문학사』, 평민사, 2000.

권영민, 『한국현대문학사』, 민음사, 2002.

2. 개별 장르사

가. 시가문학사

조윤제, 『조선시가사강』, 박문출판사, 1937.

고정옥, 『조선민요연구』, 수선사, 1949.

서정주, 「현대조선시약사」, 『조선명시선』, 온문사, 1949.

정병욱, 『한국시가문학사』상, 한국문화사대계 Ⅴ. 고려대 민족문화연구소, 1967.

송민호, 『한국시가문학사』하, 한국문화사대계 Ⅴ, 고려대 민족문화연구소, 1967.

정한모, 『한국현대시문학사』, 일지사, 1974.

박철희, 『한국시사연구』, 일조각, 1980.
김용직, 『한국근대시사』, 새문사, 1983.

나. 소설문학사

김태준, 『조선소설사』, 청진서관, 1933.
전광용, 『한국소설발달사』하, 한국문화사대계 V, 고려대 민족문화연구소, 1967.
김우종, 『한국현대소설사』, 선명문화사, 1974.
이재선, 『한국현대소설사』, 홍성사, 1979.
정주동, 『고대소설론』, 형설출판사, 1981.
이재선, 『현대한국소설사』, 민음사, 1991.
김윤식・정호웅, 『한국소설사』, 예하, 1993.
양문규, 『한국근대소설사연구』, 국학자료원, 1994.
정호웅, 『한국현대소설사론』, 서미, 1996.
김영민, 『한국근대소설사』, 솔, 1997.
문학과문학교육연구소, 『한국현대소설사』, 삼지원, 1999.

다. 극문학사

김재철, 『조선연극사』, 학예사, 1939.
정노식(魚鳥同室主人), 『조선창극사』, 조선일보사 출판부, 1940.
안종화, 『신극사이야기』, 진문사, 1955.
한효, 『조선연극사개요』, 국립출판사, 1956.
박황, 『한국신극사연구』, 서울대 출판부, 1965.
이두현, 『한국신극사연구』, 서울대 출판부, 1968.
박황, 『창극사연구』, 백록출판사, 1976.
조동일, 『탈춤의 역사와 원리』, 홍성사, 1979.
유민영, 「한국극단사」, 한국연극학1. 1980.
유민영, 『한국현대희곡사』, 홍성사, 1982.
서연호, 『한국근대희곡사연구』, 고려대 민족문화연구소, 1982.
김상선, 『한국근대희곡론』, 집문당, 1985.

김원중, 『한국근대희곡문학연구』, 정음사, 1986.
김춘택, 『조선고전소설사연구』, 김일성종합대학출판사, 1986.
김방옥, 『한국사실주의희곡연구』, 1988
김익두, 『한국희곡론』, 신아, 1991.
김재석, 『일제강점기 사회극 연구』, 태학사, 1993.
서연호, 『한국근대희곡사』, 고려대출판부, 1994.
이미원, 『한국근대극 연구』, 현대미학사, 1994.
유민영, 『한국근대연극사』, 단국대출판부, 1996.

라. 비평사

김윤식, 『한국근대문예비평사연구』, 한얼문고, 1973,
신동욱, 『한국현대비평사』, 한국일보사, 1975
전규태, 『한국현대문학사』, 서문당, 1976.
조동일, 『한국문학사상사시론』, 지식산업사, 1978.
전형대·정요일·최웅·정대림, 『한국고전시학사』, 홍성사, 1979.
김윤식, 『한국근대문학사상사』, 한길사, 1984.
이선영·강은교·최유찬·김영민, 『한국근대문학비평사연구』, 세계, 1989.
김영민, 『한국문학비평논쟁사』, 한길사, 1992.
안대회, 『조선후기시화사연구』, 국학자료원, 1995.
양승국, 『한국근대연극비평사연구』, 태학사, 1996
김영민, 『한국근대문학비평사』, 소명출판, 1999.
김영민, 『한국현대문학비평사』, 소명출판, 2000.

마. 수필문학사

장덕순, 『한국수필문학사』, 새문사, 1984.
정주환, 『한국 근대 수필의 문학사적 연구』, 우석대 대학원, 1996.

바. 아동문학사

윤석중, 「한국아동문학소사」, 『아동문학의 지도와 감상』, 1962.
이재철, 「한국현대아동문학사」, 『횃불』 1~17, 1969~1970.
이재철, 「한국현대아동문학략사」, 『신한국문학전집』 51, 1975.
이재철, 「광복아동문학략사」, 『동시와 동화』, 1975.
이재철, 『한국현 대아동문학사』, 일지사, 1978.

사. 기타

장수근, 『구비문학사』, 고려대민족문화연구소, 1967.
임동권, 『한국민요사』, 문창사, 1969.

구자균, 『조선평민문학사』, 민중사, 1974.
허경진, 『조선위항문학사』, 태학사, 1997.

김태준, 『조선한문학사』, 조선어문학회, 1931.
최해종, 『한국한문학사』, 청구대학, 1958.
이가원, 『한국한문학사』, 민중서관, 1961.
문선규, 『한국한문학사』, 정음사, 1961.
지준모, 『신라한문학사』, 영남대, 1972.

김병철, 『한국근대번역문학사연구』, 을유문화사, 1975.
임종국, 『친일문학론』, 평화출판사, 1966.

제2장
한국 근·현대 문학사 시대구분론

　동아시아 3국 가운데 유일하게 한국은 20세기 초반에 이민족의 식민 지배를 받았다. 이 사실은 한국 역사를 서술하는 데 여러 가지 착잡한 문제를 야기한다. 자주적으로 근대사회의 이념을 정초하지 못하고 식민지 상태에서 일본 등의 중개를 통해서 새로이 전래되는 서양 문물을 받아들이는 가운데 근대화를 진행해야 했기 때문에 역사의 연속성에 대한 문제가 야기되는 것이다. 한국문학사를 논의할 때면 언제나 등장하는 단절론과 내재적 발전론은 이 식민지 체험과 일정하게 연관된다. 오늘날 한국 사회에 근대문학이 성립되어 있다고 할 때, 그것이 우리의 자주적 전통에서 성장해온 것인가 아니면 서양 문학을 이식해서 이루어진 것인가 하는 데 대한 논란인 것이다. 그것은 단지 오늘의 문학과 전통시대의 문학을 비교해서 확정지을 수 있는 문제가 아니다. 그보다는 근대화의 과정 전반에 걸쳐 어떤 일들이 일어났는가 하는 사실에 대한 탐구와 함께 역사적 해석을 거쳐서 판정 지을 수밖에 없는 문제이다. 이런 의미에서 한국 근대문학 성립과정에 대한 연구는 한국 근대사에 대한 총체적 인식과 맞물리는 문제이면서 동시에 문학사의 특수한 사정에 의해 제기되는 여러 문제들을 해결해야 한다는 복잡성을 띠게 된다.

문학사의 시대 구분에서 제기되는 특수한 문제는 여러 가지가 있지만 그 가운데서도 중요한 것은 문학사와 일반사의 관계를 어떻게 설정할 것인가 하는 점이다. 문학사와 일반사의 전개 사이에 괴리가 있을 경우 문학의 특수성을 중시하여 일반사의 시대 구분과 다르게 기준을 설정할 수도 있고 약간의 차이를 인정하면서도 일반사의 관점을 수용할 수도 있기 때문이다. 이 문제는 한국근대문학사의 서술에서 특히 중요하다. 근대화를 일찍 이룬 서양 문명의 영향을 받으면서 근대사회로 이행해 간 나라들 대부분에서 나타나는 현상이지만 문학사의 전개와 일반사의 관계가 착잡하게 얽히기 때문이다. 생활경험과 문학이 밀접하게 결합되지 못한 까닭에 문학이 다른 부문에 비해서 앞서 나가기도 하고 뒤쳐지기도 하여 생기는 문제이다. 시대 구분 문제가 한국 근대 문학사의 서술에서 가장 많은 논란을 낳는 사항이 되는 이유도 여기서 찾을 수 있다. 현실 역사의 전개와 그 시대 문학의 내용 형식 사이에 불균형 내지 차착이 생기는 것이다. 그러나 더욱 곤란한 점은 역사학계에서도 근대사에 관한 한 시대 구분 문제에서 일정한 합의를 이루어 내지 못하고 있다는 점이다.

한국 역사학계에서 시대 구분 문제를 집중적으로 검토한 사례는 한국경제사학회가 1967년부터 1968년까지 2년 동안 벌인 심포지엄이 대표적이다.[1] 오늘날까지 시대 구분에 관련된 논의에서는 으레 등장하곤 하는 대부분의 의견이 등장한 이 회의에서는 다양한 의견 제시만 있었을 뿐 종합토론에서까지도 어떤 뚜렷한 결론을 내지 못했다. 그 가운데 대표적인 견해는 천관우·유원동·이선근·조기준에 의해 제시되었다. 천관우는 중세에서 근대로 이행해 가는 과도기의 설정을 주장하면서 그 상한

---

1) 이 심포지엄의 결과는 한국경제사학회 편, 『한국사시대구분론』(을유문화사, 1970)으로 출간된 바 있다.

을 17세기 후반으로, 그 하한을 1919년이나 1945년 해방으로 잡아야 한다고 주장하였다. 즉 하한선이 진정한 근대의 기점이 된다는 관점이다. 이에 비해서 유원동은 18세기 후반에 봉건적 경제체제가 무너지고 자유 상공업이 발전하였으므로 이 시기를 근대의 기점으로 보아야 한다고 주장하였다. 또 이선근은 동학의 창시, 농민반란, 대원군의 정치적 개혁 등을 고려할 때 병자수호조약이 이루어진 1876년보다는 1860년대를 근대의 기점으로 보아야 한다고 역설하였다. 조기준은 조선역사의 특수한 사정을 반영한 반제반봉건이 근대의 이념이었음을 고려할 때 1894년을 근대의 기점으로 삼아야 한다고 주장하였다. 결국 근대의 기점을 17세기로 설정해야 한다는 의견이 있었는가 하면 1945년 이후가 진정한 근대의 시작이라는 등의 다양한 의견이 제시된 셈이다. 근대의 개념을 어떻게 설정하느냐에 따라 근 3백 년이란 기간을 서로 다른 시대로 파악할 만큼 의견 차이가 심했던 것이다. 이와 같은 양상은 현재까지 근대문학사의 서술에서도 반복되고 있다. 근대의 개념에 대한 의견 대립뿐 아니라 구체적으로 근대의 기점을 설정하는 데서도 다양한 관점을 보여주는 것이다. 따라서 한국문학사 기술에서 나타나는 시대 구분의 관점을 고찰하기 위해서는 문학사가들이 근대를 어떤 개념으로 파악하고 있는지를 먼저 살피고 그 관점들이 근대의 기점을 설정하는 문제에 어떻게 적용되고 있으며 근대문학과 현대문학을 구분하는 데는 어떤 입장 차이를 보여주는지 살펴보는 일이 필요하다.

1. 근대의 개념

‘근대’는 한자어로 풀이할 때는 ‘가까운 시대’라는 말뜻을 가지지만 좀더 엄밀한 의미에서 정의하려고 할 때는, 그 말의 어원상 서양어 modern 과 관련짓지 않을 수 없고, 고대―중세―근대라는 생산양식에 근거한 시대 구분 개념이라고 파악하는 것이 온당하다. 그것은 근대사회가 지니고 있는 일정한 속성을 고대나 중세와 비교해서 구별지은 개념이며 통상적으로는 서양의 역사발전 단계를 구분하면서 용례가 확립된 말이다. 물론 중세시대의 '신구논쟁'에서도 '새로움'을 나타내는 용어로 그 말이 사용되었다는 것은 그것이 수사적인 개념으로도 쓰일 수 있음을 알려주지만 오늘날 역사와 관련지어 사용될 때 그 말은 분명히 서양의 르네상스나 계몽주의, 또는 시민혁명과 산업혁명 이후의 어떤 사태를 포괄적으로 지칭하는 개념으로 받아들이는 것이 타당하다고 할 수 있다. 그러므로 '근대'의 개념은 그러한 근대사회의 보편적 속성에 대응하는 양상에 적용하는 것이 올바르다. 하지만 '근대문학'이라고 할 때 그것이 '근대사회'에서 생산된 문학을 가리키는 것인지 문학의 '근대적 요소'가 나타나기 시작한 시점부터 적용되는 용어인지 또는 근대적 요소가 지배적 범주가 될 때부터 적용할 수 있는 개념인지에 대해서는 심각한 의견의 대립이 있다. 생산양식의 구조적 공존을 생각하면 근대적 요소는 무척 이른 시기에서도 발견할 수 있고 그것을 징후로 읽는 것과 지배적 범주라고 판단하는 사태가 뚜렷이 구별지을 수 있는 것만도 아니기 때문이다. 이 때문에 학계에서는 흔히 근대적 생활의 경험을 나타내는 '사회적 모더니티(근대성)'와 그 경험에 대한 예술적 표현을 나타내는 개념인 '미적 모더니티(근대성)'를 구분하여 논의하기도 하는데,[2] 바로 이 문제가 한국문학사의 시대 구분에서도 치열한 의견 대립을 낳고 있다. 근대사회의 성립과 함께 근대문학이 수립되었다고 보아야 한다는 의견과 근대문학적 요소가 지배적으로 된 상태에 이른 시기를 근대의 기준으로 보아야 한다는 의견이 크게 대립하고 있는 것이다. 이것은 곧 특수사로서 문학사와 일반사의 시대 구

---

2) 최유찬, 『문예사조의 이해』, 실천문학사, 1996, 309~310면 참조.

분이 동일한 기준을 가져야 마땅한가 하는 문제가 되고 근대문학이라고 할 때 '근대'의 의미가 무엇인가 하는 데 대한 물음이 된다.

한국 문학사의 서술에서 '근대'의 개념이 무엇인가를 살피는 데는 그 개념들이 명시적으로 제시된 사례가 풍부하지 않다는 점 이외에 '신문학'이란 용어가 등장하여 더욱 복잡한 문제가 야기된다. 임화와 같이 비교적 이른 시기에 활동한 문학사가들이 사용했을 뿐 아니라 문학사에 관한 최근의 논의에서도 빈번하게 등장하는 '신문학'이란 개념은 그것이 '근대문학'을 가리키는지 그렇지 않으면 과도기 또는 이행기의 문학을 나타내는 개념인지가 불분명하다. 또한 명시적으로 '근대문학'이라는 용어를 사용한 경우에도 사용자들 사이에 그 함축이 동일하지 않다. 김태준의 『조선소설사』에서는 임·병 양란 이후의 '신문학'과 영·정조 이후의 '근대소설'을 언급하고 있으나 이것이 엄밀하게 '근대문학'을 규정하고 있는 개념인지 수사적인 차원에서 사용한 용어인지 쉽게 단정할 수 있는 형편이 못된다. 이 사정은 조윤제의 『한국문학사』에서도 마찬가지다. 그는 수사적인 용어로 시대를 표현하고 그 안에 '근대'·'최근세'·'현대' 등의 시대 개념을 병기하고 있다. '근대'가 어디에서부터 시작되었다고 하는 것인지 매우 불명료한 것이다. 이런 사례는 기왕의 '문학사'들 속에서도 부지기수로 찾을 수 있는데, 더욱이 최근에는 '근대'의 개념을 몇 개의 요건으로 규정하는 데 반대하면서 그것을 '상충되는 요소들이 갈등과 화해를 반복하면서 끝없이 운동해 가는 역동성과 개방성을 지'니는 '미결정적인 범주'3)로 보려는 견해도 나타나고 있어 더욱 문제를 꼬이게 만든다. 이밖에 '근대문학'의 개념을 보편적인 개념으로 보아야 좋을 것인지 한국의 특수한 사정을 반영한 개념으로 설정해야 좋을 것인지도 확연하게 어느 쪽이 좋다고 결정하기 어렵다. 역사학계에서도 '근대'의 성격에 대한 개념 규정이 역사적으로 변화되어 왔을 뿐 아니라

---

3) 나병철, 「한국문학 근대성 논의의 성과와 전망」(현대문학이론학회 1998 학술대회 발표문).

서구의 근대개념과 한국의 근대개념 사이에는 차이가 있을 수밖에 없다는 의견이 제시된 적이 있다. 경제사학회의 심포지엄에서 역사학자 조기준은 19세기 서양에서 근대 개념은 '시민혁명'과 '산업혁명'을 중심적 기축으로 하여 구축된 것이라는 점을 적시하면서도 식민지시기를 겪은 한국의 경우에는 그러한 기준들보다 반제 반봉건이 더 중요한 핵심적 요소라고 밝히고 있다.[4] 이 견해와 비슷한 양상으로, 문학의 '근대성'을 규정하는 데서도 입장에 따라 많은 의견의 차이가 나타난다. 실제로 한국의 문학사가들이 각자의 저작에서 사용한 '근대'의 개념은 큰 진폭을 나타내고 있다.

최초의 한국문학사를 저술한 안확은 그의 『조선문학사』(1922)에서 '근고문학'·'근세문학'·'최근문학'이란 용어를 사용하여 시대 구분 명칭으로는 단순히 시간적 거리감만을 나타내는 말을 사용하고 장르를 나타내는 용어로만 '신소설'·'신시'라는 말을 사용하고 있다. 안확의 용어 사용에서 특징적인 것은 '신'이란 개념이 장르 명칭에 덧붙여져 있다는 점인데 이 양상은 임화의 '신문학사'에서도 유사한 형태로 나타난다. 그는 '신문학사'가 '근대정신을 내용으로 하고 서구문학의 장르를 형식으로 한' '근대문학'을 대상으로 하는 것이라는 점을 명백하게 밝히면서도 '신문학'이란 용어를 그대로 사용하고 있다. 임화는 「개설 신문학사」에서 종래 '문학'이란 학문을 가리키는 개념으로 쓰여 왔으나 서구적인 문학의 형성과 함께 시·소설을 신문학이라고 지칭하게 되었다고 소종래를 밝히고 있다. 즉 종래와 다른 형식의 문학이 근대에 나타났고 그것은 서구문학의 영향에서 비롯되었다는 관점이다. 흔히 전통단절론이라고 하는 것은 이와 같은 관점을 말하는 것으로서 비록 임화의 취지가 창조적인 문화건설을 위한 '이식과 창조의 변증법'[5]에 있다고 할지라도 그의 논지

---

4) 조기준, 「한국사에 있어서의 근대의 성격」, 『한국사시대구분론』(한국경제사학회 편), 206면.
5) 신두원, 「이식과 창조의 변증법」, 『창작과비평』, 1991년 가을.

가 전통과의 단절에 큰 비중을 두고 있다는 것은 부인할 수 없는 사실이다. 이처럼 근대문학을 가리키는 개념으로서 '신문학'이란 용어는 육당 최남선, 춘원 이광수로부터 임화를 거쳐 해방 이후에 나온 백철의 『신문학사조사』에까지 광범하게 사용되고 있다. 또한 문학통사로서는 가장 최근에 나온 『민족문학사강좌』의 총론에서 임형택은 "신문학의 출현은 근대로의 전환이라는 역사적 의미를 띤다"[6]고 밝히면서 근대 이후의 문학 전체를 '신문학의 전개과정'으로 서술하고 있다. 이 같은 용례는 '신문학'과 근대문학의 관계를 범연히 처리할 수 없게 만드는데, 임화는 '신문학'의 특징을 "새 현실을 새 사상의 견지에서 엄숙하게 순예술적으로 언문일치의 조선어로 쓴 바꾸어 말하면 내용 형식 함께 서구적 형태를 가춘 문학"이라고 정의하고 있다. 신문학은 '서구적 문학의 이식으로부터 시작되는 것'이란 견해이다. 이 견해에서 드러나는 것은 신문학이 종전과 달라진 현실을 대상으로 하고, 조선어를 사용하며, 예술의 자율성을 획득한, 서구적 장르형태를 갖춘 문학이란 관점이다. 이 관점은 1960~70년대에 이루어진 남한의 문학연구성과를 집성하여 저술된 조동일의 『한국문학통사』에서도 대부분 그대로 반복된다. 조동일은 근대문학의 기점과 성립을 구분하여 살피면서 다음과 같이 말하고 있다.

> 근대문학의 기점은 중세문학에서 근대문학으로의 이행기가 시작되면서 나타났다. 그러나 근대문학의 성립은 이 이행기가 끝나야 가능하게 된다. 근대문학은 중세의 유산인 문명권 전체의 문어를 폐기하고, 각자의 민족어만 사용하여 언문일치를 이룬 문학이며, 갈래체계를 서정시, 소설, 희곡으로만 잡고, 시민의 관심사인 현실 생활을 충실하게 나타내며, 인쇄된 상품으로 유통되는 작품을 내놓았다는 점에서, 중세문학은 물론 중세문학에서 근대문학으로의 이행기문학과도 구별된다.[7]

---

6) 임형택, 「민족문학의 개념과 그 사적 전개」, 『민족문학사 강좌』 상권, 창작과비평사, 1995.
7) 조동일, 『한국문학통사』, 지식산업사, 1982, 45면.

   인용문에서 시대 구분의 기본관점은 중세에서 근대로 전환하는 과정에 과도기를 설정해야 한다고 주장한 천관우의 견해와 일치한다. 그러나 천관우는 과도기가 끝난 시점이 근대의 기점이라고 한 데 반해서 조동일은 근대적 요소가 나타난 시점을 '기점'이라고 하고 있다. 문학사 서술에서 실제로 근대문학은 1919년부터 시작되는 것으로 서술한 점을 보면 '기점'과 '성립' 사이에 어떤 의미 차이가 있는지 또 다른 논란거리가 제공되고 있다. 시대 구분의 경계선이라는 통상적인 의미와는 다른 뜻으로 그 용어를 사용하고 있는 셈이다. 여기에서 나타난 근대문학 개념과 임화가 사용한 '신문학'이란 개념 사이의 차이는 갈래체계가 3분법으로 되었다는 설명과 시민의 생활이 '충실하게' 묘사되며, '인쇄된 상품으로 유통'되었다는 사실을 든 점에 있다. 근대문학이 지닌 상품성과 대량생산, 묘사의 사실성, 갈래체계의 개념이 다른 것이다. 그러나 임화의 '순예술적'이란 개념이 '순문학장르'란 의미를 함축적으로 내포하고 있다는 점을 고려하면 문학에 대한 사회학적 파악이 좀더 보완되고 근대문학의 요건으로서 생활에 대한 '충실성' 내지 '사실성'을 중시한 점만이 두드러진 차이라고 할 수 있다. 결국 임화와 조동일 두 사람에게서 문학적 '근대성'의 개념은 큰 차이를 지니지 않는다고 볼 수 있다. 즉 사회적 토대로서는 자본주의 성립과 문화예술의 상품화, 문학 내적으로는 서구적인 예술 개념, 즉 문학 예술의 자율성 확대와 순문학장르의 대두를 근대문학의 요건으로 파악하고 있는 것이다. 조동일은 근대문학사를 서술하는 대목에서는 좀더 구체적으로 '민족어의 사용, 시민문학의 성립, 항일문학, 서구문학의 영향' 등을 근대적 요소로 제시함으로써 좀더 다층적 사고를 보여 주지만 근본적으로 이 관점은 사회적 토대의 자본주의화, 서구 문학형식의 도래에 의해 한국 문학에 질적 변화가 일어났고 그에 의해 근대문학이 성립했다고 보는 임화의 견해와 연관된다고 할 수 있다. 이와 같은 '서구문학양식의 도입'에 큰 비중을 두는 관점과 대립되는 견지에서, 우리 문학의 내재적 발전을 상이한 '근대문학' 개념을 통해 구현한 문학사도 찾아볼 수 있다.

일찍이 『조선소설사』를 집필함으로써 한국문학 연구의 선편을 잡은 김태준은 자신의 저서 제6편에서 '근대소설 일반'이란 편명을 설정하고 있다. 영·정조시대의 소설을 다룬 이 편에서 저자가 왜 '근대소설'이란 개념을 사용하는지 뚜렷하게 밝혀져 있지 않지만 서론의 '조선소설개관' 에서는 그 연유를 짐작할 수 있는 단서를 찾을 수 있다.

> 진정한 의미의 조선소설 내지 문학은 훈민정음의 제정 이후에 기원을 두었다는 것이다. 또 정음문학은 종래의 한문학이 귀족적임에 대치하야 문학에 주려 있는 평민에게 절대한 환영을 받아 일사천리로 촌리에 보급되었다. 문학의 평민화와 동시에 그의 요구에 의하야 외국소설의 번역과 모방이 연출하고 임진과 병자의 양란을 지내여 자각적 정신이 발흥하는 국민에게 명청문화의 정수를 흡취시키여 새로히 문예의 활기를 띄운 시대는 숙종과 정종의 양조이다. (… 중략…) 그리고 청조의 학풍이 수입되어 각 방면에 다시 새로운 활로를 열어준 것은 영조로부터 정종조에 이르러 현저하니 실로 이날까지 유행하는 소설의 대부분은 숙종으로부터 정종까지의 사이에 된 듯하며 순조 이후는 다만 전철을 밟아 유전할 따름이였다가 서구문화의 동점과 함께 갑오경장의 날을 보내게 되며 태극을 상징한 기빨이 반도에 비치움에 모든 문학의 혁명을 보게되여 현금에 이르렀다.[8]

인용문에서 핵심은 '이날까지 유행하는 소설의 대부분은 숙종으로부터 정종까지 사이에' 이루어졌다고 보는 대목이다. 영·정조시대의 소설을 근대소설이라고 한 것은 오늘날과 같은 형태의 소설 원형이 거기에서 만들어졌다고 보기 때문이다.[9] 이처럼 판단하는 근거는 인용문에서

---

8) 김태준, 『조선소설사』, 학예사, 1939, 24면.

9) 최원식은 김태준의 '근대소설'이란 용어가 '근대적 징후'를 나타내는 개념이고 갑오경장 이후에 명확하게 근대성으로 전환되었다고 파악하는 것이 '그의 본뜻에 가까울 듯싶다'고 말하고 있다(최원식, 「민족문학의 근대적 전환」, 『민족문학사 강좌』하권, 창작과비평사, 1995, 13면 참조). 그러나 김태준의 소설사에서는 임병 양란 이후 '신문예'가 나타났다고 기술되어 있고 편명에 '근대'의 개념을 나타낸 것으로 보아서 단지

찾아볼 수 있다. 훈민정음의 제정과 대중화, 문학의 평민화와 외국문학의 광범한 수용, 고증학을 수용한 실학의 발흥이란 사실 등이 적시되고 있다. 즉 문학의 물질적 형식인 기호표현의 변화와 함께 문학의 내용을 이루는 정신적 측면을 중시한 관점이라고 할 수 있고, 연차적으로 중국과 서양의 외래문화를 자율적으로 수용하여 이루어낸 국문학의 질적 변화를 시대 구분의 근거로 삼고 있다. 결국 문학사의 연속성을 중시한 관점이지만 '갑오경장'에 이르러 '모든 문학의 혁명을 보게' 되었다고 서술한 대목에 이르면 영·정조시대부터 애국계몽기까지를 과도기로 설정했다고 해석할 수 있는 여지도 열어놓고 있는 서술이다. 이 견해는 유기체론에 입각해 국문학사를 서술한 조윤제의 『한국문학사』에서도 이어진다. 조윤제는 실학이 발흥하고 서학이 도래한 영·정조시대를 근대 전기로, 서양의 문화가 유입되고 문학운동이 발생하여 신소설 등이 등장한 시대를 근대 후기로 규정하고 3·1 운동 이후를 '유신시대'라는 이름으로 '최근세문학'이라고 규정한다. 갑오경장 이후 '초 남선 이광수에 의하여 봉오리 맺아진 근대문학은 3·1 운동 이후 활짝 피어 온통 백화만발'하였다는 관점으로서 온전한 근대문학은 3·1 운동 이후 성립되었다고 보는 것이다. 즉 근대문학은 전후기를 통하여 외래문화를 주체적으로 수용하면서 전통적 문학을 혁신함으로써 점차적으로 성립되었다는 관점이다. 이같이 한국문학의 연속성, 내재적 발전을 문학사의 서술에서 구현하려는 노력은 김윤식·김현이 공동으로 저술한 『한국문학사』에서 좀더 명시적으로 표현된다. 저자들은 책의 서문에서 앞서 언급한 '경제사학회의 시대구분론'을 검토한 다음에 이렇게 말하고 있다.

　　문학에 한해서만 말한다면, 근대문학의 기점은 자체내의 모순을 언어로 표현

　　'징후'를 표시한 것이라고 보기 어렵다. 오히려 김태준에게서 '근대'의 개념이 생산양식에 근거한 개념인지 단순히 시간적 거리를 나타내는 개념인지를 검토하는 것이 좀더 온당한 해석을 얻는 데 중요한 일이라고 판단된다.

하겠다는 언어 의식의 대두에서 찾지 않으면 안 된다. 그 언어 의식은 구라파적 장르만을 문학이라고 이해하는 편협된 생각에서 벗어나게 만든다. 언어 의식은 즉 장르의 개방성을 곧 유발한다. 현대시, 현대소설, 희곡, 평론 등의 현대문학의 장르만이 문학인 것은 아니다. 한국 내에서 생활하고 사고하면서, 그가 살고 있는 곳의 모순을 언어로 표시한 모든 유의 글이 한국문학의 내용을 이룬다. 일기, 서간, 의론, 기행문 등을 한국문학 속으로 흡수하지 않으면, 한국문학의 맥락은 찾아질 수 없다. 그것은 광범위한 자료의 개발을 요구한다. 그러나 그 개발을 통해 한국문학이 얻을 수 있는 것은 동적 측면이다. 그것만이 이식문화론, 정적 역사주의를 극복할 수 있게 해 준다. 그런 의미에서 우리는 이조 사회의 구조적 모순을 문자로 표현하고 그것을 극복하려 한 체계적인 노력이 싹을 보인 영·정조 시대를 근대문학의 시작으로 잡으려 한다.[10]

이 견해는 1950~70년대에 걸쳐 이루어진 전통단절론에 대한 비판적 극복노력이 낳은 한 산물이다. 이 관점의 타당성 여부에 대해서는 학계에서 다양한 논의가 있었고, 그에 대한 반대 의론은 '근대문학의 기점을 끌어올리려는 부질없는 시도들'[11]이란 비판 속에 압축적으로 표현된다. 한국문학의 내재적 발전을 보여 주기 위해서 근대문학의 기점을 끌어올리려는 노력이 문학사의 실상을 잘못 파악하게 만들었다는 비판이다. 그러나 『한국문학사』는 나름으로 근대문학의 '근대성'의 요건이 무엇인지를 명확하게 보여 주고 있다. 즉 자민족 언어의식, 새로운 장르의 개척, 계몽주의와 민족주의, 개성의 발현, 민족과 국가의 발견 등을 표나게 드러내고 있다. 이 관점은 임화나 조동일의 관점과 대비된다. 과연 그것을 문학적 '근대성'의 핵심적 요소로 간주해야 할 것인가 하는 데 대해서는 아직 논의의 여지가 있지만 서구문학의 영향에 절대적인 비중을 두지 않는 관점이라는 점은 분명하다.

---

10) 김윤식·김현, 『한국문학사』, 민음사, 1973, 20면.
11) 최원식, 「한국문학의 근대성을 다시 생각한다」, 『생산적 대화를 위하여』, 창작과비평사, 1997.

최근 문학계에서 이루어지고 있는 다양한 '근대성' 논의에서는 미적 근대성 자체가 본디 리얼리즘·모더니즘·포스트모더니즘 등의 이질적인 요소를 포함하고 있으므로 각국의 특수한 사정을 반영하여 서로 다른 근대문학의 기준을 설정할 수도 있다는 주장이 나오고 있다. 생산양식의 구조적 공존이라는 개념과 맞물리는 현상 파악이지만 거기에는 시대 개념이 지배적 범주를 결정하는 문제라는 관점이 결여되어 있다. 그러나 이러한 이질적 요소의 공존이라는 관점은 근대성의 구체적 양상을 파악하게 하는 계기가 될 수 있으며 후발 국가의 특수성을 배려할 수 있는 이론적 여지가 마련된 것이라고 할 수 있다. 이 경우, 물론 '근대'라는 개념을 자의적으로 규정하는 데 문제가 없는 것은 아니지만, 서양을 중심으로 세우고 그에 기초한 개념만을 보편적인 기준으로 내세우는 처사도 긍정적이지만은 않다는 점에서 그 개념은 아직도 '미결정'의 상태에서 부동한다고 할 수 있다.

2. 한국문학사의 근대기점론

앞에서 살핀 것처럼 한국문학사에 대한 서술에서 '근대'의 설정은 매우 복잡한 문제를 야기한다. 문학의 실상과 현실 역사의 전개 사이에 빚어진 차질 때문에 역사학계에서 이루어진 시대 구분의 관점을 그대로 수용하기도 어렵고 문학사가들 사이에 합의가 될 만큼 충분한 논의가 있었던 것도 아니다. 북한학계에서는 그들 나름의 필요와 형편에 따라 일정한 합의가 이루어진 것으로 보이지만 남한학계가 그것을 그대로 수용할 수도 없는 형편이다. 그것은 '그들 나름의 필요와 형편'에 의해서 이루어진 시대 구분이기 때문이다. 더욱이 남한 학계에서는 똑같은 시기를 근대의 기점으로 설정하면서도 그 의미에 차이가 있는 경우가 있는가 하면, 문학사에 대한 동일한 파악이면서도 시대 구분의 시점을 달리 잡는 경우가 있는 등 근대문학의 기점에 관한 한 모든 문학사가들이 제각기 의견이 있다고 할 만큼 혼란스러운 양상을 빚는다. 이는 '근대'라는 개념 자체가 구체적인 사실들을 추상하기 위해 설정된 것이기 때문에 불가피한 측면이 있다. 따라서 여기서는 한국의 근대문학사에 관해 서술하고 있는 기왕의 저술들을 몇 가지 유형으로 나누어 고찰하는 방법을 사용한다. 또 고찰의 순서는 각 저작들의 출간 내지 견해의 공식적인 제시 순서에 따른다.

1) 1894년 설

한국 최초의 문학사인 안확의 『조선문학사』는 대체로 왕조사와 일치되는 시대 구분을 하고 있다. 고려시대는 근고문학, 조선시대는 근세문학, 갑오경장 이후는 최근문학이라고 서술한다. 여기서 '근대문학'에 준한 시대는 대한제국의 성립과 관련되는 '최근문학'이 될 것이고 저자가 이 시대를 특징짓기 위해서 제시한 시대 구분의 근거는 '갑오경장'이다. 즉 1894년에 일어난 근대적 개혁의 시도로서 갑오경장을 획시기적 사건이라고 파악하는 것이다. 그러나 '1894년'을 중시하면서도 같은 해에 일어난 청일전쟁과 동학농민전쟁을 더 중요한 사건으로 파악하는 관점이 뒷날에 대두된다. 따라서 여기서는 동일한 시기를 시대 구분의 경계선으로 파악하면서도 상이한 시대 구분의 근거를 제시하는 두 관점을 차례로 다룬다. 19세기말을 근대문학의 시발로 보면서도 갑오경장이나 동학농민전쟁의 어느 한쪽에 비중을 두지 않고 있는 김영민의 『한국근대소설사』(솔, 1998)와 같은 실증적 문학연구도 있지만 이런 경우는 두 관점을 포용하는 입장이라고 해석해도 무방할 것이다.

가. 갑오경장설

안확은 자신의 저서 '서론'에서 문학의 전개와 정치시대 사이에 다른 점이 있지만 '기 대세는 정치의 소장과 반(伴)함과 가튼지라 고로 정치사상의 시대를 중심으로 하야 문학상의 시대를 이하 5대기로 분구'[12]한다고 밝히고 있다. 그 다섯 번째가 '신학문의 서광을 개(開)한 현대', 한말의 어두운 시대를 타파하기 위해 광무제의 혁신정책이 등장한 시대라는 것이다. 이 시기를 획기로 하여 새로운 문물이 펼쳐진다는 견해이다. 이 견해는 엄밀한 시대 구분 개념에 입각하지 않은 소박한 관점에 근거해 있지만 그 이후에도 많은 사람의 동조를 얻었다. 『조선소설사』의 저자 김태준이 영·정조시대 소설부터 '근대소설'이라고 보면서도 '갑오경장을 경계로 조선의 역사는 대략 이분'된다고 서술하고 있는 외에 1930년대 말에 집필된 임화의 「신문학사」, 해방 직후에 나온 백철의 『신문학사조사』, 1950년대에 씌어진 조연현의 『한국현대문학사』 등 1960년대 이전의 대부분의 문학사가 이 시기 구분을 따르고 있다. 이 가운데 시대 구분의 의미에 대해서 가장 깊은 통찰을 보여준 것은 임화의 저작이다. 임화는 한국 근대화의 과정을 3단계로 나누어, 1단계는 중국 근대화의 영향으로 발생한 실학, 2단계는 개국에 의한 서구의 영향, 3단계는 갑오개혁이라고 말하고 있다. '갑오개혁'은 실로 조선 근대화의 제도적 기초요 외래 자본제가 자기의 활동을 자유롭게 할 통로의 개방'[13]을 가져온 '명치유신에 비교할 만큼 획시기적 혁신'이라는 것이다. 임화의 이러한 관점이 의미하는 바는 그가 '신문학은 새로운 사회경제적 기초 우에 형성된 정신문화의 한 형태'라고 파악하는 유물사관에 입각하는 사회주의문학가라는 사실, 근대문학을 '근대정신을 내용으로 하고 서구문학의 장르를 형식으로 한 조선의 문학'이라고 규정하면서 실제 '신문학사'의 서술에서

---

12) 안확, 『조선문학사』, 한일서점, 1922, 3면.
13) 임화, 「개설 신문학사」(13회).

는 신소설부터 다루고 있는 점을 감안하면 곧바로 드러난다. 즉 갑오경
장에 이르러 사회경제적 기초가 근대사회로 바뀌어졌고 그 사회생활의
경험이 신소설이라는 형식으로 표현되었다고 인식한 것이라고 유추할
수 있는 것이다. 즉 임화의 의견은 실학이 발흥할 무렵부터 갑오개혁까
지가 근대로의 전환기에 해당하고 근대의 성립은 갑오년 이후라고 단정
하고 있다고 해석할 수 있다.

나. 청일전쟁 및 동학농민전쟁설

　1894년을 근대의 기점으로 보면서도 갑오경장보다도 동학농민전쟁과
청일전쟁을 중시하는 관점은 비교적 근래에 나타난 관점이다. 1967년부
터 그 이듬해까지 2년 동안 계속된 경제사학회의 심포지엄에서 조기준
은 이렇게 말하고 있다.

　　개항 이후 제국주의의 침략을 받아 식민지 또는 반식민지로 전락한 아시아
　대부분의 민족사에 있어서의 근대사는 반제 및 반봉건투쟁의 모습으로 전개된
　다. 그러므로 이들 민족의 근대사는 바로 제국주의로부터의 해방사로 특징지워
　지는 것이며 따라서 근대사의 개념은 수정되어야 할 것이다. 식민지 또는 반식
　민지의 민족사에서는 시민국가의 형성 및 경제적 근대화가 근대사의 특징이
　될 수는 없기 때문이다.[14)

　조기준의 견해는 종래의 '근대' 개념을 부정하고 식민지 체험을 지닌
민족의 특수성을 역사서술에 반영하려는 입장에서 안출된 것이다. 제3세
계 여러 민족의 주체적 역사해석의 한 양상이라고 할 수 있는 이 관점은
1970년대 이후에 씌어진 문학사들 속에 반영되기 시작한다. 임형택은 「동
국시계혁명과 그 역사적 의의」에서 "근대사의 민족모순을 여태 해결하지

---

　14) 조기준, 「한국사에 있어서의 근대의 성격」, 『한국사시대구분론』, 206면.

못하고 더욱 복잡한 상황에 빠트린 지금 우리의 처지에서, 근대문학의 성격을 민족 주체적인 방향으로 부각시키는 문제는 문학사 고유의 과제일 뿐 아니라, 현재의 실천적인 과제와 연관해서 중요시하지 않을 수 없다"[15]고 주장한 바 있다. 이 관점에서 그는 구한말의 '국민 계몽적인 민족문학'을 신문학의 역사적 시점으로 파악할 필요가 있다는 견해를 제시했다. 이 견해는 1990년대 초 비교적 젊은 학자들인 김재용·오성호·이상경·하정일이 공동집필한 『한국근대민족문학사』에 반영되고 있다. 저자들은 문학사의 시기 구분과 관련하여 '반외세, 반봉건투쟁'인 동학농민전쟁의 의의를 부각시키고 있다.[16] 그러나 이 문학사는 총론의 기본적 입장과는 달리 실제 문학의 양상을 다루는 데서는 애국계몽기문학부터 다루고 있다. 이에 비해 1984년의 사적 의의를 좀더 명확히 한 경우는 임형택, 백낙청의 경우에서 찾아볼 수 있다. 『민족문학사연구』지가 마련한 좌담에서 백낙청은 '타율적 근대로의 전환을 이룩한 상황'에서 근대적 성격을 완비한 작품을 찾아 시대를 구획하는 것의 어려움을 말하고 "1894년은 갑오경장의 해일 뿐만 아니라 농민전쟁의 해이기도 한데 이런 점까지 감안해서 1894년을 기점으로 설정"[17]할 필요가 있다고 주장하였다. 즉 시대 구분은 '물건(좋은 문학작품 : 인용자 주)에 대한 판단과 전체 상황에 대한 인식을 병행하면서' 시도하는 것이 온당하다는 관점이다. 이와 같은 견해는 최근에 이루어진 민족문학사연구소 주최 심포지엄에서 임형택에 의해 두 가지로 요약된다. 첫째로는 '1894년이 근대를 향한 움직임에서 가장 중요한' '민중의 새로운 역사를 향한 행진'이 최고조에 이른 해라는 점, 둘째로는 '동아시아의 중국 중심적인 체제가 아주 가시적으로 붕괴되는 시점' 즉 청일전쟁이 있었던 해라는 점이다.[18] 여기서 볼 수 있

---

15) 임형택, 『한국문학사의 시각』, 창작과비평사, 1984, 271면.
16) 김재용 외, 『한국근대민족문학사』, 한길사, 1993, 57~61면 참조.
17) 백낙청, 「좌담·국문학연구와 서양문학인식」, 『민족문학사연구』 제2호, 1992년 7월.
18) 민족문학연구소 편, 『민족문학과 근대성』, 문학과지성사, 1995, 496~497면.

듯이 이 시대 구분의 방법은 한편으로는 민중을 역사의 주체로 보는 관점에 입각해 있고, 다른 한편으로는 세계화시대를 맞아 지구 각 지역의 사람들이 매우 긴밀한 관계를 가지고 움직이는 현실을 반영하여 역사를 좀더 넓은 시각에서 파악하려는 관점의 소산이라고 볼 수 있다.

2) 조선 후기설

한국문학의 발전을 운위하기 위해서는 전통과 현대의 관계를 살피지 않을 수 없다. '근대'를 표나게 드러내는 입장은 분명히 전대와 근대의 차이를 의식하는 일이기 때문이다. 1894년 설을 주장하는 문학사가들의 사례에서도 보았듯이 근대문학의 기점을 설명하는 문학사가들은 누구나 할 것 없이 전통문학에서 근대문학으로 전환하는 과정에서 근대적 요소들이 어떻게 생겨났는가에 대해 깊은 관심을 기울이고 있다. 흔히 이식문학론을 주장한 당사자로 인지되고 있는 임화까지도 근대화의 3단계를 설명하고 있다는 사실에서 전통시대와 근대의 관계를 고려하지 않고서는 문학사의 서술에 접근할 수 없다는 점을 쉽게 알 수 있다. 전통과 현대의 단절을 선언하는 경우는, 식민사관이 지배하던 시절 이후, 거의 찾아볼 수 없는 것이다. 이것은 조선 후기의 역사가 근대의 몇 가지 징후를 나타내고 있었던 사실과 연관된다. 『조선소설사』의 저자 김태준이 임·병 양란 이후의 문학을 '신문예'란 용어로 표기했을 때 그것이 봉건시대의 지배적인 문예형식과 가지는 질적 차이를 중대한 것으로 보았다는 의미를 내포한다. 그것은 새로운 형식을 완비하지는 못했을지라도 봉건시대의 형식을 해체하는 기운을 분명히 감지할 수 있을 정도로 현저한 근대적 특성을 지니고 있었던 것이다. 이런 까닭에 식민사관의 타율성론, 정체성론을 극복하기 위해 한국역사의 자율적인 발전을 해명하고자 한 학계의 노력은 조선 후기의 성격 규명에 집중했다. 그 기운이 가장 왕성했던 시기는 한국전쟁을 치르고 나서 안정된 속에서 이루어진 학계의 자발적인 연구성과가 어느 정도 축적될 무렵인 1960년대 후반에서 1970년대 전반이다. 조선 후기를 한국근대문학의 기점으로 설정하여 기술한 김윤식, 김현 공저의 『한국문학사』는 바로 그러한 기운이 가장 왕성했을 무렵에 나온 저작이다. '문학사는 실체가 아니라 형태이다'라는 입장을 기본 관점으로 하여 문학사 방법의 혁신까지도 시도한 이 저작은 서양을 모델로 한 보편성 이념의 수용을 거부하기도 하고 문학을 사상사와의 연관 속에서 파악하는 등 문학에 대해 개방적인 태도를 보여주고 있다. 이 사실은, 이 문학사에서 다루어지는 작품들이 서정·서사·희곡의 3분법에 포함되는 것들뿐 아니라 기행문, 서한과 같은 주변 장르들을 포함하며, 문학 자체에 집중하는 것이 아니라 문학을 산출한 시대와 사상적 배경까지도 서술의 항목으로 한다는 점을 의미한다.

『한국문학사』는 근대문학을 크게 네 단계로 나눈다. 첫째 시대가 봉건사회를 지탱해온 신분제도와 가족제도가 붕괴되어 가는 속에 근대의식이 성장한 조선 후기이며, 둘째 시대는 서양의 문물이 전래되는 속에 개화와 수구의 갈등이 빚어지는 개화기, 셋째 시대는 일제 강점으로 인해 민족의식과 사회의식이 고양되던 식민지시대, 넷째 시대는 분단체제가 자리잡음으로써 민족국가의 수립이 과제로 제기된 해방에서 현재까지로 되어 있다. 이상과 같은 구성 편제는 한국의 근대문학사가 봉건제의 구각을 붕괴시킨 근대의식의 성장과정을 개인과 사회의 양 측면에서 어떻게 반영하고 있는지 순차적으로 보여주는 형식이다. 즉 서구문학양식의 전래에 절대적 비중을 두지 않고 근대적 의식이 내재적으로 발전하는 양상과 맞물리는 속에서 문학사의 전개를 살피고 있는 것이다. 이 같은 내재적 발전론은 그 동안 숱하게 논의되어 왔지만 그것이 근대의 기점을 조선 후기로 설정하여 문학사로 구체화된 것은 이 『한국문학사』가 유일한 사례이다.

3) 1919년 설

한국 근대문학사의 기점을 설정하는 데서 가장 곤란한 문제는 중세 봉건제에서 근대로 전환하는 과정의 기간을 어떻게 처리하느냐 하는 문제로 집약된다. 이 문제는 역사학계에서도 동일하게 제기되어 왔다. 일찍이 천관우는 경제사학회의 시대구분론 심포지엄에서 17세기 후반에서 1919년이나 1945년까지를 과도기로 설정할 필요가 있다고 주장했다. 앞으로 시간이 흘러서 근대에 대한 역사적 조망을 할 수 있을 시점에서는 그 기간을 일정한 시대에 편입할 수 있겠지만 현재로서는 과도기의 설정이 필요하다는 견해이다. 이 견해와 유사하게 조선 후기에서 20세기 초반까지 약 3백 년간의 기간을 중세에서 근대로의 '이행기'로 파악해야 한다는 주장이 문학계에서도 나왔다. 조동일은 『한국문학통사』에서 이 같은 주장을 내세우고 구체적으로 문학사 서술에 적용하였다. 그는 자신의 저서 1권에서 '근대문학의 기점은 중세문학에서 근대문학으로의 이행기가 시작되면서' 나타났고 '근대문학의 성립은 이 이행기가 끝나야 가능하게 된다'[19]고 주장한 데 이어 제3권에서는 16세기 말과 17세기 초반에 일어난 임진·병자 양란 이후를 조선 후기로 설정하면서 이 시기를 '중세문학에서 근대문학으로의 이행기'라고 규정하고 있다. 즉 17세기에서 1918년까지의 문학을 이행기문학이라고 하고 그것은 동학의 창건과 개항이 일어난 1860년대를 경계선으로 하여 전후기로 나뉘어진다고 서술하고 있다. 또한 제5권에서는 1919년부터 1945년까지를 '근대문학 제1기'라고 규정하여 1945년부터 제2기가 됨을 시사하고 있다. 그가 1919년 이후를 근대라고 규정한 이유는 다음과 같이 제시되고 있다.

　　1919년의 삼일운동과 더불어 이행기가 끝나고 근대문학이 자리를 굳혔다. 그
　　시기의 신문학운동에 이르러서 중세적 보편주의와 근대적 민족주의의 오랜 논

---

19) 조동일, 『한국문학통사』 권1, 지식산업사, 1982, 45면.

란이 근대적 민족주의의 승리로 끝났다. 중세적 보편주의의 기반인 한문학이 구시대 문학의 잔존물로 취급되고, 문학은 오직 구어체의 국문문학이어야 하며 서정시·소설·희곡을 기본 갈래로 삼아, 널리 개방된 다수의 독자를 상대로 당대의 문제를 다루어야 한다는 커다란 전환이 이루어졌다.[20]

인용문에 이어지는 글에서 조동일은 이 시기에 사회 구조나 문화의 양상이 전반적으로 근대적인 것은 아니었다고 덧붙이고 있다. 일제가 자생적인 근대화를 억압하여 여러 가지 부면에서 왜곡이 일어났으나 근대적 민족주의가 점차로 확립되어 갔음을 말하고 있다. 조동일이 근대문학의 요건으로 제시한 것은 인용문에 나와 있듯이 중세적 보편주의의 소멸, 민족어의 사용, 3대 장르의 융성, 문학의 대중화 등이다. 그러나 그는 이어지는 서술에서 근대문학의 성격을 '시민문학', '항일문학', '서양문학과의 교류'라는 항목과 연관지어 살피면서 좀더 구체적으로 서술하고 있다. 시민문학이란 자본제의 성립과 관련되는 사항이며, 항일문학은 반제국주의의 이념을 가졌다는 점, 서양문학의 형식이 한국 근대문학 성립에 미친 영향 등을 중요하게 고려하고 있는 것이다. 조동일의 시대 구분 방법에 대해서 그 동안 많은 논의가 있었지만 반대의견의 대다수는 '이행기'가 3백 년이나 된다는 데 대한 문제제기라고 볼 수 있고, 그에 대한 응답은 근대 역사 전체를 조망할 수 있는 시간적 거리를 확보하는 것이 중요함을 지적한 천관우의 언급에서 이미 일정하게 마련되어 있다고 할 수 있다.

4) 1860년대 설

일제시대 실증사학의 업적과 해방 이후에 이루어진 연구성과를 바탕

---

20) 조동일, 『한국문학통사』 권5, 지식산업사, 1989, 13면.

으로 만들어진 진단학회 편『한국사』는 근대의 기점을 1860년대의 개항
에 두고 있다.[21] 이 견해는 집필자인 이선근의 입장을 반영한 것이라고
해도 현실에서는 은연중 대중에게 널리 유포되어 온 견해이다. 흔히 사용
하는 '개화기'라는 용어도 일정하게는 '개항'과 결부되지 않을 수 없다는
점에서 그 용어를 사용하는 경우 이 입장과 불가분의 관계를 가진다. 그
럼에도 불구하고 남한의 학계에서 이 시대를 근대의 기점으로 수용한 문
학사는 찾아볼 수 없는 게 사실이다. 그 이유는 1860년대에서 1900년대까
지 뚜렷한 작품성과가 없는 현실에서 기점만을 이 시기로 잡는 것은 서
술의 실제 문제를 고려할 때 여러 가지로 어려웠기 때문일 것이라고 추
정할 수 있다. 그러나 그것은 문학사의 특수한 사정에 기인한 것이므로
서양의 3대 장르에 비중을 두는 '문학'의 개념을 벗어날 경우 이 시대를
근대의 기점으로 삼는 것도 충분히 가능한 일이다. 바로 이 점에서 북한
의 문학사들은 그 대표적인 사례이다. 물론 북한에서도 이른 시기부터
1860년대를 근대의 기점으로 삼은 것은 아니다. 사회과학원 문학연구소
가 1950년대 말에 펴낸 최초의 공식적 문학사인『조선문학통사』는 1900
년을 현대문학의 기점으로 삼고 있다. 봉건사회의 와해와 개항, 농민전쟁
등에 의해서 시대적 조건이 근대로 이행할 수 있는 요건들을 갖추었고
그 생활을 반영한 문학도 근대적인 것이었다는 견해다. 그러나 이 관점은
약 10년 뒤 주체사상에 입각하여 서술된『조선문학사』에서는 폐기되고
1860년대를 근대의 기점으로 보는 시각이 확립되어 현재에 이르게 된다.
『조선문학사』권2[22]는 바로 근대문학을 다루고 있는 셈인데 다른 시대에
비해서 분량이 매우 적은 '근대문학 편'은 19세기 후반기에 조선에 자본
주의적 사회형태가 확립되었고 반제반봉건의 이념이 제시되었으며 문학

---

21) 진단학회 편,『한국사』, 을유문화사, 2면 참조.
22)『조선문학사』는 사회과학원 주체문학연구소의 집체적인 작업으로 진행돼 과학백과
　　사전출판사에서 간행되었지만 각 권의 집필자가 명시되고 있다. 제2권은 박종원, 최탁
　　호, 류만이 집필한 것으로 밝혀지고 있다.

은 그 현실을 반영하고 있다고 서술하고 있다. 이 관점은 표면적인 '근대' 설정의 이유와 내면적인 이유를 구별하여 살필 때 그 의미가 좀더 분명하게 드러나는데, 그 단서는 근대의 하한선이 1926년으로 명시된 데서 찾을 수 있다. 김일성이 열일곱의 나이르 '타도제국주의동맹'을 결성한 이 해가 현대의 기점으로 되었다는 사실은 생산양식의 변화를 시대 구분의 기준으로 삼고 있는 북한의 역사 서술의 원칙에 비추어 곤혹스런 문제를 제기하는 것이다. 즉 봉건제에서 자본주의를 거쳐 사회주의로 전환이 이루어진다는 역사발전의 보편적 단계를 고려탈 때 조선에서는 근대 자본주의 시기가 너무나 짧다는 문제가 발생하는 것이다. 이런 점을 고려하여 근대의 상한을 가능한 한도 내에서 끌어올릴 필요가 있었던 것이라고 추정할 수가 있는 것이다. 그리고 문학사는 일반사의 시대 구분에 조응하여 19세기 후반부터 근대문학으로 설명하고 있다. 즉 일반사와 문학사의 시대 구분을 일치시키고 있는 것이다. 이 때문에『조선문학사』는 근대문학의 특질로서 사회적 토대인 자본주의적 제관계의 성립, 반제반봉건 이념의 문학적 구현, 애국주의적 인간전형의 창조, 사실주의적 묘사의 발전, 인민구전문학작품의 활발한 창작 등을 들고 있다. 이 요소들 가운데 인민구전문학에 비중을 두는 것은 당시의 문학이 상대적으로 매우 빈약한 측면을 보완하려는 고려와 김일성 가계의 문학활동을 강조하기 위한 배려라고 볼 수 있다.

5) 애국계몽기설

북한의 문학사가 문학의 특수성보다는 역사학계의 시대 구분을 수용하여 이루어진 데 반해서 애국계몽기설은 문학사의 시대 구분이 문학 자체의 기준에 의하여 이루어져야 한다는 관점을 명확히 하는 입장에서 주장되고 있다. 즉 '근대적'이라고 할 수 있는 문학 성과가 구체적으로 나타난 때를 근대의 기점으로 삼아야 한다는 주장이다. 이 설을 가장 강력하게 주장한 최원식은 애국계몽기가 근대의 기점이 되어야 한다고 제안하는 이유를 다음과 같이 설명하고 있다.

> 개화기 문학에서 1910년대를 떼어놓고 나서도 문제는 남는다. 자세히 검토할수록 거의 모든 중요한 업적이 모든 장르에 걸쳐서, 모든 노선(의병전쟁이든 애국계몽운동이든 심지어 친일운동에 이르기까지)을 가로질러서 애국계몽기에 집중된다. 사실 갑오경장의 획기성을 일정하게 평가한다 하더라도 1894년에서 1905년까지의 문학사에서 그에 걸맞은 문학적 업적을 찾는 것은 어려운 일이다. 그렇다면 나라가 반식민지로 전락한 1905년에서 1910년 사이를 개화기 문학으로 명명할 수 있을까? 이 용어는 당시의 민족모순을 은폐하는 일종의 근대화 담론이란 성격을 면치 못할 것이다. 그 대신 필자는 '애국계몽기 문학'을 독자적이고 대안적인 단위로 설정할 것을 제안하였다. 이 시기의 성격을 짚어낸 임형택의 「'동국시계혁명'과 그 역사적 의의」에서 크게 고무받기도 하였다. 이처럼 개화기 문학을 애국계몽기 문학과 1910년대 문학으로 끊어내면서 해소하고자 한 필자는 1990년 발제에서, 여기서 더 나아가 애국계몽기 문학을 근대문학의 기점으로 내세우기에 이르렀던 것이다.[23]

최원식의 견해는 종래 '개화기 문학'으로 일컬어진 대상들 사이의 차이점을 분별하는 데 근거한다. 그 차이들을 고려할 때 '개화기 문학'이란 포괄적 용어는 적당하지 않으며 그러한 역사학적 개념보다는 문학 자체에 기준을 두고 정한 시대 구분 개념이 적당하다는 것이다. 나아가서 개화기 문학의 전기와 후기를 분별할 때 애국계몽기 문학을 근대문학의 기점으로 삼을 수 있다는 설명이다. 그는 1894년이 비록 중요하다고 할지라도 그 시대를 대표할 만한 작품이 없는 현실을 고려해야 한다고 보는 것이다. 이 견해에 대해서 백낙청과 임형택은 진정한 '근대적 성격'을 갖춘 문학의 등장이란 애국계몽기 문학보다 근 20년 뒤에야 활동하는 만

---

23) 최원식, 「민족문학의 근대적 전환」, 『민족문학사 강좌』, 창작과비평사, 1995.

해 한용운, 벽초 홍명희에 이르러서야 가능하게 된다는 점을 지적한 바 있다.24) 그러나 애국계몽기설은 실제 문학사 서술에서 의외로 많이 채택되는 관점이다. 이 설을 적극적으로 주장한 최원식이 편집에 참여한 것으로 보이는 민족문학사연구소 편 『민족문학사 강좌』하권이 애국계몽기 문학부터 서술되고 있음은 물론 김윤식·정호웅의 『한국소설사』(예하, 1993)를 비롯한 수많은 문학사들에서 사례를 찾아볼 수 있다. 이처럼 애국계몽기를 근대의 기점으로 주장하지 않는 경우에도 그 시대를 근대문학사의 첫 단계로 서술하는 이유는 대부분의 문학사가들이 신소설, 신시 등이 문학사에 등장한 때로부터 문학사 서술을 시작하기 때문이라고 할 수 있다.

3. 근대와 현대의 구분

근대문학과 관련해서 시대 구분의 양상을 고찰하는 데는 근대와 현대를 어떻게 나누고 있는가 하는 점에 대해서 살피는 것도 중요한 의의가 있다. '근대'와 '현대'는 개념이 내포하는 성질이 다르다. '근대'는 인류 역사의 단계를 고대·중세·근대로 나누는 관점에 근본을 두고 있는 개념인 데 반해서 '현대'는 '동시대' 또는 '당대'라는 말뜻을 함축하고 있다. 이러한 개념의 차이를 인정하면 '근대'와 '현대'의 구분은 현재로부터 시간적 거리를 나타내는 수사학적 개념이 될 수도 있다. 그러나 북한의 경우와 같이 '근대'와 '현대'를 생산양식의 변화를 내포하는 시대 구분 개념으로 쓰는 경우도 있어서 그 분별이 용이한 것만은 아니다. 더욱

---

24) 백낙청 외, 「국문학연구와 서양문학 인식」, 『민족문학사연구』 2호, 1992 참조.

이 '최근문학', '최근세문학' 등의 용어를 사용하여 문학사를 서술하는 경우도 있음을 감안하면 문제가 여러 가지 면에서 간단하지만은 않다. 그러나 남한학계의 경우 '현대'는 대부분 해방 이후를 가리키는 개념으로 쓰이고 있어 큰 혼란은 없으므로 여기서는 남북한을 나누어서 고찰한다.

조동일은 『한국문학통사』에서 1919년부터 1945년까지를 '근대문학 제1기'로 1945년부터 현재까지를 '제2기'로 본다는 관점을 제시하였다. 이 관점은 통상 근대와 현대로 나누어 기술하는 방법을 사용하는 문학사들 속에서도 '현대'가 근대라는 포괄적 범주에 속한다는 인식을 보여준다. 근대의 기점에 대하여 이견을 보여주는 여러 문학사가들에게서도 이 관점은 대체로 수용된다. 예컨대 최근에 해방 이후의 문학사를 정리한 업적인 김윤식의 『한국현대문학사』(일지사, 1983), 권영민의 『한국현대문학사』(민음사, 1993), 최동호의 『남북한 현대문학사』(나남출판, 1995), 이재선의 『현대 한국소설사』(민음사, 1991)는 공통적으로 '현대'라는 용어를 사용하고 있다. 이것은 근래에 들어서 '근대성'에 관련된 논의가 심화되는 데 힘입어 '현대'를 근대 속의 한 부분, 지금 살고 있는 세대의 역사체험과 일치하는 시대라고 보는 데서 비롯된 양상이라고 할 수 있다. 그렇기 때문에 식민지시대 문학을 나타내는 개념으로는 의식적으로 '근대'라는 용어를 사용하고 해방 이후 문학을 나타내는 데는 '현대'라는 용어를 사용하고 있다. 예컨대 김윤식의 『한국근대소설사연구』(을유문화사, 1986)는 일제시대까지의 문학만을 다루고 있고 김재용 등의 공저인 『한국근대민족문학사』도 일제시대까지만을 범위로 하고 있다. 이러한 근래의 용어 사용의 경향은 일제시대문학을 주로 다루면서도 '현대'라는 용어를 사용한 조연현의 『한국현대문학사』(성문각, 1969)나 김우종의 『한국현대소설사』(선명문화, 1974) 등의, 보다 이른 시기에 문학사를 쓴 이들의 용어 사용 방식과 구별된다. 즉 근대는 '근대'와 '현대'를 포괄하는 개념으로 사용되거나 해방 이전까지를 의미하는 용어로 점차 용례가 확립되어 나가고 '현대'는 '동시대'나

‘당대’를 나타내는 개념으로만 쓰이는 양태를 나타내주는 것이다. 결국 ‘modern’의 대응어로서 ‘근대’·‘현대’의 개념이 무차별적으로 사용되다가 점차 ‘근대’는 생산양식과 깊이 연관되는 시대 구분 개념으로, ‘현대’는 지금과 동질적인 시대 또는 ‘오늘날’이라고 할 수 있는 시간의 마디를 나타내는 개념으로 용례가 점차 확립되고 있는 것이다.

이에 비해서 북한의 문학사 서술에서는 상이한 용례가 나타난다. 최초의 공식적 문학사인 『조선문학사』에서는 하권을 ‘현대문학편’이라고 명기하여 ‘고전문학’과 ‘현대문학’을 구분하는 일제시대 이래의 학계의 관례적 용어 사용 방식을 유지하고 있다. 즉 이때의 ‘현대’는 근대와 현대를 동시에 포괄하는 개념이라고 할 수 있다. 그러나 주체사상이 지도 이념으로 등장한 이후인 1970년대에 저술된 『조선문학사』에서는 ‘근대’나 ‘현대’라는 용어를 사용하지 않으면서 은연중 ‘근대’는 자본주의적 관계가 지배적인 시대, ‘현대’는 사회주의적 관계가 지배적인 시대로 구분하여 보고 있다. 1926년이 근대와 현대를 구분하는 경계선이 되는 이유는 ‘위대한 수령 김일성동지께서는 영생불멸의 주체사상을 창시하시고 인류력사발전의 새 시대, 주체시대를 열어놓으시였으며 주체적인 혁명로선을 제시하시여 조선혁명의 앞길을 휘황히 밝혀주시였다’[25]는 점에 있다. 즉 자본주의적 관계가 지배적인 시대에서 사회주의적 관계가 지배적인 ‘주체시대’로 전환하였다는 점이 시대 구분에서 핵심적인 사항이 되는 것이다. 결국 ‘근대’와 ‘현대’는 시간 개념을 나타낼 뿐 아니라 근본적으로 생산양식의 변화를 내포하는 개념으로 용례가 확립되고 있다.

---

25) 류만, 『조선문학사』 권9, 과학백과종합출판사, 1995, 6면.

한국의 빈민문학

근대문학을 중심으로

1. 빈민문학의 개념

한국 근대문학의 전개에서 빈민문학은 소수문학에 속한다. 근대한국 사에서 일제강점기가 상당히 긴 기간을 차지하고, 식민통치를 받는 속에서 한민족 대다수가 빈민의 생활을 체험했음에도 불구하고 빈민문학이 소수문학이 되는 이유는 이 시기가 식민지 자본주의사회라는 사실과 연관된다. 롤랑 바르트는 일찍이 "사실 부르주아 사회에서는 어떠한 프롤레타리아 문화도, 어떠한 도덕도, 어떠한 프롤레타리아 예술도 존재하지 않는다. 그리고 이데올로기적으로 볼 때, 부르주아적이지 않은 모든 것은 부르주아계급으로부터 빌려오지 않을 수 없다"[1]고 말한 적이 있다.

---

1) 롤랑 바르트, 정현 역, 『신화론』, 현대미학사, 1995, 64면.

이 논리에서 드러나듯이 부르주아가 정치·경제·사회·문화의 모든 분야를 지배하는 자본주의사회에서 빈민의 문학이란 일종의 이방인 문학이 되지 않을 수 없다. 그러나 한국 근대문학의 경우 부르주아가 지닌 주도권은 일정한 제약을 받는다. 식민지라는 특수한 상황으로 인해 부르주아의 사회적 주도권은 확실한 것이 되지 못했고 문학 분야의 경우 작가와 부르주아 계급의 연대도 뚜렷하지 않았다. 과도기의 혼란상태가 지속되는 가운데 오히려 노동자·농민의 역할이 부각되기도 했다. 1920년대 카프의 존재가 여실히 입증하듯이 프롤레타리아문학은 분명히 근대 한국문학사의 한 축을 이룬다. 그렇지만 1920년대부터 이어진 프로문학의 전통을 곧 빈민문학과 등치할 수는 없다. 프로문학은 프롤레타리아문학을 가리키고 프롤레타리아란 무산계급을 뜻한다는 점에서 빈민의 의미와 일맥상통하지만 함축이 동일한 것은 아니다.

'빈민'은 사전적으로 '가난한 서민'으로 정의된다. 일제시대 빈민 생활을 연구한 강만길은 "대체로 그 시기의 최저생활비를 산정하고 그 수입이 그것에 미치지 못하는 경우를 빈민의 범주에 넣는다"[2]고 정의한다. 북한의 사회과학원 언어연구소가 편찬한 『조선말 대사전』은 "낡은 사회에서, 착취계급의 가혹한 수탈로 살아나가기 어려운 가난한 인민"이라고 정의하여 빈민이란 말에 들어 있는 정치적 함의를 설명에 담고 있다. 그것은 '빈민'이란 낱말이 자본주의사회의 양대 계급 가운데 하나인 프롤레타리아의 전신일 수는 있으나 그것과 동일한 함축을 지닌 말은 아니라는 점을 시사하고 있다. 이 양태는 '가난한 서민'이란 말뜻 풀이에서도 나타난다. 『프랑스 프롤레타리아 문학사』를 쓴 미셸 라공도 인민주의와 그에 대한 반발로 생긴 프로문학을 구분할 필요성을 말하고 있다.[3] 그는 옛날의 구전문학이나 로망스, 신문 문예란 소설, 공안소설, 오늘날의 사진소설들과 같은 주변문학이 인민의 사상과 감정, 품성을 표현한 것은 사

---

2) 강만길, 『일제시대 빈민생활사 연구』, 창작사, 1987, 16면.
3) Michell Ragon, *Histoire de la Litterature prolétarienne en France*, Paris, 1974, p.19.

실이지만 "표현에 있어서 인민적이며 목적에 있어서 인민적인" 프로문학과 구별되어야 할 것임을 주장한다. 그는 프로문학이 프롤레타리아적 생활과 긴밀한 관계를 지닌 문학으로서 ① 프롤레타리아 자손이면서 몸으로 일하는 사람들의 문학, ② 프롤레타리아 출신이지만 정상적인 교육을 받은 작가의 작품, ③ 프롤레타리아라고는 할 수 없지만 진정한 인민적 표현을 한 작가의 작품을 포괄한다고 설명하고 있다. 그는 자신의 연구대상이 "인민의 표현만도 아니고 빈민계급을 목적으로 한 문학도 아니다"고 하면서 프롤레타리아 문학과 혼동을 일으키는 '빈민문화(la culture du pauvre)'를 언급한 리차드 호가트의 사례를 들고 있다.4) 곧 프롤레타리아문학사는 출신성분과 함께 '진정한 인민적 표현'을 척도로 삼는 것으로서 농민의 발전사와 마찬가지로 노동운동사에 연결된다는 견해이다.

미셀 라공의 견해에 비추어 볼 때 여기서 다루는 한국의 빈민문학은 오히려 그가 자신의 취급 대상을 나타내는 적절한 개념에서 배제한 '빈민문화'와 더 긴밀한 관계를 갖는다. 손에 굳은살이 박힌 노동자·농민 작가를 대상으로 한다는 점도 중요한 척도이지만 자신의 삶에서 실제로 가난의 문제와 대결한 작가, 자신이 관찰한 빈민의 삶을 표현한 작가나 작품이라는 점도 동일한 비중으로 고려하는 것이다. 이에 반해서 농민운동이나 노동운동사와 직결되는 문학의 형태는 취급대상에서 배제한다. 그에 대해서는 문학사에서 주요한 서술단위가 되어 있는 프로문학이나 노동문학, 또는 농민문학의 개념을 통해 접근할 수 있는 통로가 마련되어 있기 때문이다. 그러므로 이 글에서 다루는 빈민문학의 개념은 프로문학이나 농민문학과 일정한 차이를 지닌 것으로 한계를 정할 필요가 있으며 그에 따라 그 범위는 일정하게 제약을 감수하지 않을 수 없다. 그 범위를 대략 구분하면 첫째, 빈민계급 출신의 작가로 가난한 삶을 살면서 빈민의 생활감정과 사상을 다룬 경우이다. 이 경우에는 일제치하에

---

4) Michell Ragon, *Histoire de la Litterature proletarienne en France*, Paris, 1974, p.15.

서 만주나 간도, 하와이 등지로 유랑한 유·이민문학이 대부분 포함될 수 있다. 두 번째로는 빈민출신으로 독학을 하여 전문작가가 된 최서해와 이북명 같은 경우를 들 수 있다. 세 번째는 전문작가이면서 자신이 실제 삶에서 체험했거나 견문을 통해 알고 있는 빈민의 생활과 감정을 표현한 경우로 현진건, 김남천, 채만식이 여기에 해당된다. 네 번째로는 단순히 빈민의 생활을 소재로 하여 이야기를 꾸민 경우이다. 여기에는 애국계몽기의 대화체 소설로 알려진 「거부오해」와 「쇼경과 안즘방이 문답」이 포함된다. 이 네 가지 가운데서 가장 문제가 될 수 있는 항목은 세 번째 부류이다. 일제 강점으로 인해 식민지시기를 거쳐야 했던 우리나라에서 가난의 문제를 다룬 작가가 한둘이 아니기 때문에 어떤 작가는 포함하고 어떤 작가는 빼는 것이 자의적이라는 인상을 줄 우려가 있다. 이 점을 감안하여 여기서는 1920년대에 처음으로 빈궁의 문제를 심도 있게 다룬 현진건과 1930년대 후반에서 1940년대까지 빈궁의 문제를 여성의 삶을 통하여 형상화한 김남천과 채만식을 저 한적으로 다루는 방법을 채택했다. 다른 작가들도 빈민의 삶을 다루었지만 이들의 작품에서 빈민문학의 특성이 훨씬 더 뚜렷하게 드러난다는 인식에 따른 것이다.

2. 근대 초기의 빈민문학

   한국의 소수집단 문학으로서 빈민문학의 원형은 조선시대 후기의 판소리에서 찾아볼 수 있다. 그 이전에도 빈민들에 의해 창작되고 수용된 많은 작품이 있었겠지만 빈민이란 사회적 계층의 집단적 산물로 손꼽을 수 있는 것은 판소리가 대표적이라고 할 수 있다. 동구의 집시와 유사하게 사회의 소외지대에서 살아가던 무당과 광대들의 문학이 바로 판소리이기 때문이다. 판소리문학이 사회의 지배층인 양반들의 한문문장과 밑바닥 계층인 광대들의 투박한 언어가 착잡하게 얽혀 있는 형태로 이루어져 있다는 것은 소수문학으로서의 성격을 잘 보여준다. 그 굴절된 언어는 원래 광대들의 언어로 되어 있었을 판소리가 사회의 지배층에게서 수요자를 찾는 과정에서 생겨난 뜻하지 않은 부산물이다. 이 사실에서 미루어 짐작할 수 있듯이 판소리문학이 한국 고전문학의 중요한 부분으로 자리잡은 것은 그 형식적 특징과 함께 그것이 획득한 주제의 보편성에 말미암은 것일 뿐, 원래부터 사회의 주류계급에 속하는 문학은 아니었다.『춘향전』,『심청전』과 같은 판소리계열 소설들이 사회적 억압과 가난, 성, 죽음의 문제 등을 다루고 있는 것은 그 문학이 지닌 주제의 보편성을 말해주는 것이지만 거기에 등장하는 인물들이란 기생, 장애인, 가난뱅이, 부랑인들로서 소수집단에 속하는 인간군상이다. 근대소설의 전형은 일상의 삶에 길들여져 있는 범인들이 아니라 근대 사회의 모순을 집약하고 있는 편집광, 수전노, 정신분열자란 말이 있는 것과 마찬가지로 판소리 문학은 이처럼 사회의 이방인들을 다룸으로써 현실의 본질적인 모순을 드러내고 인생의 근본적인 문제들에 대한 성찰과 전망을 획득한 것이다. 이 양상은 조선시대 중인들에 의해 이룩된 위항문학과 대비되는 특질로서 판소리문학이 소수의 문학으로 출발했으면서도 한국문학을 대표하는 자리에 놓이게 된 연유를 알려준다. 투박하면서도 연면하게 이어지는 한국적 정조를 담고 있는 형식적 특징과 함께 삶의 근본적인 문제들을 본격적으로 다루고 있는 주제의 보편성이 판소리문학에 우뚝한 자리를 마련해주고 있는 것이라고 평가할 수 있는 것이다.

근대에 들어서 이루어진 빈민문학의 최초 형태는「파랑새」와 같은 민요에서 찾아볼 수 있을지도 모른다. "새야 새야 파랑새야 / 녹두밭에 앉지 마라 / 녹두꽃이 떨어지면 / 청포장수 울고간다"는 가사는 민요의 형식을 취하고 있지만 세상이 근본적으로 뒤바뀌길 바라는 간절한 변혁의 염원을 은밀히 드러내고 있다. 봉건체제의 질곡에서 헤어나지 못하던 기층민중의 동학농민혁명에 대한 기대와 소망, 그 감정과 사상이 혼연일체를 이루어 만들어낸 형식이 이 민요라고 볼 수도 있는 것이다. 이 노래는 "개남아 개남아 진개남아 / 수많은 군사를 어대두고 / 전주야 숲애는 유시했노", "봉준아 봉준아 전봉준아! 양에야 양철을 짊어지고 / 놀미 갱갱이 패진했네"[5]와 같은 동학농민전쟁 직후의 가사들보다 더 짙은 감정적 함축을 지니고 있다. 그러나 「파랑새」가 한국 근대 초기의 근본적인 정치·사회적 갈등을 배경으로 하고 있다고 해도 그것은 빈민계급에게만 국한되지 않는 좀더 보편적인 주체를 함축하고 있다. 거기에는 사회변혁에 대한 기층 민중의 보편적인 갈망이 깃들여 있다고 볼 수 있는 것이다. 이 양상은 경부선이 개통될 무렵인 1904~1905년경에 불려졌을 것으로 추정되는 "전답의 좋은 것은 철도길로 가고 / 기집애 고운 것은 갈보로 간다"[6]는 민요에서도 나타난다. 철도부지로 수용된 농토에 대해 농민들의 애석해 하는 심정과 젊은 여인들이 창가로 팔려 가는 현실에 대한 원망이 한 데 결합되고 있는 것이다. 여자들이 팔려 가는 참상은 주로 빈민계급에게서 일어나는 일이지만 그 현실을 목도하고 그에 대해 분노를 느끼는 것은 훨씬 더 넓은 계층에게서 찾아볼 수 있는 정서이다. 철도와 관련된 이 민요는 근대적 문물의 도래와 식민화의 과정을 여성의 수난과 연결짓고 있다는 점에서 이후에 전개되는 빈민문학의 양상을 시사하는 것이자 그 표현의 농도를 측정해볼 수 있는 하나의 시금석이라고 할 수 있다.

근대초기 빈민문학의 양상을 알아보는 데는 민요와 함께 한말의 정치소설로 일컬어지는 「쇼경과 안즘방이 문답」과 「거부오해」가 적절한 대상이 될 수 있다. 「쇼경과 안즘방이 문답」은 1905년 11월 17일부터 21회에 걸쳐서 『대한매일신보』에 연재된 대화체의 글이다. 작가의 이름이 표시되어 있지 않은 이 작품은 순 한글로 썼어져 있으며 소경과 앉은뱅이가

---

5) 고정옥, 『조선민요연구』, 수선사, 1949, 188~189면.
6) 고정옥, 위의 책, 189면.

등장하여 현하의 조선 사정에 대한 논의를 펼치고 있다. 곧 세상이 바뀌어서 점을 치는 소경과 망건을 파는 앉은뱅이가 모두 일거리를 얻지 못하는 사정을 털어놓는 데서 시작하여 망국의 길을 걷고 있는 조선의 현실에 대해서 여러 각도에서 비판하고 있다. 이 작품은 우선 대화의 주인공을 근대화로 인해 생업을 위협받고 있는 사람들로 설정한 점에서 설득력을 얻는다. 소경과 앉은뱅이는 앞을 보지 못하거나 돌아다닐 수 없는 형편이지만 그들의 약점은 오히려 세상 물정을 파악하는 데 장점으로 작용한다. 그리하여 그들은 자신들이 보고들은 고관대작들의 부패한 생활이나 정치가들의 맹목성, 교육의 문제 등을 예리하게 파헤치고 비판한다. 이 비판은 주인공들의 생활고, 나아가서는 조선의 경제적 피폐 상태와 연관되어 행해지기 때문에 정서적·인지적 측면에서 강한 설득력을 얻는다. 그들은 점을 보고 망건을 파는 낡은 사회의 유물과도 같은 직업을 가졌음에도 불구하고 개화사상에 동조하며, 주권상실의 위험을 몸으로 느끼고 있다. 자신들의 생활이 걸린 문제에 대해서, 특히 이해관계가 직결되는 문제를 놓고 사유를 전개하기 때문에 그들의 사회비판은 구체성을 지닌다. 결국 그들은 앞을 내다보지 못하고 세상에 대한 견문을 지니지 못한 사회지도층의 역할을 오히려 장애자들인 자신들이 대신하여야 하지 않을까 하는 문제를 거론하면서 대화를 끝낸다. 현실의 근본적 변혁에 대한 기층 민중의 갈망을 함축적으로 표현한 것이라고 볼 수 있다. 이 작품은 대화체 소설이라는 한계에도 불구하고 당대 사회의 근본적 모순을 묘파하는 수준에 육박하고 있으며 현실에 대한 비판이 주인공의 체험을 토대로 이루어지기 때문에 형상성도 일정하게 갖추고 있다. 이는 이듬해에 발표된 「거부오해」가 인력거꾼의 무지를 빙자해서, 말놀이를 통해 현실에 대해 추상적으로 비판하는 것에 비하여 상대적으로 소설적 구성이나 형상성이 뛰어난 것이라고 할 수 있다. 물론 「거부오해」는 정치현실에 대한 비판 속에 아이러니를 도입하고 여러 사람을 대화 속에 등장시키는 새로운 소설적 시도를 보여주고 있다는 점에서 그 나름의 가치를 지니지만 논의되는 문제점에 대한 정치한 인식이나 소설적 구성은 「쇼경과 안즘방이 문답」에 미치지 못하고 있다.

한말의 대화체 소설은 소경과 앉은뱅이, 인력거꾼이라는 소외지대의 인물들을 등장시켜 사회체제를 비판한다는 점에서 공통성을 지닌다. 인물의 구체성이나 사건 전개의 핍진성은 떨어지지만 체제 변혁의 욕구로 이어지는 첨예한 정치의식을 드러낸다는 점에서 근대 초기의 빈민문학의 한 양상을 엿볼 수 있게 해준다. 그러나 애국계몽기 이후의 문학사에서 빈민문학은 뚜렷한 발전의 궤적을 보여주지 못한다. 신소설의 대표작 가운데 하나로 손꼽히는 『송뢰금』과 『월하가인』·『소학령』 등에서 하와이, 멕시코, 러시아 이민문제가 다루어지지단[7] 작품의 중심 주제가 아니라 소재적인 차원의 단편적인 언급에서 벗어나지 못한다. 이런 측면에서 1920년대 초반 현진건의 단편소설이 보여준 빈민에 대한 짙은 관심은 빈민문학의 전개라는 문학사적 맥락에서 매우 중요한 의미를 지닌다.

현진건은 1920년 「희생화」로 등단한 작가생활 초기부터 가난의 문제를 중점적으로 다룬 대표적인 작가이다. 그가 등단 이듬해 발표한 「빈처」는 작가 자신의 빈궁 문제를 식민지 현실 속의 지식인 문제와 연관지어 형상화한 작품이다. 그는 이 작품에 이어 「술 권하는 사회」를 발표하여 식민지 사회의 지식인 문제에 대해서 좀더 비판적이고 객관적인 접근을 시도하고 있다. 이러한 과정을 거쳐서 나온 작품이 한국 최초의 노동자 소설, 또는 빈민문학이라고 할 수 있는 「운수좋은 날」이다. 이 소설은 1900년대의 대화체 소설 「거부오해」의 경우와 유사하게 사회의 주변부 인생이라고 할 수 있는 인력거꾼을 주인공으로 등장시킨다. 그러나 주인공에게 주어진 상황은 끼니를 잇지 못할 만큼 더 절박하고 인물은 집단과의 연계를 잃고 소외되어 있다. 「거부오해」와 같은 인력거꾼 집단의 이야기가 아니라 김첨지 개인의 생활에 대한 이야기로, 그는 벌이가 없어

---

7) 최원식, 「신소설과 노동이민」, 『한국근대소설사론』, 창작과비평사, 1986.

병으로 누워 있는 아내에게 설렁탕 한 그릇 사줄 수 없는 형편이다. 이와 같이 인물이 개별화되고 구체적인 상황이 설정된 점에서 이 소설은 근대적 소설의 요건을 갖추고 있다. 더욱이 이 작품에서 작가는 단순히 인력거꾼이란 노동자계급의 가난과 굶주림만을 묘사하지 않는다. 그 가난과 굶주림으로 인한 주인공의 울분과 사회에 대한 적대감을 소설 구조 속에 형상화하고 있다. 빈곤의 현상을 개인의 병리가 아니라 사회의 병리로 인식하며 거기에서 비롯되는 개인의 감정적 대응을 중요한 구성 성분으로 소설 구조에 반영하는 것이다. 이에 따라 작품은 빈곤이 개인의 게으름과 불성실에서 유래한 것이 아니라 사회체제와 연관된 사항이며, 그 속에서 개인의 현실에 대한 대응은 점차 격렬해지고 폭력적인 방법에 의지하는 쪽으로 방향 지어지고 있음을 보여준다. 1920년대 중반에 대두하는 신경향파문학의 빈궁현실 고발과 폭력적 문제해결 방식이 현진건의 문학에서 예고되고 있는 셈이다. 그런 의미에서 현진건이 신경향파문학이 대두할 무렵에 발표한 「고향」에서 실향의 문제를 다루는 것은 그의 식민지 현실에 대한 인식이 이른 정점을 나타낸다. 이 소설에 등장하는 인물은 두 번째로 고향을 떠나는 사람이다. 주인공은 9년 전 고향에서 삶의 방도를 찾지 못해 타처로 나갔다가 거기서도 안착하지 못하고 다시 고향을 찾는다. 그러나 돌아온 고향은 이미 황폐해져 버렸기 때문에 어쩔 수 없이 다시 정처 없는 발길을 옮기는 사람이다. 이 이향과 귀향, 그리고 실향이 반복해서 일어나는 사건의 연대는 대략적으로 한일합병과 토지조사 사업이 있었던 연대와 일치한다. 주인공은 식민 체제에 의해 철저히 삶의 뿌리를 뽑힌 사람이다. 이 같이 삶의 뿌리를 뽑힌 사람들의 모습은 주인공과 혼인 말이 있었던 여자가 창기로 팔려 나갔다가 이곳저곳으로 전전한 끝에 정신과 육체가 완전히 파괴된 상태로 돌아온 사실에서 전형적으로 드러난다. 뿐만 아니라 삶의 뿌리를 뽑힌 사람들이 겪는 고생의 흔적은 주인공 자신의 신체와 정신에 깊이 각인되어 있는 것으로 묘사된다.

그때 나는 그의 얼굴이 웃기보다 찡그리기에 가장 적당한 얼굴임을 발견하였다. 군데군데 찢어진 건성드뭇한 눈썹이 올올이 일어서며 아로 축 처지는 서슬에 양미간에는 여러 가닥 주름이 잡히고 광대뼈 위로 뺨실이 실룩실룩 보이자 두 볼은 쪽 빨아든다. 입은 소태나 먹은 것처럼 왼편으로 삐뚤어지게 찢어 올라가고, 조이던 눈엔 눈물이 괸 듯 삼십세밖에 안 되어 보이는 그 얼굴이 십년 가량은 늙어진 듯 하였다. 나는 그 신산(辛酸)스러운 표정에 얼마쯤 감동이 되어서 그에게 대한 반감이 풀려지는 듯하였다.

가난으로 인해 타관을 떠돌면서 동상을 겪은 그의 신체에 남겨진 흔적은 식민지시대 고향을 떠나 만주로, 간도로, 시베리아로 이리저리 유리걸식하던 조선 유·이민 전체의 참상을 상징적으로 드러내준다. 그것은 한 이농민의 모습일 뿐만 아니라 식민지 현실에 대한 총체적 인식을 나타내 주는 상징물이다. 그런 의미에서 일제강점기의 특징적인 문학현상이었던 유·이민문학은 20세기 전반기 한국 빈민문학의 절정일 뿐만 아니라 그 자체로 근대 한국문학의 정수에 해당한다고 할 수 있다.

3. 노동자문학과 유·이민문학

조선 민족의 대다수를 차지하던 농민들이 유·이민이 되기 시작한 것은 대체로 한일합방과 일제의 토지조사 사업이 행해진 시기와 일치한다. 토지소유제도의 근대화란 미명하에 행해진 토지조사사업은 일거에 한반도의 40%에 가까운 토지의 소유권을 식민지배자들의 손아귀에 넘겨주었다. 왕실의 토지가 송두리째 일제에 넘겨졌을 뿐 아니라 소유권 개념이 불투명했던 많은 조선인 소유의 토지가 알게 모르게 일본인들의 소유로 바뀌어 버린 것이다. 그 외에도 식민지배자들이 조장한 소작조건의 악화로 인해 조상 때부터 지어오던 농토를 빼앗기거나 헐값에 일본지주에게 넘긴 농민들, 공출제도에 의해 농촌에서 식량을 얻을 수 없게 된 많은 농민들은 불가불 고향을 떠나 도시의 빈민가나 만주, 북간도, 일본, 대만, 시베리아로 유리해 가지 않을 수 없었다. 그 이농과 실향의 행렬은 1910년대부터 1940년대까지 식민지시대 전 기간을 통해 줄곧 이어졌다. 그 유·이민 문제가 본격적으로 사회문제로 되고 세간의 이목을 끌기 시작한 것은 토지조사 사업이 끝난 시점인 1920년 무렵이다. 문학 분야에서 유·이민 문제가 형상화되기 시작한 시점도 대략 이와 일치한다. 이상화의 「빼앗긴 들에도 봄은 오는가」도 이 유·이민 문제의 문학적 형상화가 무르익을 무렵의 한 소산이다.

우리 문학에서 유·이민의 문제를 문학적으로 형상화한 최초의 인물은 최초의 노동자출신 작가로도 손꼽히는 최서해이다. 유·이민 문제의 문학적 형상화는 빈민계급 자신의 손으로 먼저 이룩되기 시작한 것이다. 최서해의 「탈출기」가 신경향파문학이란 새로운 형태의 문학을 탄생시킨 배경에는 그 두 가지 요소가 함께 작용하고 있다고 해석할 수 있는 것이다. 최서해가 1924년에 발표한 데뷔작 「고국」은 현진건의 「고향」과 마찬가지로 조국을 떠나 간도로 갔던 인물이 다시 고국으로 돌아오는 이야기를 담고 있다. 이 소설은 주인공이 이국에서의 삶에 적응하지 못하고 고국으로 돌아올 수밖에 없는 사정을 표현하고 있다. 그러나 작가는 그 귀향을 개인적인 향수와 연결시킨다는 점에서 현진건의 「고향」에 비해 현실에 대한 인식이 피상적이라는 한계를 지닌다. 그렇지만 「고국」과 「고향」은 동일한 소재를 다룬다는 점에서 공통된 문제의식을 드러낸다. 그 문제의식은 이듬해 최서해가 발표한 「탈출기」에서 정확하게 표현된다. 서한체로 되어 있는 이 소설은 「고국」의 주인공과 똑같이 가난 때문에 고향을 떠나 간도로 이주한 사람의 이야기이다. 주인공은 살길을 찾아 이국땅에 와서 가족과 함께 죽을 고생을 하며 노력했지만 가난의 굴레를 벗어나지 못한다. 그는 결국 가난의 근본적 원인인 사회제도를 변혁하기 위해서 가족을 떠나 ××단에 투신한다. 편지의 화자는 가족을 버리고 사회운동에 투신하는 것이 마땅한 처신이 아니라는 친구의 질책에 답하는 형식으로 이야기를 전개하면서 가난의 원인에 대한 진정한 깨우침을 얻게 되는 과정을 그려 보여주고 있다. 이 소설이 보여준 인식은 개념적 차원에서는 현진건의 「고향」과 같은 수준의 내용이다. 그럼에도 불구하고 그것이 문학계에 커다란 충격으로 받아들여진 이유는 현진건의 소설에서 관찰자의 시각에서 그려지던 사실이 직접적 체험자에 의해서 서술되고 있다는 점에 있다고 볼 수 있다. 곧 이 소설에서는 간도 이민의 구체적인 생활상이 묘사된다. 아침부터 저녁까지 이어지는 노동과 만삭의 아내가 길에 떨어져 있는 귤껍질을 주어먹도록 만드는 굶주림의 현상이 생생하게 표현된다. 그러한 실제 체험을 통해서 가난이 자신의 게으름이나 무능에서 비롯하는 것이 아니라 제도나 법질서 같은 사회 전체 구조와 관련된다는 인식을 얻는 과정이 묘사되기 때문에 이 소설은 독자에게 큰 공명을 얻을 수 있게 된 것이다. 최서해의 소설은 「탈출기」 이후에도 계속해서 유·이민의 삶을 다루며, 그 가운데서도 빈궁과 그로 인한 극한적 상황의 제시라는 틀을 유지한다. 그러나 소설적 형식은 변화를 겪는다. 초기의 작품들이 빈궁현실의 체험자로서 작가 자신의 이야기를 보고하는 형식이었다면 문학적 연륜이 쌓이면서 그의 소설은 점차 프로문학의 영향권에 들게 된다. 곧 빈궁현실의 고발에 멎는 것이 아니라 그 현실에 대한 대응으로서 주인공이 폭력을 사용하여 현실에 저항한다는 도식적 표현이 나타나게 된다. 이와 같은 경향이 가장 잘 나타난 작품은 「홍염」이다. 서간도에 이주한 문서방 일가가 빚의 대가로 딸 룡녜를 중국인 지주에게 빼앗기고, 임종을 맞는 순간까지 딸을 보지 못하고 죽은 아내의 복수를 위해 문서방이 방화와 살인을 한다는 이야기이다. 이 「홍염」과 같은 경향의 작품에서는 계급 혁명의 시각이 중요한 역할을 한다. 유·이민 전체의 문제가 주로 계급적 시각에서 분석되고 형상화되는 것이다. 그러나 몇몇 연구자들이 주장하듯이 최서해의 소설 전체를 계급적 관점에 근거한다고 할 수는 없다.

최서해의 소설이 문학계에 준 충격은 작가가 노동자 출신이라는 사실과 밀접한 함수관계를 갖는다. "살기에 급급한 사람은 결코 쓸 시간을 찾을 수 없다"는 앙드레 지드의 말이나 "굳은 살이 박힌 손은 결코 쓸 수 없다"는 줄리앙 방다의 말에서 드러나듯이 몸뚱이로 일하는 사람의 문학 행위는 많은 문학인들에게 낯선 것이었음이 분명하다. 더욱이 생계 유지 자체가 어려운 노동자가 문학 창조 행위를 한다는 것은 쉽게 상상되지 않는 일이다. 그러나 그 어려운 환경 속에서 일군 최서해의 문학은 당대 현실의 핵심적인 문제를 건드리고 있었고 문학적 형상화의 수준에서도 당대에 활동하던 다른 작가들에 비해 손색이 없었다. 물론 최서해의 문학은 가난이란 주제에 긴박되어 있었고 인식의 범위도 일정한 틀을 벗어나지 못한 한계를 지니고 있었다. 「탈출기」에 이어지는 「박돌의 죽음」이나 「기아와 살육」 등은 지식인 작가의 작품보다 훨씬 더 강렬한 이미지를 지닌 작품임에 틀림없지만 그 묘사나 사건의 결구는 평면적이어서 자연주의라는 혐의를 받기에 충분하다. 가난으로 인해 빚어지는 갈등과 그 폭력적 해결이라는 구도가 상투성을 논란하기에 적합할 정도로 반복되고 있는 것이다. 빈궁문제를 둘러싸고 살인, 방화, 절도 등의 폭력적 반항 행위가 빈발하는 것은 심리학적인 측면에서 설명하면 단순한 우연이나 우발적 사건이 아니라 유산자에 대해서 무산자가 갖는 파괴심리, 분한(ressentiment) 감정의 표출이라고 볼 소지도 있다.[8] 그러나 최서해의 소설이 얻은 성과는 주제적·심리적 측면과 더불어 미학적 측면에서도 해명될 필요가 있다. 그가 「탈출기」에서 사용한 서한체는 노동자 출신 작가가 갖는 미적 감각 내지 의식과 관련을 지을 때 좀더 효과적으로 설명될 수 있지 않는가 하는 것이다. 서한체는 연애편지가 보여주듯이 거리감을 좁혀주는 역할, 곧 '직접성의 환상'을 심어준다.[9] 작가와 독자

---

8) 김병구, 「최서해 소설의 (탈)식민성 연구」, 『최서해 문학의 재조명』, 새미, 2002.
9) 권보드래, 「연애편지의 세계상」, 『최서해 문학의 재조명』, 새미, 2002.

사이에 친밀감, 나아가서는 일체감을 심어줄 수 있는 장치가 서한체이다. 최서해는 유·이민의 삶에 대한 자신의 서술이 그러한 일체감 속에서 받아들여질 수 있는 장치라고 보고 서한체를 이용한 것이라고 해석할 수 있는 것이다. 물론 작가는 「홍염」과 같은 작품에서 극적 구조를 이용하기도 한다. 「홍염」이 다분히 카프라는 프로문학의 영향권 안에 든 작품이라는 점을 고려하면 최서해의 후기 소설은 사회주의 리얼리즘 미학을 통해서 규명될 성분을 포함하기도 한다. 그러나 그는 의식적으로 프로문학과 자신의 소설 사이에 일정한 거리를 두기도 한다. 문학평론인 「열일고어(熱日苦語)」[10]에서 그는 조선의 무산문예작품이 우리 고전문학에서 자양을 흡수해야 한다는 점을 주장하기도 했으며, 옛날이야기를 이용한 「그믐밤」·「저류」 등의 작품을 실제로 창작하기도 했다. 노동자·농민 대중의 사상과 감정에 융합하는 작품을 짓기 위한 그 나름의 노력을 기울인 셈이다.

최서해에 뒤이어서 등장한 노동자 출신 작가는 이북명이다. 연보에 따르면 그는 함흥고보를 졸업하고 홍남질소비료공장에서 노동자로 일했다. 이 노동자 체험은 최서해의 노동자체험과는 성질이 다른 것이었다. 최서해가 유·이민으로서 이국땅을 전전한 농민의 체험을 간직하고 있었다면 이북명은 근대적 산업체의 고용노동자였다. 이것은 이북명의 체험이 자본주의사회의 근본적 모순 구조를 좀더 분명하게 자각할 수 있게 하는 기회를 제공하는 것이었다는 사실을 의미한다. 농민이 지주와 소작인의 관계에서 계급적 자각을 가지게 된다고 할지라도 그가 일차적으로 대결하는 세계는 땅이라는 자연사물이다. 이에 비해서 근대적 대공장에서 자연은 소멸된다. 노동은 합리적 기준에 의하여 조직되고 노동자가 생산하는 산물은 자본가의 손을 거쳐서 화폐의 형태로 노동자에게 돌아온다. 거기에서는 생산과정이 일차적인 것이 아니라 생산관계가 노동자

---

10) 최서해, 「열일고어」, 『동아일보』, 1929.7.2~7.14.

의 일상을 우선적으로 지배하게 되는 것이다. 그것은 근대적 산업체의 노동자들에게 계급적 의식을 자각하게 하는 요인이었다. 이북명이 질소비료공장의 외면적 형태와 그에 대한 낯선 느낌보다도 그곳의 인간들이 맺는 사회관계를 더 중시하여 묘사하는 이유는 여기서 찾을 수 있다. 이북명의 데뷔작이자 대표작으로 손꼽히는 「질소비료공장」은 그 양태를 잘 보여준다. 1932년 『조선일보』에 연재되다가 당국의 검열에 걸려 며칠 만에 중단된 이 소설은 일본잡지 『문학평론(文學評論)』에 「초진(初陳)」이란 이름으로 번역 게재되었다. 그러나 작가는 해방 이후 북한에서 일본어 번역본을 토대로 이 소설을 개작하였다. 처음 발표 당시의 작품과 현재의 개작본은 일견 큰 차이를 지닌 것으로 보인다. 그러나 이북명의 다른 소설을 참고하면 개작본을 최초의 「질소비료공장」과 거의 동일한 것으로 간주해도 크게 문제될 것은 없다는 사실을 알 수 있다. 작가는 질소비료공장에서 얻은 자신의 노동체험을 다른 작품에서도 반복적으로 이용하고 있기 때문이다. 이는 최서해의 소설이 만주, 북간도 유·이민의 생활을 계속 소설의 소재로 이용한 사실과 닮아 있다.

「질소비료공장」의 주인공은 원심분리기에서 쏟아지는 비료를 수송차에 실어 다른 곳으로 옮기는 작업을 맡고 있다. 이 작업은 막일을 하는 단순노동이지만 노동자들에게 고통스러운 것은 황산 먼지를 뒤집어쓰면서 일을 해야 한다는 점이다. 암모니아 가스와 황산 먼지로 인해서 노동자들은 대부분 피부병과 기관지 질병을 앓고 있고 몇 년을 버티지 못하고 망가진 몸으로 공장을 떠나야 하는 존재들이다. 회사는 노동자들의 건강보다도 노임을 줄이는 일에만 혈안이 되어 있으므로 건강이 나빠진 노동자들은 발견되는 즉시 내치고 새로운 노동자들을 고용하는 것이다. 「질소비료공장」에서 사건의 발단은 자신들의 건강과 인간으로서의 존엄을 조금이라도 보장받고 싶어 하는 노동자들과 그들을 일회용 소모품으로 간주하려는 자본가의 대리인들 사이에서 일어나는 갈등이다. 노동자들은 노동조합을 조직하여 회사에 대항하려고 하며 회사는 경찰의 협조를 받아 이를 탄압하려고 한다. 주인공은 그간의 체험에서 노동자들의 조직이 필요하다는 점을 깨닫고 노조를 설립하려는 사람들과 관계를 맺지만 그 일로 인해 회사에서 해고당하고 결국에는 공장에서 얻은 질병으로 인해 죽게 된다. 소설은 주인공의 상여를 앞세우고 '메이데이의 노래'를 부르면서 시위를 벌기는 노동자들을 묘사하면서 끝난다. 이러한 구조는 반세기 뒤인 1980년대의 대표적 노동소설 「새벽출정」에서도 차용되는 플롯형태이지만 작가 자신의 다른 작품인 「암모니아 탕크」·「출근정지」·「오전3시」 등에서도 약간 변형된 형태로 반복된다. 곧 작가는 함흥비료공장에서 얻은 노동 체험을 여러 가지 형태로 변용하여 작품의 소재로 이용하고 있는 것이다.

소설 쪽에서 최서해와 이북명이란 노동자 출신의 작가가 있었던 데 반해서 시 분야에서는 뚜렷하게 빈민계급과 연관지을 만한 시인이 배출되지 않았다. 이는 시 장르의 특성과 관련되는 사안인 것으로 보인다. 노동의 체험은 분명히 산문의 구성에 중요한 자원으로 작용하는 것이지만 시의 특성은 압축적 표현에 있는 까닭에 체험적 요소가 곧바로 시의 성공을 보장해주는 요건이 되지는 못한다. 구체적인 생활체험을 묘사해야 할 필요성과 시의 압축적 성격은 일종의 모순관계에 있기 때문이다. 그러나 유·이민을 중심으로 한 조선인의 빈궁현실은 다양한 방식으로 시적 표현을 얻는다. 일제시대의 대표적 민요로 알려진 「신아리랑」도 그 한 사례이다.

산천초목은 젊어가고 / 인간의 청춘은 늙어간다 /

(후렴) 아리랑 아리랑 아라리요 / 아리랑 고개를 넘어간다 /

성황당 까마귀 깍깍짖고 / 정든님 병환은 날로 깊어 /
무산자 누구냐 탄식마라 / 부귀와 빈천은 돌고 돈다 /

감발을 하고서 주먹을 쥐고 / 용감하게도 넘어간다 /
밭잃고 집잃은 동무들아 / 어데로 가야만 좋을가보냐 /
괴나리 봇짐을 짊어지고 / 아리랑 고개로 넘어간다 /
아버지 어머니 어서 오소 / 북간도 벌판이 좋다더라 /
쓰라린 가슴을 움켜 쥐고 / 백두산 고개로 넘어간다 /
감발을 하고서 백두산 넘어 / 북간도 벌판을 헤매인다 /
원수로다 원수로다 / 총갖은 포수가 원수로다 /

이 민요는 구비문학의 유동성을 살려 후렴구를 붙이면서 상황에 따라
얼마든지 이어갈 수 있는 형태를 지니고 있다. 따라서 노래의 주제는 부
르는 사람의 처지에 따라 크게 달라질 수 있다. 현재 전해지는 텍스트에
나타난 내용은 일제하의 현실을 노래한 것이라고 보이는데 주로 고향을
떠나 낯선 땅을 찾아가는 이야기이다. 이와 같은 양상은 1920~1930년대
의 시에 자주 나타난다. 예컨대 1930년 정초에 『동아일보』에 발표된 신
기순의 「북간도」는 "내일은 북간도로 / 길 떠나는 날 / 세간을 다 팔아도
여비 모자라 / 검둥이마저 팔아 돈 받았지요 / 아버지 예전부터 / 하시는
말씀 / 북간도는 좋은 곳 / 이밥 먹는 곳 / 나무도 아니하고 / 학교도 가지"
라고 표현하고 있다. 온갖 재산을 다 처분하여 '좋다는 북간도'를 찾아간
다는 설정이 「신아리랑」과 동일하다.

또 1928년에 발표된 양우정의 「낙동강」은 "이 나라 백성들은 / 어데를
가나 / 한 사람 두 사람씩 / 다 떠나가네 / 저녁놀에 물들은 / 낙동강물은 /
애닲어라 떠난 이의 / 피눈물인가 / 낙동강은 칠백리 / 옥야천리엔 / 낯설은
사람만 모여서 드네 / 십리 만석보고 萬石寶庫는 / 죄다 남주고 / 이 땅의
강물은 / 다 쫓겨가네"라고 표현하여 좀더 직설적으로 유이민 현상을 묘
사하고 있다. 그러나 그들이 떠나간 곳은 결코 낙원이 아니었다. 최수복
은 이국땅에서의 삶이 종살이에 불과하다는 사실을 이렇게 표현한다.

1
젖꿀이 흐르는 내땅버리고 / 남의 집 종살이 윈말이런가 /
해마다 봄오면 고향간다고 / 십여년 별러도 갈길이 아득 /
(후렴) 울어라 울려라 애닯은소리 / 산넘고 바다건너 땅끝까지에 /
2
내어려 울적에 열또일곱살 / 지금은 반남아 설흔또아홉 /
온몸에 살이란 모두떨어져 / 이제는 뼈마디 헤개되었네 / 11)

고향을 등지고 찾아온 땅이지만 만주와 북간도에서의 생활 또한 중국
인 지주에게 고혈을 빨리는 노예의 삶에 불과했다. 새로운 삶을 어렵게
개척하는 동안에 어느 새인지 모르게 세월은 번듯 흘러가고 몸은 형편
없이 망가진 것이다. 뿐만 아니라 생활의 환경도 열악했다. 풍토에 대한
적응도 힘들었지만 특히 북녘 땅의 추위는 뼈 속을 파고드는 것이었다.
박한산은 기아와 추위의 이중고를 겪는 가난한 유·이민의 고통을 이렇
게 표현하고 있다.

이대의 겨울은 춥기도 하다 / 헐벗고 굶주림은 팔자소관가 /
이태 삼년 연달아 흉년만 들며 / 스무 해 오랜 날 가슴만 친다 /
한 해라 열두 달 피땀 흘려선 / 가을에 걷운 것 간데도 없고 /
이 겨울 이 추위에 먹이 없어서 / 산 목숨 못 끊음이 되려 한되네 /
이대의 겨울은 악착도 하다 / 메마른 가지를 앨써 울리네 /
포스럽던 옛살림 생각도 마오 / 부등강 한 개나 남았습디까 / 12)

1930년대에 들어서면서 지주와 소작인의 소작쟁의가 부쩍 늘어난 데
는 식민지배의 수단으로 봉건적 지주제를 유지하려고 한 일제의 통치수
단이 한 몫을 했다. 조선시대보다도 소작료가 크게 올랐을 뿐만 아니라
일본으로 많은 쌀을 가져갔기 때문에 조선의 농촌에는 식량의 절대량이

---

11) 최수복, 「내 신세」, 『농민』, 1932.4.
12) 박한산, 「이대의 겨울」, 『30년대 무명저항시 89선집』, 문학사상사, 1980.3.

부족했다. 이로 인해 농민들은 자기들이 생산한 쌀과 보리를 먹지 못하고 만주에서 들여온 호밀이나 좁쌀로 연명해야 했다. 이 사정은 만주나 간도에서도 마찬가지였다. 조선인 이주민이 늘어나자 중국인 지주는 소작료를 올려 받았고 빚이야 세금이야 제하고 나면 먹고 살 것이 없었다. 이러한 극악한 삶의 조건은 도시의 빈민이라고 해서 조금도 나을 것이 없었다. 농촌을 떠나온 이농민이 도시 근교에 토막을 짓고 거지나 다름없는 생활을 하였다는 것은 잘 알려져 있는 사실이다. 1930년대에 전국의 거지 숫자가 16만에 이르렀다는 통계가 있거니와 토막생활을 하는 이농민의 처지도 거지와 별반 다를 것이 없었다. 그들 대다수는 막노동을 하여 생계를 이어가거나 산업예비군으로서 내일을 기약할 수 없는 나날을 보내는 수밖에 없었다. 그렇다고 해서 직업을 얻는다고 해서 삶의 조건이 크게 나아지는 것도 아니었다. 이북명의 소설에 나타난 바와 같이 근로조건이 열악함은 물론 임금이 최소한의 생계비에도 미치지 못하는 것이었다. 1930년에 씌어진 것으로 알려진 한 노동자의 시는 그 사정을 이렇게 표현하고 있다.

> 뛰―뛰 공장에 고동소리가 / 아침해도 돋기 전 들려서 오면 /
> 나는 혼자 공장에 달려갑니다 / 저녁 때에 시계가 일곱시 치면 /
> 온종일 공장에 일을 하고서 / 동무들과 모여서 집에 옵니다 /
> 일년 동안 공장 안에서 / 하루 날도 안 쉬고 일을 하여도 /
> 배부르게 한 번도 못먹어 봤네 / 공장감독 오늘도 나가라 하네 /
> 우리보다 값싸게 주어서라도 / 일 시킬 일꾼들 많이 있다고 / 13)

　　일제시대 조선의 공업은 기형적인 것이었다. 사회의 수요를 충족시킬 수 있게끔 전체 산업이 균형을 이루는 구조가 아니라 식민지배자의 필요에 따라, 일본의 산업을 보완하는 성격의 것으로 급조된 것이었기 때

---

13) 손길상, 「언니의 노래」, 『30년대 무명 저항시 89선집』, 문학사상사, 1980.3.

문에 어떤 부분은 이상 비대 증상을 보였고 어떤 부분은 전근대적인 상태에 그대로 머물러 있어서 불균형이 극심했다. 대부분의 공장은 조선의 값싼 노동력이나 자원을 이용하는 데 초점을 맞추어 들어섰기 때문에 공해 산업이나 노동집약형 산업이 주류를 이루었다. 강경애의 『인간문제』에 표현된 제사공장이나 이북명의 「질소비료공장」에 묘사된 노동환경은 결코 노동자의 삶의 터전이 될 수 없는, 그들의 생명을 갉아먹는 노동착취 장소에 지나지 않았다. 더욱이 자본가의 이윤을 보장하기 위해서 강도 높은 노동탄압이 행해졌을 뿐만 아니라 여성을 상대로 한 성의 유린도 빈발하는 사건의 하나였다.

불안땐 방에서 눈떠세우고 / 조밥에 콕에여 찬물마셨네 /
(후렴) 아이공 데이공 못살겠구나 /
고칫내 역하여 얼굴찡글며 / 끓는 물 속에다 손을 데웠네 /
감독놈 상판에 매서운 눈알 / 피할 수 없어서 실을 뽑았네 /
공부를 시킨다 아이우데오 / 피곤한 몸이라 졸고 말았네 /
못살아 못살아 나는 못살아 / 이놈에 공장엔 나는 못살아 / 14)

봄은되었다면서도아직도겨울과작별을짓지못한채 /
—낡은민족의잠들어있는저자위에 /
새벽을알리는공장의첫고동소리가 / 그래도세차게검푸른하늘을치받으며 /
3천만백성의귓결에울어나기시작할 대 / 목도메다치어죽은남편의상식상을 /
미처치지도못하고그대로 달려온 / 애젊은아낙네의가쁜숨소리야말로 …… /
악마의굴속같은작업물안에서 / 무릎을굽힌채그개한번돌리지못하고 /
열두시간이란그동안을보내는것만하여도— 오히려진저리가나거든 /
징글징글한감독놈의 음침한눈짓이라니 ……,
그래도그놈의뜻을받어야한다는이놈의세상— / 오오 조상이여—남의남편이여 /
왜 당신은이놈의세상을그대로두고가셨습니까? / —안해를말리고 자식을 애태우는— / 15)

---

14) 김동선, 「제사직공녀의 노래」, 『신여성』, 1932.3.

자본가와 노동자가 자본주의사회를 구성하는 기본 계급이라고는 하지만 노동자가 생활에서 실제로 몸으로 부딪치는 존재는 자본가에 의해 고용된 감독이나 관리자이다. 이들은 사용자를 대신하여 노동과정을 통제하는 임무를 수행한다. 노동과정의 통제에는 물리적인 관리 · 감독뿐만 아니라 앞에 인용한 시에 나와 있듯이 '아이우에오'를 가르치는 정신적 훈육도 포함된다. 더욱이 그들은 자신들의 권한을 노동과정 통제에만 사용하는 것이 아니다. 그들은 노동과정의 통제를 빌미로 노동자와의 관계를 자기에게 유리하게 조성하는 것이 다반사이기 때문에 노동자는 흔히 이로부터 손해를 입기도 하고 기본권을 침해당하기도 한다. 그리고 그 최대의 피해자는 사회적으로 가장 취약한 입장에 있는 여성노동자가 되기 일쑤이다. 인용한 두 작품은 여성노동자에 대한 감독의 무언의 폭력과 성적 유혹 내지 희롱을 표현하고 있다. 이 양태는 특정한 개인에게만 해당되는 지엽적인 사안이 아니다. 특히 식민 지배를 받는 민족에게 지배자의 성의 약탈과 착취는 가장 치명적인 공격으로 작용하기 십상이다. 식민지시대 말기에 일제가 조선여성을 정신대로 끌어간 사건은 성의 약탈을 보여주는 전형적인 사례로서 민족말살정책이 구체적으로 드러난 한 양상이다. 공장의 한 구석에서 일어난 일이든 국가권력이 공개적으로 동원령을 발동한 것이든 성의 약탈과 착취는 조선민족의 존재 자체를 위협하는 사태이기 때문에 이에 대한 문학적 응전이 나타나는 것은 자연스러운 일이다. 일제 말기에 여성의 수난과 성의 착취를 다룬 작가들이 빈민계층의 여성에 초점을 맞춘 것은 그들이 일차적으로 희생과 수난의 대상이기 때문이다.

---

15) 유완희, 「여직공」, 『개벽』, 1926.4.

4. 여성 수난의 형상화 - 채만식과 김남천

　예민한 감성의 소유자였던 작가 이태준은 1938년에 발표한 「패강냉」에서 『주역』의 한 대목을 인용한 바 있다. '이상견빙지(履霜堅氷至)'라는 문구로서 서리를 밟으면 겨울이 가까워짐을 알라는 말이다. 평양 여인들의 아름다움을 더해주던 머릿수건을 사용하지 못하게 하는 일제의 소행을 보면서 이태준은 종전보다 더욱 가혹한 시련이 조선민족에게 다가옴을 예감하는 것이다. 이 소설을 발표한 다음 해인 1939년에 그는 『문장』지를 창간한다. 민족을 말살하려는 일제의 획책에 맞서서 민족문화의 근간인 우리말을 지키려는 하나의 작은 몸짓이었던 셈이다. 이러한 예감은 비단 이태준에게서만 찾을 수 있는 것이 아니다. 많은 시인·작가들이 우리 민족에게 다가온 위기를 감지하고 있었던 사실은 문학사에 남겨진 여러 흔적을 통해서 확인할 수 있다. 그 가운데서도 김남천과 채만식의 경우는 특기할 만하다. 두 사람은 1930년대 후반에 가장 활발하게 활동한 작가였고 문학적으로도 가장 괄목할 만한 성과를 남기고 있다. 그러나 두 작가를 특히 주목하는 것은 그들의 문학적 업적 전반에 대한 평가 때문이 아니라 두 사람이 일제 말기에 이르러서 빈민 여성의 문제를 집중적으로 조명했다는 사실 때문이다. 그들이 여성의 문제, 빈민여성의 문제에 착목한 것은 결코 단순한 소재 차원의 문제만도 아니고 우연의 일치도 아니다. 돌아가는 시국, 곧 현실의 전체성이 그들에게 여성의 문제를 문학적으로 형상화하는 데 집중하도록 유도했다고 볼 수 있다. 표현의 수준에 대한 식민당국의 통제와 압박이 점차 강화되고 있는 상황에서 민족 전체의 운명이 여성의 문제를 통해서 전형적으로 표현될 수 있다고 판단한 것이라고 유추할 수 있는 것이다.

　두 작가 가운데서 여성의 문제에 먼저 눈을 돌린 사람은 채만식이다. 채만식은 1920년대 초에 문단에 등단했지만 한 동안 긴 휴지기를 가진 다음 1930년대 초엽에 들어서 본격적으로 활동을 재개한다. 그 첫 작품이『인형의 집을 나와서』라는 장편소설이다. 이 장편소설은 일찍이 1920년대에 중국의 노신이 입센의『인형의 집』에 대해서 언급한 내용과 매우 유사한 주제를 다룬다. 곧 노라가 집을 뛰쳐나온 다음에 어찌 되었을까 하는 질문에 대해서 답안을 작성해 보는 형식이다. 다시 말해서 가정이란 새장을 부수고 뛰쳐나온 여인이 바깥세상에서 부닥치는 문제가 무엇인지를 구체적으로 생각해보는 것이고 그의 운명이 어떻게 전개될지 실제적으로 검토해보는 일이다. 작가는 여주인공 노라가 맨 먼저 부닥치는 어려움이 경제난, 일자리를 쉽사리 얻을 수 없다는 점이며, 사회적인 편견 또한 그녀를 견디기 어렵게 한다고 묘사한다. 그녀는 일자리를 찾아 이리저리 방황한다. 외판원을 하기도 하고 술집에 나가 성의 노리개로 전락하기도 한다. 결국 그녀는 인쇄소 공원이 되는데 은행 간부로서 그 인쇄소 경영을 감독하게 된 남편과 노동자와 사용자의 대립된 입장으로 만나게 된다. 이 소설에서 작가는 가정의 울타리를 벗어난 여인이 부닥치게 되는 빈곤의 여러 양상을 다각도로 묘사하면서 성과 가난의 문제를 계급적 갈등과 연결시키고 있다. 이러한 주제, 문제의식은 작가의 대표작『탁류』에서 한층 더 심화된 모습을 드러낸다. 이 소설의 구조에 대하여 한 평론가는 이렇게 설명한다.

> 작품『탁류』를 이야기할 때 작중의 여러 제반 인물들의 관계가 '돈'에 의해 매개된다는 점에서 등장인물들이 구성하는 인간적인 세계는 단일한 세계로 나타난다. 경제적 궁핍에 의해 딸의 혼사를 결정지은 파락호 정주사와 작중에서 부정적 인물로 기능하는 고태수나 박제호, 형보의 관계는 두말할 나위도 없고 가장 적대적인 관계를 형성하고 있는 초봉과 이들 부정적 인물들과의 관계에서도 사정은 동일하다. 이들 양자는 서로 동일한 언어(돈)로 말하고 있다는 점에서 서로를 이해하고 있음은 물론 본질적으로 동일한 차원, 즉 속악한 일상성의 차원에서 움직여나간다.[16]

이 설명에서『탁류』가 경제적 궁핍과 성의 착취를 결합하여 이야기를 전개하는 형식의 소설이란 점은 분명히 드러난다. 그러나 이 장편소설을 좀더 면밀하게 살펴보기 위해서는 조가가 1930년에 발표한 단편「산동이」와 결부시켜 논의하는 일이 필요하다.「산동이」는 부자집 종이었던 주인공이 주인을 살해하는 이야기를 담고 있다. 작품은 주인공이 식민통치를 수행하는 공공건물을 폭파한 다음 옛날의 주인을 찾아가서 살해하는 사건을 먼저 제시하고 그 사건이 어떤 연유로 생기게 되었는지를 해명하는 순서로 전개된다. 이 살인 사건은 과거에 주인이 산동이와 결혼시켜주겠다고 약속한 여종을 강간한 사건에서 비롯된다. 자기와 혼인 말이 있던 여종이 겁간을 당하는 사실을 알면서도 아무런 행동을 하지 못했던 산동이는 집을 떠나고 여종은 우물에 몸을 던져 자살한다. 많은 시간이 흐른 다음 산동이는 어떤 단체에 들어가서 활동함으로써 종의 의식을 던져 버리고 주인을 살해하는 데 이르는 것이다. 이 단편소설은 발표 당시 문단에서 작은 파문을 일으켰다. 2부로 되어 있는 작품의 구조에 대하여 몇몇 문인이 이의를 제기함으로써 발단된 시비였다. 공공시설 폭파 장면과 주인 살해 장면이 묘사된 1부는 길이가 매우 짧은 데다 폭음소리와 범인을 쫓는 발자국소리, 주인 살해 장면 등이 모자이크되어 있을 뿐이고, 2부는 그 사건의 연원인 강간사건을 길게 묘사하고 있는데, 그 구조가 설득력이 없다는 비판이었다. 곧 소설의 구조는 현재의 사건을 상징적으로 암시만 하고 과거의 사건을 형상화의 주요대상으로 삼고 있는데 그러한 구조방식이 적합하지 않다는 비판이다. 좀더 자세히 설명하면「산동이」에서 현재의 사건은 하나의 평면과 같은 공간 구조를 지니고 있고, 과거의 사건은 시간적 흐름을 갖는 수직적 구조로 되어 있다. 이 구조는 7~8년이 흐른 다음 작가의 대표작으로 손꼽히는『탁류』의 구조형식에 그대로 원용된다. 카메라의 초점을 맞추듯이 한반도의 지형과

---

16) 차원현,「1930년대 후반기 장편소설」,『민족문학사 강좌』(하), 창작과 비평사, 1995.

금강의 전체 지도를 조감하면서 점차 초점거리를 좁혀 군산의 미두장에서 정주사가 하바꾼인 애송이한테 멱살을 잡혀 봉변을 당하는 장면을 묘사한 것이 식민지현실을 공간적으로 압축한 평면 구조라고 한다면, 초봉이가 고태수에게 시집갔다가 박제호를 거쳐 장형보에게 몸을 맡기는 이야기는 시간적으로 전개되는 수직 구조를 이룬다. 이 작품이 근본적으로 알레고리 구조로 되어 있다는 점을 감안하면 정주사가 봉변을 당하는 장면은 일제의 식민지가 되어 봉변을 당하고 있는 조선의 현재상황에 해당되고, 초봉이가 이 남자 저 남자를 전전하면서 자기의 운명을 스스로 주체하지 못하는 이야기는 조선의 역사에 해당된다. 곧 조선의 운명은 초봉이의 운명으로 알레고리화 되어 있는 것이다. 채만식이 일제 말기에『여자의 일생』,『여인전기』등을 통해서 끊임없이 수난 받는 여인의 모습을 형상화한 것은「산동이」,『인형의 집을 나와서』,『탁류』로 이어져온 문제의식이 심화된 양태라고 볼 수 있는 것이다. 우리 문학의 전통에서 본다면 이와 같은 수난의 여인상은 서사무가「바리데기」에서『춘향전』으로 이어져 온 것이자 박경리의『토지』에서 형상화되는 민족 수난의 표현 방법을 선취한 것이라고 할 수 있다.

채만식의 소설에서 민족 수난의 한 상징물로 승화한 수난의 여인상은 김남천에게서는 기생에 대한 묘사로 구체화된다. 일제의 식민치하에서 많은 여인이 돈에 팔려가고 정신대로 끌려갔지만 그들의 구체적인 모습이 문학적으로 형상화 된 경우는 그리 많지 않다. 그 사실을 염두에 둘 때 김남천이 일제 말기에 기생의 존재를 소설의 공간에 묘사한 데는 각별한 의미가 있다. 더욱이 김남천의 소설에서 기생은 홍등가나 술집에만 있는 존재가 아니다. 부모형제가 있는 집에 거주하면서 기생 노릇을 하고, 기생이 되기 위해서 그네들의 형편에서는 부담이 될 만큼 큰돈을 들여가면서 기생수업을 받고 있다. 이것은 일제 말기에 여성의 수난, 성의 약탈과 착취가 어쩌다가 한번씩 있는 특별한 일이 아니라 많은 사람의 생활 속에서 일상사가 되고 있는 한 증좌라 할 수 있다.

　김남천의 소설에서 기생이 형상화되고 있는 작품은 「남매」, 「소년행」, 「누나의 사건」, 「무자리」 등 네 편이다. 이 네 편의 소설은 단편집 『소년행』 전반부에 실려 있고 거기에 등장하는 기생은 그 이름이 계향이, 수향이, 담홍이 등으로 바뀌지만 동일 인물이라고 하여도 무리가 없을 만큼 어떤 연속성을 지니고 있다. 그런 점에서 연작소설이라고 하여도 무방한 이 네 편의 소설은 주로 기생의 남동생의 시각에서 서술된다. 1937년 1월에 발표된 맨 처음 작품인 「남매」에서는 계향이의 남동생인 열 살 먹은 봉근이의 시각에서 누나인 계향이의 모습이 그려진다. 계향이는 의붓아버지와 어머니, 그리고 남동생이 있는 집안에서 기생이 되었다. 온 식구가 돈을 벌기 위해 발버둥을 치지만 벌이가 시원치 않기 때문에 모두가 계향이에게 의지한다. 그러나 계향이는 자기가 좋아하는 젊은이만을 상대하려 하기 때문에 큰돈을 벌지 못하고 그로 인해 트집을 잡는 의붓아버지와 갈등을 빚는다. 결국 의붓아버지의 폭행을 피해 집을 나가던 날 계향이는 살림 밑천을 마련하기 위해 자신이 그렇게 싫어하던 식료품 가게 주인과 동침하며, 여기에 실망한 봉근이는 가출한다. 「소년행」은 「남매」의 후속편으로 봉근이가 집을 나와 서울의 약방 심부름꾼으로 취직한 지 몇 년이 되었을 무렵의 이야기다. 어느 날 자신을 찾아온 기생을 통해서 봉근이는 자기 누이가 서울의 유곽에 있는 것을 알게 되고 찾아가야 할까 말아야 할까 하는 문제로 번민한다. 어렵사리 결단을 내리고 찾아간 봉근이는 병들어 누워 있는 누이를 만난다. 누이를 자주 방문하는 동안 봉근이는 다른 기생 연화에게 연정을 느끼고 콤팩트를 선물하기도 하지만 자신이 바람났다고 놀리는 말을 듣고 그 관계를 깨버린다.

　「누나의 사건」에서는 기생의 이름이 수향이로 바뀌어 나온다. 그러나 가족의 상황이나 인물의 성격으로 보아 「남매」의 계향이와 동일인물로 보인다. 기생생활이 비교적 구체적으로 묘사되는 이 작품에서 갈등은 수향이가 회사 돈을 횡령한 젊은이의 애를 가진 데서 비롯된다. 부모는 아이를 지우라고 종용하고 수향이는 그 요구를 거부한다. 「무자리」에 등장하는 기생의 이름은 담홍이고 남동생의 이름은 운봉이로 바뀌어 있지만 앞의 세 작품과 서로 연결되는 이야기다. 운봉이는 서울의 유곽에서 기생 노릇을 하는 누이가 자신을 상급학교에 보내주겠다고 한 약속을 철석같이 믿는다. 그 약속을 믿기 때문에 상급학교 진학자를 파악하는 담임선생에게 자기가 경성고등보통학교에 지원한다고 자신 있게 말한다. 그러나 아편쟁이 아버지가 죽어 초상을 치르기 위해 귀향한 누이는 아버지가 누구인지도 모르는 아이를 밴 까닭에 배가 불러 있다. 운봉이는 다니던 학교를 때려치우고 철공소 직원에게 취직을 부탁한다. 이상의 요약에서 드러나듯이 네 작품은 등장인물의 이름과 배경이 약간씩 달라지지만 전체적으로는 일관된 이야기이다. 생활고로 인해 부모들이 딸을 기생으로 만들고, 젊은 남자와 좋아지내는 딸은 돈벌이보다는 애정행각에 눈이 팔려 있다. 그런 이야기는 종내에는 남자가 돈을 횡령한 죄로 감옥에 가거나 누이가 애를 배서 낭패를 보는 것으로 결말이 난다. 이 이야기는 모두 기생의 나이 어린 남동생의 시각에서 서술되기 때문에 그 배경이 된 가난의 참상은 표면에 두드러지지 않는다. 그러나 여염집에서 딸을 기생으로 만들어 돈벌이를 시키고, 그 딸이 신체적·정신적으로 황폐해 가는 모습은 식민지 조선 현실의 참담함 그대로이다. 그와 같은 사태를 묘사한 작가의 현실에 대한 문제의식은 서술자인 남동생을 통해서 간접적으로 드러나는데, 남동생은 누이가 싫어하는 남자와 동침하는 것을 견디지 못하며, 그럼에도 불구하고 누이가 자신을 상급학교에 진학시켜줄 것이라고 믿는다. 결국 그는 누이의 황폐해진 모습이나 애를 밴 모습을 보면서 현실을 자각하고 자기 스스로 취직을 하려고 하거나 집을 나가 새로운 삶을 찾으려고 한다. 기생을 소재로 한 김남천의 네 단편소설에서도 채만식의 『탁류』에 나타난 수난 받는 여인의 모습을 형상화하려는 의도를 읽을 수 있다. 그리고 그 기생이 유곽이나 홍등가가 아니라 사람들의 평범한 일상 속에 자리하고 있다는 것은 오히려 충격으로 받아들여지게 된다. 식민지의 가혹한 현실이 사람들의 삶을 왜곡하고 있는 실상이 거기에 드러나고 있기 때문이다. 작가는 우리의 누이와 어머니가 기생이 되는 그 형상을 통해 민족의 수난을 상징화하고 있는 것이다.

5. 소수문학으로서의 빈민문학

근대 한국문학에서 빈민의 문학적 표현은 소외지대 인물들의 형상화에서 시작된다. 한말의 대화체 소설인 「거부오해」나 「쇼경과 안즘방이 문답」뿐만 아니라 1920년대 현진건의 소설에서까지도 장애자들이나 최하층계급의 인물이 주인공으로 등장하여 현실을 비추는 거울이 된다. 그러나 빈궁이 한민족 전체의 문제가 되고 삶의 뿌리를 뽑힌 사람들이 대거 유·이민이 되어 떠돌게 되는 1920년대부터는 빈민들의 육성이 직접 문학적으로 표현되기 시작한다. 최서해·이북명 같은 빈민 출신 작가들이 문단에 등장하게 되었음은 물론 이름 없는 숱한 사람들이 가난한 삶이 초래하는 고통과 슬픔을 생생하게 노래하고 있다. 일본 제국주의 식민정책의 소산이라고 할 수 있는 유·이민들의 생활을 묘사한 문학적 표현들은 그 강도의 높낮이에 일정한 차이는 있지만 그 구체적이고 사실적인 형상을 통해서 이 시기 조선민족의 참담한 현실을 총체적으로 표현한 것이라고 할 수 있다. 이 과정을 거치면서 빈민에 대한 문학적 표현은 곧 민족역사의 표현으로 승화된다. 김남천과 채만식이 형상화한 여러 형태의 수난 받는 여인들의 모습은 문자 그대로 민족 수난의 상징이다. 채만식의 장편소설 『탁류』의 주인공 초봉이는 이 수난 받는 여인들의 첫 번째 사례이자 그 형상 자체가 민족수난을 알레고리적으로 상징하는 인물이다. 그러나 수난의 여인상은 일제의 악랄한 학정이 극심해지는 데 따라 여러 양태로 분화되고 정밀성을 획득한다. 채만식의 『여자의 일생』·『아름다운 새벽』과 함께 친일소설로 알려진 『여인전기』에 등장하는 여성주인공이 시어머니로부터 받는 학대는 군국주의 일본의 파시즘이 조선 민족에게 행한 탄압과 박해를 상징한다고 볼 수 있다. 또한 김남천의 「경영」·「맥」 등에 나오는 여주인공이 일제의 탄압과 회유를 이기지 못하고 전향해 버리는 남성을 대신하여 어려운 시대를 감내하고자 하는 모습도 수난의 여인상의 한 양태라고 볼 수 있다. 동일한 맥락에서 일제 말기에 김남천이 특별하게 관심을 기울였던 기생들의 형상은 기생이라는 신분의 설정 자체가 민족수난의 현실을 보여주는 장치이기도 할뿐더러 그들을 둘러싸고 있는 인물들의 역학관계가 곧바로 식민지 현실의 구조를 시사하고 있다. 이 시기에 김남천·채만식의 작품에 부쩍 소년 주인공이 자주 등장하는 것은 가장 깊은 암흑 속에서 한 줄기 가냘픈 빛을 찾는 시도라고 할 수 있을 것이다.

한국문학에서의 모더니즘과 리얼리즘 논쟁

1. 논쟁의 역사적 배경

리얼리즘과 모더니즘 사이의 대화와 대결은 전 세계를 무대로 하여 펼쳐진 20세기의 대표적인 문학논쟁이다. 이 논쟁은 미학에 역사성의 문제를 도입하기 시작한 17세기 서양의 신구논쟁과 마찬가지로 치열하고 지속적이었을 뿐만 아니라 현재의 시점에서도 여전히 논란거리를 제공한다는 점에서 아직 불씨가 살아 있는 생생한 논의주제이다. 그것은 중요한 고비를 넘긴, 그래서 소멸했거나 언덕바지의 내리막길로 치닫고 있는 논쟁이 아니라 다음 세기에도 여전히 불꽃을 튀기면서 재연될 소지를 지니고 있는 폭발성이 있는 정점이다.

리얼리즘 / 모더니즘 논쟁은 20세기 초에 발흥한 모더니즘이 이제 막 한창 꽃을 피우고 있던 1930년대에 시작된다. 흔히 표현주의 논쟁이라고

알려진 이 논쟁은 독일에서 크게 성세를 이룬 표현주의를 둘러싸고 에른
스트 블로흐와 게오르크 루카치, 베르톨트 브레히트 사이에 오간 논의들
로 이루어진다. 이후의 리얼리즘/모더니즘 논쟁에서 핵심적인 사안들이
되는 중요 쟁점들이 표면화되기 시작한 이 대결은 그러나, 브레히트가 자
신의 의견을 공개하지 않은 데서 드러나듯이, 문제에 대해 충분히 의견을
나눌 기회를 갖지 못한 채 내외의 요인으로 인해 이내 수면 아래로 잠복
한다. 그렇기 때문에 리얼리즘/모더니즘 논쟁의 본래적인 면모는 표현주
의 논쟁이란 외부에 공개된 논쟁만이 아니라 수면 아래서 진행된 다양한
논의들을 대립 구도 속에 끌어들일 때에야 제대로 파악될 수 있다. 리얼
리즘/모더니즘 논쟁의 문헌들을 정리한 책[1]의 편제가 1930년대의 논쟁
을 블로흐와 루카치, 루카치와 브레히트, 아도르노와 발터 벤야민의 상반
된 의견을 대조시키는 형태로 되어 있는 것은 이에 말미암는다. 그것은
표현주의를 옹호하는 블로흐와 리얼리즘을 옹호하는 루카치 사이의 단선
적인 대결이 아니라 리얼리즘 내부의 루카치와 브레히트의 대립, 모더니
즘 내부의 벤야민과 아도르노의 의견 편차가 복합적으로 대비될 수 있는
구도이다. 그렇긴 하지만 표현주의 논쟁은 모더니즘의 한 작은 국면인 표
현주의를 중심 사안으로 하여 진행된 것이었다. 이에 비해서 1950년대 중
반 이후 루카치와 아도르노 사이에 진행된 2차 리얼리즘/모더니즘 논쟁
은 어느 한 특정 사조만을 문제삼은 것이 아니라 아방가르드문학을 포함
한 모더니즘 전체를 논점으로 부각시킨다. 아도르노는 루카치가 주장하
는 리얼리즘의 '총체성'이란 '강요된 화해'에 지나지 않는다고 비판하면
서 모더니즘 일반의 정당성을 주장하고 나선 것이다. 이러한 전개는 이
논쟁이 특수한 문예사조의 문제에서 시작하여 20세기 문학현상 전반에
관한 논의로 발전한 양상을 압축적으로 보여준다. 그리고 이 양상은 1970
년 이후 포스트모더니즘의 도전으로 야기된 리얼리즘/모더니즘 논쟁의

---

1) Ronald Taylor(ed), *Aesthetics and Politics*, Verso, 1977.

세 번째 국면에서도 반복된다. 이 단계에서는 포스트모더니즘이 플라톤과 아리스토텔레스 이래의 '재현의 이데올로기' 자체를 문제삼음으로써 문학의 본질에 관한 근본적이고도 포괄적인 이해가 논점으로 부각된다. 그리고 이처럼 특수한 사안에서 시작하여 문제를 점차 일반화하는 양태는 한국 문학계의 리얼리즘 / 모더니즘 논의에서도 유사하게 나타난다.

2. 1930년대 한국의 리얼리즘 / 모더니즘 논쟁

한국 모더니즘이 언제 출발했는가 하는 데 대해서는 논자들 사이에 약간의 의견 차이가 있다. 정지용의 시 가운데 모더니즘의 성격을 지닌 작품이 처음 나타난 것은 1926년이지만, 운동으로서의 모더니즘을 이야기하자면 김기림, 정지용의 활동이 두드러지기 시작한 1930년대 초를 주목해야 하기 때문이다. 그러므로 한국에서 리얼리즘과 모더니즘이 공개적으로 부닥뜨리기 시작한 시초는 모더니즘이 어느 정도 자리를 잡아갈 무렵인 1930년대 중엽 이후라고 할 수 있다. 그 최초의 양상은 모더니즘의 등장과 함께 나타난 특수한 문학현상을 놓고 의견대립을 보이는 형태를 띠었다. 1933년의 시단을 개관하면서 임화는 정지용, 김기림, 이상의 시를 '막연한 아나키적 불만'과 '찰나적 감격'만을 보여주는 '소부르주아' 작품이라고 비판했다. 김기림은 임화의 비평이 작품 속에 드러난 시인의 정신을 읽으려 하지 않고 계급적 입장만을 강조하는 편협한 것이라고 반박하면서 화살을 돌려 임화의 시를 '감상적 낭만주의'에 지나지 않는 것이라고 공격했다. 이 같은 가벼운 설전을 거쳐서 논쟁이 달아오른 것은 임화가 1935년 말에 발표한 「담천하의 시단 1년」에서 정지용, 김기림 등을 '기교파'라고 규정한 데서 비롯된다. 임화는 시의 순수성을 들고 나온 이들이 시의 내용에 비해 기교를 우위에 두고, 현실에 대한 관심을 회피하는 새로운 종류의 예술지상주의자로서, 그들의 시는 '두뇌의 시가 아니라 신경의 시'이며, '감정'이 아니라 '감각'을 노래한다고 비판하였다. 이 비판에 이어 임화는 김기림의 전체시론에 대해서도, 시의 기교와 내용을 새로운 전체성으로 융합하여야 한다는 생각은 정당하지만 근대시의 역사를 순수시의 전개라는 관점에서 파악하고 있어서 근본적으로 부르주아적 선입관에서 벗어나지 못했다고 평가했다. 이에 대한 김기림의 반론은 「시인으로서 현실에 적극 관심」이라는 평문에서 이루어지는데, 기왕에 「기교주의 비판」을 했던 입장에서 기교파가 시단에서 주류를 차지한다는 임화의 인식에 동의를 표하고, 그 기교파에게 서구의 초현실주의자에게서 볼 수 있는 현실에 대한 적극적 관심이 있는가를 반문한다. 그렇지만 김기림은 현실에 대한 관심이라 할지라도 그것이 경향파의 편내용주의와는 질적으로 다른 것이라는 점을 시사함으로써 암암리에 임화에 반격을 가하였다.

이 기교주의 논쟁은 한국문학에 모더니즘적 경향이 집단적으로 출현함으로써 야기된 논쟁임에는 틀림없지만 '기교'라는 용어가 문학에 관한 담론에서 일반적으로 쓰이는 용어라는 사실에서 알 수 있듯이 모더니즘과 직접적으로 관련된 논의는 아니었다. 모더니즘과는 별다른 상관이 없는 신석정의 순수서정시가 '기교파'라는 범주에 포함된 사실에서 입증되는바, 문학에서 형식적 요인이 두드러지게 강조되는 경향에 대한 경각심의 발로라는 성격을 지니고 있었다.

그러나 리얼리즘과 모더니즘 미학의 정면 대립은 아무래도 이상의 「날개」와 박태원의 『천변풍경』을 둘러싸고 벌어진 소위 '세태소설논쟁'부터 시작되었다고 보는 것이 온당할 것이다. 이 논쟁의 도화선은 1936년에 발표된 최재서의 평문 「리얼리즘의 확대와 심화」[2]이다. 이 글에서 최재서

---

2) 최재서, 「리얼리즘의 확대와 심화」, 『조선일보』, 1934.8.7~8.20.

는 박태원의 『천변풍경』이 '세태인정'이라는 객관 세계를, 이상의 「날개」
가 '소피스트의 주관 세계'를 그린 차이점이 있지만 '관찰의 태도와 묘사
의 수법'에서 객관성이 두드러진다는 점에서 리얼리즘을 확대하고 심화
했다고 평가했다. 즉 리얼리즘의 본질은 관찰과 묘사의 객관성에 있다는
견해다. 예술가가 다루는 대상이 객관 세계인가 주관 세계인가 하는 문제
는 부차적인 고려사항이고 '보는 눈'이 관건이라는 관점이다. 그는 예술
가의 '보는 눈'을 영화의 카메라에 비유하고 있다. 예술가는 가급적 카메
라와 같은 역할을 맡아야 한다는 주장이다. 그는 이상의 「날개」와 관련하
여 다음과 같이 서술한다.

> 「날개」의 작자와 마찬가지로 자기 자신 내부에 관찰하는 예술가와 관찰 당하
> 는 인간(생활자로서의)을 어느 정도까지 구별하야 자기 내부의 인간을 예술가
> 의 입장으로부터 관찰하고 분석한다는 것은 병적일런지 모르나 인간 예지가
> 아즉까지 도달한 최고봉이라 할 것이다. 그러나 의식의 분열이 현대인의 스테
> 이타스 · 쿼(현상)이라던 성실한 예술가로서 할 일은 그 분열상태를 정직하게
> 표현할 일일 것이다.

최재서는 인용문 다음에 이어지는 글에서 카메라를 조종하는 영화 감
독의 존재를 언급하면서 '묘사의 모든 디테일(세부)을 관통하고 있는 통
일적 의식'을 거론하고 있다. 그 '통일적 의식'이 있어야만 독자의 의식
에 '통일감'이 남겨지고 그것이 있을 때만 작품의 예술성을 말할 수 있
다는 견해다. 이것은 최재서가 작품의 전체적 통일성을 의식하고 있음을
보여준다. 그러나 최재서의 기본 논지는 작품의 전체 구성보다도 '부분'
의 형상화에 나타난 작자의 '태도'와 '수법'에 초점을 맞추고 있다. 사실
을 대하는 객관적인 태도와 그에 대한 객관적 묘사가 리얼리즘의 척도
가 된다는 관점이다. 이러한 관점을 근거로 하여 최재서를 리얼리스트라
고 평가한 후대의 학자도 있지만, 정작 리얼리즘을 추구하는 당대의 문
학인들이 이 같은 도착된 '리얼리즘' 개념에 크게 반발한 것은 당연한

일이었다. 리얼리즘 진영의 반론은 백철·임화·김남천 등이 참가하여 여러 가지 주제로 변전하면서 오랜 시간에 걸쳐 길게 이어지고 그 핵심 논지는 임화의 「세태소설론」에 나타난다. 이 글에서 임화는 당시의 문학 가운데 세태묘사를 능사로 여기는 작품들이 만연하고 있다고 진단하고 그로 인해 세부묘사의 범람, 전형적 성격의 결여, 플롯의 미약이란 현상이 야기된다고 분석한다. 그는 이러한 현상들이 현실 자체의 분열상의 반영일 뿐 아니라 작가의 무력감의 표명이라고 해석한다. 성격과 환경의 하모니, 세계와 대결하는 인물을 발견하지 못하는 것은 현실의 구조 때문이기도 하고 중요한 것과 그렇지 못한 것을 구별하는 작가의 기능이 약화된 데서 비롯되기도 한다는 것이다. 그의 관점에 따르면 리얼리즘은 바로 그 중요성의 구별을 통해서 '전형적 성격'과 '운명적 치열미'를 보여주는 문학에서만이 구현될 수 있다.

세태소설논쟁은 무엇이 리얼리즘이냐 하는 논의를 통해서 당대의 문학현상을 진단하고 모더니즘 소설의 특질에 대한 인식을 얻을 수 있었다. 반론을 폄직한 최재서의 침묵으로 리얼리즘과 모더니즘 사이의 의미 있는 대화를 이끌어내지는 못했지만 리얼리즘 내부의 의견 차이를 노정함으로써 문학에 관한 이해에 많은 진전을 이루었다. 그 가운데 혁명적 낭만주의를 중요한 계기로 삼은 임화와 창작가의 실천적 입장을 반영하여 세부묘사에 긍정적 의의를 부여한 김남천의 리얼리즘 이론의 편차는 구 소련의 관변 학자들이 주장한 당파성을 중심 범주로 한 리얼리즘과 루카치의 총체성에 비중을 둔 리얼리즘 이론의 차이에 방불한 것이었다.

3. 실존주의문학론에서 리얼리즘론까지

1930년대 문학논의는 매우 높은 수준에 이르렀지만 해방 이후의 사회적 혼란상은 문학가들이 그 전통을 슨연하게 이을 수 없게 만들었다. 한국전쟁과 그 이후의 매카시즘의 발호로 인해 리얼리즘이냐 모더니즘이냐 하는 문제가 자유롭게 논의될 수 있는 상황이 아니었기 때문에 이 논쟁은 오랜 시간 동안 잠복할 수밖에 없었다. 그 잠복기를 거쳐 이 논쟁이 다시 사람들의 관심사로 된 것은 1950년대 후반의 실존주의문학론을 통해서이다. 실존주의 문학은 당시 문학인들 대다수에게 모더니즘의 일환으로 이해되었다. 개인이 사회에서 고립되고 단절되었다는 의식은 '피투성(被投性)'의 개념 속에서 중심적인 함축을 이루고 있으며 그러한 소외된 인간을 형상화하는 일은 곧 모더니즘과 맥락을 같이 하는 것으로 받아들여진 것이다. 그러나 실존주의 문학 가운데는 앙드레 지드나 앙드레 말로, 알베르 까뮈 같은 '행동주의'를 주장한 사람들이 있었고, 특히 문학의 현실참여를 주장한 사르트르의 '앙가쥬망' 이론은 모더니스트들이 받아들이기 어려운 내용을 담고 있었다. 그렇기 때문에 한때 적극적으로 실존주의를 소개했던 몇몇 인사들은 사르트르를 공산주의자로 매도하면서 『반항인』의 저자 알베르 카뮈를 칭송하는 쪽으로 선회하였다. 그 대표적 사례는 1950년대 말에 '참가문학론'을 주장하여 세간의 이목을 끈 김붕구의 경우에서 찾아볼 수 있다. 실존주의적 행동주의를 받아들이는 데 선편을 쥐었던 그는 그러나, 1960년대 중반에 〈작가와 사회〉라는 주제로 열린 세미나에서 사르트르에 대해 "이론화된 앙가쥬망이나 참여문학을 표방할 때, 그것은 필연적으로 프롤레타리아의 혁명의 이데올로기로 귀착되지 않을 수 없다"[3]고 공격한다. 우리 문학에서 참여문학에 대한 공격에

---

[3] 김붕구, 「작가와 사회참여」, 1966.10; 권영민 편, 『해방 40년의 한국문학』 4, 민음사, 1985, 소수.

으레 동원되곤 하는 매카시즘은 이렇게 시작되었다. 1950년대의 실존주의문학론에 대한 공방과 1960년대의 순수참여논쟁은 이런 점에서 연속성을 지닌다고 할 수 있고, 그런 맥락 속에서 리얼리즘과 모더니즘의 접경지역을 탐험했다고 할 수 있다. 즉 문학가가 고립된 개인의 실존에 대한 투철한 인식을 통해 저항과 부정의 논리로 나아갈 경우 그것이 모더니즘인지 리얼리즘인지 알쏭달쏭해지는 것이다. 이런 측면에서 사르트르의 참여이론에 근거가 되는 자유개념이 공허하고 추상적이라는 루카치의 비판에도 불구하고 그의 참여문학론은 개인의 윤리의식에 토대를 둔 정치적 미학의 선구이자 리얼리즘의 현실에 대한 실천적 관심과도 깊은 연관을·지닌 것이라고 할 수 있다. 순수참여논쟁이 진행되던 시점에 문학의 사회적 기능을 되찾아야 한다고 주장하면서 문학계에 등장한 「새로운 창작과 비평의 자세」의 저자 백낙청이 후일 리얼리즘문학의 대표적인 옹호자로 된 것은 참여문학론과 리얼리즘의 친연성을 잘 보여준다.

이 점에서 1970년대 초반에 일어난 리얼리즘과 민족문학을 둘러싼 다양한 논의들은 1950년대의 실존주의문학론과 1960년대의 순수참여논쟁의 맥락을 이어받고 있다고 할 수 있다. 실존주의문학론이 문학의 사회적 역할에 관한 시선 교정의 역할을 했다면 리얼리즘은 그 구체적 실현 방법에 대한 모색이라는 성격을 지녔다. 그것은 일면 창작방법론이었고 다른 일면 문학의 사회적 존재론이었다. 그러나 1970년대의 논의들은 확연하게 리얼리즘/모더니즘의 대립 구도 아래서 진행된 논쟁이 아니었다. 이 사실은 이 논의에 참가하여 리얼리즘과 민족문학에 반대하는 입장을 표명한 김현·이형기·김병익·김양수 등의 문학인들이 딱히 모더니즘을 옹호한 것이 아니라는 점에서 확인된다. 예컨대 김현은 순수 객관적인 기법인 리얼리즘에 참여론과 같은 공리적 성격을 도입하는 것은 이율배반적인 결과를 가져올 것이라고 보고 "한국에서 가능한 문학기술 방법은 오히려 리얼리즘의 허위성을 밝혀주는 비평적 혹은 상징적 기술 방법뿐"4)이라고 하여 어느 정도 모더니즘에 기대를 걸고 있음을 엿보여

주지만 그가 속해 있던 『문학과지성』쪽의 김병익은 이 논쟁에서 리얼리
즘을 반대한 입장을 네 가지로 정리하는 가운데 "현실의 모순과 타락을
묘사하는 데 과연 리얼리즘이 아닌 방법으로는 불가능한가"[5]라는 질문
을 던지는 수준에 멎고 있다. 리얼리즘의 주장에는 반대하되 뚜렷한 대
안을 제시하지 않은 채 여러 가지 가능성에 문을 열어두는 입장이다. 논
쟁이 이처럼 리얼리즘에 대한 찬반론의 형태로 진행된 데는 그것이 순
수참여논쟁의 연속선상에 있었다는 점 외에도 한국문학사의 특수성에서
연원한 요인이 개재되어 있다. 즉 우리 문학에서는 리얼리즘 문학의 성
과에 비견할 만한 모더니즘 문학의 개화가 이루어지지 않았던 것이다.
이 양태는 모더니즘이 은연중 20세기 문학의 전통으로 확고하게 자리잡
은 서구와는 다른 한국문학의 특수성이다. 문학의 사회적 기능에 대한
주장이 지배적인 담론이 된 1980년대에 리얼리즘과 모더니즘의 대립이
두드러지지 않은 것은 이러한 상황 요인과 불가분의 관계를 갖는다.

4. 포스트모더니즘의 도전과 '재현의 이데올로기'

　1980년대 내내 변혁운동과 결합된 리얼리즘의 위세 아래 잠복하고 있
던 리얼리즘 / 모더니즘 논쟁이 다시 가열되기 시작한 것은 동구 사회주
의가 무너지고 너도나도 포스트모더니즘을 운위하게 된 1990년대 이후
의 일이다. 포스트모더니즘이 우리나라에 구체적으로 소개되기 시작한
것은 1980년대부터였으나 그에 대한 논의가 힘을 얻은 시기는 분명히 사
회주의 이념의 퇴조와 맞물린다. 이것은 1930년대 모더니즘이 카프의 활

---

4) 김현, 「한국소설의 가능성」, 『문학과지성』, 1970년 가을.
5) 김병익, 「순수·참여 논쟁」, 『지성과 문학』, 문학과지성사, 1982.

동이 위축되던 시기에 활력을 얻은 것과 유사한 현상이다. 포스트모더니즘은 그 이름 자체가 모더니즘과의 복잡한 관련을 드러낸다. '포스트'를 '탈(脫)'로 생각하느냐 '후기'로 생각하느냐 하는 데 따라 그것의 정체에 대한 이해에는 차이가 생길 수 있는 것이다. 즉 모더니즘의 상속자인지 모더니즘의 대립자인지가 불분명한 것이다. 이에 대해서는 서구 학계에서도 의견이 분분한 것으로 알려져 있지만 우리나라에서도 백낙청은 "포스트모더니즘이라는 것도 모더니즘의 한 변형"이며 "모더니즘 자체의 파산선고가 '포스트모더니즘'의 이름으로 내려진 것"6)이라는 의견을 일찍이 제출한 바 있다. 그는 "'주체의 소외'에서 '주체의 파편화'로의 변화가 '모더니즘'에서 '포스트모더니즘'으로의 이행을 말해주는 하나의 징표"라는 프레드릭 제임슨의 파악이 불충분하다고 보고 "양자 모두가 집단적이면서도 진정으로 개별화된 새로운 주체를 못 찾음으로써 나타나는 모더니즘 일반의 증상들"이라고 설명한다. 그러나 포스트모더니즘의 등장으로 인해 리얼리즘/모더니즘 논쟁의 구도가 달라진 것도 사실이다. 이는 포스트모더니즘이 '재현의 이데올로기' 자체를 문제삼음으로써 초래된 현상이다. 즉 포스트모더니즘의 관점에서 '진실을 재현'한다는 리얼리즘의 주장은 말할 것도 없고 모더니즘의 '현실과 진실은 우리 자신이 구성한 것'이라는 주장도 문제적이다. 포스트모더니즘에서는 우리의 '현실'이라는 것이 허구이며, 오히려 '허구의 현실성'이 진실에 가깝다. 이것은 자크 데리다의 '기표의 미끄러짐'이란 개념을 통해 잘 알려진 포스트모더니즘적 인식의 정수에 해당한다. 김우창은 이 '현란한 언어의 놀이', '언어의 체계가 자의적이고 무한한 변조와 번식의 가능성을 가진 것'이라는 포스트모더니즘의 인식은 '기술문명의 발전의 자기 은폐 작용의 한 결과'나 '기술문명 그것이 아니라면 그것에 상동적인 관계를 가지고 있는 담화의 발전이 이룩한 무한한, 또는 무한한 것으로 보이는

---

6) 백낙청, 「모더니즘에 관하여」, 『민족문학과 세계문학』 2, 창작과비평사, 1985, 411면.

유연성, 정치화(精緻化), 전체화의 종착역'으로서 '거기에는 기술문명이 아니면 적어도 그것에 부수하는 어떤 근원적 에피스테메들이 숨은 제약으로 존재하는 것'[7]이라고 분석한다. 이처럼 문제의 지형도가 달라졌기 때문에 1990년대의 리얼리즘 / 모더니즘 논쟁은 다양한 국면에서 전개되는 대화와 대결로 구성되고 있다. 예컨대 이념화한 모더니즘의 이데올로기에 대한 이론적 규명이 있는가 하면 우리 사회의 모더니티와 포스트모더니티에 대한 비판, 한국 모더니즘 문학의 가능성에 대한 논란 등이 대표적인 경우이다. 다시 말해서 백낙청의 리얼리즘과 모더니즘에 관한 일련의 논의들이 첫 번째 항에 해당한다면 포스트모더니즘 상황에 대한 김우창의 분석은 두 번째 항에, 그리고 조세희의 『난장이가 쏘아올린 작은 공』을 둘러싼 논의들은 세 번째 항에 해당할 것이다. 이 세 항목은 1990년대의 논쟁 구도를 이해하기 위해서는 모두 자세히 검토해야 하지만 여기서는 리얼리즘 / 모더니즘에 관한 의견들이 집중적으로 나타난 세 번째 항을 중심으로 최근의 논쟁 상황을 고찰한다.

『난장이가 쏘아올린 작은 공』에 관련된 1990년대의 논쟁은 표면상 1996년에 열린 '민족문학작가회의·민족문학연구소' 공동 심포지엄에서 발표된 진정석의 「민족문학과 모더니즘」에서 발단되었다. 이 발표에서 진정석은 민족문학이 1990년대의 현실에 대응하는 데 실패하였다고 분석하고 그 대안으로서 "근대성에 대한 미적 대응을 기준으로 리얼리즘과 모더니즘을 포괄하는 광의의 모더니즘 개념을 설정", "리얼리즘 이외의 문학전통을 수용"[8]하는 방법을 제시했다. 『현대성의 경험』에 나타난 버만의 모더니즘 개념을 수용한 이 견해에 대해 윤지관은 '문제는 모더니즘의 수용이 아니다'[9]는 글에서 "모더니즘까지 아우르는 리얼리즘"이 한국 사회에서 배태되었으며, 우리 문학의 가능성은 "모더니즘의 이념에

---

7) 김우창, 「국제공항―포스트모더니즘의 상황에 대한 명상」, 『법 없는 길』, 민음사, 1993.
8) 진정석, 「모더니즘의 재인식」, 『창작과비평』, 1997년 가을.
9) 윤지관, 「문제는 모더니즘의 수용이 아니다」, 『길』, 1997년 1월.

충실함으로써가 아니라 현실에 대한 충실함에서 열리게 된다"고 주장했다. 또 김명환은 '민족문학론 갱신의 노력'10)이라는 글에서 『난장이가 쏘아 올린 작은 공』의 문학적 성취는 모더니즘 정신과 불가분의 관계를 갖는 것으로서 황석영의 리얼리즘 문학이 지니고 있는 민중성을 결여한 점에서 한계를 갖고 있다고 주장했다. 이 논쟁은 당사자들이 몇 차례에 걸쳐 서로 자신의 의견을 발표하는 기회를 가졌지만 입장 차이를 좁히지 못하고 『내일을 여는 작가』지가 몇 사람의 비평가에게 논쟁에 대한 평가와 『난장이가 쏘아올린 작은 공』에 대한 작품 분석을 하도록 하는 특집을 마련하는 것으로 끝나게 된다. 이 같은 논쟁의 전개는 1980년대 초에 한 비평가가 "조세희의 『난장이가 쏘아 올린 작은 공』이 사실주의적 현실 인식을 비사실주의적 수법으로 형상화함으로써 참여·순수의 창작적 지양을 성취했다"11)고 평가한 사실과 묘한 대조를 이룬다. 참여·순수를 지양하게 한 작품이 이번에는 리얼리즘과 모더니즘의 주장이 부딪히게 만드는 역할을 한 것이다. 그러나 이러한 사태의 직접적인 원인이 작품에 있다고 볼 수는 없다. 리얼리즘과 모더니즘의 상이한 입장이 상반된 작품 해석을 가져오고, 평가를 달리하게 만들었으며, 한국 문학의 진로에 대해서 서로 다른 전망을 하게 만든 것이다. 동일한 사안에 대한 이러한 해석과 평가의 차이는 모더니즘과 포스트모더니즘의 관계에 대한 인식에서도 찾아볼 수 있다. 포스트모더니즘을 모더니즘에서 구별짓는 사고가 사회 발전의 단계론에 근거한 것이든 그것이 이룬 사상적 전환을 중시한 것이든 둘 사이의 차이에 비중을 두고 있다면 연속성을 강조하는 관점은 동일성에 비중을 둔 것이다. 여기서 '분류하는 일은 주체성의 근거를 이루는 동시에 주체성의 구성요인'이라는 그레마스의 말을 환기할 필요가 있다. 주체를 구성하는 입장에서 복수의 타자를 인정하기란 쉽지 않은 일이다. 거기에는 전략적 사고와 강한 도덕적 입

---

10) 김명환, 「민족문학론 갱신의 노력」, 『내일을 여는 작가』, 1997년 1~2월호.
11) 김병익, 「순수·참여 논쟁」, 『지성과 문학』, 문학과지성사, 1982, 229면.

장이 개입될 개연성이 높다.

5. 리얼리즘 / 모더니즘 논쟁의 의미

　표현주의 논쟁에서 블로흐와 루카치의 의견이 부딪친 핵심 문제는 전체성의 범주였다. 루카치는 표현주의가 "인상주의자들이나 상징주의자들과 마찬가지로 체험 속의 주관적 반사로부터 출발하여 그 가운데 단지 주관적 측면에서 본질적인 듯해 보이는 것만을 강조"하는 점을 비판했고 블로흐는 "무한히 매개된 총체성의 연관관계에 의해 이루어지는 루카치의 현실은 그렇게 객관적이지도 않을 것"이라고 공격했다. 1930년대 한국의 세태소설론에서 주로 논의되었던 것도 속을 뒤집어보면 바로 이 문제이다. 1950년대의 루카치─아도르노 논쟁에서 아도르노가 루카치를 공격한 주요 논점이 리얼리즘의 총체성이 '강요된 화해'에 불과하다는 사실이었다. 아도르노는 "역사적인 계기들이 천박하게 초시간적인 것으로 날조되지 않고 자체로서 본질적인 것"으로 되는 데 전위주의 문학의 위대성이 있다고 주장했다. 똑같이 미메시스라는 용어를 쓰면서도 한 사람은 '매개된 연관관계의 총체성'을 이야기하고 다른 한 사람은 "자체의 자율적인 구성을 통해, 현실의 경험적 형태로 인해 은폐되어 있는 것을 말"하는 단편의 직접성을 말한 것이다. 이 점을 고려하면 리얼리즘 / 모더니즘 논쟁을 정리한 프레드릭 제임슨이 지각혁명의 관습이 자동화된 서구 모더니즘의 현실에서 최후로 말할 권리가 『역사와 계급의식』의 저자 루카치에 의해 씌어진 전체성 범주에 있다고 한 것은 일종의 역설이다. 그것은 포스트모더니즘의 공격의 표적인 '재현의 이데올로기'의 전형적인 사례가 될 것이기 때문이다. 하지만 제임슨의 「결론적 성찰」이

롤랑 바르트 이후의 텍스트 이론을 검토한 「텍스트의 이데올로기」 등의 저작에 토대를 두고 있다는 것을 고려하면 문제가 단순하지만은 않다. 제임슨에 따르면 아도르노가 말하는 전위예술의 미메시스에 못지 않게 루카치의 매개 개념도 텍스트를 복합적이고 상징적인 이데올로기 행위로 파악할 수 있게 해주기 때문이다.

한국의 리얼리즘 / 모더니즘 논쟁은 서구만큼 자유로운 상황에서 진행되지도 못했고 이론적 천착이 충분했다고 자부할 수도 없다. 또한 모더니즘 문학이 논쟁을 뒷받침해줄 정도로 실속 있는 성과들을 보여주지도 못했다. 그러한 불모의 풍토에서 논쟁은 오히려 모더니즘의 이데올로기와 도덕적 입장이 강화된 리얼리즘 사이에서 간헐적으로 이루어진 측면이 많다. 재현의 문제가 큰 비중을 차지하지 못하는 사르트르의 참여문학론에 대한 문학인들의 민감한 반응이나 논쟁이 뜨거워질 기미가 보일 때마다 등장한 매카시즘의 논리는 논의 자체를 위축시키는 대표적인 기제였다. 하지만 1930년대의 세태소설논쟁이 서구의 표현주의 논쟁과 똑같은 주제를 가지고 거의 동일한 수준에서 진행된 것이나 여러 차례의 논쟁을 거치는 동안 리얼리즘과 모더니즘에 대한 이해가 깊어진 것은 분단상황과 같은 열악한 조건을 극복하고자 하는 문학인들의 의욕이 문학현상에 대한 탐구의 열도를 더했기 때문이라고 할 수 있다. 이런 의미에서 현재의 급속한 사회 변동과 포스트모더니즘의 등장은 리얼리즘 / 모더니즘의 대화와 대결을 한층 더 촉진하는 것이라 할 수 있고 그와 같은 과정을 통해서 문학에 대한 우리의 이해도 한발 진전할 수 있을 것이다.

제 5 장

남북문학교류의 실천 방안

올해는 우리 민족이 남북으로 나뉘어 상이한 사회체제 속에서 살아온 지 만 50년이 되는 해이다. 같은 핏줄을 이어 받았으면서도 나뉘어 살고 있을 뿐만 아니라 서로간에 동족을 첫째가는 적으로 여기고 있는 것이 현실이다. 이 같은 상황 속에서 남북한이 교류를 갖고 그 교류를 통해 조성된 국민적 합의와 정서를 바탕으로 하여 통일을 이룰 수 있기를 바라는 것은 민족 구성원 누구나 간직한 절실한 소망이라 할 것이다. 그러나 21세기를 눈앞에 둔 현재의 시점까지 남북의 교류는 지지부진한 상태에 머물러 있다. 7·4 남북공동 성명이 있은 뒤 20여 년이 지난 지금, 「남북 사이의 화해와 불가침 및 교류·협력에 관한 기본합의서」에 근거하여 추진되는 금강산 관광이 사람들의 이목을 끌고 있지만, 이 요란한 행사가 그 외양과는 달리 극히 제한적인 틀을 벗어나지 못한 남북교류의 실상을 대변하고 있다는 것은 명약관화하다. 교류의 당위성과 현실 사이에는 큰 강이 가로 놓여 있는 것이다. 이러한 사태의 원인이 무엇인지를 규명하고 그에 대한 대책을 마련하는 일은 남북한의 현실에 대한 총체적 인식과 맞물리는 과제이므로 이 자리에서 감당할 수 있는 주제는 아니지만 남북문학교류의 실천적 방안에 대해서 고찰하기 위해서는 '교류'를 가로막는 근본적인 장애에 대한 약간의 이해와 언급은 필요하다고 본다. 특히 문화부문으로 좁혀서 생각할 때, '남북교류'의 일반적인 장애와 '문화교류'가 지닌 특수성으로 인하여 생기는 장애를 구별해 볼 수 있다. 즉 '교류'를 어렵게 하는 일반적인 장애는 남북한이 처해 있는 현실적 조건들을 통해 검토할 수 있으며 '문화' 내지 '문학'의 교류를 가로막는 특수한 장애는 남북교류에서 문화부문이 지니는 위상과 문화와 문학의 특성에 대한 성찰을 통해 고찰할 수 있는 것이다. 따라서 여기서는 남북의 문학교류에 초점을 맞추면서 남북의 교류를 가로막는 일반적 장애와 문화부문에서 생기는 특수 장애를 고찰하고 그에 기초하여 교류의 원칙과 실행할 수 있는 교류 방안에 대하여 검토하고자 한다.

1. 남북교류의 조건과 목적의 검토

새로운 천년대를 목전에 둔 현재의 시점에서 세계의 질서는 크게 변화하고 있다. IMF 체제와 유럽 통합, 중국의 시장 경제 도입 등은 오늘날 세계를 지배하는 질서가 종래의 그것과 크게 성질이 다른 것임을 분명하게 드러내고 있다. 근대 사회가 민족을 단위로 한 생활공동체를 근간으로 하고 있었다면 새롭게 대두하고 있는 질서는 민족이나 국가의 경계를 넘어서 자본과 정보가 결정적으로 중요한 지위를 갖는 생활형태를 예견케 하고 있다. 금강산 관광이 남북교류에서 자본의 주도적 역할을 드러낸 하나의 사례라고 한다면 최근 대두되고 있는 일본 대중문화의 개방은 정보와 자본의 결합 양태를 상징적으로 보여준다. 이러한 세계사의 추세 속에서 남북한의 교류 문제가 지니는 의미는 매우 착잡한 것이 되지 않을 수 없다. 상이한 문화전통과 가치관을 지닌 이민족간에도 통합과 연대를 이루어 세계 시민적 공동체를 지향하고 있는 마당에 한 민족이 근대적 국가를 성립시키지 못한 채 편을 나누어 총부리를 겨누고 있는 형국이 우리의 분단현실인 것이다. 어찌 보면 이 민족 역량의 분열이 남한의 IMF 체제와 북한의 식량사태의 근원인지도 모른다. 통일의 이념이 정당성을 갖는 이유는 여기서도 찾을 수 있다. 그러나 한때 우리를 자만에 빠지게 한 흡수통일론이 고개를 숙인 지금, 우리에게는 과연 구체적인 통일의 상과 실천 프로그램이 정립되어 있는가? 남북한의 문화교류를 생각할 때 가장 먼저 짚어보아야 할 문제는 바로 이 점이다.

　남북한의 문화교류는 흔히 '민족 동질성의 회복'을 위한 실천 방안으로 간주된다. 너무나 당연하게 생각되는 이 '민족 동질성' 개념은 통일의 근거가 되는 이념이자 문화교류의 목적으로서 '동질화', '통일문화의 형성'을 구두선처럼 되뇌이게 만든다. 그러나 그 가치가 자명한 것처럼 보이는 이 구호가 실제로는 남북한의 교류를 근원적으로 어렵게 하는 요인은 아닌가? 여기서 '동질성' 또는 '동질화'의 의미를 음미할 필요가 있다. '동질'이라 했을 때 그 기준이 되는 자질은 무엇인가? 우리는 남한사회가 북한의 사회주의 체제와 문화로 되는 것을 전혀 고려하지 않고 있다. 그렇다고 해서 식민지시기 이전의 전통사회로 돌아가기를 원하는 사람이 많은 것도 아니다. 또한 남한이나 북한 어느 쪽도 전통문화를 그대로 유지 발전시키지 못한 것은 마찬가지이다. 어느 사회나 똑같이 다른 쪽에서 동질화의 기준으로 수긍할 수 있는 생활과 문화를 갖추지 못하고 있다. 그럼에도 불구하고 남북 문화교류를 이야기할 때면 으레 등장하는 '동질성', '동질화'의 논리, 그 숨겨진 의미는 상대방을 자기처럼 만들어야 한다는 독선이다. 실제로 '동질화'를 이야기할 때 북한의 인민에게 남한의 문화를 맛보게 하여 내부변혁의 추동력을 얻어야 한다는 관점은 기본 논리가 되고 있다. 독일의 통일 이후 이 논리는 더욱 힘을 얻고 있다. 빌리 브란트 수상 이래 서독의 동방정책이 자유민주주의의 이념을 견지하면서 동독의 내부 변혁을 유도하기 위해 지속적으로 문화교류 최우선 정책을 시행해 왔다는 역사의 교훈을 그 논리는 원용하고 있다. 이 같은 실제 사례의 제시는 매우 큰 설득력을 갖기 때문에 그것이 흡수통일론의 주요한 논거가 되었음은 물론이다. 그러나 흡수통일의 비용이 예상 외로 클 뿐만 아니라 북한이 '우리식 사회주의'와 '조선민족 제일주의'라는 옥쇄의 각오로 국제화의 현실, 전지구가 하나의 세계로 변해 가는 현실에 맞서고 있다는 사실을 확인한 뒤에도 그 논거는 설득력을 가질 수 있는가. 또한 통일이 민족의 잠재 역량을 극대화하는 방향에서 성취되어야 한다는 입장에 설 때도 '동질화'의 주장은 타당한 논리가 될 것인가.

독일의 통일은 여러 가지로 우리의 통일 프로그램 수립에 참조가 된다. 흡수통일에 의해 동독의 역사는 무화되었다. 수십 년 간의 사회주의 경험은 독일역사의 한 구성요소가 되지 못하고 동독인들에게 열등감을 심어주는 계기가 되었을 뿐이다. 통일 이후 독일 사회에서 동독 출신과 서독 출신 사이에 심각한 질시와 갈등이 있다는 사실은 자주 보도되고 있다. 그 갈등들은, 흡수통일시 북한이 남한의 내부식민지가 될 것이라는 등의 여러 '설'들이 말해주듯이, 독일식의 통일이 민족의 역량을 극대화하는 방향에서 이루어진 것이 아니었음을 말해주는 사례이다.

그것은 동독인들이 서독의 생활방식에 적응해야 하는 '문제'를 가져왔을 뿐, 독일의 역사를 풍요롭게 하고 창조적인 미래를 건설하는 데 귀중한 자산이 될 수 있는 역사적 경험으로 되지는 못한 것이다. 물론 그것이 '동질화'를 일정하게 성취한 것임에는 틀림없지만, 바로 그 때문에 사회를 역동적이게 해줄 수 있는 이질적 다양성을 온존시키는 데는 실패한 것도 분명하다. 21세기가 다원주의에 입각하여 구성되는 질서체계라고 한다면 독일식의 통일은 하나의 중요한 반면교사가 될 수 있는 역사적 경험의 상실을 의미한다고 할 수 있는 것이다.

　이상의 검토를 통해 볼 때 남북한의 교류가 지향해야 할 방향은 새롭게 모색될 필요가 있다. '민족의 동질성'이 통일의 이념에 실체적 근거가 되는 것임은 부인할 수 없지만 '동질화'를 주장하는 이면에는 은연중 흡수통일의 논리가 잠복해 있다. 따라서 새롭게 모색되어야 할 남북교류의 방향은 종래의 '동질화' 방법과는 근본적으로 다른 것, 개방적 세계 질서 속에서 우리 민족의 역량을 최대한 신장하고 남북의 어느 체제에 속해 있는 사람이건 간에 사회 성원 각자의 행복한 삶을 추구할 수 있는 권리를 보장하는 방안이 되어야 한다. 문화가 다르다고 해서 어느 한편의 생존과 행복추구권이 희생되어서는 안 되는 것이다. 더욱이 21세기의 세계에서 문화의 다양성은 그 어느 요인보다도 생산성의 모태로 될 가능성이 크다는 점을 고려해야 한다. 우리에게 분단의 상처는 무척 엄혹한 것이지만 그 역사적 경험으로 인해서 형성된 남북한 문화의 차이는 인멸되어야 할 타기의 대상이 아니라 민족의 창조적 역량을 계발하는 데 풍부한 동력을 제공해 줄 수 있는 수원이라고 인식하는 발상과 태도의 일대 전환이 필요한 것이다.

2. 남북문학교류의 실천 방안

　통일은 기본적으로 이질적인 요소들의 결합을 말한다. 그런 점에서 통일성은 단일성과는 구분된다. 통일성은 다양한 이질적 요소들이 내부에 공존하면서 유기적인 관계를 맺고 있는 상태를 의미한다. 남북한이 문화를 교류하고 궁극적으로 통일문화를 형성하고자 할 때 고려해야 하는 것은 통일문화라는 것이 어느 하나로 단일화된 문화의 성립을 의미하는 것이 아니라 서로의 개성을 지닌 이질적 문화들의 공존과 호혜적 관계, 긴밀한 유기적 관계의 성립을 의미한다는 사실이다. 우리의 역사를 흔히 단일한 문화전통이라고 할 만한 것으로 무엇을 들 수 있는가? 오히려 우리의 조상들은 매우 뛰어난 외래 문화 섭취 능력을 지니고 있었다고 할 수 있다. 이질적인 것을 흡수하여 전래의 문화를 창조적으로 발전시키는 데 뛰어난 능력을 발휘한 것이다. 이 점에서 오늘날 우리가 부닥치고 있는 남북한의 이질적인 문화의 대립은 각도를 달리하여 생각하면 우리 민족이 창조성을 발휘할 수 있는 새로운 계기를 조성해 주고 있다고 볼 수 있다. 그리고 이러한 태도와 발상의 전환은 답보상태에 머물러 있는 남북의 문화교류에 물꼬를 트는 데 필수적인 요소이다.

지금까지 남북의 문화교류가 원활하지 못한 데는 몇 가지 원인이 있다. 문화교류가 정치나 경제의 논리에 종속되어 자율성을 가지지 못한 것, 교류의 진행이 행사 위주로 이루어져 지속성을 가지지 못한 것, 편협한 시각을 지닌 언론매체의 부정적 역할, 교류의 주체가 확립되지 못한 점 등 수많은 요인들을 그 원인으로 생각할 수 있다. 그러나 가장 근본적인 요인은 교류의 쌍방이 상대방을 전략 전술의 대상으로 간주한 데 있다. 상대가 나의 존립을 위협한다고 생각하는 한 진정한 교류는 성립할 수 없다. 북한이 물적 교류에 비해서 인적 교류를 더욱 꺼리는 것이나 남한 당국이 북한의 선전선동에 의해 체제가 위협받을 수 있다고 생각하는 것은 동전의 양면과 같다. 여기서 발표자는 일본의 한 지식인이 자기 나라에서 애니메이션 산업이 발달한 첫 번째 요인으로 '표현의 한계가 없었다'는 사실을 든 점을 상기하고 싶다. 외부로부터 직접적인 위협을 받지 않는 나라의 속편한 이야기라고 치부할 수만은 없는 매우 강력한 진실을 담고 있는 말이다. 문화의 창조성은 이와 같은 표현의 자유, 이질적인 사상·문화의 자유로운 대화 속에서만이 성취될 수 있다. 우리나라의 대표적인 현대소설『토지』는 그와 같은 대화가 이루어진 뚜렷한 사례로서 동서·고금의 이질적인 문화를 통합하여 우리 문화의 창조성을 최고로 발양함으로써 빛나는 성좌가 되고 있다. 이런 측면에서 북한 당국이 남한의 타락한 문화에 의해서 사회가 오염되는 것을 우려하거나 남한 당국이 순진한 청년들이 주체사상에 물들 것을 걱정하는 한 남북의 문화교류가 정상궤도에 진입하기는 힘들다고 말 할 수 있다. 따라서 교류의 목적을 재조정할 필요가 있다. 우리의 문화를 상대방에게 전달·전파하여 그들을 '동질화'시키는 데 목적을 둘 것이 아니라 상대를 올바르게 이해하는 일 자체를 위해서 교류한다는 자세를 견지하여야 하는 것이다. 이것은 상호이해라는 명목을 지니면서도 교류의 실행에 갖은 조건을 다는 폐쇄적 제한적 교류가 아니라 우리의 체질 속에 이질 문화에 대한 이해와 수용능력을 키우면서 추진되는 개방적 교류라고 할 수 있다. 다시 말해서 북한의 문화에 대해서 우리 자신을 스스럼없이 개방하여야 한다. 물론 이와 같은 방식의 교류를 추진하기 위해서는 우리의 법률 제도를 개정하고 남북 문화 협정을 체결하는 등 수많은 전제조건이 충족되어야 한다. 또한 교류의 주체를 관주도에서 민간주도로 바꾸어 장·단기 프로그램을 개발하고 그 계획을 체계적으로 실천에 옮기는 일이 필요하다.

　남북교류의 실천방안을 마련하는 데서 교류의 목적에 대한 성찰은 기본적 요건이다. 이 성찰의 성과에 기대어 장·단기 대책이 수립될 수 있기 때문이다. 지금까지의 성찰이 유효한 것이라면 현단계에서 제시할 수 있는 남북문화교류의 장기 대책은 다음과 같다. 첫째 21세기의 국제화 정보화시대에 대비하여 남북이 각자의 문화를 발전시키고 세계화하기 위해 필요한 상호 협력을 보장하는 문화협정의 체결, 둘째 상호주의에 입각한 문화교류의 자율성을 확브하여 지속적이고 체계적인 교류의 토대를 구축하는 일, 셋째 북한의 현실과 문화에 대한 심층적 이해를 통해 통일에 대한 국민적 합의를 이루어낼 수 있는 활동의 활성화 등이다. 단기 대책은 1991년에 채택된 「남북기본합의서」와 1992년에 채택된 「합의서 운영에 관한 기본합의」 등에 의해 제한을 받을 수밖에 없다. 이 합의들에 기초하여 1993년에 마련된 '문화창달 5개년 계획'의 내용을 보면 첫째 문헌교류와 작품교류, 둘째 문화예술인교류, 셋째 민족동질성 회복 실천의 3단계로 나누어 남북교류를 점진적으로 실천한다는 구상이 나타나 있다. 이 규정은 남북의 문화교류가 매우 완만하게 진전될 수밖에 없도록 제약하고 있고, 그나마 합의된 내용도 제대로 실천에 옮겨지지 않았음을 알려준다. 그것은 주로 사회주의권의 붕괴로 체제의 존속에 위기를 느끼고 있는 북한의 대응에서 비롯된 측면이 많지만 남한이 전적으로 그 책임에서 자유로운 것은 아니다. 북한이 트집을 잡을 수 있는 빌미를 제공한 점이 있다는 것을 부인할 수 없다. 이와 같은 제반 사실은 「남북기본합의서」의 테두리를 벗어난 프로그램을 단기대책으로 구상하는 것이 현실적으로 실효성이 없다는 점을 시사한다. 이런 조건을 감안하여 한 연구자는 우리의 문화교류 프로그램이, 첫째 체제 경쟁을 부추길 수 있는 내용을 지양하고 쌍방간에 수용할 수 있거나 문화적 동질성이 있는 프로그램에서 시작하여야 하고, 둘째 점진적 개방을 유도할 수 있는 것이거나 정례화하여 단계적으로 발전시킬 수 있는 프로그램, 또는 교차프로그램을 개발하여야 하며, 셋째 예술 중심보다는 생활문화 중심의 프로그램, 해외의 인적 자원을 활용할 수 있는 프로그램을 개발하는 원칙 아래 이루어져야 한다고 주장한다.[1] 이 견해는 「기본합의서」의 테두리 내에서는 타당성이 있는 것이지만 답보 상태에 머물러 있는 남북교류의 물꼬를 트는 데 도움이 될 수 있는 실제적 방안이라고 하기는 어렵다. 발표자는 앞에서 제시한 태도와 발상의 전환을 전제로 하여 우리가 주도적으로 실행할 수 있는 남북문학의 교류의 실천방안을 다음과 같이 제안하고자 한다. 이 방안은 문학 외의 다른 부문에서도 적의 원용할 수 있을 것이다.

첫째 북한 문학에 대한 전면적 해금이다. 북한의 문학자료는 정부 담

---

1) 박상천, 『북한의 문예정책과 남북문화교류의 방향』, 한국문화예술진흥원, 1993.

당 부서 서고와 연구자의 서가에서 낮잠을 자고 있다. 북한 문학은 의사만 있다면 얼마든지 구해볼 수 있는 자료들임에도 불구하고 북한에서 나온 문서라는 이유로 일반인의 접근을 까다롭고 어렵게 만들고 있다. 발표자의 판단으로 북한문학의 해금은 남한의 사회체제를 유지하는 데 아무런 위협이 되지 않는다. 오히려 남한의 문학인들이나 일반인이 국제적 감각을 훈련하는 데 도움이 될 수 있다. 일본의 대중문화를 개방할 수 있는 조건이면 북한문학의 완전개방은 큰 문제가 될 수 없다. 김일성 찬가에 해당하는『불멸의 역사』총서나 북한이 자랑하는『민족과 운명』의 영화, 그 시나리오 등에 대한 접근에도 제한을 둘 필요가 없다. 또한 각종 도서관 등에 북한문학 자료실을 마련하여 운용하는 방안도 생각할 수 있다. 북한문학에 대한 이 같은 전면적 개방은 북한의 현실과 그들의 문화에 대한 국민의 이해도를 높여 통일을 대비한 문화적 감수성을 기르는 일에 해당한다. 북한문학의 전면적 개방에 대한 대응조처로서 북한이 남한문학에 대한 개방을 하느냐 마느냐 하는 문제는 협상을 통해서 얼마간의 대응조처를 시행하게 할 수도 있고 북한당국의 재량에 맡겨도 크게 문제될 것은 없다고 본다.

둘째 북한의 문인·학자를 초청하여 북한문학에 대한 강연, 세미나, 심포지엄을 개최하는 일이다. 북한문학을 이해하는 데는 남한의 전문 학자나 연구자의 관점뿐만 아니라 북한학계 문학인들의 견해를 직접 청취할 필요가 있다. 이와 관련되는 조처로서, 북한측이 원할 경우, 남한의 문인 학자가 참가하여 남한문학에 대한 강연·세미나·심포지엄을 북한에서 열 수 있다. 이밖에 남북한 사이에 공통의 관심사가 되는 문학에 관한 논의를 다양한 형식으로 전개할 수 있다. 이 부분에서 우리의 적극적 역할은 매우 중요하다, 그러므로 통일문학사 서술과 같은 문제를 북한과 논의하겠다는 계획을 마련하여 적극적으로 대화의 광장을 마련해야 한다. 나아가서 북한과 힘을 합쳐 세계에 진출할 수 있는 발판을 마련하는 방안을 모색해야 한다. 북한이 가지고 있는 문화를 부정적으로만

볼 일은 아니다. 이 점을 얼마간이라도 인정한다면 2천년대에 문화국가를 건설한다는 계획은 남한 단독의 구상보다도 북한을 아우르는 구상일 때 좀더 효과적이고 가치 있는 것이 된다.

셋째 남북문학교류에서 민간주도의 원칙을 세운다. 이 사실은 북한이 남한의 진보적인 문학인 또는 문학단체들과 교류를 원할 경우 전적으로 당사자들의 의사에 따라 자유롭게 가부를 결정한다는 것을 의미한다. 또한 해외의 교포들을 중심으로 개최되는 문학관련 행사에 남한의 문학관계자들이 자유롭게 참가할 수 있도록 한다. 특히 연변과 일본, 구미의 문학인들이 할 수 있는 역할을 적극적으로 지원할 필요가 있다.

넷째 북한문학을 체계적 지속적으로 연구하고 그 성과를 내외에 공표할 수 있는 전문적 연구단체나 기관을 만들어야 한다. 현재 북한문학에 대한 연구는 관계 부처의 연구비를 받은 학자나 관심을 가진 개인이 독자적으로 진행하는 산발적인 것이 대부분이다. 북한의 현실을 총체적으로 이해하는 데 문학이 어떤 부문보다도 유력한 통로라는 점을 고려한다면 이러한 상태는 하루빨리 개선되어야 한다. 북한문학의 이해는 북한에 대한 이해를 심화하는 일일 뿐만 아니라 우리의 시야를 넓히는 일이고 급변하는 세계 속에서 우리의 문화적 정체성을 중요한 자원으로 활용할 수 있게 하는 계기가 된다.

남북교류의 목적과 실천방안에 대한 지금까지의 고찰은 매우 제한된 내용이다. 장기적인 전망보다는 좀더 현실적 여건을 고려하는 속에서 진전된 교류 실천 방안을 모색하는 방향으로 고찰이 진행되었기 때문이다. 이것은 의도적인데 그 이유는 교류가 주체의 의지만으로 이루어질 수 있는 것이 아니라 상대방의 동의를 얻어야 한다는 점에 있다. 즉 교류에 임하는 북한의 입장을 고려하지 않는 장기적 전망이나 실천방안의 모색은 공상에 떨어질 가능성이 있다. 여기서 제시된 실천 방안이 우리가 할 수 있는 일에 집중된 것도 그에 말미암는다. 또한 이 고찰에서 교류의 목적에 대한 반성과 대안의 제시는 변화된 현실에서 남북한의 관계도 달라져야 한다는 기본 인식에 근거한다. 그 인식이 21세기의 전지구적 현실에서 북한의 존재와 그 사회문화를 바라보는 우리의 관점도 달라져야 한다는 입장과 결부되어 있음은 물론이다.